Die Immunität von Staatsunternehmen im zivilrechtlichen Erkenntnis- und Vollstreckungsverfahren

Kölner Schriften zu Recht und Staat

Herausgegeben von
Prof. Dr. Hartmut Schiedermair und
Prof. Dr. Bernhard Kempen

Band 50

PETER LANG
Frankfurt am Main · Berlin · Bern · Bruxelles · New York · Oxford · Wien

Julia Pullen

Die Immunität von Staatsunternehmen im zivilrechtlichen Erkenntnis- und Vollstreckungsverfahren

PETER LANG
Internationaler Verlag der Wissenschaften

Bibliografische Information der Deutschen Nationalbibliothek
Die Deutsche Nationalbibliothek verzeichnet diese Publikation in der Deutschen Nationalbibliografie; detaillierte bibliografische Daten sind im Internet über http://dnb.d-nb.de abrufbar.

Zugl.: Köln, Univ., Diss., 2012

Umschlaggestaltung:
© Olaf Gloeckler, Atelier Platen, Friedberg

Abbildung auf dem Umschlag:
Historisches Universitätssiegel der Universität zu Köln

Gedruckt auf alterungsbeständigem,
säurefreiem Papier.

D 38
ISSN 1433-0253
ISBN 978-3-631-63846-0

www.peterlang.de

Vorwort

Die vorliegende Arbeit wurde unter Betreuung von Herrn Professor Dr. Heinz-Peter Mansel an der Rechtswissenschaftlichen Fakultät der Universität zu Köln angefertigt und im Sommersemester 2012 als Dissertation angenommen.

Die Arbeit befindet sich auf dem Stand der Einreichung der Dissertation (Februar 2011). Sie wurde um die in der Folgezeit ergangenen Entscheidungen des Bundesverfassungsgerichts und des Internationalen Gerichtshofs ergänzt, siehe dazu im Anhang.

Mein Dank gilt zuvorderst meinem Doktorvater Heinz-Peter Mansel für die intensive Beratung und Betreuung sowie seine zahlreichen, wertvollen Anregungen bei der Erarbeitung dieses Themas.

Ich bedanke mich außerdem bei Herrn Professor Bernhard Kempen für seine Unterstützung und die zügige Erstellung des Zweitgutachtens.

Schließlich gebührt mein Dank meinen Eltern, die mich in meiner Ausbildung zu jeder Zeit unterstützt und gefördert haben. Ihnen ist diese Arbeit gewidmet.

Köln, im Mai 2012

Julia Pullen

Inhalt

Literaturverzeichnis ... 15
A.) Einleitung ... 35
I.) Einführung in die Problematik ... 35
II.) Gang der Untersuchung ... 37
B.) Überblick über das Recht der allgemeinen Staatenimmunität ... 39
I.) Bedeutung und Entwicklung der Staatenimmunität ... 39
1.) Bedeutung der Immunität ... 39
2.) Entwicklung und völkerrechtliche Verankerung der Immunität ... 40
a.) Immunität im Erkenntnisverfahren ... 40
aa.) Immunität im Völkervertragsrecht ... 41
bb.) Immunität im Völkergewohnheitsrecht ... 42
cc.) Immunität aufgrund allgemeiner Rechtsgrundsätze? ... 47
b.) Vollstreckungsverfahren ... 47
aa.) Vollstreckungsimmunität im Völkervertragsrecht ... 47
bb.) Vollstreckungsimmunität im Völkergewohnheitsrecht ... 49
3.) Zwischenergebnis ... 51
II.) Die restriktive Staatenimmunität im Einzelnen ... 51
1.) Erkenntnisverfahren ... 51
a.) Abstrakte Unterscheidung zwischen hoheitlichem und nicht hoheitlichem Verhalten ... 52
b.) Unterscheidung mithilfe von konkreten Fallgruppen ... 54
c.) Vergleich der beiden Unterscheidungsmethoden ... 56
d.) Zwischenergebnis zum Inhalt der restriktiven Immunität im Erkenntnisverfahren ... 58
2.) Vollstreckungsverfahren ... 58
a.) Zulässige Vollstreckungsobjekte ... 59
b.) Zeitlicher Anknüpfungspunkt ... 61
c.) Konnexitätserfordernis als weitere Vollstreckungsvoraussetzung? 63
3.) Zwischenergebnis ... 63
III.) Immunitätsverzicht ... 64
1.) Bedeutung und Rechtsnatur des Immunitätsverzichts ... 64
2.) Voraussetzungen für einen wirksamen Verzicht ... 65
3.) Wirkung und Tragweite des Verzichts ... 66
IV.) Ergebnis zum Recht der allgemeinen Staatenimmunität ... 68
C.) Das Recht der Immunität von Staatsunternehmen ... 69

I.) Der Begriff des Staatsunternehmens ... 69
1.) Bestandsaufnahme zum Begriff ‚Staatsunternehmen' ... 69
a.) Die Bestimmung des Begriffs ‚Staatsunternehmen' in der deutschen Rechtspraxis und Literatur ... 69
b.) Die Bestimmung des Begriffs ‚Staatsunternehmen' in anderen Staaten ... 71
c.) Die Begriffsbestimmung in den Immunitätsabkommen ... 74
d.) Zwischenergebnis ... 75
2.) Untersuchung der verschiedenen, in den Begriffsbestimmungen verwendeten Merkmale ... 75
a.) Rechtliche Selbstständigkeit ... 76
b.) Verfolgung wirtschaftlicher Zwecke ... 77
c.) Einrichtungen von Gebietskörperschaften ... 78
d.) Rechtsform des Unternehmens ... 81
e.) Das Maß der staatlichen Beteiligung/ Kontrolle ... 82
aa.) Staatlichkeit kraft Voll- bzw. Mehrheitseigentums ... 82
bb.) Staatlichkeit kraft (gesetzlicher) Ermächtigung ... 83
aaa.) Orientierung an der Zurechnung zum Staat nach den völkerrechtlichen Regeln über Staatenverantwortlichkeit ... 83
bbb.) Art. 5 ILC-Entwurf ... 84
ccc.) Übertragung auf die Einstufung eines Unternehmens als Staatsunternehmen ... 85
cc.) Staatlichkeit kraft staatlicher Kontrolle ... 86
aaa.) Art 8 ILC-Entwurf und die Rechtsprechung zur Zurechnung im Nicaragua-Fall und im Tadic-Fall ... 87
bbb.) Übertragung auf die Einstufung eines Unternehmens als Staatsunternehmen ... 89
dd.) Zusammenfassung ... 91
3.) Ergebnis: Begriff des Staatsunternehmens ... 91
II.) Die aktuelle Rechtslage zur Immunität von Staatsunternehmen im Erkenntnisverfahren ... 92
1.) Die Immunität von Staatsunternehmen im Völkervertragsrecht ... 92
a.) Art. 27 des Europäischen Übereinkommens über Staatenimmunität ... 92
b.) Art. 2 Nr. 1 b, iii) des UN-Übereinkommens über Staatenimmunität ... 94
c.) Zwischenergebnis ... 95

2.) Die Immunität von Staatsunternehmen im Völkergewohnheitsrecht.96
a.) Die Entwicklung des Rechts der Immunität von Staatsunternehmen in der Bundesrepublik Deutschland 96
aa.) Die deutsche Rechtspraxis bis Ende der 70er Jahre des 20. Jahrhunderts..96
bb.) Die deutsche Rechtspraxis in den 80er Jahren des 20. Jahrhunderts..98
cc.) Die deutsche Rechtspraxis bis heute 100
dd.) Zwischenergebnis...104
b.) Das Recht der Immunität von Staatsunternehmen in anderen Staaten...105
aa.) Europäische Staaten...105
aaa.) Frankreich..105
bbb.) Belgien...107
ccc.) Österreich 108
ddd.) Schweiz..109
eee.) Weitere europäische Staaten 111
bb.) Common Law Staaten mit Immunitätsgesetzen......................111
aaa.) USA und Kanada...111
bbb.) Das Vereinigte Königreich, Singapur, Pakistan, Südafrika und Australien...113
cc.) Weitere außereuropäische Staaten..116
c.) Zwischenergebnis 118
3.) Zusammenfassung und Bewertung: die funktionale Betrachtungsweise...118
III.) Bestimmung des für die funktionale Betrachtungsweise zentralen Merkmals ‚hoheitlich' 121
1.) Vorüberlegung: Welche Rechtsordnung bestimmt das Merkmal ‚hoheitlich'? 121
a.) Rechtsprechung zur Frage der maßgeblichen Rechtsordnung.......122
b.) Bewertung und Stellungnahme 125
2.) Völkervertragsrechtliche Definition des Begriffs ‚hoheitlich'? 127
3.) Völkergewohnheitsrechtliche Definition des Begriffs ‚hoheitlich'? 129
a.) Der Begriff ‚hoheitlich' in der deutschen Immunitätsrechtsprechung 130
aa.) Rechtsprechung des Bundesverfassungsgerichts 130
aaa.) Darstellung der relevanten Entscheidungen......................130

bbb.) Bewertung ... 132
bb.) Rechtsprechung aus dem Bereich der allgemeinen Zivilgerichtsbarkeit ... 133
aaa.) Darstellung der relevanten Entscheidungen ... 133
bbb.) Bewertung ... 139
cc.) Rechtsprechung aus dem Bereich der Arbeitsgerichtsbarkeit .. 140
aaa.) Darstellung der relevanten Entscheidungen ... 141
bbb.) Bewertung ... 146
dd.) Bewertung der deutschen Rechtsprechung ... 147
ee.) Zwischenergebnis zur Rechtspraxis in Deutschland ... 150
b.) Der Begriff ‚hoheitlich' in der Rechtsprechung anderer europäischer Staaten ohne Immunitätsgesetz ... 150
aa.) Darstellung der Rechtsprechung ... 150
bb.) Bewertung und Zwischenergebnis zur Rechtspraxis der anderen Staaten ... 156
c.) Bewertung der gefundenen Zwischenergebnisse bezüglich der Bestimmung des Begriffs ‚hoheitlich' ... 157
d.) Ergebnis zur Begriffsbestimmung mithilfe des Völkergewohnheitsrechts: bestehende west-europäische Praxis und neue Tendenz in der Rechtsprechung ... 159
4.) Definition des Begriffs ‚hoheitlich' mithilfe der allgemeinen Rechtsgrundsätze des Völkerrechts? ... 160
5.) Ergebnis ... 160
6.) Konsequenzen für die Rechtspraxis der untersuchten Staaten ... 161
IV.) Konkretisierung der neuen Tendenz in der Rechtsprechung für die Bestimmung des Begriffes ‚hoheitlich' ... 165
1.) Gründe für eine weitergehende Untersuchung der neuen Tendenz in der Rechtsprechung ... 165
2.) Konkretisierung des neuen Ansatzes in der deutschen Rechtsprechung ... 169
a.) Methodische Einordnung der Vorgehensweise ... 169
aa.) Zulässigkeit des Rückgriffs auf nationales Recht ... 170
bb.) Zulässigkeit des Rückgriffs auf themenfremde Vorschriften .. 172
b.) Untersuchung verschiedener Vorschriften im Hinblick auf Kriterien zur Bestimmung des Begriffs ‚hoheitlich' ... 176
aa.) Konkretisierung durch das Europarecht ... 176
aaa.) Primärrecht ... 177

(1) Art. 51 AEUV (ex-Art. 45 EG) - Niederlassungsfreiheit ... 177
(2) Wettbewerbsrecht ... 179
bbb.) Sekundärrecht: europäisches Prozessrecht ... 182
ccc.) Zwischenergebnis ... 184
bb.) Konkretisierung durch das Grundgesetz ... 185
aaa.) Der Begriff ‚hoheitlich' in Art. 12a Abs. 3 GG ... 185
bbb.) Mit dem Begriff ‚hoheitlich' vergleichbare Begriffe im Grundgesetz ... 186
(1) Art. 23 Abs. 1 Satz 2 GG und Art. 24 Abs. 1 GG ... 186
(2) Art. 30 GG ... 188
(3) Art. 33 Abs. 4 GG ... 190
(4) Art. 87f Abs. 2 Satz 2 GG ... 193
ccc.) Zwischenergebnis ... 194
cc.) Konkretisierung durch einfachgesetzliche Regelungen ... 194
aaa.) §4 Abs. 5 Körperschaftsteuergesetz ... 194
bbb.) §130 GWB ... 197
ccc.) Bundes- bzw. Landeshaushaltsordnungen ... 199
ddd.) Zwischenergebnis ... 200
c.) Untersuchung der gefundenen Kriterien im Hinblick auf ihre Geeignetheit für den Konkretisierungsvorschlag ... 200
aa.) Bewertung des Kriteriums des Über-/Unterordnungsverhältnisses bzw. der Möglichkeit der Ausübung von Zwangsbefugnissen ... 201
aaa.) Problem: formale Ausrichtung der Kriterien ... 202
bbb.) Problem: thematische Diskrepanzen ... 203
ccc.) Folge: Ungeeignetheit dieser Kriterien für eine Begriffsbestimmung im Rahmen der Immunitätsproblematik ... 204
bb.) Bewertung der weiter gefassten, materiellen Kriterien ... 205
aaa.) Bewertung der einzelnen Merkmale ... 205
(1) Der Aspekt des öffentlichen Interesses ... 205
(2) Der Aspekt der (fehlenden) Gewinnerzielungsabsicht/ -möglichkeit ... 206
(3) Der Aspekt der Finanzierung aus dem Staatshaushalt ... 208
(4) Der Aspekt der (fehlenden) Wettbewerbssituation zu Privatunternehmen ... 209

bbb.) Folge: Geeignetheit des Aspekts der Wettbewerbssituation als zentrales Kriterium für eine Begriffsbestimmung im Rahmen der Immunitätsproblematik 210
d.) Formulierung des Konkretisierungsvorschlags 211
e.) Erläuterung des Konkretisierungsvorschlags 211
3.) Überprüfung des Konkretisierungsvorschlags im Hinblick auf allgemeine immunitätsrechtliche Entwicklungen und völkerrechtliche Grundsätze 216
a.) Entwicklungen im allgemeinen Immunitätsrecht 216
b.) Das Territorialitätsprinzip und der Grundsatz der Gebietsausschließlichkeit 218
4.) Ergebnis 220
V.) Die aktuelle Rechtslage zur Immunität von Staatsunternehmen im Vollstreckungsverfahren 223
1.) Die Immunität von Staatsunternehmen im Völkervertragsrecht 224
2.) Die Immunität von Staatsunternehmen im Völkergewohnheitsrecht 226
a.) Das Recht der Vollstreckungsimmunität von Staatsunternehmen in der Bundesrepublik Deutschland 227
aa.) Die Trendtex-Entscheidung des LG Frankfurt aus dem Jahre 1975 227
bb.) Entscheidungen zur National Iranian Oil Company in den 80er Jahren 227
cc.) Seit 2008 ergangene Entscheidungen in Bezug auf ein russisches Staatsunternehmen 229
dd.) Entscheidung des KG Berlin aus dem Jahre 2010 235
ee.) Zwischenergebnis 236
b.) Das Recht der Vollstreckungsimmunität von Staatsunternehmen in anderen Staaten 236
aa.) Europäische Staaten 236
aaa.) Belgien 236
bbb.) Frankreich 239
ccc.) Schweiz 240
ddd.) Weitere europäische Staaten 241
bb.) Common Law Staaten mit Immunitätsgesetzen 242
aaa.) USA 242
bbb.) Das Vereinigte Königreich, Singapur und Pakistan 244

ccc.) Australien 245
ddd.) Kanada 246
cc.) Weitere außereuropäische Staaten 247
c.) Ergebnis 248
VI.) Übertragung des Konkretisierungsvorschlages auf das Recht der Vollstreckungsimmunität 249
1.) Übertragbarkeit des Konkretisierungsvorschlags auf die Vollstreckungsimmunität 250
2.) Inhaltliche Überprüfung der Übertragung des Konkretisierungsvorschlags im Hinblick auf die Entwicklungen im allgemeinen Immunitäts- und Völkerrecht 253
3.) Ergebnis 254
D.) Das Recht der Immunität im Fall von Menschenrechtsverletzungen 257
I.) Überblick über die allgemeine Problematik 258
1.) Überblick über das Recht der Menschenrechte 258
2.) Diskussion einer menschenrechtsspezifischen Immunitätsbeschränkung 260
a.) Impliziter Immunitätsverzicht 261
b.) Gebietsbezogene Deliktsausnahme 262
c.) Untergang von Völkergewohnheitsrecht, welches die Ausübung der Gerichtsbarkeit bei Forumstaatsdelikten verbietet 264
d.) Anknüpfung an die *ius-cogens*-Qualität der Menschenrechte 265
e.) Anknüpfung an den *lex-specialis*-Grundsatz 266
f.) Ausübung von Gerichtsbarkeit als Repressalie 268
g.) Verwirkung von Immunität 269
h.) Analogie zur individuellen strafrechtlichen Verantwortlichkeit staatlicher Funktionsträger 271
i.) Anknüpfung an den Grundsatz der Verhältnismäßigkeit 272
j.) Zwischenergebnis 274
II. Untersuchung im Hinblick auf die Immunität von Staatsunternehmen 276
E.) Ergebnisse der Arbeit und Ausblick 281
I.) Ergebnisse der Arbeit 281
II.) Ausblick 284
Anhang A. 287
Die Immunität von Staatsunternehmen in der praktischen Anwendung 287

I.) Leitfaden für die Praxis für Staaten ohne Immunitätsgesetz wie die Bundesrepublik Deutschland ... 287
II.) Anwendungsbeispiel: Goethe-Institut ... 290
Anhang B. ... 297
Der Beschluss des Bundesverfassungsgerichts vom 12.10.2011 ... 297
Anhang C. ... 301
Das Urteil des Internationalen Gerichtshofs „Deutschland gegen Italien" ... 301

Literaturverzeichnis

ALBERT, Michael	Arrestverfahren gegen ausländische Staatsunternehmen am Vermögensgerichtsstand, IPRax 1983, 55ff (zit.: ALBERT, IPRax 1983)
	Völkerrechtliche Immunität ausländischer Staaten gegen Gerichtszwang, 1984 (zit.: ALBERT)
APPELBAUM, Christian	Einschränkungen der Staatenimmunität in Fällen schwerer Menschenrechtsverletzungen, Klagen von Bürgern gegen einen fremden Staat oder ausländische staatliche Funktionsträger vor nationalen Gerichten, Schriften zum Völkerrecht, Bd. 171, Berlin, 2007, zugl. Diss. 2006 (zit.: APPELBAUM)
BANKAS, Ernest K.	The State Immunity Controversy in International Law, Private Suits against Sovereign States in Domestic Courts, Berlin u.a., 2005 (zit.: BANKAS)
BARTSCH, Kerstin/ ELBERLING, Björn	Jus cogens vs. State Immunity Round Two, GLJ 4 (2003) 477 (zit.: BARTSCH/ ELBERLING, GLJ 4 (2003) 477)
BERLINER KOMMENTAR ZUM GRUNDGESETZ	Hsg. FRIAUF, Karl Heinrich/ HÖFLING, Wolfram, Band 2, Berlin, 30. Lieferung Juli 2010 (zit.: BEARBEITER in Berliner Kommentar)
BIANCHI, Andrea	Ferrini c. Repubblica Federale di Germania (Italian Court of Cassation, Judgement of 11 March 2004); a comment, AJIL 99 (2005) 242 (zit.: BIANCHI, AJIL 99 (2005) 242)

BIEHLER, Gernot — Auswärtige Gewalt, Auswirkungen auswärtiger Interessen im innerstaatlichen Recht, Jus Publicum Bd. 128, Tübingen, 2005, zugl. Habil. 2003 (zit.: BIEHLER)

BITTER, Anna-Kristina — Vollstreckbarerklärung und Zwangsvollstreckung ausländischer Titel in der Europäischen Union, Studien zum ausländischen und internationalen Privatrecht, Bd. 220, Tübingen, 2009, zugl. Diss. 2008 (zit.: BITTER)

BLECKMANN, Albert — Zur Feststellung und Auslegung von Völkergewohnheitsrecht, ZaöRV 1977, 504 (zit.: BLECKMANN, ZaöRV 1977, 504)

Grundprobleme und Methoden des Völkerrechts, 1982 (zit.: BLECKMANN)

BOGUSLAWSKIJ, M.M — Die Regelung der Staatenimmunität in der Gesetzgebung der GUS-Staaten, IPRax 2002,43 (zit.: BOGUSLAWSKIJ, IPRax 2002, 43)

BRÖHMER, Jürgen — State Immunity and the Violation of Human Rights, International Studies in Human Rights, Vol.47, Nijhoff u.a., 1997 (zit.: BRÖHMER)

BROWNLIE, Ian — Principles of Public International Law, Oxford u.a., 7th Edition, 2008 (zit.: BROWNLIE)

BUNGENBERG, Marc — Vollstreckungsimmunität für ausländische Staatsunternehmen? Zu BVerfG, 15.12.2008 – 2 BvR 2495/08, IPRax 2011, 356 (zit.: BUNGENBERG, IPRax 2011, 356)

BUSL, Peter — Ausländische Staatsunternehmen im deutschen Vollstreckungsverfahren: Immunität und Durchgriff auf den Staat, München, 1992 (zit.: BUSL)

CALLIESS, Christian/ RUFFERT, Matthias — EUV/EGV, Das Verfassungsrecht der europäischen Union, mit Europäischer Grundrechtecharta, Kommentar, München, 3. Auflage 2007 (zit.: BEARBEITER in CALLIESS/RUFFERT)

CAPLAN, Lee — State Immunity, Human Rights And Jus Cogens: A Critique of The Normative Hierarchy Theory, AJIL 2003, 741 (zit.: CAPLAN, AJIL 97 (2003) 741)

CREMER, Wolfram — Entschädigungsklagen wegen schwerer Menschenrechtsverletzungen und Staatenimmunität vor nationaler Zivilgerichtsbarkeit, AVR 41 (2003) 137 (zit.: CREMER, AVR 41 (2003) 137)

DAHM, Georg / DELBRÜCK, Jost / WOLFRUM, Rüdiger — Völkerrecht, Berlin,
Band I/1, 2. Auflage 1989
Band I/2, 2. Auflage 2002
Band I/3, 2. Auflage 2002
(zit.: DAHM/DELBRÜCK/WOLFRUM)

DAMIAN, Helmut — Staatenimmunität und Gerichtszwang, Grundlagen und Grenzen der völkerrechtlichen Freiheit fremder Staaten von inländischer Gerichtsbarkeit in Verfahren der Zwangsvollstreckung und Anspruchssicherung, Beiträge zum ausländischen öffentlichen Recht und Völkerrecht, Bd. 89, Berlin u.a., 1985 (zit.: DAMIAN)

DAUSES, Manfred A. — Handbuch des EU-Wirtschaftsrechts, München, 26. Ergänzungslieferung 2010 (zit.: BEARBEITER in DAUSES)

DE SENA, *Pasquale*/ DE VITTOR, *Francesca* — State Immunity and Human Rights: The Italian Supreme Court Decision on the Ferrini Case, EJIL 16 (2005) 89 (zit.: DE SENA/DE VITTOR, EJIL 16 (2005) 89)

DICKINSON, Andrew/ LINDSAY, Rae/ LOONAM, James P. — State Immunity Selected Materials and Commentary, Oxford, 2004 (zit.: DICKINSON/ LINDSAY/ LOONAM)

DOEHRING, Karl — Allgemeine Staatslehre - Eine systematische Darstellung, Heidelberg, 3. Auflage 2004 (zit.: DOEHRING, Allgemeine Staatslehre)

Völkerrecht, Heidelberg, 2. Auflage 2004 (zit.: DOEHRING, Völkerrecht)

DÖRR, Oliver — Staatliche Immunität auf dem Rückzug? AVR 41 (2003) 201 (zit.: DÖRR, AVR 41 (2003) 201)

DREIER, Horst — GG Kommentar, Tübingen
Band 1: Präambel, Art 1-19, 2. Aufl. 2004
Band 2: Art 20-82, 2. Aufl. 2006
Band 3: Art 83-146, 2. Aufl. 2008
(zit.: BEARBEITER in DREIER)

EHLERS, Dirk — Verwaltung in Privatrechtsform, Schriften zum öffentlichen Recht, Bd. 464, Berlin, 1984, zugl. Habil. 1981 (zit.: EHLERS)

ERLE, Bernd / SAUTER, Thomas — Körperschaftsteuergesetz - Die Besteuerung der Kapitalgesellschaft und ihrer Anteilseigner, Heidelberg, 3. Auflage 2010 (zit.: BEARBEITER in ERLE/ SAUTER)

ESSER, Rainer — Zur Immunität rechtlich selbstständiger Staatsunternehmen, RIW 1984, 577 (zit.: ESSER, RIW 1984, 577)

EVANS, Malcolm D. — International Law, Oxford, Third Edition, 2010 (zit.: BEARBEITER in EVANS)

EYERMANN, Erich — Verwaltungsgerichtsordnung, Kommentar, München, 13. Auflage 2010 (zit.: BEARBEITER in EYERMANN)

FISCHER, Peter/ VON HOFFMANN, Bernd — Staatsunternehmen im Völkerrecht und Internationalen Privatrecht, Berichte der Gesellschaft für Völkerrecht Heft 25, Heidelberg, 1984 (zit.: BEARBEITER in FISCHER/VON HOFFMANN)

FOCARELLI, Carlo — Federal Republic of Germany vs. Giovanni Mantelli and others, Order No 14201, AJIL 103 (2009) 122 (zit.: FOCARELLI, AJIL 103 (2009)122)

FOLZ, Hans-Peter — Staatenimmunität und Kriegsfolgen am Beispiel des Falles Distomo: Zum Umgang mit ius cogens, ZÖR 61 (2006) 447 (zit.: FOLZ, ZÖR 61 (2006) 447)

FORCESE, Craig — De-immunizing Torture: Reconciling Human Rights and State Immunity, McGill Law Journal 52 (2007) 127 (zit.: FORCESE, McGill Law Journal 52 (2007) 127)

FOX, Hazel — The Law of State Immunity, Oxford, 2nd edition 2008 (zit.: FOX)

FRENZ, Walter — Handbuch Europarecht, Berlin u.a.,
Band 1, Europäische Grundfreiheiten, 2004
Band 3, Beihilfe- und Vergaberecht, 2007
(zit.: FRENZ, Handbuch Europarecht, Band)

FRENZEL, Eike Michael/ WIEDEMANN, Richard — Das Vertrauen in die Staatenimmunität und seine Herausforderung, Die Bewältigung von NS-Unrecht im Mehrebenensystem, NVwZ 2008, 1088 (zit.: FRENZEL/WIEDEMANN, NVwZ 2008, 1088)

FRITZSCHE, K. Peter — Menschenrechte, Paderborn, 2004 (zit. FRITZSCHE)

FROTSCHER, Gerrit — Körperschaftsteuer, Gewerbesteuer, München, 2. Auflage 2008 (zit.: FROTSCHER)

GÄRDITZ, Klaus Ferdinand — EGMR v. 21.11.2001 – Al-Adsani, Staatenimmunität, ius cogens und das Recht auf Zugang zu einem Gericht, in Menzel, Jörg/ Pierlings, Tobias/ Hoffmann, Jeannine (Hrsg.) Völkerrechtsprechung, Tübingen, 2005 (zit.: GÄRDITZ)

GEIGER, Rudolf — Staatenimmunität: Grundsatz und Ausnahme, NJW 1987, 1124 ff (zit.: GEIGER, NJW 1987, 1124)

GEIMER, Reinhold — Internationales Zivilprozessrecht, Köln, 6. Auflage, 2009 (zit.: GEIMER)

GEIMER, Reinhold/ SCHÜTZE, Rolf A — Internationaler Rechtsverkehr in Zivil- und Handelssachen, München, Stand 39. EL Juli 2010, Band 5 (zit. BEARBEITER in GEIMER/SCHÜTZE, Internationaler Rechtsverkehr)

Europäisches Zivilverfahrensrecht, Kommentar, München, 3. Auflage 2010 (zit. BEARBEITER in GEIMER/SCHÜTZE, Europäisches Zivilverfahrensrecht)

GOSCH, Dietmar — Körperschaftsteuergesetz, München, 2. Auflage, 2009 (zit.: BEARBEITER in GOSCH)

GRABINSKI, Klaus — Staatenimmunität im Erkenntnisverfahren - die französische Rechtsprechung im internationalen, insbesondere deutschen Vergleich, IPRax 1992, 55 (zit. GRABINSKI, IPRax 1992, 55)

GRABITZ, Eberhard / HILF, Meinhard — Das Recht der europäischen Union, Band II, 40. EL, München, Oktober 2009 (zit.: BEARBEITER in GRABITZ/ HILF)

GRAF VITZTHUM, Wolfgang — Völkerrecht, Berlin, 5. Auflage 2010 (zit.: BEARBEITER in Graf Vitzthum)

HABSCHEID, Walther J. — Schweizerisches Zivilprozess- und Gerichtsorganisationsrecht - Ein Lehrbuch seiner Grundlagen, unter Mitarbeit von Stephen Berti, Basel, u.a., 2. Auflage 1990 (zit. HABSCHEID)

HAFNER, Gerhard — Das Übereinkommen der Vereinten Nationen über die Immunität der Staaten und ihres Vermögens von der Gerichtsbarkeit, ZÖR 61 (2006) 381 (zit.: HAFNER, ZÖR 61 (2006) 381)

HAFNER, Gerhard/ KOHEN, Marcelo G./ BREAU, Susan Carolyn — State Practice Regarding State Immunity, Nijhoff u.a., 2006 (zit.: HAFNER/ KOHEN/BREAU)

HANDBUCH DES VERFASSUNGSRECHTS — Hsg. Benda, Ernst/ Maihofer, Werner/ Vogel, Hans-Jochen, Berlin u.a., 2. Auflage 1994 (zit.: BEARBEITER in Handbuch des Verfassungsrechts)

HAUSMANN, Rainer — Zur Prüfung der Gerichtsbarkeit der New Yorker Gerichte über ein iranisches Staatsunternehmen im inländischen Arrestverfahren, IPRax 1982, 51 (zit.: HAUSMANN, IPRax 1982, 51)

HENSSLER, Martin/ KILIAN, Matthias — Die Ausübung hoheitlicher Gewalt im Sinne des Art. 45 EG, EuR 2005, 192 (zit.: HENSSLER/KILIAN, EuR 2005, 192)

HERDEGEN, Matthias — Völkerrecht, München, 9. Auflage 2010 (zit.: HERDEGEN)

HERZ, Peter — Die Immunität ausländischer Staatsunternehmen mit eigener Rechtspersönlichkeit im französischen und deutschen Zivilprozessrecht, Tübingen, Diss. 1992 (zit.: HERZ)

HESS, Burkhard — Staatenimmunität bei Distanzdelikten, Der private Kläger im Schnittpunkt von zivilgerichtlichem und völkerrechtlichem Rechtsschutz, Münchener Universitätsschriften: Reihe der Juristischen Fakultät, Bd. 91, München, 1992, zugl. Diss. 1991 (zit.: HESS)

HOBE, Stephan — Einführung in das Völkerrecht, Begründet von Otto Kimminich, Tübingen u.a., 9. Auflage 2008 (zit.: HOBE)

Durchbrechung der Staatenimmunität bei schweren Menschenrechtsverletzungen – NS-Delikte vor dem Areopag, IPRax 2001, 368. (zit. HOBE IPRax 2001, 368)

HOFMANN, Rainer M./ HOFFMANN, Holger — Ausländerrecht, AufenthG, FreizügG/EU, Asyl VfG, StAG, Handkommentar, 2008 (zit. BEARBEITER in HOFMANN/HOFFMANN)

HUMES-SCHULZ, Stacy — Limiting Sovereign Immunity in Age of Human Rights, Harvard Human Rights Journal 21 (2008) 106 (zit.: HUMES-SCHULZ HarvHRJ 21 (2008) 106)

IMMENGA, Ulrich/ MESTMÄCKER, Ernst-Joachim — Wettbewerbsrecht
Band 1: EG, Kommentar zum Europäischen Kartellrecht, München, 4. Auflage 2007 (zit. BEARBEITER in IMMENGA/ MESTMÄCKER, EG Wettbewerbsrecht)

Band 2: GWB, Kommentar zum Deutschen Kartellrecht, München, 4. Auflage 2007 (zit. BEARBEITER in IMMENGA/ MESTMÄCKER, GWB Wettbewerbsrecht)

IPSEN, Knut — Völkerrecht, München, 5. Auflage 2004 (zit.: IPSEN)

ISENSEE, Josef/ KIRCHHOF, Paul — Handbuch des Staatsrechts der Bundesrepublik Deutschland, Band IV Aufgaben des Staates, Heidelberg, 3. Auflage 2006 (zit.: BEARBEITER in ISENSEE/KIRCHHOFF)

JARASS, Hans / PIEROTH, Bodo — Grundgesetz für die Bundesrepublik Deutschland Kommentar, München, 11. Auflage 2011 (zit.: BEARBEITER in JARASS/PIEROTH)

KÄLIN, Walter/ KÜNZLI, Jörg — Universeller Menschenrechtsschutz, Basel, 2. Auflage 2008 (zit.: KÄLIN/ KÜNZLI)

KÄMMERER, Jörn Axel — Privatisierung, Tübingen, 2001, zugl. Tübingen, Habil. 2000 (zit.: KÄMMERER)

KARCZEWSKI, Christoph — Das Europäische Übereinkommen über Staatenimmunität vom 16.5.1972, RabelsZ 54 (1990) 533 (zit.: KARCZEWSKI, RabelsZ 54 (1990) 533)

KEMPEN, Bernhard — Der Fall Distomo: griechische Reparationsforderungen gegen die Bundesrepublik Deutschland, in: Hsg. Cremer, Hans-Joachim/ Giegerich, Thomas/ Richter, Dagmar/ Zimmermann, Andreas, Tradition und Weltoffenheit des rechts: Festschrift für Helmut Steinberger, Beiträge zum ausländischen öffentlichen Recht und Völkerrecht, Bd. 152, Berlin u.a., 2002, S. 179. (zit.: KEMPEN, FS Steinberger)

KEMPEN, Bernhard / HILLGRUBER, Christian — Völkerrecht, München, 2007 (zit.: KEMPEN/ HILLGRUBER)

KILIAN, Wolfgang — Europäisches Wirtschaftsrecht- ein Studienbuch, München, 4. Auflage 2010 (zit.: KILIAN)

KOKOTT, Juliane — Missbrauch und Verwirkung von Souveränitätsrechten bei gravierenden Völkerrechtsverstößen, in: Hsg.: Beyerlein, Ulrich/Bothe, Michael/ Hofmann, Rainer/ Petersmann, Ernst-Ulrich, Recht zwischen Umbruch und Bewahrung, Festschrift Rudolf Bernhardt, Beiträge zum ausländischen öffentlichen Recht und Völkerrecht, Bd. 120, Berlin u.a., 1995, S. 135. (zit.: KOKOTT, FS Bernhardt)

Souveräne Gleichheit und Demokratie im Völkerrecht, ZaöRV 64 (2004), 517 (zit.: KOKOTT, ZaöRV 64 (2004), 517)

KOKOTT, Juliane / DOEHRING, Karl / BUERGENTHAL, Thomas — Grundzüge des Völkerrechts, Göttingen u.a., 3. Auflage 2003 (*zit.:* KOKOTT/DOEHRING/ BUERGENTHAL)

KOPP, Ferdinand O. / SCHENKE, Wolf-Rüdiger — VwGO Verwaltungsgerichtsordnung Kommentar, München, 16. Auflage 2009 (zit.: KOPP/SCHENKE)

KOSKENNIEMI, Martii — Sources of International Law, The Library of Essays in International Law, Aldershot u.a., 2007 (zit.: BEARBEITER in KOSKENNIEMI)

KRAJEWSKI, Markus — Wirtschaftsvölkerrecht, Heidelberg, 2. Auflage 2009 (zit.: KRAJEWSKI)

KRAUSKOPF, Bernd/ STEVEN, Christine — Immunität ausländischer Zentralbanken im deutschen Recht, WM 2000, 269 (zit.: KRAUSKOPF/STEVEN, WM 2000, 269)

KRÖLL, Stefan — Die Pfändung von Forderungen des russischen Staats gegen deutsche Schuldner – Investitionsschutz und Vollstreckungsimmunität, IPRax 2004, 223 (zit.: KRÖLL, IPRax 2004, 223)

KRONKE, Herbert — Erstreckung der Immunität auf deutsche Landesrundfunkanstalten?, IPRax 1989, 176 (zit.: KRONKE, IPRax 1989, 176)

KRONKE, Herbert/ MELIS, Werner / SCHNYDER, Anton K. — Handbuch Internationales Wirtschaftsrecht, Köln, 2005 (zit.: BEARBEITER in KRONKE/MELIS/ SCHNYDER)

KROPHOLLER, Jan — Europäisches Zivilprozessrecht, Kommentar, Frankfurt a.M., 8. Auflage 2005 (zit.: KROPHOLLER)

LANGEN, Eugen/ BUNTE, Hermann-Josef — Kommentar zum deutschen und europäischen Kartellrecht, Band 1, Deutsches Kartellrecht, Neuwied u.a., 11. Auflage 2010 (zit.: BEARBEITER in LANGEN/ BUNTE)

LANGKEIT, Jochen — Staatenimmunität und Schiedsgerichtsbarkeit – Verzichtet ein Staat durch Unterzeichnung einer Schiedsgerichtsvereinbarung auf seine Immunität? Abhandlungen zum Recht der Internationalen Wirtschaft, Bd. 12, Heidelberg, 1989, zugl. Diss. 1988 (zit.: LANGKEIT)

LARENZ, Karl — Methodenlehre der Rechtswissenschaft, Berlin u.a., 6. Auflage 1991 (zit.: LARENZ)

LEWIS, Charles — State and Diplomatic Immunity, London, 3rd edition, 1990 (zit.: LEWIS)

LIJIANG ZHU — State Immunity from Measures of Constraints for the Property of Foreign Central Banks: The Chinese Perspective, Chinese Journal of International Law 2007, 67 (zit.: LIJIANG ZHU, CJIL 2007, 67)

LÖWENHEIM, Ulrich/ MEESSEN, Karl M./ RIESENKAMPFF, Alexander — Kartellrecht Kommentar, München, 2. Auflage 2009 (zit.: BEARBEITER in LÖWENHEIM/ MEESSEN/RIESENKAMPFF)

MAIERHÖFER, Christian — Der EGMR als „Modernisierer" des Völkerrechts? – Staatenimmunität und ius cogens auf dem Prüfstand, Anmerkung zu den Urteilen Fogerty, McElhinney und Al-Adsani, EuGRZ 2002, 391 (zit.: MAIERHÖFER, EuGRZ 2002, 391)

MALINA, Manfred — Die völkerrechtliche Immunität ausländischer Staaten im zivilrechtlichen Erkenntnisverfahren, Marburg, Diss.1978 (zit.: MALINA)

MAUNZ, Theodor/ DÜRIG, Günter — Grundgesetz Kommentar, München, 59. Ergänzungslieferung 2010 (zit.: BEARBEITER in MAUNZ/DÜRIG)

Band II Art. 6-15
Band III Art. 16-22
Band IV Art. 23-53a
Band V Art. 54-85
Band VI Art. 86-106a

MAURER, Hartmut — Allgemeines Verwaltungsrecht, München, 16. Auflage 2006 (zit.: MAURER, Allg. VerwR)

Staatsrecht I, München, 6. Auflage 2010 (zit.: MAURER, Staatsrecht I)

MÜNCHENER KOMMENTAR — Münchener Kommentar zur Zivilprozessordnung mit Gerichtsverfassungsgesetz und Nebengesetzen, Band 3, Hsg.: Rauscher, Thomas/ Wax, Peter/ Wenzel, Joachim, München, 3. Auflage 2008 (zit.: BEARBEITER in Münchener Kommentar ZPO)

Münchener Kommentar zum Europäischen und Deutschen Wettbewerbsrecht, Band 2, Hsg. Hirsch, Günter/Montag, Frank/Säcker, Franz Jürgen, München, 2008 (zit.: BEARBEITER in Münchener Kommentar Wettbewerbsrecht)

MUSIELAK, Hans-Joachim — Kommentar zur Zivilprozessordnung mit Gerichtsverfassungsgesetz, München, 7. Auflage 2009 (zit.: BEARBEITER in MUSIELAK)

NAGEL, Heinrich/ GOTTWALD, Peter — Internationales Zivilprozessrecht, Köln, 6. Auflage 2007 (zit.: NAGEL/ GOTTWALD)

NEDJAR, Didier

Tendances actuelles du droit international des immunités des Etats, JDI 1997, 60 (zit.: NEDJAR, JDI 1997, 60)

NEUHOLD, Hanspeter/ HUMMER, Waldemar/ SCHREUER, Christoph

Österreichisches Handbuch des Völkerrechts, Wien, 4. Auflage 2004 (zit. BEARBEITER in NEUHOLD/ HUMMER/ SCHREUER)

ORAKHELASHVILI, Alexander

The Interpretation of Acts and Rules in Public International Law, 2008 (zit.: ORAKHELASHVILI)

State Immunity and International Public Order, GYIL 45 (2002) 227 (zit.: ORAKHELASHVILI, GYIL 45 (2002) 227)

PAECH, Norman

Staatenimmunität und Kriegsverbrechen, AVR 47 (2009) 36 (zit.: PAECH, AVR 47 (2009) 36)

PAUKNEROVÁ, Monika

Jurisdictional Immunities of States and Brussels I Regulation- Recent Developements in the Czech Republic, The European Legal Forum 2009,241 (zit.: PAUKNEROVÁ ELF 2009, 241)

PETERS, Anne

Völkerrecht Allgemeiner Teil, Zürich, 2. Auflage 2008 (zit.: PETERS)

QI DAHAI

State Immunity China and Its Shifting Position, Chinese Journal of International Law, 2008, 307 (zit.: QI DAHAI, *CJIL 2008, 307*)

REAL, Beatrix

Staatenimmunität und Menschenrechte - Die Durchsetzung von Wiedergutmachungsansprüchen nach der Verletzung von Menschenrechten, Diss. Münster, 2004 (zit. REAL)

REINISCH, August	European Court Practice Concerning State Immunity from Enforcement Measures, EJIL 17 (2006) 803 (zit.: REINISCH, EJIL 17 (2006) 803)
RENGELING, Hans-Werner/ MIDDEKE, Andreas / GELLERMANN, Martin	Handbuch des Rechtsschutzes in der Europäischen Union, München, 2. Auflage 2003 (zit.: BEARBEITER in RENGELING/ MIDDEKE/ GELLERMANN)
RESS, Georg	Entwicklungstendenzen der Immunität ausländischer Staaten, ZaöRV 40 (1980) 217 (zit.: RESS, ZaöRV 40 (1980) 217)
	Supranationaler Menschenrechtsschutz und der Wandel der Staatlichkeit, ZaöRV 64 (2004) 621 (zit.: RESS, ZaöRV 64 (2004) 621)
SACHS, Michael	Grundgesetz Kommentar, München, 5. Auflage 2009 (zit.: BEARBEITER in Sachs)
SCHACK, Haimo	Internationales Zivilprozessrecht, München, 4. Auflage 2006 (zit.: SCHACK)
SCHAUMANN, Wilfried / HABSCHEID, Walther J.	Die Immunität ausländischer Staaten nach Völkerrecht und deutschem Zivilprozessrecht, Berichte der deutschen Gesellschaft für Völkerrecht, Heft 8, Karlsruhe, 1968 (zit.: BEARBEITER in SCHAUMANN/HABSCHEID)
SCHLOSSER, Peter F.	EU-Zivilprozessrecht, EuGVVO, MahnVO, BagatellVO, EuZVO, EuBVO, Kommentar, München, 3. Auflage 2009 (zit.: SCHLOSSER)
SCHMALENBACH, Kirsten	Multinationale Unternehmen und Menschenrechte, AVR 39 (2001) 57 (zit.: SCHMALENBACH, AVR 39 (2001) 57)

SCHMIDT-BLEIBTREU, Bruno/ KLEIN, Franz — Kommentar zum Grundgesetz, Neuwied u.a., 12. Auflage 2011 (zit.: BEARBEITER in SCHMIDT-BLEIBTREU/KLEIN)

SCHOCH, Friedrich/ SCHMIDT-AßMANN, Eberhard/ PIETZNER, Rainer — Verwaltungsgerichtsordnung, Kommentar, München, 20. Auflage 2010 (zit.: BEARBEITER in SCHOCH/SCHMIDT-AßMANN/PIETZNER)

SCHREUER, Christoph H. — State Immunity: Some Recent Developments, Hersch Lauterpacht Memorial Lectures, Cambridge, 1988 (zit.: SCHREUER)

SCHUBERT, Klaus/ KLEIN, Martina — Das Politiklexikon, Bonn, 4. Auflage 2006 (zit.: SCHUBERT/KLEIN, Das Politiklexikon, Stichwort)

SCHULZ, Andrea — Parastaatliche Verwaltungsträger im Verfassungs- und Völkerrecht - Dargestellt am Beispiel des Goethe-Instituts unter besonderer Berücksichtigung des Staatsorganisationsrechts, der Grundrechte und der Staatenimmunität, Hamburger Studien zum Europäischen und Internationalen Recht, Bd. 23, Berlin, 2000, zgl. Diss. 1998 (zit.: SCHULZ)

SCHWACKE, Peter — Juristische Methodik mit Technik der Fallbearbeitung, Stuttgart, 4. Auflage 2003 (zit.: SCHWACKE)

SCHWEISFURTH, Theodor — Völkerrecht, Tübingen, 2006 (zit.: SCHWEISFURTH)

SCHWEITZER, Michael — Staatsrecht III, Staatsrecht, Völkerrecht, Europarecht, Heidelberg u.a., 10. Auflage 2010 (zit.: SCHWEITZER)

SEEGERS, Martin — Das Individualrecht auf Wiedergutmachung, Theorie, Struktur und Erscheinungsform der völkerrechtlichen Staatenverantwortlichkeit gegenüber dem Individuum, Kölner Schriften zum Internationalen und Europäischen Recht, Band 14, Hrsg. Hobe, Stephan, 2005, Zugl. Diss. Köln 2005 (zit.: SEEGERS)

SHAW, Malcolm N. — International Law, Cambridge, 6th Edition, 2008 (zit.: SHAW)

SIEGRIST, Hannes/ SUGARMANN, David — Eigentum im internationalen Vergleich, 18.- 20. Jahrhundert, Kritische Studien zur Geschichtswissenschaft, 130, Göttingen, 1999 (zit.: SIEGRIST/ SUGARMANN)

STAUDINGER — J. von Staudinger - Kommentar zum Bürgerlichen Gesetzbuch mit Einführungsgesetz und Nebengesetzen, BGB, Buch 1, Allgemeiner Teil, Berlin, Neubearbeitung 2004 (zit.: BEARBEITER in STAUDINGER)

STEIN, Torsten — Zur Immunität fremder Staaten und ihrer im Ausland unterhaltenen Bankkonten, IPRax 1984, 179 (zit.: STEIN, IPRax 1984, 179)

STEIN, Torsten/ VON BUTTLAR, Christian — Völkerrecht, Köln, 12. Auflage 2009 (zit.: STEIN/VON BUTTLAR)

STEINBERGER, Helmut — State Immunity, in: Hsg. Bernhardt, Rudolf, Encyclopedia of Public International Law, Amsterdam, Band IV Quirin, Ex parte to Zones of Peace (2000) S. 615 (zit.: STEINBERGER EPIL IV (2000) 615)

STELKENS, Paul/ BONK, Heinz Joachim/ SACHS, Michael — Verwaltungsverfahrensgesetz, Kommentar, München, 7. Auflage 2008 (zit.: BEARBEITER in STELKENS/BONK/SACHS)

STOBER, Rolf — Privatisierung öffentlicher Aufgaben - Phantomdiskussion oder Gestaltungsoption in einer verantwortungsgeteilten, offenen Wirtschafts-, Sozial- und Sicherheitsverfassung? NJW 2008, 2301 (zit.: STOBER, NJW 2008, 2301)

STRECK, Michael — KStG Körperschaftssteuergesetz, Kommentar mit Nebengesetzen, München, 7. Auflage 2008 (zit.: BEARBEITER in STRECK)

STRUPP, Karl/ SCHLOCHAUER, Hans-Jürgen — Wörterbuch des Völkerrechts, Berlin, 3. Band, 1962 (zit.: BEARBEITER in STRUPP/ SCHLOCHAUER)

STÜRNER, Michael — Staatenimmunität und Brüssel I-Verordnung – Die zivilprozessuale Behandlung von Entschädigungsklagen wegen Kriegsverbrechen im Europäischen Justizraum, IPRax 2008, 197 (zit.: STÜRNER, IPRax 2008, 197)

Staatenimmunität bei Entschädigungsklagen wegen Kriegsverbrechen (Oberstes Gericht der Republik Polen [Sąd Najwyższy] vom 29.10.2010 – IV CSK 465/09 und Corte Suprema di cassazione, 12.1.2011) IPRax 2011, 600 (zit. STÜRNER, IPRax 2011, 600)

SZODRUCH, Alexander — Staateninsolvenz und private Gläubiger, Rechtsprobleme des Private Sector Involvement bei staatlichen Finanzkrisen im 21. Jahrhundert, Berlin, 2008, zugl. Diss. 2007. (zit.: SZODRUCH)

TAMS, Christian J.	Schwierigkeiten mit dem ius cogens, Anmerkungen zum Urteil des Europäischen Gerichtshofs für Menschenrechte im Fall Al-Adsani gegen Vereinigtes Königreich vom 21. November 2001, AVR 40 (2002) 331 (zit.: TAMS, AVR 40 (2002) 331)
TIETJE, Christian	Internationales Wirtschaftsrecht, Berlin, 2009 (zit.: *Bearbeiter* in Tietje)
v. MANGOLDT, Hermann/ KLEIN, Friedrich/ STARCK, Christian	Kommentar zum Grundgesetz , München, Bd. 1-3 (Art. 1-146) 5. Auflage 2005 (zit.: BEARBEITER in v. MANGOLDT/KLEIN/STARCK)
VERDROSS, Alfred/ SIMMA, Bruno	Universelles Völkerrecht- Theorie und Praxis, Berlin, 3. Auflage 1984 (zit.: VERDROSS/SIMMA)
VON DER GROEBEN, Hans/ SCHWARZE, Jürgen	Kommentar zum Vertrag über die Europäische Union und zur Gründung der Europäischen Gemeinschaft, Band 1 Art. 1-53 EUV, Art. 1- 80 EGV, Baden-Baden, 6. Auflage 2003 (zit.: BEARBEITER in VON DER GROEBEN/ SCHWARZE)
VON MÜNCH, Ingo/ KUNIG, Philip	Grundgesetzkommentar, München Band 1: Präambel -Art 19, 5. Auflage 2000 Band 2: Art 20 bis Art 69, 4./5. Auflage 2001 (zit.: BEARBEITER in VON MÜNCH/KUNIG, Band)
VON SCHÖNFELD, Ulrich	Die Immunität ausländischer Staaten vor deutschen Gerichten, NJW 1986, 2980 (zit.: VON SCHÖNFELD, NJW 1986, 2980)
VOYIAKIS, Emmanuel	Access to Court vs. State Immunity, ICLQ 52 (2003) 297 (zit.: VOYIAKIS, ICLQ 52 (2003) 297)

WALTER, Gerhard
Internationales Zivilprozessrecht in der Schweiz, Ein Lehrbuch, Unter Mitarbeit von Fürsprecher Fridolin M. R. Walther Bern, 4. Auflage 2007 (zit.: WALTER)

WANK, Rolf
Die juristische Begriffsbildung, Schriften des Instituts für Arbeits- und Wirtschaftsrecht der Universität zu Köln, Begründet von Hans Carl Nipperdey, herausgegeben von Herbert Wiedemann, Band 48/I, München, 1985 (zit.: WANK)

WELLER, Matthias
Vollstreckungsimmunität ausländischer staatlicher Kunstleihgaben, zu KG, Urt. v. 05.03.2010 – 18 W 2/10, IPRax 2011, 574 (zit.: WELLER, IPRax 2011, 574)

WOLFF, Martin
Sachenrecht, Marburg, 6. Auflage 1926 (zit.: WOLFF)

ZIPPELIUS, Reinhold
Juristische Methodenlehre, München, 10. Auflage 2006 (zit.: ZIPPELIUS)

ZUPPI, Alberto Luis
Die Immunität ausländischer Staaten vor argentinischen Gerichten, RIW 2007, 340 (zit.: ZUPPI, RIW 2007, 340)

A.) Einleitung

I.) Einführung in die Problematik

Zur Wahrung einer modernen, rechtsstaatlichen Staatsform ist es unerlässlich, dass die Staaten einen effektiven Rechtsschutz garantieren.[1] Das gilt sowohl in Bezug auf Akte der vollziehenden Gewalt als auch in Bezug auf zivilrechtliche Streitigkeiten[2] – der Staat muss dem Rechtssuchenden einen Zugang zu seinen Gerichten gewährleisten und sicherstellen, dass sein Ansinnen umfassend geprüft wird.

Diese Rechtsschutzgarantie stößt jedoch an ihre Grenzen, wenn ein fremder Staat oder dessen Organe Gegner dieser Klagebegehren sind. Bei solchen Klagen handelt es sich meist um Routinesachverhalte, um unspektakuläre Zahlungsklagen aus nicht erfüllten Verträgen.

Daneben kommt es aber auch immer wieder zu Fällen, die weit über die juristischen Fachkreise hinaus zum Teil heftige Diskussionen auslösen. Solche Klagen haben das Ziel, zumindest einen finanziellen Ausgleich für durch den fremden Staat erlittenes Unrecht zu erstreiten. Bekannt geworden sind beispielsweise der sog. Distomo Fall,[3] in dem die Bundesrepublik Deutschland wegen völkerrechtswidriger Handlungen im zweiten Weltkrieg verklagt wurde, oder der sog. Sedelmayer-Fall,[4] in dem es um Ersatz für eine möglicherweise rechtswidrige Enteignung durch den russischen Staat ging. In solchen Fällen ist es gängige Verteidigungsstrategie der beklagten Staaten, sich auf den Grundsatz der Staatenimmunität zu berufen, um damit das Verfahren schon auf der Ebene der Zulässigkeit der Klage abzuwehren und sich damit jedweder Inanspruchnahme zu entziehen. Dieser traditionelle völkerrechtliche Grundsatz dient dazu, die staatliche Souveränität zu schützen: Weil die Staaten als grundsätzlich gleich angesehen werden, soll kein Staat über einen anderen richten.

---

1 So die Rspr. des Bundesverfassungsgerichts, vgl. BVerfGE 88, 118 (123), BVerfGE 96, 27(39f).

2 Beschluss des BVerfG vom 30.4.2003, 1 PBvU 1/02 Rn. 16, BVerfG NJW 2003, 1924; GRZESZICK in MAUNZ/DÜRIG, Band III Art. 20 GG VII Rn. 133.

3 Siehe dazu etwa http://www.welt.de/politik/ausland/article12140825/Westerwelle-empoert-ueber-griechische-Klage.html. (Artikel vom 13.1.2011)

4 Siehe dazu etwa http://www.sueddeutsche.de/politik/russland-streit-um-immobilien-ein-mann-gegen-die-supermacht-1.1016545 (Artikel vom 27.10.2010).

Dies wäre aber der Fall, wenn die Gerichte des einen Staates das Verhalten eines anderen Staates bzw. seiner Organe und Einrichtungen gerichtlich beurteilen oder Vollstreckungsmaßnahmen anordnen.

Im Laufe der Zeit hat sich dieser Immunitätsgrundsatz kontinuierlich weiterentwickelt - er gilt heute überwiegend nur noch in restriktiver Form.

Auch die Welt hat sich in den vergangenen Jahren erheblich verändert: Es entstand eine zunehmende weltweite Vernetzung in den Bereichen der Wirtschaft und der Finanzen und damit einhergehend ein entsprechender internationaler Rechtsverkehr.

Für die Staaten stellt sich dabei die Herausforderung, auf die aktuellen Entwicklungen jeweils angemessen zu reagieren und sich den neuen Bedingungen anzupassen. Das traditionelle, staatliche Aufgabenspektrum befindet sich folglich in einem Wandel. Ein wesentlicher Teil bei diesen Entwicklungen ist der Schritt raus aus dem Bereich der traditionellen staatlichen Kernaufgaben und hin zu neuen Aufgaben. Veränderungen treten aber auch in der Art und Weise ihrer Wahrnehmung ein. Aufgaben, die bislang dem Staat zugeschrieben wurden, werden heute nicht mehr nur von klassischen, staatlichen Stellen ausgeführt, sondern auch durch private Einrichtungen oder internationale Institutionen. Daneben gründen Staaten neue Unternehmen oder beteiligen sich an ihnen. Sie nutzen diese Einrichtungen als schlichte Einkommensquellen oder übertragen ihnen Staatsaufgaben und profitieren von den flexibleren Handlungsmöglichkeiten.

Solche Staatsunternehmen sind also in vielerlei Hinsicht aktiv, sie nehmen wirtschaftliche, kulturelle oder gesellschaftliche Aufgaben wahr – auch außerhalb der Staatsgrenzen.

Kommt es dabei zu gerichtlichen Auseinandersetzungen, besteht die Gefahr, dass Staatsunternehmen vor den Gerichten fremder Staaten verklagt werden und dass im Zuge dessen in ihr Auslandsvermögen vollstreckt werden soll.

In diesen Fällen wird dann die Frage aufgeworfen, ob auch für solche Staatsunternehmen das Immunitätsprivileg gilt und damit das Verfahren abgewendet werden kann. Die Wahl dieser oft privatrechtlichen Organisationsstrukturen und die Übertragung bestimmter Tätigkeiten von unmittelbar staatlichen Stellen auf diese Einrichtungen könnten die Annahme begründen, dass in diesen Konstellationen das Privileg der Immunität nicht mehr sachgerecht ist - dies insbesondere dann, wenn durch die Unternehmenstätigkeit elementare Menschenrechte verletzt werden.

Zur Lösung dieser Frage sind die Vorgaben des Völkerrechts zu untersuchen. Analysiert man dieses, so stößt man auf gut ausgearbeitete völkerrechtliche Vereinbarungen und dabei dann auf eine paradoxe Situation: Es fällt auf, dass die Staaten zwar durchgängig an der Ausarbeitung völkerrechtlicher Vereinbarungen zu Immunitätsfragen über lange Zeit und mit viel Engagement konstruktiv mitarbeiten. Sind diese dann aber bis zum letzten Punkt ausgehandelt und die Inhalte einverständlich abgestimmt, werden diese Regelungen nur noch vereinzelt von den Staaten unterzeichnet und ratifiziert.

Ziel der vorliegenden Arbeit ist daher eine Aufarbeitung und Analyse dieser Situation; dies zunächst im Hinblick auf das Erkenntnisverfahren, welches dazu dient, den für Vollstreckungsmaßnahmen notwendigen Titel zu erstreiten. Ein solcher Titel mag für den Beklagten durchaus ein Problem darstellen, sei es unter politischen oder juristischen Aspekten. Ein konkreter Nachteil, also ein sichtbarer und spürbarer Eingriff in seine Vermögenswerte, entsteht aber erst, wenn der Titelinhaber ein Vollstreckungsverfahren einleitet. Aus diesem Grund ist es erforderlich, auch die Besonderheiten der Immunitätsproblematik in diesem Verfahren zu untersuchen.

Auf diesen Untersuchungen aufbauend liegt das Ziel der vorliegenden Arbeit in der Entwicklung eines entsprechenden, zukunftsorientierten Lösungsvorschlages.

II.) Gang der Untersuchung

Einführend wird dazu zunächst das Recht der allgemeinen Staatenimmunität dargestellt, da die weiteren Ausführungen im Wesentlichen darauf aufbauen.[5] Bevor die Immunität von Staatsunternehmen im Einzelnen untersucht wird, erfolgt sodann eine Auseinandersetzung mit dem Begriff des Staatsunternehmens.[6] Zu klären ist, welche Kriterien ein Unternehmen bzw. eine staatliche Einrichtung erfüllen muss, um als Staatsunternehmen angesehen werden zu können.

Es folgt eine Bestandsaufnahme der aktuellen Rechtslage zur Immunität von Staatsunternehmen – dies zunächst für den Bereich des Erkenntnisverfahrens. Dazu werden die Texte der Immunitätsübereinkommen sowie die Praxis verschiedener Staaten vorwiegend anhand von nationalen Immunitätsgesetzen

---

5 Siehe Kapitel B.).

6 Siehe Kapitel C, I.).

und Rechtsprechung ausgewertet.[7] Der Hauptteil der Arbeit behandelt dann das für die Immunitätsproblematik zentrale Kriterium ‚hoheitlich'.[8] Bei der Untersuchung der Frage, ob das Völkerrecht für die Bestimmung dieses Merkmals Vorgaben bereithält, wurde neben einer bestehenden regionalen Rechtspraxis eine neue Tendenz festgestellt. Weil diese nach hier vertretener Auffassung inhaltlich vorzugswürdig ist und das Potenzial hat, sich langfristig durchzusetzen, wird dafür ein Konkretisierungsvorschlag erarbeitet, der die praktische Durchsetzung dieser Tendenz erleichtern und unterstützen soll.

Es folgt eine Aufarbeitung der Vollstreckungsimmunität von Staatsunternehmen mit anschließender Übertragung des Konkretisierungsvorschlages auch auf diese Ebene des Immunitätsrechts.[9]

Abschließend wird untersucht, ob an den erarbeiteten Regeln über die Immunität von Staatsunternehmen auch im Falle schwerwiegender Menschenrechtsverletzungen festzuhalten ist.[10]

---

7 Siehe Kapitel C, II.).

8 Siehe Kapitel C, III. und IV).

9 Siehe Kapitel C, V. und VI.).

10 Siehe Kapitel D.).

B.) Überblick über das Recht der allgemeinen Staatenimmunität

I.) Bedeutung und Entwicklung der Staatenimmunität

1.) Bedeutung der Immunität

Staatenimmunität bedeutet, dass der jeweils Immunität genießende Staat der Gerichtsbarkeit eines anderen Staates grundsätzlich entzogen ist.[11]

Sie wird nach überwiegender Ansicht zurückgeführt auf den völkerrechtlichen Grundsatz „*par in parem non habet imperium*", der von *Bartholus* im 14. Jahrhundert geprägt wurde, sowie auf das Prinzip der souveränen Staatengleichheit (vgl. Art. 2 Nr. 1 UN-Charta) und das daraus abgeleitete allgemeine Interventionsverbot.[12] Die Staatenimmunität dient also der Wahrung staatlicher Unabhängigkeit. Diese wäre gefährdet, wenn staatliches Handeln der Beurteilung der Gerichte anderer Staaten unterworfen wäre.[13] Hinzu kommt der Aspekt, dass die Gewährung staatlicher Immunität eine Grundvoraussetzung für den internationalen Verkehr und die zwischenstaatliche Zusammenarbeit darstellt – schließlich würde sich kein Staat mit seinen Organen oder seinem Vermögen in ein anderes Staatsgebiet begeben, wenn er befürchten müsste, dass er dort ohne seinen Willen dem uneingeschränkten Zugriff durch staatliche Gerichte ausgesetzt wäre.[14]

Da der Gedanke staatlicher Souveränität in der Phase des klassischen Koordinationsvölkerrechts von größter Bedeutung war, galt zu dieser Zeit die Staatenimmunität in unbeschränkter Form (absolute Staatenimmunität).

---

11 Vgl. HOBE, S. 371.

12 Vgl. HERDEGEN, § 37, Rn. 1; VERDROSS/SIMMA, §1168; IPSEN, § 26, Rn. 17; LANGKEIT, S. 30; BROWNLIE, S. 323; NEDJAR, JDI 1997, 60, 63; BANKAS, S. 33; KOKOTT/DOEHRING/BUERGENTHAL, Rn. 461; st. Rspr. des EGMR vgl. z.B. Rs. Al-Adsani (EuGRZ 2002, 406) und McElhinney (EUGRZ 2002, 418); A.A. CAPLAN, AJIL 97 (2003) 741, 749, 753: «*State Immunitiy [is...] particularly the desire to promote goodwill and reciprocal courtesies among nations. [...] Neither the maxime [par in parem...] nor its purported progenitor, the principle of sovereign equality, persuasively supports the conclusion that one state cannot exercise jurisdiction over another state.*», unter Bezugnahme auf T. GUITTARI, The American Law of Sovereign Immunity, 1970.

13 Vgl. SCHAUMANN in SCHAUMANN/HABSCHEID, S. 57.

14 Vgl. DÖRR, AVR 41 (2003) 201, 202.

Demnach war jedes staatliche Verhalten der Gerichtsbarkeit anderer Staaten entzogen.[15]

Zu ersten Einschränkungen kam es erst Ende des 19. Jahrhunderts. Grund für diese Entwicklung war, dass die Staaten begannen, wie Private am internationalen Wirtschaftsverkehr teilzunehmen. Somit lag der Gedanke nahe, sie auch dieser Tätigkeit entsprechend zu behandeln und nicht wie bei hoheitlichem Handeln zu privilegieren.[16] Berücksichtigt man außerdem die Interessen des Einzelnen, der mit dem Verhalten des fremden Staates in Berührung kommt, wird deutlich, dass diesem nicht nur gegenüber seinem eigenen Staat Rechtsschutz gewährt werden muss, sondern auch gegenüber fremden Staaten.[17]

Deswegen entwickelte sich die ursprünglich absolute Geltung beanspruchende Staatenimmunität hin zu einer restriktiven, d.h. beschränkten Immunität.

2.) Entwicklung und völkerrechtliche Verankerung der Immunität

Im Folgenden wird dargestellt, inwieweit sich die restriktive Staatenimmunität in den einzelnen Quellen des Völkerrechts[18] entwickelt und verankert hat. Dabei ist zu berücksichtigen, dass der Gläubiger auf dem Weg, seinen Anspruch zu befriedigen, zwei Abschnitte durchlaufen muss: das Erkenntnis- und das Vollstreckungsverfahren. Im Erkenntnisverfahren wird im Hinblick auf die Immunitätsproblematik überprüft, ob es aufgrund des jeweiligen Verhaltens überhaupt zu einem Urteil kommen kann. Im Vollstreckungsverfahren muss geklärt werden, ob die Vollstreckung in das jeweilige Vollstreckungsobjekt zulässig ist.

a.) Immunität im Erkenntnisverfahren

Entsprechend der Vorgehensweise bei der Rechtsdurchsetzung in der Praxis wird mit dem Erkenntnisverfahren begonnen.

---

15 Vgl. Hobe, S. 371.

16 Vgl. Ipsen, § 26, Rn. 18.

17 Vgl. BVerGE 16, 27 (34).

18 Zugrunde gelegt werden dabei die Rechtsquellen des Art. 38 Abs. 1 IGH-Statut: internationale Übereinkünfte, d.h. völkerrechtliche Verträge, Völkergewohnheitsrecht und allgemeine Rechtsgrundsätze. Richterliche Entscheidungen und Lehrmeinungen werden dabei als Hilfsmittel herangezogen.

aa.) Immunität im Völkervertragsrecht

Das Recht der Staatenimmunität ist nur in zwei Vertragswerken geregelt: zum einen in dem Europäischen Übereinkommen über Staatenimmunität (im Folgenden EuÜSI) und zum anderen in Form des Übereinkommens der Vereinten Nationen über die Immunität der Staaten und ihres Vermögens (im Folgenden UnÜSI).

Das Europäische Übereinkommen über Staatenimmunität (EuÜSI) ist dabei die erste und einzige wirksame völkervertragliche Kodifikation des Rechts der Staatenimmunität.[19] Es wurde im Rahmen des Europarats ausgearbeitet und am 16. Mai 1972 in Basel unterzeichnet. Im Jahre 1976 ist es nach drei Ratifikationen (Österreich, Belgien und Zypern) in Kraft getreten. Mittlerweile haben es zwar insgesamt acht Staaten ratifiziert (zusätzlich noch Deutschland, Luxemburg, die Niederlande, die Schweiz und das Vereinigte Königreich)[20], der Geltungsbereich ist allerdings angesichts der 46 Mitgliedstaten des Europarats immer noch stark beschränkt, sodass das Übereinkommen die restriktive Staatenimmunität nur auf begrenzter, regionaler Ebene im Völkerrecht einheitlich festlegt.

Kern der Regelungen für das Erkenntnisverfahren sind die Art. 1-15 EuÜSI. Art. 15 legt als Grundsatz die Immunität für das Erkenntnisverfahren fest, in Art. 1-14 sind die Ausnahmen davon aufgelistet. Dementsprechend basiert das Übereinkommen auf dem Prinzip der restriktiven Immunität.

Einen neueren multilateralen Vertrag über die Staatenimmunität stellt das Übereinkommen der Vereinten Nationen über die Immunität der Staaten und ihres Vermögens (UnÜSI)[21] dar. Der Vertragstext dieses Übereinkommens der Vereinten Nationen wurde, nachdem er über einen Zeitraum von nahezu 30 Jahren ausgehandelt worden war, am 2. Dezember 2004 von der UN-Generalversammlung angenommen und am 17. Januar 2005 für zwei Jahre zur Unterzeichnung für die Staaten ausgelegt.[22] 28 Staaten haben das Übereinkommen bisher unterzeichnet, allerdings haben erst 13 Staaten das Übereinkommen ratifiziert.[23] Da nach Art. 30 des Übereinkommens zum Inkraft-

---

19 Vgl. KARCZEWSKI, RabelsZ 54 (1990) 533, 543.

20 Siehe dazu die Übersicht auf: http://conventions.coe.int/Treaty/Commun/ChercheSig.asp?NT=074&CM=8&DF=04/04/2012&CL=GER. (Stand April 2012)

21 http://untreaty.un.org/ilc/texts/instruments/english/conventions/4_1_2004.pdf.

22 Vgl. HAFNER, ZÖR 61 (2006) 381f.

23 Nach Angaben der Internet-Datenbank der United Nations Treaty Collection http://treaties.un.org/Pages/ViewDetails.aspx?src=TREA&mtdsg_no=III-

treten jedoch 30 Ratifikationen erforderlich sind, ist das UN-Übereinkommen noch nicht in Kraft getreten und entfaltet – jedenfalls soweit es nicht lediglich bestehendes Völkergewohnheitsrecht wiedergibt – keine eigene Bindungswirkung.

Zu berücksichtigen ist aber, dass, wenn ein Staat einen völkerrechtlichen Vertrag unterzeichnet hat, er gem. Art. 18 der Wiener Vertragsrechtkonvention der Verpflichtung unterliegt, durch sein weiteres Tun nicht den Sinn und Zweck des Vertrages zu gefährden. Folglich kann die Unterzeichnung eines völkerrechtlichen Vertrages, wie hier des UN-Übereinkommens, jedenfalls als ein Indiz für eine entsprechende, vertragskonforme Rechtsauffassung gewertet werden.

Inhaltlich entspricht auch das UN-Übereinkommen der restriktiven Immunität: In seinem Art. 5 legt es fest, dass Staaten entsprechend der weiteren Bestimmungen des Übereinkommens grundsätzlich Immunität beanspruchen können, Sachverhalte, in denen der Staat hingegen keine Immunität beanspruchen kann, sind in Art. 7 - 17 des Übereinkommens aufgezählt.

Insgesamt wird also deutlich, dass aufgrund der Tatsache, dass das UN-Übereinkommen noch keine eigene Bindungswirkung entfaltet und das Europäische Übereinkommen nur einen sehr begrenzten Wirkungskreis aufweist, die restriktive Immunität im Erkenntnisverfahren auf der Ebene des Völkervertragsrechts nur sehr begrenzt verankert ist.

bb.) Immunität im Völkergewohnheitsrecht

Zu untersuchen ist daher, inwieweit der Grundsatz der restriktiven Immunität im Völkergewohnheitsrecht verankert ist.

Aufgrund einer gefestigten IGH-Rechtsprechung ist anerkannt, dass Voraussetzung für die Existenz von Völkergewohnheitsrecht eine weitreichende und möglichst einheitliche Staatenpraxis (*consuetudo*) ist, die von einer entsprechenden Rechtsüberzeugung (*opinio iuris*) getragen wird.[24]

13&chapter=3&lang=en (Stand April 2012), wurde das Übereinkommen von Frankreich, Iran, Japan, Kasachstan, Libanon, Norwegen, Österreich, Portugal, Rumänien, Saudi-Arabien, Schweden, Spanien und der Schweiz ratifiziert; unterzeichnet wurde das Übereinkommen ferner von Belgien, China, der Tschechischen Republik, Dänemark, Estland, Finnland, Frankreich, Island, Indien, Iran, Japan, Madagaskar, Mexiko, Marokko, Paraguay, Russland, Senegal, Sierra Leone, Slowakei, Schweiz, Timor-Leste und dem Vereinigten Königreich.

24 St. Rspr. d. IGH, z.B.: North-Sea-Continentalshelf-Fall, ICJ-Reports 1969, 43; Nica-

Eine solche Praxis ergibt sich aus dem völkerrechtlich erheblichen Verhalten der Staaten, d.h. beispielsweise aus nationalen Gesetzgebungsakten und Gerichtsentscheidungen, insbesondere dann, wenn die Gerichte wie im Bereich der Staatenimmunität zur unmittelbaren Anwendung von Völkerrecht befugt sind.[25]

Um also den Stand des Völkergewohnheitsrechts im Bereich der Staatenimmunität zu ermitteln, ist die entsprechende Rechtsprechung und Gesetzgebung der verschiedenen Staaten heranzuziehen.

Die ersten grundlegenden Urteile zur restriktiven Staatenimmunität wurden bereits um die Jahrhundertwende vom 19. auf das 20. Jahrhundert in Italien[26] und Belgien[27] gesprochen. Das schweizerische Bundesgericht hat 1918 unter Berufung auf die genannte italienische und belgische Rechtsprechung die Lehre der absoluten Staatenimmunität abgelehnt[28] und die französische Rechtsprechung folgt seit dem Ende des ersten Weltkriegs der Lehre der restriktiven Immunität.[29] Ägypten gewährt seit 1943 Immunität nur für Hoheitsakte.[30] In dem 1950 entschiedenen sog. „Dralle-Fall“[31] hat sich Österreich zur restriktiven Immunität bekannt. 1958 übten jordanische Gerichte unter Berufung auf die Urteile zahlreicher anderer Länder Gerichtsbarkeit über die französische Regierung aus.[32] Für die Bundesrepublik Deutschland hat das Bundesverfassungsgericht 1963 festgestellt, dass die unbeschränkte Staatenimmunität nicht mehr als Regel des Völkergewohnheitsrechts angesehen werden könne.[33] In Japan hat sich der Oberste Gerichtshof im Jahr 2006 in der

---

ragua-Fall, ICJ-Reports 1986, 98; Hobe, S. 191; Doehring, Völkerrecht, Rn. 287; Thirlway in Evans, S. 122.

25 Vgl. Urteil des BVerfG vom 6. 12. 2006, Rn. 31 unter Bezugnahme auf BVerfGE 46, 342 (343); Doehring, Völkerrecht, Rn. 287; Shaw, S. 82; Albert, S. 20; a.A. Hobe, S. 194.

26 BVerfGE 16, 27 unter Verweis auf Entscheidung vom 25. 7.1886, Harvard Law School, Research in International Law, Supplement to the AJIL, Bd. 26 (1932) 622.

27 Entscheidung vom 11. 6. 1903, Journal du Droit International Bd. 31 (1904) 417.

28 Entscheidung vom 13. 3. 1918, SchweizBGE Bd. 44 I, 49.

29 Vgl. BVerfGE 16, 27 (42) mit weiteren Nachweisen.

30 BVerfGE 16, 27 unter Verweis auf Entscheidung vom 29. 3. 1943, AD 1943-1945, S. 103.

31 Österreichischer OGH, Entscheidung vom 10. 5. 1950, Az. 1Ob171/50 (1Ob167/49) (zitiert aus der Internet-Datenbank des Rechtsinformationssystem s des österreichischen Bundeskanzleramts unter http://www.ris.bka.gv.at/Judikatur/).

32 Entscheidung vom 28. Juli 1958, ILR 26 (1958-II) 190.

33 Vgl. BVerfGE 16, 27 (61).

Sache *Tokyo Sanyo Trading Co Ltd v Islamic Republic of Pakistan* zur restriktiven Immunität bekannt, indem er erklärte, dass Staaten gegenüber der japanischen Gerichtsbarkeit bei privatrechtlichen und betriebswirtschaftlichen Aktivitäten nicht immun sind.[34] Desweiteren wurde im April 2009 der sog. „Act on the Civil Jurisdiction of Japan over Foreign States" (24/2009) beschlossen, welcher im Einklang mit dem UN-Übereinkommen über Staatenimmunität erlassen wurde und damit ebenfalls Ausdruck der restriktiven Immunität ist.[35] Folglich ist auch in Japan die restriktive Immunität allgemein anerkannt.

In den Common-Law-Staaten zeigte sich eine entsprechende Staatenpraxis seit den 70er Jahren des 20. Jahrhunderts. So gingen die USA mit dem Erlass des „Foreign Sovereign Immunities Act (im Folgenden FSIA)"[36], basierend auf dem sog. „Tate-Letter"[37], 1976 zur restriktiven Staatenimmunität über. 1978 wurde mit dem „State Immunity Act (im Folgenden SIA)"[38] die restriktive Immunität im Vereinigten Königreich etabliert.[39] Singapur, Pakistan, Südafrika, Kanada und Australien schlossen sich dem später an und erließen entsprechende Immunitätsgesetze.[40]

Insgesamt hat sich also jedenfalls der überwiegende Teil der (westlichen) Industrienationen zur Lehre der restriktiven Immunität bekannt. Wenn auch

---

34 NAOKI IGUCHI, AOI INOUE, MAKI KADONAGA, New Act Sets Out Terms of Jurisdictional Immunity for Foreign States, unter http://www.amt-law.com/res/news_2009en_pdf/090828_1357.pdf unter Bezugnahme auf 60-6 Minshu 2542, 1231/2003, Supreme Court, July 21 2006.

35 So die Auskunft der japanischen Botschaft in Berlin. Der Text des Gesetzes in japanischer Sprache findet sich unter http://www.moj.go.jp/HOUAN/GAIKOKU2 /refer02.html. Erläuterungen finden sich in dem Aufsatz von Naoki Iguchi, Aoi Inoue, Maki Kadonaga, New Act Sets Out Terms of Jurisdictional Immunity for Foreign States, unter http://www.amt-law.com/res/news_ 2009en_pdf/090828_1357.pdf.

36 https://www.law.berkeley.edu/faculty/ddcaron/Documents/RPID%20Documents/rp04039.html, bzw. ILM 1976, 1388.

37 In diesem Dokument, abgedruckt in JIR 7 (1956) S. 403, teilte das State Department dem US-Justizminister mit, dass es künftig zum Grundsatz der restriktiven Immunität übergehen werde.

38 http://www.legislation.gov.uk/ukpga/1978/33 bzw. ILM 1978, 1123.

39 So LEWIS, Rn. 5.5.

40 Singapore State Immunity Act, 1979; South African Foreign States Immunities Act, 1981; State Immunity Ordinance Pakistan, 1981; Foreign States Immunitites Act, Australien 1985; State Imunity Act, Kanada 1985. Die Gesetzestexte finden sich abgedruckt beispielsweise bei DICKINSON/LINDSAY/LOONAM, S. 469ff.

die jeweiligen konkreten Ausformungen von Staat zu Staat in Teilbereichen variieren mögen, so besteht doch Einigkeit, dass bestimmte Verhaltensweisen von der Immunität ausgenommen und der Gerichtsbarkeit anderer Staaten unterworfen sind.

Auch in Argentinien wurde ein Gesetz verabschiedet, das die Immunität ausländischer Staaten vor argentinischen Gerichten regelt.[41] In diesem wird die Staatenimmunität als allgemeine Regel aufgestellt und einzelne Ausnahmen von diesem Grundsatz aufgelistet.[42]

In der Tschechischen Republik befindet sich die Rechtslage im Hinblick auf die Staatenimmunität in einer Umbruchsituation: nach dem (noch) geltenden Paragraph 47 (1) des tschechischen Gesetz über internationales Privat- und Prozessrecht sind ausländische Staaten der tschechischen Gerichtsbarkeit nicht unterworfen – es gilt demnach der Grundsatz der absoluten Immunität.[43] Im Zusammenhang mit einer umfassenden Reform des tschechischen Privatrechts wurde aber ein Entwurf für ein neues IPR-Gesetz erarbeitet, in dessen Paragraph 8 festgelegt ist, dass Staaten nur noch dann von der Gerichtsbarkeit ausgenommen werden, wenn das Verfahren die Ausübung von Staatsgewalt betrifft.[44] Ferner hat der Oberste Gerichtshof Tschechiens kürzlich entschieden, dass sofern ein Staat sich im Bereich des Individualarbeitsrechts bewegt, er keine Immunität genießt und tschechische Gerichte dementsprechend Gerichtsbarkeit ausüben dürfen.[45] Dies spricht dafür, dass auch die Tschechische Republik sich zukünftig zu der restriktiven Immunität bekennen wird.

In Russland ist die Lage zur Staatenimmunität nicht eindeutig. Grundsätzlich findet die klassische Theorie der absoluten Immunität ihren Ausdruck im geltenden Zivilprozessrecht Russlands[46], es gibt jedoch Indizien, die für eine Abkehr von dieser Rechtsauffassung sprechen könnten.

So heißt es in den Kommentaren zu Art. 213 Arbitrageprozessordnung Russlands (APO), dass es unerlässlich festzustellen sei, dass Art. 213 APO die potentielle Zulässigkeit der völligen oder teilweisen Abkehr von der The-

---

41 Gesetz NR. 24488 vom 31.5. 1995 siehe dazu etwa bei *Zuppi*, RIW 2007, 340; der Text des Gesetzes ist abgedruckt bei DICKINSON/LINDSAY/LOONAM, S. 461ff.

42 So ZUPPI, RIW 2007, 340, 341.

43 Vgl. PAUKNEROVÁ, ELF 2009, 241.

44 Vgl. PAUKNEROVÁ, ELF 2009, 241, 243.

45 So PAUKNEROVÁ, ELF 2009, 241,244 unter Verweis auf die Entscheidung des Obersten Gerichtshof Tschechiens No 21 Cdo 2215/2007.

46 BOGUSLAWSKIJ, IPRax 2002,43, 45.

orie der unbeschränkten Immunität eines ausländischen Staates vorsieht.[47] Ferner wird darauf aufmerksam gemacht, dass sich die Theorie der absoluten Immunität schon lange weder in der Praxis der Teilnahme des russischen Staates in wirtschaftlichen und kommerziellen Verträgen mit anderen Ländern noch in der modernen Lehre der Staatenimmunität widerspiegelt.[48]

Dies kann zwar nicht als Beleg für die allgemeine Rechtsauffassung in Russland herangezogen werden, spricht jedoch zumindest dafür, dass es Tendenzen zu einer Lockerung der absoluten Immunität gibt.

Vergleichbare Vorschriften wie der gerade erwähnte Art. 213 der russischen APO sind in Art. 213 der tadschikischen APO, Art. 311 der Wirtschaftsprozessordung der Republik Weißrussland und in der Wirtschaftsprozessordung Usbekistans enthalten.[49]

In der Volksrepublik China wird bislang ebenfalls traditionell der Lehre der absoluten Immunität gefolgt.[50] Dennoch hat die Volksrepublik China das UN-Übereinkommen zur Staatenimmunität unterzeichnet. Da die Volksrepublik China als Unterzeichnerstaat dadurch gem. Art. 18 der Wiener Vertragsrechtkonvention der Verpflichtung unterliegt, durch ihr weiteres Tun nicht den Sinn und Zweck des Vertrages zu gefährden, wird dies als Signal für einen Wandel hin zur restriktiven Immunität gesehen[51] bzw. ein entsprechender Wechsel der Position Chinas im Hinblick auf die Immunitätsproblematik für wahrscheinlich gehalten.[52]

Es kann also festgehalten werden, dass in den meisten Industriestaaten der restriktiven Immunität gefolgt wird. Insoweit liegt eine einheitliche, von einer entsprechenden Rechtsüberzeugung getragene Staatenpraxis vor, sodass die restriktive Immunität weitgehend zum Bestandteil des Völkergewohnheitsrechts geworden ist.

Dadurch, dass aber in anderen Staaten die restriktive Immunität noch nicht als allgemeine Rechtsauffassung bezeichnet werden kann, sondern lediglich Indizien für einen Wandel zur restriktiven Immunität zu erkennen sind, kann die restriktive Immunität noch nicht als universell geltendes Völkergewohnheitsrecht bezeichnet werden.

---

47 BOGUSLAWSKIJ, IPRax 2002,43, 45.
48 BOGUSLAWSKIJ, IPRax 2002,43, 46.
49 BOGUSLAWSKIJ, IPRax 2002,43, 45.
50 LIJIANG ZHU, CJIL 2007, 67; QI DAHAI, CJIL 2008, 307,315.
51 LIJIANG ZHU, CJIL 2007, 67, 76.
52 QI DAHAI, CJIL 2008, 307, 329.

Da jedoch – wie gerade gezeigt – auch solche Staaten sich für die restriktive Immunitätstheorie öffnen, die traditionell Anhänger der absoluten Theorie sind, ist es wohl nur eine Frage der Zeit, bis die restriktive Immunität umfassend anerkannt ist.

cc.) Immunität aufgrund allgemeiner Rechtsgrundsätze?

Die sogenannten allgemeinen Rechtsgrundsätze bilden die dritte in Art. 38 IGH-Statut genannte Völkerrechtsquelle.

Allgemeine Rechtsgrundsätze sind solche Leitprinzipien, die in den meisten nationalen Rechtsordnungen enthalten sind und ihrem Ursprung nach also völkerrechtsfremde Normen darstellen.[53] Da die Staatenimmunität jedoch einen originär zwischenstaatlichen Rechtsbereich betrifft, kann sie nicht mithilfe rein nationaler Grundprinzipien ermittelt und geregelt werden.[54] Die allgemeinen Rechtsgrundsätze können also im Bereich der Staatenimmunität nicht als Rechtsquelle dienen.

b.) Vollstreckungsverfahren

Nachdem erarbeitet wurde, inwieweit es möglich ist, im Erkenntnisverfahren gegen einen fremden Staat ein Urteil zu erstreiten, stellt sich nun die Frage, ob eine Vollstreckung in staatliche Vermögenswerte zulässig ist oder ob dem die Vollstreckungsimmunität entgegensteht.

Während es im Erkenntnisverfahren durch die gerichtliche Überprüfung des staatlichen Verhaltens nur zu einem ‚ideellen' Eingriff in die Souveränität des fremden Staates kommt, stellt die Vollstreckung einen zwangsweisen Zugriff auf Vermögenswerte des fremden Staates und damit eine deutlichere Einschränkung der staatlichen Souveränität dar. Daher ist zu untersuchen, ob trotz dieser Konsequenzen auch die Vollstreckungsimmunität nur begrenzt gilt.

aa.) Vollstreckungsimmunität im Völkervertragsrecht

Begonnen wird auch an dieser Stelle mit dem Völkervertragsrecht. Im Europäischen Übereinkommen über Staatenimmunität findet sich eine Regelung zur Vollstreckungsimmunität in Art. 23. Dort ist niedergelegt, dass gegen das

53 Vgl. IPSEN, §17, Rn. 1.

54 Vgl. Urteil des BVerfG vom 6. Dezember 2006 Rn. 30 (zitiert aus juris).

Vermögen eines anderen Vertragsstaats keine Zwangsvollstreckungsmaßnahmen durchgeführt werden dürfen. Es wird also eine generelle Vollstreckungsimmunität festgesetzt. Diese soll aber durch eine Erfüllungspflicht der Urteile in Art. 20 EuÜSI und die Möglichkeit der Ratifikation eines Fakultativregimes (Art. 24 ff. EuÜSI) ausgeglichen werden.

Dieses wurde von allen Vertragsstaaten außer Österreich und Zypern ratifiziert.[55] Aufgrund dessen ist für diese Staaten die Vollstreckung in Vermögen, welches für gewerbliche und kaufmännische Zwecke genutzt wird, zulässig, wenn es zu einem Verfahren nach den Art. 1-13 bzw. 24 gekommen ist und die Entscheidung gem. Art. 20 Abs. 1 b nicht mehr Gegenstand einer Berufung etc. sein kann (vgl. Art 26 EuÜSI). Jedenfalls für die Signatarstaaten des Fakultativprotokolls ist also die Vollstreckung in kommerziellen Zwecken dienendes Vermögen nach dem Europäischen Übereinkommen möglich.

Das neuere, noch nicht in Kraft getretene UN-Übereinkommen geht einen anderen Weg. Es listet in Art. 19 drei Kategorien von Fällen auf, in denen die Vollstreckung in staatliche Vermögenswerte zulässig ist. Neben zwei Varianten, in denen der jeweilige Staat sich damit einverstanden zeigt, dass in bestimmte Objekte vollstreckt werden darf, bestimmt Art. 19 (c), dass *„no post-judgement measures of constraint [...] may be taken [...] unless the property is specifically in use oder intended for use by the state for other than government non-commercial purposes"*. Damit gestattet das Übereinkommen neben den zwei Fällen von Verzicht auf Vollstreckungsimmunität die Vollstreckung für solche Objekte, die kommerziellen Zwecken dienen.

Das UN-Übereinkommen basiert damit auf dem Gedanken einer restriktiven Vollstreckungsimmunität.

Da die Konvention aber noch nicht in Kraft getreten ist, entfaltet sie keine unmittelbare rechtliche Wirkung. Sie kann aber zumindest als Indiz für eine entsprechende Rechtsüberzeugung der Staaten gesehen werden, die das Übereinkommen unterzeichnet oder ratifiziert haben.

Für diejenigen Staaten, die das Fakultativprotokoll zum Europäischen Übereinkommen oder das UN-Übereinkommen ratifiziert haben, gilt somit eine restriktive Vollstreckungsimmunität, nach der in bestimmte staatliche Vermögenswerte vollstreckt werden kann.

---

55 Siehe die Übersicht über Erklärungen und Vorbehalte zum Europäischen Übereinkommen über Staatenimmunität unter: http://conventions.coe.int/Treaty/Commun/ListeDeclarations.asp?NT=074&CM=8&DF=04/04/2012&CL=GER&VL=1 (Stand April 2012).

bb.) Vollstreckungsimmunität im Völkergewohnheitsrecht

Zu untersuchen ist nun, ob die dargestellte völkervertragsrechtliche Situation der Rechtslage im Völkergewohnheitsrecht entspricht. Da nach allgemeiner Auffassung im Völkerrecht der Grundsatz ‚*lex posterior derogat legi priori*' Anwendung findet, kann durch neues abweichendes Völkergewohnheitsrecht älteres Völkervertragsrecht, wie beispielsweise das bald 35 Jahre alte Europäische Übereinkommen über Staatenimmunität, überlagert werden.[56]

Seit der Mitte des 20. Jahrhunderts haben sich Gerichte in Deutschland,[57] Belgien,[58] der Schweiz,[59] Frankreich,[60] Österreich[61] und Italien[62] zu der Auffassung bekannt, dass die Zwangsvollstreckung in Objekte, die keinen hoheitlichen Zwecken dienen, zulässig sei.

Nur für Objekte, die hoheitlichen Zwecken dienen, bestehe Immunität.

Für Österreich ist damit festzuhalten, dass auch wenn es das Fakultativprotokoll des Europäischen Übereinkommens über Staatenimmunität nicht ratifiziert hat, das Prinzip der restriktiven Vollstreckungsimmunität in der österreichischen Rechtsprechung anerkannt ist.

Auch in Staaten, die die Immunität gesetzlich geregelt haben, finden sich Bekenntnisse zu der restriktiven Vollstreckungsimmunität.

So legt beispielsweise der britische SIA in sec. 13 (2) b eine grundsätzliche Vollstreckungsimmunität fest, von der er in sec. 13 (4) solche Objekte ausnimmt, die „*commercial purposes*" dienen.[63]

---

56 GRAF VITZTHUM in GRAF VITZTHUM, S. 77; SHAW, S.123.

57 Grundlegend BVerfGE 46, 342.

58 Grundlegend Tribunal Civile de Bruxelles, 30.4.1951, ILR 18 (1951) 3; Danach z.B. Tribunal de première instance, Bruxelles 09/03/1995, Cour d'appel Bruxelles, 16.3.1999, numéro de rôle 98/AR/3089 (jeweils zitiert aus dem belgischen Rechtsportal http://jure.juridat.just.fgov.be/).

59 Urteil des schweizerischen Bundesgerichts vom 10. Februar 1960, BGE 86 I 23 (zitiert aus der Internet-Datenbank des schweizerischen Bundesgerichts unter http://www.bger.ch/index.htm).

60 Cour de Cassation Chambre civile 1 du 11 février 1969 ; Cour de Cassation Chambre civile 1 du 14 mars 1984, 82-12.462, (jeweils zitiert aus dem französischen Rechtsportal http://www.easydroit.fr/jurisprudence/).

61 Entscheidung des österreichischen OGH vom 30.4. 1986, Geschäftszahl 3Ob38/86 (zitiert aus der Internet-Datenbank des Rechtsinformationssystems des österreichischen Bundeskanzleramts unter http://www.ris.bka.gv.at/Judikatur/).

62 REINISCH, EJIL 17 (2006) 803, 808 mit weiteren Nachweisen.

63 „Subsection (2)(b) above does not prevent the issue of any process in respect of

Eine ähnliche Vorschrift findet sich auch im amerikanischen FSIA, hier wird in § 1610 (a) „*property used for a commercial activity*" grundsätzlich von der Immunität ausgenommen.[64]

Auch der kanadische State Immunity Act bestimmt in sect. 12 (1b), dass *"...property of a foreign state that is located in Canada is immune from attachment and execution [...] except where the property is used or is intended for a commercial activity"*.

Ein weiteres Beispiel für eine solche Rechtsauffassung stellt sec. 15 des State Immunity Act Singapore dar. Hier wird in Subsection (2b) festgelegt, dass *"the property of a State shall not be subject to any process for the enforcement of a judgment or arbitration award or, in an action in rem, for its arrest, detention or sale"* und in Subsection (4) klargestellt, dass "*Subsection (2) (b) does not prevent the issue of any process in respect of property which is for the time being in use or intended for use for commercial purposes*".

Allerdings wird in diversen Staaten auch noch an einer grundsätzlich absoluten Vollstreckungsimmunität festgehalten. So ist beispielsweise in der usbekischen und der weißrussischen Zivilprozessordnung niedergelegt, dass die Zwangsvollstreckung in das Vermögen eines ausländischen Staates nur mit der Zustimmung der zuständigen Organe des jeweiligen Staates gestattet ist.[65]

Festzuhalten ist damit, dass viele Staaten von einer restriktiven Vollstreckungsimmunität ausgehen und dementsprechend für Gegenstände, die nicht hoheitlichen Zwecken dienen, die Zwangsvollstreckung zulassen. In manchen Staaten, so etwa in der Türkei, wird ausländischen Staaten generell keine Vollstreckungsimmunität gewährt.[66] Andererseits wird in einigen Staaten (noch) an einer absoluten Vollstreckungsimmunität festgehalten.

Deswegen kann die Lehre von der restriktiven Vollstreckungsimmunität jedenfalls noch nicht als universell geltende Regel des Völkergewohnheitsrechts bezeichnet werden.

---

property which is for the time being in use or intended for use for commercial purposes[...]".

64 Zu beachten ist allerdings, dass in § 1610 (a) die Ausnahme nur in Verbindung mit zusätzlichen Voraussetzungen wie z.B. mit einem Immunitätsverzicht oder einer Konnexität zwischen der schadensbegründenden Handlung und dem Vollstreckungsobjekt gegeben ist, vgl. dazu §1610 a (1) – (6). Faktisch ist eine Vollstreckung also nur in begrenzten Fällen möglich.

65 So die Angaben bei BOGUSLAWSKIJ, IPRax 2002,43, 45.

66 REINISCH, EJIL 17 (2006) 803, 813.

3.) Zwischenergebnis

Insgesamt kann damit festgehalten werden, dass die (überwiegende) Mehrheit der Staaten nicht mehr dem Prinzip der absoluten Staatenimmunität im Erkenntnisverfahren folgt, sondern entweder nach Maßgabe einer Liste mit Immunitätsausnahmen oder abstrakt für nicht hoheitliche Tätigkeiten ein gerichtliches Verfahren zulässt. Auch für das Vollstreckungsverfahren gilt, dass eine Vielzahl wenn nicht gar die Mehrheit der Staaten die Vollstreckung in bestimmte staatliche Vermögenswerte zulässt.[67] Dabei wird die Vollstreckungsimmunität allgemein auf solche Vermögenswerte beschränkt, die hoheitlichen Zwecken dienen.

II.) Die restriktive Staatenimmunität im Einzelnen

Nun ist zu untersuchen, wie die restriktive Staatenimmunität im Einzelnen ausgestaltet ist und insbesondere unter welchen Voraussetzungen ein Verfahren gegen den fremden Staat zulässig ist.

Dabei ist zu berücksichtigen, dass das Erkenntnis- und das Vollstreckungsverfahren wie erwähnt jeweils separate Verfahren mit eigenen Regeln sind. Wegen dieser Unterteilung des Verfahrens sind in Bezug auf die Staatenimmunität beide Verfahrensteile unabhängig von einander zu beurteilen.[68]

1.) Erkenntnisverfahren

Restriktive Immunität bedeutet, dass nicht alle staatlichen Handlungsformen durch die Immunität geschützt sind. Deswegen stellt sich die Frage, welche staatlichen Handlungsformen Immunität genießen und welche der Gerichtsbarkeit eines anderen Staates unterworfen sind.

Für diese Differenzierung haben sich zwei verschiedene Vorgehensweisen herausgebildet: Zum einen kann abstrakt zwischen hoheitlichem und nicht hoheitlichem Verhalten unterschieden werden, wie es von der Rechtsprechung in den Staaten praktiziert wird, die keine eigenen Immunitätsgesetze erlassen haben. Zum anderen kann anhand von konkreten Fallgruppen differenziert werden. Diese Vorgehensweise ist den meisten nationalen Immunitätsgesetzen und den internationalen Übereinkommen zugrunde gelegt.

---

67 So jedenfalls auch für den europäischen Raum HAFNER/KOHEN/BREAU, S. 166.

68 Vgl. BVerfGE 46, 342 (367); VON SCHÖNFELD, NJW 1986, 2980, 2985; SHAW, S. 744.

a.) Abstrakte Unterscheidung zwischen hoheitlichem und nicht hoheitlichem Verhalten

Grund für die Entwicklung der restriktiven Immunität war der Umstand, dass sich Staaten wie Private im Wirtschaftsverkehr beteiligten.[69] Es liegt also nahe, für „privates" Handeln der Staaten (sog. *acta iure gestionis*) die Immunität einzuschränken, für Handlungen, die dem originär-staatlichen Verhalten zuzurechnen sind (sog. *acta iure imperii*), die Immunität hingegen weiterhin aufrecht zu erhalten. Diesem Ansatz folgen diejenigen Staaten, die keine eigenen, nationalen Immunitätsgesetze erlassen haben, wie zum Beispiel Deutschland, Frankreich oder die Schweiz.

Bei dieser Vorgehensweise stellt sich die Frage, anhand welcher Kriterien das jeweilige staatliche Verhalten dem hoheitlichen oder nicht hoheitlichen Bereich zugeordnet wird. In Betracht kommt sowohl ein Abstellen auf den Zweck als auch auf die Natur der Handlung.

In der Rechtspraxis vieler Staaten wird die Natur als entscheidendes Kriterium herangezogen.

So erklärte beispielsweise das Bundesverfassungsgericht in seiner Grundsatzentscheidung BVerfGE 16, 27 aus dem Jahre 1963: „*Die Unterscheidung zwischen hoheitlicher und nicht-hoheitlicher Staatstätigkeit kann nicht nach dem Zweck der staatlichen Betätigung vorgenommen werden. [...] Maßgebend kann vielmehr nur die Natur der staatlichen Handlung oder des entstandenen Rechtsverhältnisses sein.*"[70] An dieser Formel wird in der deutschen Immunitätsrechtsprechung auch in der Folgezeit noch ausdrücklich festgehalten.[71]

Auch in der schweizerischen Rechtsprechung ist seit den 60er Jahren anerkannt, dass bei der Entscheidung darüber, ob der Streit auf „*ius imperii*" oder auf „*ius gestionis*" beruht, nur die Natur des Anspruchs maßgebend sein kann, auf den sich der fremde Staat beruft.[72]

---

69 Siehe oben unter B, I, 1.)

70 BVerfGE 16, 27 (61f.).

71 Vgl. beispielsweise LG Frankfurt, Urteil vom 2. 12. 1975 - 3/8 O 186/75 oder BAG, Urteil vom 16.5. 2002 2 AZR 688/0 (jeweils zitiert aus juris).

72 So etwa BGE 86 I 23 S. 29, BGE 111 Ia 52 S.58 und BGE 112 Ia 148 S.150 (jeweils zitiert aus der Internet-Datenbank des schweizerischen Bundesgerichts unter http://www.bger.ch/index.htm).

In der österreichischen Rechtsprechung wird die Abgrenzung ebenfalls nach der Natur des Aktes und nicht nach der Zweckrichtung des staatlichen Handelns vorgenommen.[73]

In Frankreich wird sowohl auf die Natur der jeweiligen Handlung als auch auf ihren Zweck abgestellt. So hat die Cour de Cassation mehrfach festgestellt, dass « *les Etats étrangers et les organismes qui en constituent l'émanation ne bénéficient de l'immunité de juridiction qu'autant que l'acte qui donne lieu au litige participe, par sa nature ou sa finalité, à l'exercice de la souveraineté de l'Etat et n'est donc pas un acte de gestion* ».[74]

Auch in der belgischen Rechtsprechung wird, wenn auch nicht so ausdrücklich wie in den anderen untersuchten Staaten, zumindest mittelbar auf die Natur abgestellt.[75]

Die Beispiele der Rechtspraxis dieser untersuchten Staaten können nicht als Beweis für eine umfassende Staatenpraxis, nach der auf die Natur und nicht die Zwecksetzung der fraglichen Handlung abgestellt wird, gesehen werden. Es zeigt aber, dass mit Ausnahme der französischen Vorgehensweise insgesamt eine klare, regionale Tendenz dahingehend besteht, dass die Natur als maßgeblich angesehen wird.

Diese letztere Vorgehensweise ist auch zu befürworten.

Wird auf den Zweck des Verhaltens abgestellt, so ist festzustellen, dass nahezu jedem staatlichen Verhalten eine hoheitliche Zielsetzung zugrunde liegt.[76] Auch eine rein wirtschaftliche Tätigkeit wie der Abschluss eines Kaufvertrags über ein Haus, ein Auto oder auch über Schreibmaterial dient letzten Endes immer staatlichen Zwecken.

---

73 Vgl. die Entscheidung des Obersten Gerichtshofs Österreich vom 11.6.2001, Az. 8ObA201/00t und vom 28.08.2003, Az. 2Ob156/03k sowie die Entscheidung des LG für ZRS Wien vom 23.01.2001, Az. 40R7/01b (jeweils zitiert aus der Internet-Datenbank des Rechtsinformationssystems des österreichischen Bundeskanzleramts unter http://www.ris.bka.gv.at/Judikatur/).

74 So etwa die Entscheidungen Cour de cassation civile, Chambre sociale, 31 mars 2009, No. 07-45.618 ; Cour de Cassation Chambre mixte du 20 juin 2003 00-45.629, 00-45.630 und Cour de cassation civile Chambre civile 1 19 novembre 2008 07-10.570 (jeweils zitiert aus dem französischen Rechtsportal http://www.easydroit.fr/jurisprudence/).

75 Siehe Cour du Travail, Bruxelles 19/06/2007 numéro de rôle 47.199 (zitiert aus dem belgischen Rechtsportal http://jure.juridat.just.fgov.be/)

76 SCHREUER, S. 15.

Eine allein am Zweck orientierte Abgrenzung würde folglich immer zu dem Ergebnis führen, dass das Verhalten hoheitlich ist und somit Immunität gewährt werden müsste, was letztlich eine Rückkehr zur absoluten Immunität darstellen würde.[77]

Hinzu kommt, dass der Zweck einer Handlung in vielen Fällen dem Geschäftspartner verborgen bleibt. Er weiß nicht, ob er im Falle eines Rechtsstreits mit Erfolg gegen den Staat gerichtlich vorgehen könnte. Demnach würde eine am Zweck orientierte Abgrenzung auf intransparenten Kriterien basieren und damit zu Rechtsunsicherheit führen. Auch aus diesem Grund ist ein Abstellen auf den Handlungszweck abzulehnen.

Bei einem Abstellen auf die Natur des Verhaltens wird hingegen geprüft, ob sich in dem Verhalten typische Staatsgewalt ausdrückt[78] oder ob es sich um eine Handlung nicht hoheitlicher Natur handelt. Auf dieser Basis kann zwischen den verschiedenen staatlichen Verhaltensweisen deutlich differenziert werden mit der Folge, dass nicht automatisch alle Aktionen dem hoheitlichen Bereich zugeordnet werden.

Da ferner bei dieser Abgrenzung transparente und für alle Beteiligten nachvollziehbare Kriterien eine Rolle spielen, sprechen die besseren Argumente sowie die dargestellte (regionale) Staatenpraxis für die Orientierung an der Natur der Maßnahme.

b.) Unterscheidung mithilfe von konkreten Fallgruppen

Neben der dargestellten abstrakten Unterscheidung zwischen hoheitlichem und nicht hoheitlichem Verhalten existiert ein weiterer Ansatz zur Feststellung, welches staatliche Verhalten von der Immunität erfasst ist. Dieser orientiert sich an konkreten Fallgruppen und liegt regelmäßig den nationalen Gesetzen und völkerrechtlichen Verträgen über die Immunität zugrunde

Bei dieser Vorgehensweise gibt es grundsätzlich zwei Möglichkeiten: Zum einen mittels einer sog. Positivliste, d.h. der Auflistung aller Sachverhalte, für die Immunität gewährt wird. Zum anderen ist die Erstellung einer sog. Negativliste möglich, bei der ausdrücklich die Sachverhalte aufgelistet werden, die von der grundsätzlich geltenden Immunität ausgenommen sind.

---

77 DAMIAN, S. 102.

78 VON SCHÖNFELD, NJW 1986, 2980, 2984.

In der Praxis hat sich dazu folgendes Vorgehen entwickelt: §1604 des amerikanischen FSIA legt die Immunität als Grundsatz fest,[79] §§1605 bis 1607 listen die Ausnahmen auf. Entsprechendes gilt für den britischen SIA: Hier statuiert sec. 1 die Immunität als Grundregel und sec. 2-11 legen die Ausnahmen fest.[80] Auch der kanadische State Immunity Act folgt diesem Aufbau. Es legt in sec. 3 die Immunität als Grundsatz fest und zählt in sec. 4-8 die Immunitätsausnahmen auf.[81] Ein anderes Beispiel für diesen Aufbau stellt der State Immunity Act Singapore dar: Hier ist in sec. 3 die Immunität als Grundsatz festgelegt, in sec. 4-13 sind die Fälle aufgezählt, in denen sich der Staat nicht auf Immunität berufen kann. Auch der australische Foreign States Immunities Act beruht auf dieser Systematik: Hier wird in sec. 9 die Immunität als Grundregel genannt[82] und in sec. 10-21 aufgezählt, unter welchem Umständen Gerichtsbarkeit ausgeübt werden darf.

Diese nationalen Immunitätsgesetze gehen also von einer grundsätzlichen Immunität aus und listen als Ausnahmen Verhaltensweisen auf, die der Gerichtsbarkeit unterfallen. Es handelt sich also um Negativlisten.

Auch auf völkervertragsrechtlicher Ebene findet sich dieser Aufbau wieder. Im Europäischen Übereinkommen über Staatenimmunität ist in Art. 15 des Übereinkommens[83] der Grundsatz der Immunität aufgestellt, zu dem in Art. 1-14 die Ausnahmen aufgelistet sind.

Auch die noch nicht in Kraft getretene UN-Konvention über die Immunität der Staaten und ihres Vermögens legt in ihrem Art. 5[84] eine grundsätzliche Immunität fest und zählt in Art. 7-17 Fälle auf, in denen keine Immunität gewährt wird.

---

79 §1604. *„...a foreign state shall be immune [...] except as provided in sections [...] of this chapter“*; siehe auch *Hess* S. 82 zum Aufbau des FSIA.

80 Sec. 1. *„...a state is immune [...] except as provided in...“;* siehe auch hierzu *Hess* S. 123 bezüglich der Systematik des SIA.

81 Sec. 3. (1) *Except as provided by this Act, a foreign state is immune from the jurisdiction of any court in Canada.*

82 Sec. 9: *Except as provided by or under this Act, a foreign State is immune from the jurisdiction of the courts of Australia in a proceeding.*

83 Art. 15: *„Ein Vertragsstaat kann vor den Gerichten eines anderen Vertragsstaats Immunität von der Gerichtsbarkeit beanspruchen, wenn das Verfahren nicht unter die Artikel 1 bis 14 fällt [...].“.*

84 Art. 5: *“A State enjoys immunity, in respect of itself and its property, from the jurisdiction of the courts of another State subject to the provisions of the present Convention.”.*

Dies ist ebenfalls ein Beleg für den Grundsatz der Immunität und ihren Vorrang gegenüber der nationalen Gerichtsbarkeit.

Es wird also deutlich, dass die Kodifikationen und nationalen Gesetze die Immunität als Regelfall festlegen und in einer Negativliste die Ausnahmen davon aufzählen.[85]

Bezüglich dieser Ausnahmen lassen sich einige Hauptkategorien bilden, die in der Mehrzahl der dargestellten Texte vorhanden sind: wirtschaftliche Betätigung des Staates[86], Arbeitsverträge[87], im Forumstaat begangene, unerlaubte Handlungen (sog. gebietsbezogene Deliktsausnahme)[88], Immobiliarvermögen im Forumstaat[89], geistiges Eigentum[90] und Beteiligungen an Gesellschaften[91]. Bei diesen Fällen entfällt die Immunität, sodass der Staat der Gerichtsbarkeit des Forumstaats unterworfen ist.

c.) Vergleich der beiden Unterscheidungsmethoden

Zunächst ist festzustellen, dass sich im Ergebnis beide Vorgehensweisen kaum unterscheiden: Bei den in den Gesetzen und Abkommen aufgelisteten Kategorien von Verhaltensweisen, die nicht der Immunität unterfallen, handelt es sich überwiegend um privatwirtschaftliches Verhalten. Diese Fallgruppen wären auch bei der abstrakten Unterscheidung zwischen hoheitlichem und nicht hoheitlichem Verhalten von der Immunität ausgenommen. Nur bei unerlaubten Handlungen im Forumstaat führen die Differenzierungsmethoden zu unterschiedlichen Ergebnissen: Da bei der Unterscheidung nach Fallgruppen nicht zwischen hoheitlichem und nicht hoheitlichem Verhalten differenziert wird, werden im Rahmen der sog. gebietsbezogenen Deliktsausnahme unerlaubte Handlungen im Forumstaat insgesamt von der Immunität ausgenommen.

---

85 So auch HESS, S. 48 und GEIGER, NJW 1987, 1124, 1125.

86 Art. 4-8 EuÜSI, Art. 10 UN-Konvention, §1605 a (2) FSIA, sec. 3 brit SIA, sec. 5 can SIA, sect. 11 austral FSIA.

87 Art. 5 EuÜSI, Art. 11 UN-Konvention, sec. 4 SIA., sect. 12 austral. FSIA.

88 Art. 11 EuÜSI, Art. 12 UN-Konvention, § 1605 a (5) FSIA, sec. 5 SIA, sec. 6 can SIA, sect. 13 austral. FSIA. Zu der Bezeichnung als gebietsbezogene Deliktsausnahme siehe DÖRR, AVR 41 (2003) 201, 208.

89 Art. 9, 10 EuÜSI, Art. 13 UN-Konvention, §1605 a (4) FSIA, sec. 6 SIA, sect. 14 austral. FSIA.

90 Art. 8 EuÜSI, Art. 14 UN-Konvention, sec. 7 SIA, sect. 15 austral. FSIA.

91 Art. 6 EuÜSI, Art. 15 UN-Konvention, sec. 8 SIA, sect. 16 austral. FSIA.

Nach der abstrakten Differenzierungsmethode würde demgegenüber für hoheitliches, deliktisches Verhalten Immunität gewährt.

Zu klären ist nun, in welchem Verhältnis die Unterscheidungsmethoden zu einander stehen. Teilweise wird vertreten, aufgrund der oben dargestellten, bei der abstrakten Unterscheidungsmethode auftretenden Gefahr von uneinheitlichen Ergebnissen die abstrakte Abgrenzung zwischen *acta iure imperii* und *acta iure gestionis* nur als „grobe Faustregel" heranzuziehen.[92] Durch den Erlass der verschiedenen Konventionen, denen das Regel-Ausnahme-Konzept zugrunde liegt, sei eine Abkehr von dieser abstrakten Abgrenzungsmethode festzustellen. Dies könne bereits eine neue, für die Entstehung von Völkergewohnheitsrecht maßgebende *opinio iuris* darstellen.[93]

Diesem Argument der Abkehr von der abstrakten Abgrenzungsmethode ist zu entgegnen, dass die aktuelle Gerichtspraxis weiterhin an der abstrakten Abgrenzungsmethode festhält.[94] Es fehlt also offensichtlich an einer entsprechenden einheitlichen Staatenpraxis und damit an einer der Grundvoraussetzungen für die Existenz von Völkergewohnheitsrecht, wonach eine Abkehr von der abstrakten Abgrenzungsmethode und ein alleiniger Rückgriff auf die Abgrenzung durch konkrete Fallgruppen als gefestigtes Gewohnheitsrecht bezeichnet werden kann.

Desweiteren ist zu berücksichtigen, dass das UN-Übereinkommen über Staatenimmunität als das Aktuellste der Übereinkommen ebenfalls auf der Unterscheidung anhand von konkreten Fallgruppen basiert. Hätten die Staaten mehrheitlich die Rechtsüberzeugung, dass dies die vorzugswürdigere Vorgehensweise darstellt, so hätten sie dieses Übereinkommen ratifizieren können. Dies haben aber bisher nur 13 Staaten[95] getan. Aus der Tatsache, dass die Mehrheit der Staaten das Übereinkommen nicht ratifiziert hat, kann also geschlossen werden, dass dieses zumindest nicht vollständig ihre Rechtsüberzeugung wiedergibt.

---

92 Geiger, NJW 1987, 1124, 1126.

93 Geiger, NJW 1987, 1124 ,1126.

94 Siehe z.B. das Urteil des BVerfG vom 6.12. 2006 (zitiert aus juris) oder die Entscheiung der Cour de cassation civile Chambre civile 1 19 novembre 2008 07-10.570 (jeweils zitiert aus dem französischen Rechtsportal http://www.easydroit.fr/jurisprudence/).

95 So die Angaben unter http://treaties.un.org/Pages/ViewDetails.aspx?src=TREA&mtdsg_no=III-13&chapter=3&lang=en (Stand April 2012).

Auch dies ist ein Zeichen dafür, dass noch keine einheitliche Rechtsüberzeugung dahingehend existiert, dass die Unterscheidung anhand von konkreten Fallgruppen die abstrakte Unterscheidung abgelöst hätte.

Festzuhalten ist also, dass beide Vorgehensweisen hinsichtlich der konkreten Ausgestaltung der restriktiven Immunität parallel existieren. Wie bereits erwähnt tendiert die Gesetzgebung sowohl auf nationaler als auch auf internationaler Ebene zur Abgrenzung anhand von Fallgruppen, während die Rechtsprechung an der pauschalen Abgrenzung zwischen *acta iure imperii* und *acta iure gestionis* festhält. Es ist bislang nicht ersichtlich, dass eine Unterscheidungsmethode von der anderen abgelöst wurde.

d.) Zwischenergebnis zum Inhalt der restriktiven Immunität im Erkenntnisverfahren

Insgesamt ist trotz der unterschiedlichen Vorgehensweisen bei beiden Methoden allgemein anerkannt, dass grundsätzlich für hoheitliches Verhalten Immunität beansprucht werden kann. „Private“, nicht hoheitliche Tätigkeiten hingegen unterfallen nach beiden Ansätzen der Gerichtsbarkeit des fremden Staates. Nur bei unerlaubten Handlungen gewähren die Immunitätsgesetze auch für hoheitliches Verhalten keine Immunität, da unerlaubte Handlungen pauschal von der Immunität ausgenommen sind.

2.) Vollstreckungsverfahren

Nun ist der Inhalt der Vollstreckungsimmunität näher zu untersuchen. Wie oben gezeigt, gilt auch diese grundsätzlich nur noch in begrenztem Umfang. Es stellt sich daher die Frage, unter welchen Voraussetzungen und für welche Objekte Vollstreckungsmaßnahmen eingeleitet werden dürfen, ohne die Souveränität des fremden Staates zu beeinträchtigen.

Die Vollstreckung des Urteils stellt einen wesentlich gravierenderen Eingriff in die Souveränität des fremden Staats dar als die bloße gerichtliche Überprüfung des Verhaltens mit einer eventuellen Verurteilung, da der Staat seine Vermögenswerte benötigt, um sich repräsentieren zu können und handlungsfähig zu sein. Deswegen sind für die Vollstreckung gesonderte Regelungen zu beachten.

a.) Zulässige Vollstreckungsobjekte

Wie bereits oben erwähnt, ist allgemein anerkannt, dass nicht in solche Vermögenswerte vollstreckt werden darf, die hoheitlichen Zwecken dienen. Die Frage ist, bezüglich welcher Vermögenswerte im Einzelnen Vollstreckungsmaßnahmen zulässig sind. Insoweit können die folgenden Beispiele aus der Rechtsprechung Aufschluss geben.

Innerhalb der Objekte, die hoheitlichen Zwecken dienen, differenziert das Bundesverfassungsgericht zwischen Vermögenswerten mit einem Sonderstatus und sonstigen hoheitlich genutzten Gegenständen. Erstere sind neben den diplomatisch genutzten Gegenständen und Vermögenswerten solche, die konsularischen Zwecken dienen, aber auch Staatsschiffe und -flugzeuge oder Material der Streitkräfte. Als sonstige hoheitlich genutzte Gegenstände und Vermögenswerte eines ausländischen Staates im Vollstreckungsstaat verbleiben im Wesentlichen Kultur- und Forschungseinrichtungen, Handelsvertretungen und andere nicht spezifisch einem Sonderzweck mit erhöhtem Schutzstatus zugewiesene Werte.[96]

Auch der BGH sieht kulturelle Einrichtungen als vom Vollstreckungsverbot umfasst, da die vom Staat abhängige Repräsentation von Kultur und Wissenschaft im Ausland auch durch Mittelorganisationen zur Wahrnehmung ausländischer Gewalt gehöre.[97]

Entsprechendes hat auch das KG Berlin kürzlich festgestellt. Es erklärte, dass Kunstgegenstände, die im Staatseigentum stehen, der allgemeinen Vollstreckungsimmunität unterfallen.

Die hoheitliche Zweckbestimmung setze nicht die unmittelbare Betroffenheit des Kernbereichs ausländischer hoheitlicher Tätigkeit voraus, auch sonstiges hoheitliches Handeln, wozu auch und insbesondere kulturelle Einrichtungen und/oder Kulturgüter eines fremden Staates gehörten, könne unter die allgemeine Staatenimmunität fallen.[98]

Solche potentiellen Vollstreckungsobjekte können aber nicht nur bewegliche oder unbewegliche Sachen darstellen. Auch Geldforderungen des Staates

---

96 BVerfG, Beschluss des Zweiten Senats vom 6. Dezember 2006 Az. 2 BvM 9/03 Rn. 44 (zitiert aus juris).

97 BGH, Beschluss vom1.10. 2009 Az. VII ZB 37/08 (zitiert aus juris).

98 KG Berlin, Beschluss vom 05.03.2010, Az. 18 W 2/10 (zitiert aus juris) siehe dazu im Einzelnen bei WELLER, IPRax 2011, 574, der davon ausgeht, dass sich in der Staatenpraxis Anzeichen für eine völkergewohnheitsrechtliche Regel mehren, nach der ausländische Kunstwerke und Kulturgüter Vollstreckungsimmunität genießen.

sind potenzielle Vollstreckungsobjekte, sofern diese nicht hoheitlichen Zwecken dienen.

Eine Forderung, die aus der Teilnahme der Schuldnerin am normalen Wirtschaftsleben nämlich der Vermietung bzw. Verpachtung von Ladenlokalen entsprang, resultierte nach Auffassung des LG Hagen beispielsweise nicht aus der Wahrnehmung hoheitlicher Zwecke, sondern diente allenfalls mittelbar öffentlichen Zwecken, weswegen das Gericht die Voraussetzungen der Vollstreckungsimmunität nicht für gegeben sah.[99]

Eine Forderungspfändung war nach Auffassung des OLG Köln hingegen unzulässig für solche Ansprüche, die für Zwecke der Luftverkehrsverwaltung verwendet werden.[100]

Uneinheitlich fällt die Behandlung von Vermögensgegenständen aus, die einen gemischten Verwendungszweck aufweisen. So hat beispielsweise das schweizerische Bundesgericht im Zusammenhang mit der Vollstreckung in eine Immobilie, die als nicht wirtschaftlich ausgerichtete Bildungs- und Erholungsstätte dienen sollte, entschieden, dass sofern der öffentliche bzw. hoheitliche Zweck überwiegt, die Immunität zu bejahen ist.[101] Unabhängig von den „Mehrheitsverhältnissen" des Verwendungszweckes entscheiden demgegenüber Gerichte in Österreich und Deutschland. So erklärte der österreichische Oberste Gerichtshof, dass die Vollstreckung in ein bei einem inländischen Kreditinstitut laufendes Konto der Vertretung eines ausländischen Staates nicht nur dann unzulässig ist, wenn dieses Konto ausschließlich dem Zweck der Ausübung der Souveränitätsrechte diene, sondern auch dann, wenn es neben hoheitlichen auch privatrechtlichen Zwecken diene.[102] Das KG Berlin entschied vor kurzem, dass bei gemischt genutzten Gegenständen das Völkerrecht einer Vollstreckung in die nicht hoheitlich genutzten Teile nicht entgegenstehe – es bestehe keine Regel des Völkerrechts, wonach bei gemischt genutzten Gegenständen die Immunität entfällt, sofern nicht die Nutzung zu hoheitlichen Zwecken überwiegt.[103]

---

99 LG Hagen, Beschluss vom 16.01.2008, Az. 3 T 377/07, 3 T 405/07 (zitiert aus juris).

100 OLG Köln, Beschluss vom 06.10.2003, Az. 16 W 35/02 (zitiert aus juris).

101 Schweizerisches Bundesgericht, Urteil vom 30. April 1986, Az. 112 Ia 148 (zitiert aus der Internet-Datenbank des schweizerischen Bundesgerichts unter http://www.bger.ch/index.htm).

102 Beschluss des österreichischen OGH vom 30.4. 1986, Az. 3Ob38/86 (zitiert aus der Internet-Datenbank des Rechtsinformationssystems des österreichischen Bundeskanzleramts unter http://www.ris.bka.gv.at/Judikatur/).

103 KG Berlin, Beschluss vom 14.6.2010, Az. 1 W 276/09 (zitiert aus juris).

Festzuhalten ist, dass die dargestellten Beispiele keine zu verallgemeinernde Regel des Völkerrechts darstellen. Sie können aber jedenfalls als eine Orientierung bezüglich der Tauglichkeit als Vollstreckungsobjekt dienen.

b.) Zeitlicher Anknüpfungspunkt

Zu klären ist nun, welche Anforderungen an den zeitlichen Anknüpfungspunkt zu stellen sind. Insoweit ist fraglich, ob zur Beanspruchung von Immunität schon die bloße Möglichkeit ausreicht, dass das Objekt hoheitlichen Zwecken dienen kann, bzw. die Tatsache, dass das Vollstreckungsobjekt erst während des Vollstreckungsverfahrens einen hoheitlichen Verwendungszweck erhält oder ob das Objekt schon bei Beginn des Vollstreckungsverfahrens hoheitlichen Zwecken dienen muss.

Hier ist die Rechtslage uneinheitlich: Nach dem Wortlaut des britischen und kanadischen SIA sowie der UN-Konvention werden auch künftige Zwecke berücksichtigt.[104] Der FSIA stellt auf den Zeitpunkt des Beginns der Vollstreckung ab.[105]

Das Bundesverfassungsgericht setzt für die Möglichkeit der Vollstreckung in staatliches Vermögen ebenfalls voraus, dass das Vollstreckungsobjekt im Zeitpunkt des Beginns der Vollstreckungsmaßnahme hoheitlichen Zwecken des fremden Staates dient.[106]

Nach schweizerischer Rechtsprechung ist es entscheidend, dass es sich um Objekte handelt, die der Staat „für seinen diplomatischen Dienst oder für andere ihm als Träger öffentlicher Gewalt obliegende Aufgaben bestimmt hat", sodass auch hier aufgrund der gewählten Formulierung die Zweckbestimmung bei Verfahrensbeginn bereits vorliegen muss.[107]

---

104 Vgl. sec 13 (4) brit. SIA *"...being in use oder intended for use..."*, sect. 12 (1b) can. SIA *"property is used or is intended for a commercial activity"* und Art. 13 UN-Konvention *"...is in use or intended for use..."*.

105 § 1610 FSIA *"... used for a commercial activity..."*.

106 So BVerfGE 46, 342, 343.

107 So ausdrücklich BGE 112 Ia 148 S. 15; vergleichbar beispielsweise BGE 111 Ia 62 S. 65 (zitiert aus der Internet-Datenbank des schweizerischen Bundesgerichts unter http://www.bger.ch/index.htm)

Auch in der österreichischen und belgischen Rechtsprechung scheint es auf gegenwärtige Zwecke anzukommen: Wenn dafür auch nicht ausdrücklich Position eingenommen wurde, so spricht die gerichtliche Ausdrucksweise dafür, dass das Objekt den hoheitlichen Zwecken bereits gewidmet sein muss.[108]

Festzuhalten ist aber, dass aufgrund dieser uneinheitlichen Vorgehensweise der Staaten keine völkergewohnheitsrechtliche Verpflichtung in Bezug auf den für die Widmung des Vollstreckungsobjekts maßgeblichen Zeitpunkt besteht. Allenfalls ist eine regionale, europäische Tendenz zu erkennen, nach der der Zweck bereits bei Beginn des Vollstreckungsverfahrens gegeben sein muss. Die Staaten können folglich ihrer jeweiligen bisherigen Praxis folgen ohne gegen das Völkerrecht zu verstoßen.

Es muss aber angemerkt werden, dass die Auffassung, nach der das Objekt bereits bei Beginn des Vollstreckungsverfahrens seine Zweckbestimmung erfahren haben muss, die sachgerechtere Methode darstellt. Denn werden auch künftige Zwecke beachtet, sind besonders zwei Faktoren problematisch: Zum einen kann es zu Abgrenzungsproblemen kommen bezüglich der Frage, in welchem Zeitrahmen der zukünftige hoheitliche Zweck eintreten wird. Zum anderen stellt sich die Frage, wie konkret die Möglichkeit des Eintritts bestehen muss. Ein Abstellen auf künftige Zwecke hat damit erhebliche Rechtsunsicherheit zur Folge, was gerade bei der in der Praxis bedeutenderen Vollstreckungsimmunität für den Gläubiger massive Nachteile bringt und daher durch die alleinige Berücksichtigung des aktuellen Verwendungszwecks umgangen werden sollte.

Deswegen wird auch argumentiert, dass eine Umwidmung des Vollstreckungsobjekts damit auch nur bis zum Beginn des Vollstreckungsverfahrens möglich sei – bis dahin erlaube die Herrschaft über das Eigentum dem Staat die Umwidmung eines Vermögensgegenstandes. Dies zu unterbinden, nur weil eine gerichtliche Auseinandersetzung bestehe, ließe sich weder dem Völkerrecht noch nationalen Vorschriften entnehmen. Etwa anderes gelte allenfalls dann, wenn die Umwidmung der bewussten Vermeidung der Zwangsmaßnahme diene.[109]

---

108 Beschluss des österreichischen OGH vom 30.4. 1986, Az. 3Ob38/86 (zitiert aus der Internet-Datenbank des Rechtsinformationssystems des österreichischen Bundeskanzleramts unter http://www.ris.bka.gv.at/Judikatur/); Urteil des Tribunal de première instance, Bruxelles, 09/03/1995(zitiert aus dem belgischen Rechtsportal http://jure.juridat.just.fgov.be/).

109 ALBERT, S. 301.

c.) Konnexitätserfordernis als weitere Vollstreckungsvoraussetzung?

Zu klären ist schließlich, ob ein Zusammenhang zwischen der schadensbegründenden Handlung und dem Vollstreckungsobjekt vorliegen muss, damit die Vollstreckung zulässig ist.

Die US-amerikanische Rechtspraxis fordert eine solche Verbindung. So besagt §1610 a (2) FSIA: „*The property in the United States of a foreign state [...]used for a commercial activity in the United States, shall not be immune from attachment in aid of execution, or from execution, upon a judgment entered by a court of the United States or of a State after the effective date of this Act, if [...] the property is or was used for the commercial activity upon which the claim is based*".

Dadurch wird die Suche des Gläubigers nach geeigneten Vollstreckungsobjekten deutlich erschwert.

Es ist aber zu beachten, dass kein anderes später erlassenes Immunitätsgesetz diese Formulierung aufgegriffen hat und einen solchen Zusammenhang für die Zulässigkeit der Vollstreckung fordert. Auch in der Praxis von Staaten ohne Immunitätsgesetz besteht ein solches Erfordernis nicht.

Das noch nicht in Kraft getretene UN-Übereinkommen fordert ebenfalls nicht, dass ein Zusammenhang zwischen der Handlung und dem Vollstreckungsobjekt besteht. Es verlangt lediglich in Art. 19 (c), dass das Vermögen eine Beziehung zu der Rechtsperson hat, gegen die die Klage gerichtet wurde, aus der sich der Titel ergibt.

Deswegen ist eine Konnexität zwischen der schadensbegründenden Handlung und dem Vollstreckungsobjekt keine völkergewohnheitsrechtlich vorgeschriebene, notwendige Vollstreckungsvoraussetzung.

Dies ist auch sachgemäß und entspricht der Entwicklung des Immunitätsrechts, da der von den USA geforderte Zusammenhang die Durchsetzbarkeit von Ansprüchen erheblich beschränkt und damit eine Ausdehnung der Immunität darstellt.[110]

3.) Zwischenergebnis

Es bleibt also festzuhalten, dass nach dem momentanen Stand des Völkerrechts ausländischen Staaten im Erkenntnisverfahren Immunität zu gewähren ist, soweit hoheitliches Verhalten des Staates betroffen ist. Handelt es sich

110 SCHAUMANN in SCHAUMANN/HABSCHEID, S. 149.

hingegen um nicht hoheitliches Verhalten, so kann gegen den Staat ein Urteil ergehen. Hat der Gläubiger auf diese Weise einen Titel erwirkt, so kann in Vermögenswerte des Staates vollstreckt werden, wenn diese nicht hoheitlichen, also insbesondere nicht diplomatischen oder militärischen Zwecken dienen.

III.) Immunitätsverzicht

Neben den dargestellten Ausnahmen von der Immunität besteht immer die Möglichkeit, dass der Staat auf sein Recht auf Immunität verzichtet. Diese Ausnahme galt schon zu Zeiten der absoluten Immunität[111] und findet sich in den bereits erwähnten Immunity Acts und den Konventionen über Staatenimmunität wieder.[112]

Bei einem Verzicht ist die Ausübung der Gerichtsbarkeit zulässig, da keine aus der Souveränität fließenden Rechte des in Anspruch genommenen Staates verletzt werden, weil dieser auf den Schutz der Rechte verzichtet hat.[113] Für den Staat stellt der Verzicht somit einen (freiwilligen) Souveränitätsverlust dar, für den Gerichtsstaat bedeutet er hingegen einen Zuwachs an Souveränität.[114]

1.) Bedeutung und Rechtsnatur des Immunitätsverzichts

Aufgrund der allgemeinen Geltung der restriktiven Immunität hat der Verzicht nur noch konstitutive Wirkung, soweit er die Immunität bezüglich hoheitlichen Handelns und hoheitlich genutzten Vermögens betrifft. In allen anderen Fällen ist die Einleitung von Erkenntnis- und Vollstreckungsverfahren ohnehin zulässig, sodass in diesem Bereich ein Verzicht nur noch deklaratorische Wirkung hat.[115]

---

111 STEINBERGER, EPIL IV (2000) 615, 622.

112 § 1605 a (1) und § 1610 a (1) FSIA, sec. 2 und sec. 13 (3) SIA, Art. 1-3 EuÜSI, sowie Art. 7-9 UN-Konvention.

113 MALINA, S. 57.

114 HABSCHEID in SCHAUMANN/HABSCHEID, S. 217.

115 Vgl. Urteil des BVerfGE vom 6.12. 2006, Rn. 34 (zitiert aus juris) und STEINBERGER, EPIL IV (2000) 615, 622.

Dennoch hat der Verzicht in der Praxis eine große Bedeutung. Durch den Immunitätsverzicht können die für den jeweiligen Sachverhalt durchaus schwierigen Rechts- und Abgrenzungsfragen etwa hinsichtlich der Hoheitlichkeit des Verhaltens bzw. des Vermögenswerts umgangen werden. Das fragliche Rechtsgeschäft gewinnt dadurch entscheidend an wirtschaftlichem Wert und damit an Akzeptanz bei den Vertragspartnern.

Die Erklärung des Verzichts erfolgt allein durch den in Anspruch genommenen Staat, da dieser ein ihm zustehendes Recht abgibt. Er beruht nicht auf einer Willensübereinstimmung zwischen verzichtendem Staat und Gerichtsstaat,[116] einer Annahme seitens des Forumstaats bedarf es somit nicht. Die Verzichterklärung muss dem Betroffenen lediglich zugehen. Es handelt sich folglich um ein einseitiges Rechtsgeschäft.

2.) Voraussetzungen für einen wirksamen Verzicht

Ein Verzicht unterliegt regelmäßig keinen Formanforderungen. Er kann mündlich und schriftlich, sowie ausdrücklich und konkludent, beispielsweise durch Erhebung einer Widerklage,[117] erklärt werden.[118]

Dies kann zum einen auf völkerrechtlicher Ebene zwischen zwei Staaten erfolgen, zum anderen hat die Rechtsprechung der meisten Staaten aber auch einen Verzicht in privatrechtlicher Vertragsform gegenüber natürlichen oder juristischen Personen des Forumstaats anerkannt.[119]

Auch der Zeitpunkt für die Erklärung eines Verzichts ist nicht fest vorgeschrieben. So kann er sowohl im Voraus, beispielsweise zu Beginn der geschäftlichen Beziehungen, als auch erst nach Entstehung der Streitigkeit ausgesprochen werden.[120]

Weiterhin kann ein Verzicht sowohl für eine individuelle Streitsache als auch für einen ganzen Bereich möglicher Streitigkeiten erklärt werden.[121]

Bezüglich der Berechtigung zur Erklärung eines Verzichts gelten ebenfalls keine besonderen Anforderungen. Neben den zentralen Organen des auswär-

---

116 HABSCHEID in SCHAUMANN/HABSCHEID, S. 218.

117 Z.B. § 1607 FSIA, Art. 9 UN-Konvention, wenn auch im Einzelnen umstritten, siehe dazu DAMIAN S.45 ff.

118 DAMIAN, S. 38; DAHM/DELBRÜCK/WOLFRUM, Bd. I/1, S. 469; BROWNLIE, S. 340; sowie § 1605 a (1) und § 1610 a (1) FSIA.

119 SCHAUMANN in SCHAUMANN/HABSCHEID, S. 28.

120 SCHAUMANN in SCHAUMANN/HABSCHEID, S. 29.

121 STEINBERGER, EPIL IV (2000) 615, 622.

tigen Verkehrs und ausdrücklich Bevollmächtigten kommen alle staatlichen Organe im Rahmen ihrer jeweiligen Aufgabenbereiche in Betracht.[122]

Zu beachten ist, dass aufgrund des mit dem Verzicht verbundenen Rechtsverlusts an eine solche Unterwerfung strenge Anforderungen zu stellen sind. Der Unterwerfungswille muss stets klar und eindeutig zum Ausdruck kommen.[123] Ein rein passives Verhalten, wie das Schweigen nach Klagezustellung, wird daher regelmäßig nicht als Verzicht anerkannt.[124] Grund dafür ist, dass der Staat darauf vertrauen können muss, dass seine Immunität von Amts wegen überprüft wird. Hinzu kommt, dass im Völkerrecht ohnehin das Unterlassen nur in seltenen Fällen zum Rechtsverlust führt.[125] Allgemein gilt somit, dass ein Verzicht nie vermutet werden darf.[126]

3.) Wirkung und Tragweite des Verzichts

Der Umfang eines Verzichts hängt immer vom Willen des verzichtenden Staates ab.[127] Staaten können dabei sowohl einen pauschalen Verzicht aussprechen, als auch den Verzicht auf das Erkenntnisverfahren beschränken (sog. partieller Verzicht)[128].

Was im Einzelfall gewollt ist, ist mithilfe allgemeiner, völkerrechtlicher Auslegungsregeln zu ermitteln, wobei als Ausgangspunkt zunächst der Wortlaut und bei einem konkludentem Verzicht die jeweiligen Umstände heranzuziehen sind.[129]

Da der Verzicht auf Immunität einen Rechtsverlust darstellt, muss er im Zweifel restriktiv ausgelegt werden.[130] Daher erscheint es fragwürdig und überholt, dass teilweise davon ausgegangen wird, dass ein vor oder während des Erkenntnisverfahrens abgegebener Verzicht grundsätzlich auch für die Zwangsvollstreckung gelten soll und dass, solange der Staat sich nicht aus-

---

122 STEINBERGER, EPIL IV (2000) 615, 622.

123 DAHM/DELBRÜCK/WOLFRUM, Bd. I/1, S. 470.

124 DAMIAN, S. 40.

125 DAMIAN, S. 40.

126 IPSEN, § 18, Rn. 16 unter Verweis auf die Entscheidung des IGH im Norwegischen-Anleihen-Fall, ICJ Reports 1957, 9.

127 SCHAUMANN in Schaumann/Habscheid, S. 224.

128 SCHAUMANN in Schaumann/Habscheid, S. 224.

129 STEINBERGER, EPIL IV (2000) 615, 623.

130 DAMIAN, S. 43 unter Verweis auf PFLUGER, Die einseitigen Rechtsgeschäfte, 1936 S. 272.

drücklich nur zu einem partiellen Verzicht bekennt, eine Vermutung zugunsten des Forumstaats dahingehend besteht, dass der Verzicht für beide Verfahrensteile gelten soll.[131] Vielmehr ist mittlerweile anerkannt, dass allein von einem Immunitätsverzicht bezüglich des Erkenntnisverfahrens noch nicht auf einen Immunitätsverzicht im Vollstreckungsverfahren geschlossen werden kann.[132] Dies belegt auch sec. 13 (3) SIA: *"... a provision merely submitting to the jurisdiction of the courts is not to be regarded as a consent for the purposes of this subsection."*

Wegen des erwähnten Gebots restriktiver Auslegung und der besonderen Intensität eines Vollstreckungszugriffs kann ein Gesamtverzicht daher nur dann angenommen werden, wenn dieser eindeutig erklärt wurde.[133]

Es ist jedoch zu beachten, dass auch ein ausdrücklich ausgesprochener Gesamtverzicht, der die Vollstreckung in hoheitlich genutztes Vermögen zulässt, immer nur im Rahmen des allgemeinen Völkerrechts gilt.

So hat das Bundesverfassungsgericht vor kurzem im Zusammenhang mit argentinischen Staatsanleihen eindeutig klargestellt, dass spezielle völkerrechtliche Bereiche wie zum Beispiel das Diplomaten- und Konsularrecht eigenständig auf einen Verzicht überprüft werden müssen und von den dargestellten Regeln zur allgemeinen Staatenimmunität nicht erfasst sind.[134] Aufgrund des besonderen Schutzes der diplomatischen Immunität[135] müsse daher die Vollstreckung in diesen Bereich ausdrücklich zugelassen werden – Anhaltspunkte dafür, dass auch ein lediglich pauschaler Verzicht ausreichen soll, um diesen besonderen Schutz zu überwinden, ließen sich der Staatenpraxis bisher nicht entnehmen.[136] Vielmehr verweist das Bundesverfassungsgericht auf britische, französische und schwedische Urteile[137], in denen ebenfalls be-

---

131 HABSCHEID in SCHAUMANN/HABSCHEID, S. 224.

132 Vgl. Urteil des BVerfG vom 6.12.2006, Rn. 37 (zitiert aus juris); DAHM/DELBRÜCK/WOLFRUM, Bd. I/1, S. 471; VERDROSS/SIMMA, § 1174; LANGKEIT, S. 45.

133 DAMIAN, S. 44.

134 Vgl. Urteil des BVerfG vom 6.12. 2006, Rn. 43 (zitiert aus juris).

135 Vgl. Urteil des BVerfG vom 6.12. 2006, Rn. 46 (zitiert aus juris).

136 Vgl. Urteil des BVerfG vom 6.12. 2006, Rn. 49 (zitiert aus juris).

137 Vgl. Urteil d. brit. High Court vom 21.12.1989, 87 International Law Reports (1992), 412; Urteil des franz. Cour d'Appel vom 10.8.2000, La Semaine Juridique Entreprises et Affaires 2001, 223 sowie das Urteil des schwedischen obersten Gerichtshofs vom 21.12. 1972, Zusammenfassung in englischer Sprache in der Datenbank des Europarats unter http://www.coe.int/t/e/legal_affairs/legal_co-operation/public_inter national _law/state_immunities/

züglich der Wirkung eines Verzichts zwischen allgemeiner und diplomatischer Immunität unterschieden wurde. Insgesamt bleibt daher bei einem pauschalen Immunitätsgesamtverzicht nur die Vollstreckung in Vermögenswerte von Kultur- und Forschungseinrichtungen und Handelsvertretungen.[138]

Bezüglich der Wirkung des Immunitätsverzichts ist außerdem zu klären, inwieweit der Verzicht widerrufbar ist. Nach dem Wortlaut des §1605 a (1) FSIA ist dies nur zulässig *"in accordance with the terms of the waiver"*, d.h. wenn die Möglichkeit des Widerrufs im Verzicht angekündigt wurde (Widerrufsvorbehalt). Dies ist auch sinnvoll, da der Empfänger des Verzichts, wenn dieser jederzeit widerruflich wäre, dem Willen des Verzichtenden ausgeliefert wäre.

Aufgrund des Gedankens des Vertrauensschutzes, der auch im Völkerrecht anerkannt ist, ist daher ein Widerruf jedenfalls dann nicht mehr zuzulassen, wenn es bereits zur Einleitung des Verfahrens gekommen ist.[139]

IV.) Ergebnis zum Recht der allgemeinen Staatenimmunität

Anhand der obigen Ausführungen wird deutlich, dass sich die allgemeine Staatenimmunität von einer ursprünglich absolut geltenden hin zu einer relativen Immunität entwickelt hat. Das bedeutet, dass sich Staaten vor ausländischen Gerichten im Erkenntnisverfahren nur noch dann auf Immunität berufen können, wenn das Verfahren hoheitliches Verhalten betrifft. Handelt es sich hingegen um nicht hoheitliche Tätigkeiten, die auch jeder Private ausüben könnte, so unterliegt der Staat der Gerichtsbarkeit des Forumstaates. Wurde auf diese Weise ein Titel erstritten oder hat der Staat auf seine Immunität im Erkenntnisverfahren verzichtet, so ist eine Vollstreckung möglich, soweit das jeweilige Vollstreckungsobjekt nicht hoheitlichen Zwecken dient oder der Staat auf seine Vollstreckungsimmunität verzichtet hat.

138 Vgl. Urteil des BVerfG vom 6.12. 2006, Rn. 44 (zitiert aus juris).

139 Damian, S. 41 f.; Langkeit, S. 47.

C.) Das Recht der Immunität von Staatsunternehmen

Staaten handeln aber nicht nur unmittelbar durch ihre Organe oder Repräsentanten. Ein Staat kann – wie jeder Bürger auch – eine Rechtsinstitution bzw. eine juristische Person gründen, die für ihn handelt. Der Staat nimmt dann nicht mehr als Rechtssubjekt selbst am Rechtsverkehr teil – er handelt vielmehr durch die gegründete Institution. Je nach Aufbau und Konstruktion einer solchen Institution kann der Staat seine Vorstellungen dennoch unmittelbar umsetzen. Für den Staat eröffnet sich dadurch eine neue, alternative Handlungsebene, mithilfe derer er die Möglichkeit hat, sich auf diversen Tätigkeitsfeldern auch privatwirtschaftlich zu engagieren, um auf diesem Wege verstärkt seiner Bindung an das Allgemeinwohl gerecht werden zu können. Bei einer solchen Vorgehensweise verschmelzen die Grenzen von staatlicher Wirtschaftspolitik und der Teilnahme am Wirtschaftsleben.

Es stellt sich daher die Frage, ob und inwieweit sich auch so genannte öffentliche Unternehmen bzw. Staatsunternehmen[140] auf Immunität berufen können, wenn sie vor den Gerichten eines anderen Staates verklagt werden oder ihnen in einem anderen Staat ein Vollstreckungsverfahren droht.

I.) Der Begriff des Staatsunternehmens

Bevor im Einzelnen auf das Problem der Immunität von Staatsunternehmen eingegangen werden kann, ist zu klären, welche Formen von staatlichen Einrichtungen als Staatsunternehmen zu bewerten sind.

1.) Bestandsaufnahme zum Begriff ‚Staatsunternehmen'

a.) Die Bestimmung des Begriffs ‚Staatsunternehmen' in der deutschen Rechtspraxis und Literatur

Zunächst stellt sich die Frage, ob im deutschen Immunitätsrecht eine einheitliche Definition für diesen Begriff existiert.

In den Entscheidungen des Bundesverfassungsgerichts bezüglich der Immunität von Staatsunternehmen wird zwar gelegentlich der Begriff „Staatsun-

---

140 Die Begriffe ‚öffentliches Unternehmen' und ‚Staatsunternehmen' werden in der deutschen Rechtssprache synonym verwendet, siehe z.B. MAZZA in KRONKE/MELIS/SCHNYDER, Teil K Rn. 41, da die Bezeichnung ‚Staatsunternehmen' geläufiger ist, wird diese im Folgenden verwendet.

ternehmen" verwendet, bisher aber nicht näher erläutert.[141] Die Rede ist ausschließlich von „rechtsfähigen Unternehmen des fremden Staates"[142] oder von „einer mit dem Staat nicht identischen juristischen Person"[143]. Insoweit wird lediglich deutlich, dass die Erfüllung des Kriteriums der rechtlichen Selbstständigkeit bzw. Rechtspersönlichkeit Voraussetzung für die Qualifizierung als Staatsunternehmen ist.

Auch in einschlägigen Monographien ist keine genaue, einheitliche Definition zu finden. Es existieren vielmehr verschiedene, unterschiedlich weit gefasste Ansätze: BUSL vertritt etwa die Auffassung, dass eine wirtschaftliche Tätigkeit, d.h. regelmäßig die Herstellung von Waren oder die Erbringung von Dienstleistungen, ein wesentliches Kennzeichen des Staatsunternehmens ist, sodass Organisationen, deren Tätigkeiten allein sozialer oder kultureller Art sind, nicht zu den Staatsunternehmen gerechnet werden.[144] Ferner verlangt seine Definition eines Staatsunternehmens, dass die betreffende Organisation vom Staat verschieden ist, also nach deutschem Recht parteifähig ist.[145] Für die Beantwortung der Frage nach der Staatlichkeit des Unternehmens sei auf das Merkmal des Eigentums und der Kontrolle bzw. Aufsicht durch den Staat abzustellen.[146] VON HOFFMANN ist der Auffassung, dass unter „Staatsunternehmen" nur solche Unternehmen mit wirtschaftlicher Tätigkeit fallen, die im Eigentum und unter Aufsicht des Staates stehen.[147] FISCHER sieht als Staatsunternehmen solche Wirtschaftskörper, die zur Gänze oder im überwiegenden Maße im Eigentum eines Staates oder einer ihm eingegliederten Gebietskörperschaft stehen oder zumindest von diesen kontrolliert werden. Sie können, müssen aber nicht mit einer eigenen Rechtspersönlichkeit ausgestattet sein.[148] Ein besonders weites Verständnis des Begriffes ist schließlich bei HERZ *zu finden*, nämlich „alle Gebilde und Untergliederungen des fremden Staates".[149]

---

141 So zuletzt im Urteil vom 15.12.2008 (zitiert aus juris), aber auch in der grundlegenden Entscheidungen BVerfG 64, 1.

142 So in der Entscheidung BVerfG 64, 1.

143 So im Urteil vom 15.12.2008 (zitiert aus juris).

144 BUSL, S. 39f.

145 BUSL, S. 53.

146 BUSL, S. 89.

147 VON HOFFMANN in FISCHER/VON HOFFMANN, S. 35.

148 FISCHER in FISCHER/VON HOFFMANN, S. 13, 29.

149 HERZ, S. 2.

Eine einheitliche Begriffsbestimmung existiert also im deutschen Immunitätsrecht nicht.

b.) Die Bestimmung des Begriffs ‚Staatsunternehmen‘ in anderen Staaten

Möglicherweise ergeben sich aus der Rechtspraxis anderer Staaten Hinweise auf bestimmte, regelmäßig geforderte Merkmale zur immunitätsrechtlichen Bestimmung des Begriffes des Staatsunternehmens.

Wie auch in der deutschen Rechtsprechung finden sich in der österreichischen und schweizerischen Rechtsprechung im Zusammenhang mit der Immunitätsproblematik keine konkreten Hinweise zur Beantwortung der Frage, wann ein Staatsunternehmen vorliegt.

In Frankreich stellen die Ausdrücke ‚*les organismes agissant par leur ordre ou pour leur compte'* bzw. *'les organismes qui constituent l'émanation des Etats'* in der Immunitätsrechtsprechung das Pendant zum Begriff 'Staatsunternehmen' dar. Unter den erstgenannten Begriff ‚*organismes agissant par leur ordre ou pour leur compte*‘ hat die Cour de Cassation beispielsweise eine privatrechtliche Bank subsumiert und dieser Immunität gewährt.[150] Eine Gesellschaft mit eigener Rechtspersönlichkeit und finanzieller Unabhängigkeit, deren Kapital vollständig vom Staat gehalten wird und deren Zweck in der Verwertung von Kohlenwasserstoff liegt, wurde als eine ‚*émanation des Etats*‘ gesehen.[151] Außerdem wurde seitens der Cour de Cassation klargestellt, dass die staatliche Kontrolle allein nicht ausreiche, um eine staatliche Einrichtung als eine solche ‚*émanation*‘ anzusehen.[152]

Hiernach kann ein Staatsunternehmen eine eigene Rechtspersönlichkeit haben und die Rechtsform, d.h. die Tatsache, ob es sich um eine privatrechtlich oder öffentlich-rechtlich organisierte Einrichtung handelt, ist unbeachtlich. Diese Merkmale sind damit mit den oben in der deutschen Literatur genannten Kriterien vergleichbar.

---

150 Vgl. die Entscheidung der Cour de Cassation Chambre civile 1 vom 19.5.1976, 74-11.424 (jeweils zitiert aus dem französischen Rechtsportal http://www.easydroit.fr/jurisprudence/).

151 Vgl. Cour de cassation civile Chambre civile 1 14 novembre 2007 04-15.388 (jeweils zitiert aus dem französischen Rechtsportal http://www.easydroit.fr/jurisprudence/).

152 Vgl. Cour de Cassation Chambre civile 1 du 21 juillet 1987 85-14.843 und Cour de Cassation Chambre civile 1 du 4 janvier 1995 93-10.175(jeweils zitiert aus dem französischen Rechtsportal http://www.easydroit.fr/jurisprudence/).

Im US-amerikanischen Recht findet sich ein entsprechender Ausdruck in §1603 (b) FSIA, nämlich "*agency or instrumentality of a foreign state*". Nach dieser Vorschrift ist für das Vorliegen einer solchen staatlichen Einrichtung im Wesentlichen erforderlich: rechtliche Selbstständigkeit, die Einordnung als Staatsorgan, staatliche Untergliederung oder die Tatsache, dass die Mehrheit an Anteilen an der Einrichtung dem Staat zusteht.[153] In der Rechtsprechung wurde dazu ausgeführt, dass aufgrund des eindeutigen Wortlauts der Vorschrift die direkte/ unmittelbare Inhaberschaft der Mehrheit der Gesellschaftsanteile verlangt wird und eine auch beträchtliche Kontrolle nicht ausreicht, um dieses Kriterium zu ersetzen.[154] Deutlich wird also, dass an die Form der staatlichen Einflussnahme hohe Anforderungen gestellt werden und andere als die genannten Kontroll- und Aufsichtsbefugnisse für die Bejahung der Staatlichkeit des Unternehmens nicht ausreichen.

Nach kanadischem Recht ist für die Beurteilung von Staatsunternehmen sec. 2 des State Immunity Act einschlägig, der den Begriff „agency of a foreign state" definiert. Dies ist danach jede Rechtspersönlichkeit, die ein Organ des ausländischen Staates darstellt und von diesem unabhängig ist.[155] Da diese Formulierung sehr weit gefasst ist, ist zu untersuchen, ob und wie diese durch die kanadische Rechtsprechung konkretisiert wurden. Entscheidend ist insbesondere, wie die Begriffe '*organ*' und '*separate*' auszulegen sind.

Zur Klärung dieser Frage sind zwei Entscheidungen hilfreich: Zu den Anforderungen an das Kriterium ‚*organ*' hat der Court of Appeal of Ontario in der Sache Walker v. Bank of New York Inc. festgestellt, dass nach seiner Auffassung die Verwendung des weiten Begriffes ‚*organ*' die Intention des kanadischen Parlaments verdeutlicht, Individuen und Institutionen, die für den Staat tätig sind, in solchen Situationen zu schützen, in denen der Staat Immunität genießen würde.[156]

---

153 §1603 (b) FSIA: An "agency or instrumentality of a foreign state" means any entity— (1) which is a separate legal person, corporate or otherwise, and (2) which is an organ of a foreign state or political subdivision thereof, or a majority of whose shares or other ownership interest is owned by a foreign state or political subdivision thereof, and (3) which is neither a citizen of a State of the United States as defined in section 1332 (c) and (e) of this title, nor created under the laws of any third country.

154 So der Supreme Court der Vereinigten Staaten in der Entscheidung DOLE FOOD CO. V. PATRICKSON 538 U.S. 468 (2003).

155 Sec. 2 SIA Canada "agency of a foreign state" means any legal entity that is an organ of the foreign state but that is separate from the foreign state.

156 Walker v. Bank of New York Inc., 69 O.A.C. 153 vom 31.1.1994.

Mit dem Begriff *„separate'* beschäftigte sich der kanadische Federal Court in der Entscheidung Ferguson v. Arctic Transportation Ltd aus dem Jahre 1995.[157] Er erklärte, entscheidende Faktoren zur Bestimmung des Begriffes *‚separate'* seien das Maß an staatlicher Kontrolle, die Möglichkeit verklagt zu werden sowie die Eigenschaft als juristische Person.[158] In der Entscheidung Collavino Incorporated v. Yemen (Tihama Development Authority) erklärte der Court of Queen's Bench of Alberta, dass der Ausdruck ‚state agency' solche Einrichtungen umfasse, die unabhängig vom Staat sind, abhängige Einrichtungen fielen hingegen unter den Begriff Staat.[159] Im Rahmen dessen entschied das Gericht, dass die Tihama Development Authority, eine staatliche Einrichtung mit eigener Rechtspersönlichkeit, die öffentliche Aufgaben aber keine kommerziellen Zwecke wahrnahm, als ‚agency of a state' im Sinne des State Immunity Act anzusehen sei.

Nach kanadischer Rechtslage ist damit der Begriff ‚agency of a state' umfassend zu verstehen, insbesondere kommt es nicht darauf an, ob die jeweilige staatliche Einrichtung wirtschaftlich tätig ist.

In den State Immunity Acts im Vereinigten Königreich, in Südafrika und Singapur wird der Ausdruck ‚separate entity' verwendet. Hier kommt es für das Vorliegen einer ‚separate entity' darauf an, dass sie verschieden vom Staat ist und die Fähigkeit hat, klagen bzw. verklagt werden zu können.[160] Auch hier finden sich in der Rechtsprechung genauere Angaben. So hat der England and Wales High Court entschieden, dass das Grain Board of Iraq, ein öffentliches Unternehmen im Staatseigentum mit eigener Rechtspersönlichkeit und finanzieller sowie verwaltungstechnischer Unabhängigkeit, das keinen Gewinn zu erzielen braucht, eine ‚separate entitiy' im Sinne von sec. 14 (1) des State Immunity Act darstelle.[161]

---

157 Ferguson v. Arctic Transportation Ltd., [1995] 3 F.C. 656.

158 *"Factors which are relevant to separateness are: the amount of state control over the organization; whether it can sue or be sued in its own name; and whether it is a separate legal (corporate) entity.".*

159 So der Court of Queen's Bench of Alberta in der Entscheidung Collavino Incorporated v. Yemen (Tihama Development Authority), 2007 ABQB 212(zitiert aus der Internet-Datenbank des Canadian Legal Information Institute http://www.canlii.org/en/index.php).

160 Vgl. Sec. 14 (1) SIA UK, sec. 16 (1) SIA Singapore und sec. 1 (2) SIA South Africa.

161 Siehe die Entscheidung des England and Wales High Court (Commercial Court) Tsavliris Salvage (International) Limited v. The Grain Board of Iraq [2008] EWHC 612 (Comm) (zitiert aus der Internet-Datenbank des British and Irish Legal Infor-

In einer anderen Sache erklärte das Gericht, dass die „Ente Administrador Del Astillero Rio Santiago“, eine staatliche Einrichtung, die sowohl im privaten als auch im öffentlichen Sektor agiert und eine Schiffswerft verwaltet, solange diese dem Staat gehört und zu weiten Teilen staatlich kontrolliert und finanziert ist, eine ‚separate entity‘ im Sinne des State Immunity Act darstellt.[162]

Der Begriff ist damit ebenfalls weit gefasst – auf eine im eigentlichen Sinne wirtschaftliche Tätigkeit kommt es wie im kanadischen Recht nicht an.

Insgesamt wird also deutlich, dass auch in anderen Staaten keine einheitliche Begriffsbestimmung existiert, sondern dass diese hinsichtlich der einzelnen Merkmale von Staat zu Staat unterschiedlich ausfällt.

c.) Die Begriffsbestimmung in den Immunitätsabkommen

Schließlich ist zu untersuchen, welche Merkmale nach den Immunitätsabkommen entscheidend sind.

Im UN-Übereinkommen findet sich in Art. 2 (1) b, iii die Begrifflichkeit *„agencies or instrumentalities of the State or other entities, to the extent that they are entitled to perform and are actually performing acts in the exercise of sovereign authority of the State“.* Im Kommentar der International Law Commission wird der nahezu wortgleiche Art. 2 (1) b iv der Draft Articles on Jurisdictional Immunities of States and their Property wie folgt erläutert[163]: Zunächst wird erklärt, dass diese Kategorie auch private Rechtssubjekte umfasse. Der Ausdruck ‚other entities‘ sei in den Artikel aufgenommen worden, um auch nicht staatliche, privatrechtliche Einrichtungen zu erfassen, wenn diese in besonderen Fällen staatliche Gewalt ausüben und zwar unabhängig davon, ob sie als rechtlich selbstständige oder rechtlich unselbstständige Einrichtung des fremden Staates gegründet wurden. Da das Übereinkommen wie erwähnt noch nicht in Kraft getreten ist, kann dies nicht als völkerrechtlich verbindliche Begriffsklärung herangezogen werden. Allerdings gibt die Unterzeichnung bzw. Ratifikation zumindest Rückschluss auf eine entsprechende Rechtsüberzeugung der Signatarstaaten.

---

mation Institute http://www.bailii.org/).

162 Siehe die Entscheidung des England and Wales High Court (Commercial Court) WILHELM FINANCE INC v. ENTE ADMINISTRADOR DEL ASTILLERO RIO SANTIAGO [2009] EWHC 1074 (Comm) (zitiert aus der Internet-Datenbank des British and Irish Legal Information Institute http://www.bailii.org/).

163 Vgl. Yearbook oft he International Law Commission 1991 Vol. II Part Two, S. 17f.

Im Europäischen Übereinkommen über Staatenimmunität wird in Art. 27 Nr. 1 der Ausdruck ‚*Rechtsträger eines Vertragsstaats, der sich von diesem unterscheidet und die Fähigkeit hat, vor Gericht aufzutreten*' verwendet. Voraussetzung ist auch hiernach die rechtliche Selbstständigkeit des Unternehmens. Dies lässt sich allerdings damit begründen, dass rechtlich unselbstständige staatliche Einrichtungen ohnehin unter den Begriff des Staates subsumiert werden und sich damit nur für rechtlich selbstständige Unternehmen weitergehend die Frage nach der Immunität stellt. Genauere Informationen dazu sind auch aus dem zu dem Übereinkommen gehörenden Explanatory Report nicht ersichtlich.

d.) Zwischenergebnis

Festzuhalten ist also, dass keine einheitliche immunitätsrechtliche Definition für den Begriff des Staatsunternehmens existiert.

2.) Untersuchung der verschiedenen, in den Begriffsbestimmungen verwendeten Merkmale

Die vorausgehenden Ausführungen haben gezeigt, dass vorwiegend folgende Aspekte bei der Einstufung als Staatsunternehmen thematisiert werden: die rechtliche Selbstständigkeit des Unternehmens, das Verfolgen wirtschaftlicher Zwecke, die Frage, ob auch Einrichtungen von Gebietskörperschaften als Staatsunternehmen zu bewerten sind, die Rechtsform und schließlich die Staatlichkeit des Unternehmens durch Eigentum oder Kontrolle durch den Staat.

Zu klären, inwieweit diese Kriterien tatsächlich sachgerecht sind, um den Begriff des Staatsunternehmens im Hinblick auf die Frage der Immunität zu definieren. Dazu werden diese im Einzelnen untersucht und hinterfragt.[164]

---

164 Anzumerken ist, dass die Frage, ob eine staatliche Einrichtung als Staatsunternehmen zu qualifizieren ist, nur eine Vorfrage in Bezug auf die Immunitätsdebatte darstellt. Es wird lediglich der Kreis der Objekte festgelegt, auf den die folgenden Erarbeitungen übertragen werden können. Die Entscheidung über die Qualifikation als Staatsunternehmen besagt selbst noch nichts darüber, ob für diese Einrichtung auch der Grundsatz der Immunität eingreift. Dies klärt sich in einem zweiten Schritt, dessen Voraussetzungen später erarbeitet werden.

a.) Rechtliche Selbstständigkeit

Zunächst stellt sich die Frage, ob es für die vorliegende Bearbeitung der Immunitätsproblematik relevant ist, ob das Staatsunternehmen – so wie etwa in diversen Immunitätsgesetzen aber auch in den erwähnten Entscheidungen des Bundesverfassungsgerichts – rechtlich selbstständig ist. Damit einhergehend muss untersucht werden, was das Kriterium der rechtlichen Selbstständigkeit überhaupt bedeutet.

Zur Bestimmung dieses Merkmals kann auf die Rechtsfähigkeit oder die Parteifähigkeit der jeweiligen Einrichtung abgestellt werden. Soweit die Begriffe nach der jeweiligen Rechtsordnung nicht ohnehin identisch sind,[165] ist für die folgende Untersuchung die Parteifähigkeit sachgerechter. Dies ergibt sich aus folgender Überlegung: Ist die fragliche Einrichtung nicht parteifähig, kann die Klage konsequenterweise nicht gegen sie selbst gerichtet werden sondern vielmehr nur gegen den jeweiligen dahinterstehenden Staat. Entscheidend für das weitere Verfahren ist dann, ob die Tätigkeit der Einrichtung dem Staat zuzurechnen ist und ob sich der Staat als Beklagter für diese Tätigkeit auf Immunität berufen kann. Ist dies der Fall, so greifen insoweit die ‚normalen' Regeln über die allgemeine Staatenimmunität. Eine Untersuchung der Immunität von rechtlich unselbstständigen Unternehmen ist damit gleichzusetzen mit einer Untersuchung der allgemeinen Staatenimmunität.

Diese ist aber bereits mehrfach auch in jüngerer Zeit juristisch aufgearbeitet worden.[166] Für die vorliegende Arbeit kommt es demgegenüber entscheidend darauf an, welche Regeln gelten, wenn Beklagter nicht der Staat selbst sondern ein staatliches Unternehmen ist: Das Ziel der Untersuchung liegt gerade darin, festzustellen, ob die Regeln der allgemeinen Staatenimmunität auf die rechtliche Behandlung von Staatsunternehmen übertragen werden oder deren Immunität eigenen Regeln unterfällt.

---

165 Für die Rechtslage in der Bundesrepublik Deutschland bedeutet dies beispielsweise wegen §50 ZPO regelmäßig dasselbe. §50 ZPO: (1) Parteifähig ist, wer rechtsfähig ist. (2) Ein Verein, der nicht rechtsfähig ist, kann klagen und verklagt werden; in dem Rechtsstreit hat der Verein die Stellung eines rechtsfähigen Vereins.

166 Siehe etwa ausführlich bei FOX, The Law of State Immunity, 2nd edition, 2008; BANKAS, The State Immunity Controversy in International Law, Private Suits against Sovereign States in Domestic Courts, 2005.

Für diese Konstellation muss das Unternehmen parteifähig sein.[167] Insoweit ist es für die vorliegende Untersuchung erforderlich, dass für die Einrichtung rechtliche Selbstständigkeit in Form von Parteifähigkeit gegeben ist.

b.) Verfolgung wirtschaftlicher Zwecke

Nun ist zu klären, ob in dem hier relevanten Zusammenhang Unternehmen zwingend wirtschaftliche Zwecke verfolgen und gewinnbringend tätig sein müssen oder ob auch solche Einrichtungen als Unternehmen zu werten sind, die nicht unmittelbar im Bereich der Wirtschaft angesiedelt sind, sondern vor allem gemeinnützigen Zwecken dienen wie beispielsweise Museen oder Forschungseinrichtungen.[168]

Im Bereich der Betriebswirtschaft mag es sachgerecht sein, ein Unternehmen als eine planvoll organisierte rechtliche Einheit zur Verfolgung wirtschaftlicher Zwecke zu bezeichnen.[169] In der Rechtswissenschaft ist es dagegen nicht unüblich, den Unternehmensbegriff weit zu fassen und auch solche Einrichtungen als Unternehmen zu qualifizieren, die nicht wirtschaftlich tätig sind. So kommt es etwa im Rahmen des Beihilferechts auf eine Gewinnerzielungsabsicht nicht an, um den Unternehmensbegriff zu bejahen, sodass beispielsweise auch öffentlich-rechtliche Rundfunkanstalten, Forschungseinrichtungen und sonstige soziale und karitative Einrichtungen ein Unternehmen darstellen können.[170]

---

167 Die umstrittene Frage, wie sich die Parteifähigkeit eines ausländischen Unternehmens im Einzelnen bestimmt (im Ergebnis wohl nach dem jeweiligen Heimatrecht), richtet sich nach internationalem Prozessrecht, siehe dazu etwa bei GEIMER, Rn. 2202ff.; NAGEL/ GOTTWALD, §4 Rn. 19ff.

168 Z.B. sind Gesellschafter der Forschungszentrum Jülich GmbH und des Forschungszentrums Karlsruhe GmbH die Bundesrepublik Deutschland zu 90% und das jeweilige Bundesland (Nordrhein-Westfalen bzw. Baden-Württemberg) zu 10 %, siehe: http://www.fz-juelich.de/portal/ueber_uns/Historie und http://www.fzk.de/fzk/idcplg?IdcService=FZK&norde =0722; das Helmholtz-Zentrum Potsdam (Deutsches GeoForschungszentrum) wird vom Bundesministerium für Bildung und Forschung zu 90% und vom Ministerium für Wissenschaft, Forschung und Kultur des Landes Brandenburg zu 10% getragen, siehe http://www.gfz-potsdam.de/portal/-;jsessionid=FEAB7C95A83B305B93078EAEEDA3EA11?$part=CmsPart&docId=1004089.

169 SCHUBERT/ KLEIN , Das Politiklexikon: Stichwort „Unternehmen“.

170 FRENZ, Handbuch Europarecht, Band 3, Rn. 613.

Auch für die folgende Untersuchung der Immunität von Staatsunternehmen ist es sachgemäß, kein wirtschaftlich ausgerichtetes Handeln der Einrichtung zu fordern, um diese als Staatsunternehmen anzusehen.

Während für einen Privatunternehmer die Motivation für die Aufnahme einer bestimmten Tätigkeit regelmäßig in der Gewinnerzielungsabsicht liegt, ist dies bei einem Staat nicht notwendigerweise der Fall. Der Staat kann seine Mittel primär aus dem Steueraufkommen rekrutieren. So kann er sich gerade in den Bereichen engagieren, denen private Unternehmer aus wirtschaftlichen, gewinnorientierten Erwägungen fernbleiben. Der Staat wird auf diese Weise gemeinnützig tätig und sichert oft wesentliche Elemente der Daseinsvorsorge, beispielsweise im Bereich des Transport- oder Entsorgungswesens, aber auch wie erwähnt im Rahmen der Kultur und Forschung.

Gerade in diesen Bereichen kommt es häufig zu grenzüberschreitenden Sachverhalten: So verbringen Staaten beispielsweise Kulturgüter zum Zwecke der eigenen kulturellen Repräsentation ins Ausland[171] oder es errichten staatliche Forschungseinrichtungen Außenstellen in anderen Staaten.[172]

Betreibt der Staat entsprechende Tätigkeiten in Form der hier relevanten rechtlich selbstständigen Einrichtungen, tritt auch in Bezug auf die nicht wirtschaftlich agierenden Einrichtungen die Frage auf, ob sich diese Einrichtungen im Falle einer Klage selbst auf den Grundsatz der Immunität berufen können.

Folglich ist es bei der Untersuchung der Immunität von Staatsunternehmen nicht sachgerecht, zur Bejahung der Eigenschaft als Staatsunternehmen eine wirtschaftliche, auf Gewinnerzielung ausgerichtete Betätigung zu fordern.

c.) Einrichtungen von Gebietskörperschaften

Nicht nur der Staat selbst im Sinne des Völkerrechts[173] sondern auch Gebietskörperschaften dieses Staates, beispielsweise einzelne Bundesländer eines Bundesstaates wie der Bundesrepublik Deutschland oder untergeordnete Regionen eines Zentralstaates wie die Départements in Frankreich, können

---

171 So etwa in dem dem Beschluss des KG Berlin vom 5.3.2010, Az. 18 W 2/10 (zitiert aus juris), zugrunde liegenden Sachverhalt, in dem syrische Kulturgüter in einem deutschen Landesmuseum ausgestellt wurden.

172 So etwa die Außenstelle des Forschungszentrums Jülich in Oakridge, USA, http://www.fz-juelich.de/portal/index.php?index=163&cmd=show&mid=638.

173 Die Qualifizierung als Staat kann für die Außenbeziehungen und das innere Staatsrecht divergieren. Siehe dazu etwa DOEHRING, Allgemeine Staatslehre, Rn. 27.

selbstständige Einrichtungen gründen. Es stellt sich daher die Frage, ob die Bewertung als „Staatsunternehmen" voraussetzt, dass das Unternehmen durch den (gesamten) Staat im Sinne des Völkerrechts gegründet oder beherrscht wird, oder ob dies auch dann der Fall ist, wenn sie lediglich einer untergeordneten Gebietskörperschaft wie einem Bundesland oder einem Département zuzuordnen ist.

Würde man auch Letztere als Staatsunternehmen charakterisieren und für diese unter gewissen, unten noch zu klärenden Voraussetzungen Immunität gewähren, so müsste dieses Ergebnis mit der allgemeinen völkerrechtlichen Staatenimmunität korrespondieren. Denn wenn schon für staatliche Untergliederungen wie die genannten Gebietskörperschaften keine Immunität gelten würde, könnte sie auch (erst recht) nicht für deren rechtlich selbstständige Unternehmen beansprucht werden.

Zu klären ist also, ob sich auch staatliche Untergliederungen auf den Grundsatz der Immunität berufen können.

Die Rechtslage im Hinblick auf die Immunität von staatlichen Untergliederungen (Bundesstaaten, Kommunen, Provinzen) ist differenziert.

Verschiedene Stimmen in der Literatur gehen davon aus, dass für Bundesstaaten keine Immunität gewährt werden kann.[174] Begründet wird dies damit, dass solche Gliedstaaten in der Regel keine oder allenfalls begrenzt Völkerrechtssubjektivität aufweisen können, was aber als Voraussetzung für die Gewährung von Immunität gesehen wird.[175]

Auch dem Europäischen Übereinkommen über Staatenimmunität liegt diese Position zugrunde. So wird in Art. 28 Nr. 1 des Übereinkommens im Grundsatz festgelegt, dass Gliedstaaten eines Bundesstaates keine Immunität genießen. Eine Ausnahme wird dann gemacht, wenn gem. Art. 28 Nr. 2 ein Bundesstaat ausdrücklich erklärt, dass seinen Gliedstaaten dieses Recht zukommen soll.

Andererseits hat bereits 1968 SCHAUMANN die Auffassung vertreten, dass die Gliedstaaten und Gemeinden an der Immunität des Zentralstaates teilhaben könnten, da der Staat nach außen als Ganzes auftrete und die Kompetenzaufteilung auf rechtlich selbstständige Gebietskörperschaften nur intern durch Verfassungsrecht vorgenommen habe.[176] Insbesondere letzterem Argument, dass die Entscheidung für eine föderalistische Ordnung eine innere

---

174 DAMIAN, S. 21f; HESS, S. 70 mit weiteren Nachweisen.

175 HESS, S. 70.

176 So SCHAUMANN in SCHAUMANN/HABSCHEID S. 44.

Angelegenheit des Staates und daher von anderen Staaten zu respektieren sei, haben sich in der Folgezeit auch andere Vertreter der Literatur angeschlossen.[177]

Zudem werden auch in einigen nationalen Immunitätsgesetzen bei der Bestimmung des Begriffes ‚Staat' staatliche Untergliederung unter den Begriff des Staates gefasst, sodass diese die staatliche Immunität teilen. So regelt beispielsweise sec. 3 des australischen Foreign States Immunties Act *„a reference in this Act to a foreign State includes a reference to a province, state, self-governing territory or other political subdivision of a foreign State"* oder sec 2 des kanadischen State Immunity Act: *"'foreign state' includes ... (c) any political subdivision of the foreign state, 'political subdivision' means a province, state or other like political subdivision of a foreign state that is a federal state"*. Eine vergleichbare Regelung enthält auch §1603 (a) FSIA: "*a foreign state [...] includes a political subdivision of a foreign state*".

Ferner haben drei nicht zentralisierte der insgesamt acht Mitgliedstaaten des Europäischen Übereinkommens über Staatenimmunität, nämlich die Bundesrepublik Deutschland, Belgien und Österreich, die oben erwähnte Erklärung nach Art. 28 Nr. 2 des Übereinkommens abgegeben und damit ihren Untergliederungen ermöglicht, sich im gegebenen Fall auf Immunität berufen zu können.[178]

Auch nach dem noch nicht in Kraft getretenen UN-Übereinkommen über Staatenimmunität werden ‚*political subdivisions*' unter den Staatsbegriff gefasst und können damit unter bestimmten Voraussetzungen Immunität beanspruchen.

Zwar ist also die Rechtslage im Hinblick auf die Immunität von staatlichen Untergliederungen nicht eindeutig völkerrechtlich geklärt, sodass damit beide Positionen völkerrechtlich vertretbar sind. Die besseren Argumente sprechen aber für die Variante, staatlichen Untergliederungen wie Bundesstaaten oder Gemeinden Immunität zu gewähren, jedenfalls dann wenn sie staatliche Aufgaben wahrnehmen.[179] Es ist Sache des Staates und Ausfluss seiner Souveränität selbst zu entscheiden, ob er die staatlichen Kompetenzen bei einer zentralen Regierung belässt oder sie auf regionale Untergliederungen überträgt.

---

177 KRONKE, IPRax 1989, 176, 178; GEIMER, Rn. 567.

178 Siehe die Nachweise unter: http://conventions.coe.int/Treaty/Commun/ListeDeclarations.asp?NT=074&CM=8&DF=16/09/2010&CL=GER&VL=1 (Stand April 2012).

179 So im Ergebnis ausdrücklich KRONKE, IPRax 1989, 176, 178; GEIMER, Rn. 567.

Auf die Gewährung von Immunität sollte diese interne Entscheidung keinen Einfluss nehmen.

Deswegen ist es nur folgerichtig, auch Unternehmen solcher staatlicher Untergliederungen als Staatsunternehmen zu bewerten und ihnen wie Unternehmen des Zentralstaats jedenfalls die Möglichkeit der Immunität zuzuerkennen. Ob und unter welchen Voraussetzungen diese dann letztlich gewährt wird, wird unten herausgearbeitet.[180]

d.) Rechtsform des Unternehmens

Weiter stellt sich die Frage, inwieweit die Rechtsform der jeweiligen Einrichtung auf die Charakterisierung als Staatsunternehmen Einfluss nimmt; ob es für die Einordnung als Staatsunternehmen also relevant ist, ob das Unternehmen öffentlich-rechtlich oder privatrechtlich organisiert ist, es sich also beispielsweise um eine Anstalt des öffentlichen Rechts handelt wie etwa die Kreditanstalt für Wiederaufbau[181] oder um eine juristische Person des Privatrechts in Form einer Aktiengesellschaft wie z.B. die Deutsche Bahn AG.

Wäre die Rechtsform maßgeblich, so würde die Privatisierung eines Unternehmens, welches im Eigentum des Staates steht, auf die rechtliche Beurteilung Einfluss nehmen. Ein Beispiel dafür stellt die Deutsche Bahn dar. Diese wurde als Deutsche Bundesbahn bis 1994 als Behörde geführt, seitdem ist sie eine juristische Person des Privatrechts in Form einer Aktiengesellschaft.[182]

Wenn aber der jeweilige Staat weiterhin die Anteile des Unternehmens hält oder auf andere Art die Kontrolle über die Einrichtung hat[183], kann auch ein privatisiertes Unternehmen praktisch weiter dem Staat zuzuordnen sein. Die bloße Rechtsform des Unternehmens sagt folglich nichts über die tatsächlichen Verhältnisse aus, sodass ein Abstellen darauf nicht zu sachgerechten Ergebnissen bei der Einstufung als Staatsunternehmen führen würde.

Deshalb kommt es für die Einstufung als Staatsunternehmen nicht auf eine privatrechtliche oder öffentlich-rechtliche Rechtsform des jeweiligen Unternehmens an sondern auf die staatliche Beteiligung und Kontrolle.

---

180 Siehe dazu unten unter C, II.).

181 Vgl. §1 Abs. 1 Satz 1 KfW-Gesetz.

182 http://www.deutschebahn.com/site/bahn/de/unternehmen/konzernprofil/geschichte/chronik/chronik.html.

183 Dazu im Einzelnen sogleich.

e.) Das Maß der staatlichen Beteiligung/ Kontrolle

Zu klären ist aber, in welchem Maße der Staat nun an einem Unternehmen beteiligt sein muss bzw. wie eine solche Kontrolle ausgestaltet sein muss, damit es als Staatsunternehmen qualifiziert werden kann.

Die im Rahmen der Immunitätsproblematik dazu vertretenen Auffassungen gehen weit auseinander: Die US-amerikanische Rechtspraxis verlangt explizit die unmittelbare Inhaberschaft der Mehrheit der Gesellschaftsanteile und lässt eine auch beträchtliche Kontrolle nicht ausreichen, um dieses Kriterium zu ersetzen.[184] In der deutschen Literatur wird demgegenüber vertreten, dass ein entscheidendes Kriterium neben dem Eigentum auch die Kontrolle in Form der Möglichkeit der Einflussnahme auf Unternehmensentscheidungen sein könne.[185] Eigentum und Kontrolle seien zwar in der Regel interdependent, es sei aber nicht auszuschließen, dass etwa durch Sondergesetz eine zu 100% im Privateigentum stehende Gesellschaft aus Gründen der Staatsräson mit hoheitlichen Funktionen betraut und den Weisungen einer staatlichen Behörde unterstellt werde. Andererseits gibt es auch Stimmen, die zur Bejahung der Eigenschaft als Staatsunternehmen verlangen, dass der Staat Volleigentum daran halten muss.[186]

Es besteht also bislang ein ungelöster Konflikt[187] in der Rechts- und Staatenpraxis zu der Frage, welche Faktoren bestimmen, wann eine hinreichende Verbindung zwischen Unternehmen und Staat besteht, um ersteres als Staatsunternehmen im Rahmen der Immunitätsproblematik zu qualifizieren. Deswegen werden im Folgenden verschiedene Kontroll- und Beteiligungsformen auf ihre Geeignetheit für eine immunitätsrechtliche Zuordnung des Unternehmens zum Staat untersucht.

aa.) Staatlichkeit kraft Voll- bzw. Mehrheitseigentums

Dass ein Unternehmen zumindest dann als Staatsunternehmen zu bewerten ist, wenn es im Voll- bzw. Mehrheitseigentum des Staates steht, ist evident:

---

184 So der Supreme Court der Vereinigten Staaten in der Entscheidung DOLE FOOD CO. V. PATRICKSON 538 U.S. 468 (2003) (zitiert aus der Internet-Datenbank des Legal Information Institute der Cornell University Law School http://www.law.cornell.edu/).

185 FISCHER in FISCHER/VON HOFFMANN, S. 13, 29.

186 So VON HOFFMANN in FISCHER/VON HOFFMANN, S. 35; SCHACK, Rn. 153.

187 So ausdrücklich FOX, S. 436.

Das Eigentum ist das umfassendste Herrschaftsrecht, das die Rechtsordnung an einer Sache zulässt.[188] Es stellt ein Bündel von Rechten und Berechtigungen dar, das die Beziehungen und das Handeln von Personen symbolisiert und klassischerweise Sachen einer natürlichen oder juristischen Person zuordnet.[189]

Folglich lässt sich durch eine entsprechende Eigentumsposition eine hinreichend starke Verbindung zwischen Unternehmen und Staat ermitteln, dem Staat als Eigentümer des Unternehmens steht regelmäßig die Möglichkeit der Einflussnahme auf die Unternehmensentscheidungen zu. Deswegen ist eine Bewertung als Staatsunternehmen in einem solchen Fall naheliegend und sachgerecht.

Allerdings können Eigentum und staatliche Kontrolle auch auseinanderlaufen.[190] Es stellt sich daher die Frage, wann im Übrigen ein Unternehmen hinreichend ‚staatlich' geprägt ist, sodass es als Staatsunternehmen bezeichnet werden kann.

bb.) Staatlichkeit kraft (gesetzlicher) Ermächtigung

aaa.) Orientierung an der Zurechnung zum Staat nach den völkerrechtlichen Regeln über Staatenverantwortlichkeit

Im Völkerrecht wird die Frage, wann das Handeln vom Staat verschiedener natürlicher und juristischer Personen dem Staat zuzurechnen ist, im Rahmen des Rechts über die Staatenverantwortlichkeit relevant.

Die Kriterien darüber, wann das Verhalten solcher Personen ‚staatlich' im Sinne der Staatenverantwortlichkeit ist, lassen sich zwar nicht direkt auf die Charakterisierung eines Unternehmens als staatlich im Rahmen der Immunitätsproblematik übertragen. Es kann ihnen aber insoweit zumindest ein gewisser Indizwert zugesprochen werden.[191]

Für eine solche Orientierung an den Regeln über die Staatenverantwortlichkeit spricht zunächst die Tatsache, dass die Staatenverantwortlichkeit und die Immunität gewisse inhaltliche Parallelen aufweisen: Beide Themenfelder behandeln im weiteren Sinne die Verantwortlichkeit des Staates. Die Staatenverantwortlichkeit betrifft die Frage, wann einem Staat ein Verhalten völker-

---

188 WOLFF, S. 144.

189 SIEGRIST/ SUGARMANN, S. 11.

190 So FISCHER in FISCHER/VON HOFFMANN, S. 13.

191 Vgl. DAMIAN, S. 31.

rechtlich vorgeworfen werden kann und welche rechtlichen Konsequenzen in Form von Ersatzansprüchen oder Gegenmaßnahmen sich daraus ergeben. Bei der Immunität geht es darum, inwieweit ein Staat sich vor nationalen Gerichten seiner Verantwortung stellen muss oder sich eben auf Immunität berufen kann.

Ferner ist folgender Aspekt zu berücksichtigen: Die Einstufung als Staatsunternehmen stellt zwar nicht eine Frage der Zurechnung im eigentlichen Sinne dar sondern eher eine Frage der allgemeinen Zuordnung einer Tätigkeit zum staatlichen Bereich. Da letztlich sich aber beides auf die Eigenschaft ‚staatlich' zurückführen lässt, ist es sinnvoll, insoweit ähnliche oder sogar dieselben Kriterien anzuwenden.

Deswegen ist zu untersuchen, unter welchen Voraussetzungen im Rahmen der Staatenverantwortlichkeit die Tätigkeit einer nicht im Voll- oder Mehrheitseigentum des Staates stehenden Einrichtung dem Staat zugerechnet wird.

bbb.) Art. 5 ILC-Entwurf

Die Frage der Staatenverantwortlichkeit ist bisher lediglich gewohnheitsrechtlich geregelt. Allerdings hat die International Law Commission einen Entwurf zur Kodifikation der Staatenverantwortlichkeit[192] erarbeitet, der durch die Generalversammlung den Staaten als Grundlage für eine multilaterale Konvention empfohlen wurde. Da dieser Entwurf weitgehend das bestehende Gewohnheitsrecht widerspiegelt,[193] kann im Folgenden auf die Vorgaben dieses Entwurfs bezuggenommen werden.

Das Erfordernis der Zurechenbarkeit für die Staatenverantwortlichkeit wird in Art. 2 a) des ILC-Entwurfs begründet.[194] Grund dafür ist, dass der Staat nicht die Möglichkeit haben soll, dadurch, dass er intern die staatlichen Aufgaben auf verschiedene Einrichtungen verteilt, sich seiner internationalen Verantwortlichkeit zu entziehen.[195] Unter welchen Voraussetzungen eine

---

192 Abgedruckt im Yearbook of the International Law Comission 2001, Vol. II, Part Two, S. 26ff.

193 Vgl. HOBE, S. 249.

194 Article 2: There is an internationally wrongful act of a State when conduct consisting of an action or omission: (a) is attributable to the State under international law; and (b) constitutes a breach of an international obligation of the State.

195 Vgl. die Kommentierung der Draft Articles im Yearbook of the International Law Comission 2001, Vol. II, Part Two, S. 39.

Handlung dem Staat im Einzelnen zuzurechnen ist, ergibt sich aus Art. 4 ff. des Entwurfs.

Art. 5 des ILC-Entwurfs betrifft die Zurechnung des Verhaltens von natürlichen oder juristischen Personen, die keine Organe sind, aber durch das nationale Recht dazu ermächtigt wurden, Hoheitsgewalt auszuüben.[196] Im deutschen Recht wäre dies etwa der Fall des Beliehenen. Als Beispiel wird in der Kommentierung der Draft Articles die Tätigkeit von privaten oder staatlichen Fluggesellschaften im Rahmen der Kontrolle von Einwanderung und Einhaltung der Quarantänevorschriften genannt.[197]

Ausdrücklich angemerkt wird in der Kommentierung der ILC, dass die Tatsache, ob eine Einrichtung nach dem jeweiligen nationalen Recht als öffentlich oder privat eingestuft wird, sowie eine größere oder geringere staatliche Beteiligung an dem Kapital der Einrichtung bzw. ihrer Anteile keine entscheidenden Zurechnungskriterien darstellen.[198] Die Zurechnung ergebe sich vielmehr daraus, dass durch das nationale Recht die Ausführung bestimmter Hoheitsaufgaben per Gesetz auf die Einrichtung übertragen wurde.

ccc.) Übertragung auf die Einstufung eines Unternehmens als Staatsunternehmen

Überträgt man den hinter Art. 5 stehenden Gedanken auf die Einstufung als Staatsunternehmen, kann ein Unternehmen als Staatsunternehmen bewertet werden, wenn der Staat zwar auch nur geringe Anteile daran hält und damit nicht unter die erstgenannte Gruppe fällt, aber der Staat dem Unternehmen die Wahrnehmung bestimmter staatlicher Aufgaben gesetzlich übertragen hat.

Durch eine solche förmliche Übertragung staatlicher Aufgaben entsteht eine hinreichend starke Bindung zwischen Staat und Unternehmen, die

---

196 Article 5: The conduct of a person or entity which is not an organ of the State under article 4 but which is empowered by the law of that State to exercise elements of the governmental authority shall be considered an act of the State under international law, provided the person or entity is acting in that capacity in the particular instance.

197 Vgl. die Kommentierung der Draft Articles im Yearbook of the International Law Comission 2001, Vol. II, Part Two, S. 43.

198 Vgl. die Kommentierung der Draft Articles im Yearbook of the International Law Comission 2001, Vol. II, Part Two, S. 43.

es rechtfertigt entsprechende Unternehmen als Staatsunternehmen zu bezeichnen.

Ferner wird durch das Kriterium der gesetzlichen Aufgabenübertragung die Zuordnung zum Staat ausreichend publik gemacht, was im Hinblick auf den Schutz des Rechtsverkehrs von Bedeutung ist: Zwar besagt die Bewertung als Staatsunternehmen noch nicht unmittelbar etwas darüber, ob sich das jeweilige Unternehmen auf Immunität berufen kann. Im Gegensatz zu ‚normalen' Unternehmen besteht für ein Staatsunternehmen aber immer jedenfalls die Möglichkeit, sich auf Immunität berufen zu können. Dies bedeutet für den jeweiligen Vertragspartner die Gefahr, dass seine Ansprüche möglicherweise aus Gründen der Immunität nicht realisiert werden können. Erkennt der Vertragspartner jedoch diese Gefahr, weil er weiß, dass es sich um ein Staatsunternehmen handelt, so hat er zumindest die Möglichkeit, sich durch das Fordern eines Immunitätsverzichts abzusichern. Die dafür erforderliche Kenntnis kann aus dem jeweiligen Ermächtigungsgesetz gewonnen werden.

Insoweit ist es auch für die hier relevante Bewertung eines Unternehmens als Staatsunternehmen ausreichend, wenn der Staat zwar nur geringe Anteile an dem Unternehmen hält, aber dem Unternehmen die Wahrnehmung bestimmter staatlicher Aufgaben per Gesetz übertragen hat.

cc.) Staatlichkeit kraft staatlicher Kontrolle

Zu klären ist nun, ob es auch sachgemäß ist, ein Unternehmen als Staatsunternehmen zu bezeichnen, wenn der Staat daran weder Voll- oder Mehrheitseigentum hält, noch ihm durch Gesetz bestimmte Befugnisse übertragen hat, sondern das Unternehmen lediglich unter staatlicher Kontrolle steht. Auch insoweit kommt eine Orientierung an den Regelungen über die Staatenverantwortlichkeit in Betracht.

aaa.) Art 8 ILC-Entwurf und die Rechtsprechung zur Zurechnung im Nicaragua-Fall und im Tadic-Fall

Fälle, in denen eine Einrichtung nur unter staatlicher Anweisung und Kontrolle handelt, werden von Art. 8 des ILC-Entwurfes erfasst.[199] Regelmäßig soll es sich hierbei um Fälle handeln, in denen der Staat sein eigenes Engagement durch die Hilfe Privater ergänzt, ohne diese in die offiziellen staatlichen Strukturen zu integrieren.[200] Problematisch ist, welches Maß an staatlicher Kontrolle für die Zurechnung erforderlich ist. Zu dieser Frage wird in der Kommentierung der ILC ausdrücklich auf das sogenannte Nicaragua-Urteil des Internationalen Gerichtshofs[201] und auf das sogenannte Tadic-Urteil des Internationalen Strafgerichtshofs für das ehemalige Jugoslawien[202] verwiesen.[203]

Im Nicaragua-Urteil entschied der IGH unter anderem über die Frage, ob das Verhältnis zwischen den sogenannten Contras in Nicaragua und den Vereinigten Staaten von Amerika von Abhängigkeit auf der einen Seite und Kontrolle auf der anderen Seite geprägt war, sodass deswegen die Handlungen der Contras den Vereinigten Staaten zugerechnet werden konnten.[204] Das Gericht erklärte, dass die erforderliche Abhängigkeit etwa aus der Auswahl und Bezahlung der Führer, aber auch durch die Organisation, Training und Ausstattung der Contras, der Planung ihrer Operationen und der Auswahl ihrer Ziele abgeleitet werden könne.[205] Eine generelle Kontrolle

---

199 Article 8: The conduct of a person or group of persons shall be considered an act of a State under international law if the person or group of persons is in fact acting on the instructions of, or under the direction or control of, that State in carrying out the conduct.

200 Vgl. die Kommentierung der Draft Articles im Yearbook of the International Law Comission 2001, Vol. II, Part Two, S. 47.

201 International Court of Justice, Case Concerning Military and Paramilitary Activities in and against Nicaragua, Nicaragua vs United States of America, Merits, Judgement, ICJ Reports 1986, p.14.

202 Entscheidung der Appeals Chamber des International Tribunal for the Prosecution of Persons Responsible for Serious Violations of International Humanitarian Law Committed in the Territory of the Former Yugoslavia since 1991 (ICTY), The Prosecutor v. Duško Tadic, vom 15 Juli 1999, Case No.: IT-94-1-A.

203 Vgl. die Kommentierung der Draft Articles im Yearbook of the International Law Comission 2001, Vol. II, Part Two, S. 47 und 48.

204 Nicaragua vs United States of America, ICJ Reports 1986, p. 62.

205 Nicaragua vs United States of America, ICJ Reports 1986, p. 63.

(*general control*) des beklagten Staates reiche aber nicht aus um eine Zurechnung und damit völkerrechtliche Verantwortlichkeit des Staates zu begründen, erforderlich sei vielmehr der Nachweis einer effektiven Kontrolle (*effective control*).[206] Für diese wäre es erforderlich gewesen zu zeigen, dass alle oder die große Mehrheit der Contra-Aktivitäten während dieser Zeit die Unterstützung durch die USA erfahren hätten. Der hinreichende Beweis dafür sei aber nicht erbracht worden.[207]

Der andere Fall, auf den in der Kommentierung der ILC-Draft-Articles Bezug genommen wird, der sogenannten Tadic-Fall,[208] behandelt die Verantwortlichkeit des Serben DUSKO TADIC wegen verschiedener Gewalttaten gegen bosnische Muslime.

In diesem Zusammenhang hat sich die Appeals Chamber des Internationalen Strafgerichtshofs für das ehemalige Jugoslawien auch mit den im Nicaragua-Fall aufgestellten Zurechnungskriterien befasst und diese letztlich für nicht überzeugend gehalten.[209]

Im Ergebnis hielt das Gericht fest, dass das Völkerrecht nicht immer dasselbe Maß an Kontrolle über bewaffnete Gruppen oder Einzelne zur Bestimmung als *de-facto*-Organ und damit für die Zurechenbarkeit zum Staat fordere. Das Maß an erforderlicher Kontrolle variiere vielmehr von Fall zu Fall:[210] Sofern die vom Staat beauftragten Privaten eine organisierte und hierarchisch aufgebaute, militärische Gruppe bilden, führe bereits eine allgemeine Kontrolle (*overall control*) zu einer Verantwortlichkeit des Staates unabhängig davon, ob jeder Einzelne vom Staat konkret gelenkt wurde.[211] Dafür müsse bewiesen werden, dass der Staat nicht nur durch Ausstattung und Finanzierung sondern durch Koordinierung und Hilfe bei der Planung der militärischen Aktivitäten allgemeine Kontrolle über die Gruppe ausübt. Nicht

---

206 Nicaragua vs United States of America, ICJ Reports 1986, p. 64f.

207 Nicaragua vs United States of America, ICJ Reports 1986, p. 63.

208 Entscheidung der Appeals Chamber des International Tribunal for the Prosecution of Persons Responsible for Serious Violations of International Humanitarian Law Committed in the Territory of the Former Yugoslavia since 1991 (ICTY), The Prosecutor v. Duško Tadic, vom 15 Juli 1999, Case No.: IT-94-1-A.

209 Entscheidung der Appeals Chamber des ICTY vom 15 Juli 1999, Case No.: IT-94-1-A, S. 47.

210 Entscheidung der Appeals Chamber des ICTY vom 15 Juli 1999, Case No.: IT-94-1-A, S. 58.

211 Entscheidung der Appeals Chamber des ICTY vom 15 Juli 1999, Case No.: IT-94-1-A, S. 50f.

erforderlich sei es aber, dass der Staat dem Oberhaupt der Gruppe oder einzelnen Mitgliedern genaue Anweisungen für konkrete, völkerrechtswidrige Handlungen erteilt.[212] Bei Einzelnen oder Gruppen, die nicht in militärischen Strukturen organisiert sind, sei die dargestellte allgemeine Kontrolle über die Privaten für die Begründung einer Verantwortlichkeit des Staates aber nicht ausreichend. Es sei vielmehr nötig zu zeigen, dass der Staat genaue Anweisungen für die Vornahme der jeweiligen Handlungen gegeben habe.[213]

bbb.) Übertragung auf die Einstufung eines Unternehmens als Staatsunternehmen

Wie gerade erklärt, reicht für die Zurechnung im Rahmen der Staatenverantwortlichkeit eine Kontrolle durch den Staat aus, wobei es bislang ungeklärt ist, ob dies immer in Form einer effektiven Kontrolle (so die Ausführungen in der Nicaragua-Rechtsprechung) geschehen muss oder ob bei militärisch organisierten Einrichtungen auch eine allgemeine Kontrolle reicht (so die Ausführungen im Tadic-Fall).

Unabhängig davon, welcher der beiden Auffassungen zu folgen ist, stellt sich die Frage, ob die bloße staatliche Kontrolle durch die in den Urteilen genannten Formen der Finanzierung, Organisation und konkreten Instruktion auch ein sachgerechtes Kriterium für die Bestimmung der Staatlichkeit eines Unternehmens und damit für die Bewertung als Staatsunternehmen darstellt.

Denkbar wäre es, im Völkerrecht das Kriterium der Staatlichkeit einheitlich zu verstehen und deswegen diese Zurechnungsform auch bei der Bewertung als Staatsunternehmen anzuwenden.

Für die Anerkennung der Staatlichkeit kraft staatlicher Kontrolle[214] spräche ferner die Tatsache, dass es angesichts immer neuer und vielfältiger staatlicher Betätigungsformen sinnvoll erscheint, die Bezeichnung als Staatsunternehmen möglichst wenig formal und daher nicht zwingend anhand des Kriteriums des (Voll-) Eigentums auszurichten, sondern offen für neue Entwicklungen zu fassen.

212 Entscheidung der Appeals Chamber des ICTY vom 15 Juli 1999, Case No.: IT-94-1-A, S. 55.

213 Entscheidung der Appeals Chamber des ICTY vom 15 Juli 1999, Case No.: IT-94-1-A, S. 48, 58f.

214 So etwa GEIMER, Rn. 623.

Allerdings stellt sich auch an dieser Stelle wieder die Frage nach den Konsequenzen, die sich aus einer solch offenen Bestimmung ergeben würden, wieder vor allem im Hinblick auf den Verkehrsschutz.

Bei der Regelung der völkerrechtlichen Verantwortlichkeit ist es sachgerecht, die Zuordnung zum Staat auch anhand der lediglich faktischen staatlichen Kontrolle vorzunehmen. Ein Staat soll nicht de facto durch private Stellen handeln, sich aber dann, wenn es darum geht Verantwortung für das jeweilige Handeln zu tragen, von diesen distanzieren können.[215] Deswegen macht es in diesem Zusammenhang keinen Sinn ausschließlich auf förmliche Kriterien wie die Inhaberschaft des Staates an der Einrichtung o.ä. abzustellen, denn durch die bewusste Wahl einer anderen, rein faktischen Form von Einflussnahme oder die Entwicklung neuartiger Kontrollformen könnte der jeweilige Staat sonst die völkerrechtliche Verantwortung zu leicht umgehen. Im Bereich der völkerrechtlichen Verantwortlichkeit ist es daher nur konsequent, zugunsten der Opfer und zum Schutze des völkerrechtlichen Rechtsverkehrs bei der Zurechnung auch die faktische Kontrolle durch den Staat genügen zu lassen.

In Bezug auf die hier relevante Problematik der Immunität von Staatsunternehmen wäre es jedoch nicht im Interesse des Rechtsverkehrs, die Zurechnung ausschließlich anhand des Kriteriums der faktischen Kontrolle vorzunehmen. Wenn Staaten aus politischen, taktischen oder praktischen Gründen Unternehmen zwar faktisch kontrollieren, diese Kontrolle aber nicht in irgendeiner Form offenlegen und solche Unternehmen (dennoch) als Staatsunternehmen eingestuft würden, bestünde wieder die oben bereits dargelegte Gefahr, dass potentielle Vertragspartner das Risiko der Immunität nicht erkennen und folglich entsprechende Vorkehrungen zur Sicherung ihrer Rechte nicht vornehmen können. Deswegen müssen insoweit im Sinne des Verkehrsschutzes neben einer entsprechenden Kontrolle zumindest gewisse Publizitätskriterien vorliegen, die die Zuordnung zum Staat und die Eigenschaft als Staatsunternehmen für Dritte erkennbar machen. Denkbar sind beispielsweise entsprechende Regelungen im Gesellschafts- bzw. Gründungsvertrag der Einrichtung.

215 Entscheidung der Appeals Chamber des ICTY vom 15 Juli 1999, Case No.: IT-94-1-A, S. 48.

dd.) Zusammenfassung

Die Zuordnung zum Staat kann anhand von verschiedenen Aspekten zu bejahen sein: aufgrund des Voll- oder Mehrheitseigentums an dem Unternehmen, durch die oben erwähnte gesetzliche Aufgabenübertragung oder aber durch hinreichende Kontrollmöglichkeiten begleitet von einem entsprechenden Publizitätsmerkmal. Auf diese Weise können auch neue Formen von staatlicher Tätigkeit ein Staatsunternehmen darstellen, durch das Erfordernis eines Publizitätskriteriums ist aber gleichzeitig der Rechtsverkehr hinreichend geschützt.

3.) Ergebnis: Begriff des Staatsunternehmens

Die Auseinandersetzung mit den verschiedenen Merkmalen zeigt, dass es für die Untersuchung der Immunität von Staatsunternehmen sachgerecht ist, dann von einem Staatsunternehmen auszugehen, wenn es sich um eine parteifähige Einrichtung handelt, die unabhängig von der Art ihrer Tätigkeit und ihrer Rechtsform aufgrund der Inhaberschaft oder entsprechenden, erkennbaren Kontrollbefugnissen dem Staat oder einer staatlichen Gebietskörperschaft zuzuordnen ist.

Die hier vertretene Definition des Begriffs „Staatsunternehmen“ ist damit weiter angelegt als nach Auffassung einzelner Stimmen in der Literatur oder der Rechtspraxis einiger Staaten. Die Rechtsschutzmöglichkeiten des Einzelnen werden dadurch aber nicht unnötig eingeschränkt: Die gerade entwickelten Voraussetzungen für die Frage, ob eine Einrichtung die nötige Staatlichkeit aufweist, führen nur zu der Bewertung als Staatsunternehmen, entscheiden aber damit nur, dass eine Einrichtung überhaupt die Möglichkeit hat, sich auf Immunität zu berufen oder ob dies von vorneherein ausgeschlossen ist. Ob letztlich Immunität eingreift, entscheidet sich nach anderen Kriterien, die im Folgenden erarbeitet werden.

II.) Die aktuelle Rechtslage zur Immunität von Staatsunternehmen im Erkenntnisverfahren

Nachdem dargelegt wurde, wie der Begriff des Staatsunternehmens zu verstehen ist, stellt sich nun die Frage, unter welchen Voraussetzungen sich ein solches Unternehmen auf Immunität berufen kann, wenn es in einem anderen Staat verklagt wird oder es einem Vollstreckungsverfahren ausgesetzt ist. Dazu ist zu untersuchen, ob und inwieweit die Immunität von Staatsunternehmen in den verschiedenen Rechtsquellen des Völkerrechts verankert ist.

1.) Die Immunität von Staatsunternehmen im Völkervertragsrecht

Zunächst kommt wiederum das Völkervertragsrecht in Betracht. Wie oben bei den Ausführungen zu der allgemeinen Staatenimmunität erklärt, existieren nur zwei multilaterale Vertragswerke, die die Immunität betreffen: das Europäische Übereinkommen über Staatenimmunität (EuÜSI), welches im Jahre 1976 in Kraft getreten ist, und das Übereinkommen der Vereinten Nationen über die Immunität der Staaten und ihres Vermögens (UnÜSI) aus dem Jahre 2004, welches mangels einer ausreichenden Anzahl an Ratifikationen noch nicht in Kraft getreten ist. Diese sind nun auf ihren Regelungsgehalt hinsichtlich der Staatsunternehmen zu untersuchen.

a.) Art. 27 des Europäischen Übereinkommens über Staatenimmunität

Das Europäische Übereinkommen über Staatenimmunität (EuÜSI), die erste geltende völkervertragliche Kodifikation des Rechts der Staatenimmunität, enthält in Bezug auf die Immunität von Staatsunternehmen in Artikel 27 eine einschlägige Regelung. Dort heißt es:

1. Für die Zwecke dieses Übereinkommens schließt der Ausdruck "Vertragsstaat" einen Rechtsträger eines Vertragsstaats nicht ein, der sich von diesem unterscheidet und die Fähigkeit hat, vor Gericht aufzutreten, selbst wenn er mit öffentlichen Aufgaben betraut ist.

2. Jeder in Absatz 1 bezeichnete Rechtsträger kann vor den Gerichten eines anderen Vertragsstaats wie eine Privatperson in Anspruch genommen wer-

den; diese Gerichte können jedoch nicht über in Ausübung der Hoheitsgewalt vorgenommene Handlungen (acta iure imperii) des Rechtsträgers entscheiden.

3. Ein solcher Rechtsträger kann in jedem Fall vor diesen Gerichten in Anspruch genommen werden, wenn sie unter gleichartigen Voraussetzungen in einem Verfahren gegen einen Vertragsstaat hätten entscheiden dürfen.

Der Wortlaut des Art. 27 EuÜSI betrifft damit zwar nicht ausdrücklich Staatsunternehmen sondern regelt allgemein die Immunitätsfrage bezüglich staatlicher Rechtsträger. Nach Maßgabe des Explanatory Report zu Art. 27 EuÜSI gehören zu diesen Rechtsträgern aber auch Staatsunternehmen wie beispielsweise Staatsbanken.[216] Deswegen ist die Vorschrift für die vorliegende Frage einschlägig.

Art. 27 EuÜSI differenziert bei der rechtlichen Behandlung von Staatsunternehmen grundsätzlich danach, ob das Unternehmen sich von dem dahinter stehenden Staat rechtlich unterscheidet und die Fähigkeit hat, vor Gericht aufzutreten. Maßgeblich ist demnach also, ob es eine eigene Rechtspersönlichkeit hat bzw. parteifähig ist: Weist ein Unternehmen keine eigene Rechtspersönlichkeit auf, so wird es gemäß Art. 27 Nr. 1 des Übereinkommens mit dem Staat unmittelbar gleichgestellt; hat es hingegen eine eigene Rechtspersönlichkeit gelten die gesonderten Regelungen nach Art. 27 Nr. 2 und 3 EuÜSI.

Trotz dieser generellen Differenzierung ist zu beachten, dass auch nach diesen Sonderregeln aus Art. 27 Nr. 2 EuÜSI den in der vorliegenden Arbeit behandelten Staatsunternehmen mit eigener Rechtspersönlichkeit bei hoheitlichem Verhalten Immunität gewährt wird. Nur bei allen anderen Tätigkeiten werden sie wie Privatpersonen behandelt und können sich nicht auf Immunität berufen. Außerdem legt Art. 27 Nr. 3 EuÜSI fest, dass hinsichtlich eines solchen Staatsunternehmens auch dann keine Immunität greift und ein Verfahren eingeleitet werden darf, wenn dies auch in Bezug auf einen Staat möglich wäre. Damit werden letztlich die in dem Übereinkommen aufgelisteten Immunitätsausnahmen auch bezüglich rechtlich selbstständiger Unternehmen für anwendbar erklärt.

Wenn also für rechtlich selbstständige Staatsunternehmen nicht unmittelbar dieselben Regeln gelten wie für rechtlich unselbstständige Unternehmen und Staaten, so ist aber festzuhalten, dass für diese jedenfalls die Unterscheidung

216 Explanatory Report Rn. 109, siehe http://conventions.coe.int/Treaty/en/Reports /Html/074.htm.

zwischen hoheitlichem und nicht hoheitlichem Verhalten gilt und damit unter bestimmten Voraussetzungen auch einem rechtlich selbstständigen Unternehmen Immunität zu gewähren ist. Folglich kommt es nach dem Europäischen Übereinkommen über Staatenimmunität letztlich auf die jeweilige Funktion des Unternehmens an. Hintergrund der Regelung ist der Gedanke, juristischen Personen, die keine staatlichen Funktionen ausüben, keine anderen Verfahrensrechte einzuräumen als solche, die Privatpersonen gewährt werden.[217]

b.) Art. 2 Nr. 1 b, iii) des UN-Übereinkommens über Staatenimmunität

Es stellt sich die Frage, ob eine solche Vorgehensweise auch den Regelungen des anderen multilateralen Übereinkommens, dem Übereinkommen der Vereinten Nationen über die Immunität der Staaten und ihres Vermögens, zugrunde liegt. Dieses Übereinkommen entfaltet wie erwähnt bisher keine rechtliche Bindungswirkung, da es mangels genügender Ratifikationen noch nicht in Kraft getreten ist.

Dennoch ist der Regelungsgehalt des Übereinkommens nicht außer Acht zu lassen: Gem. Art. 18 Wiener Vertragsrechtskonvention unterliegen Staaten, die einen völkerrechtlichen Vertrag unterzeichnet haben, der Verpflichtung, durch ihr weiteres Tun nicht den Sinn und Zweck des Vertrages zu gefährden.

Somit kann die Unterzeichnung des Übereinkommens zumindest als Indiz für eine entsprechende Rechtsposition der Signatarstaaten gewertet werden und gibt damit Aufschluss für eine mögliche Tendenz im Völkergewohnheitsrecht. Im Übrigen ist es jedenfalls nicht auszuschließen, dass das Übereinkommen zukünftig hinreichend oft ratifiziert wird und somit noch in Kraft treten wird.

Deswegen ist zu untersuchen, wie die Immunität von Staatsunternehmen in diesem Übereinkommen geregelt ist. In Art. 2 Nr. 1 b, iii) des Vertragstextes findet sich folgende Regelung:

"For the purposes of the present Convention:
(b) "State" means:

217 Explanatory Report Rn. 109.

(iii) agencies or instrumentalities of the State or other entities, to the extent that they are entitled to perform and are actually performing acts in the exercise of sovereign authority of the State;"

Das UN-Übereinkommen stellt damit klar, dass unter den Begriff „Staat" gleichsam auch Einrichtungen oder Stellen des Staates oder andere Rechtsträger fallen, soweit sie in Ausübung der Hoheitsgewalt des Staates handeln.

Demnach werden auch Staatsunternehmen unter den Begriff des Staates gefasst, mit diesem gleichgesetzt und genießen dementsprechend nach Art. 5 UnÜSI Immunität, soweit sie hoheitlich handeln.

Im Übrigen können sich Staatsunternehmen nicht auf die Regelungen des UN-Übereinkommens berufen.[218]

Entscheidend ist also auch hier, welche Aufgaben bzw. Funktionen die jeweilige staatliche Einrichtung wahrnimmt. Im Gegensatz zu dem Europäischen Übereinkommen über Staatenimmunität ist die rechtliche Organisation oder Selbstständigkeit, wie sich aus der Kommentierung zu den ILC-Draft-Articles zu dem UN-Übereinkommen ergibt, aber unerheblich.[219] Folglich liegt dem UN-Übereinkommen bei der Behandlung von Staatsunternehmen bezüglich der Immunität eine funktionale Betrachtungsweise zugrunde.

c.) Zwischenergebnis

Festzuhalten ist damit, dass sich nach beiden Vertragswerken (selbstständige) Staatsunternehmen jedenfalls dann auf Immunität berufen können, wenn sie hoheitlich tätig sind. Für die Gewährung von Immunität ist damit letztlich die jeweilige Tätigkeit maßgeblich.

Wie aber bereits oben hinsichtlich des Rechts der allgemeinen Staatenimmunität erklärt,[220] ist das UN-Übereinkommen noch nicht in Kraft getreten und entfaltet das einzig in Kraft getretene Europäische Übereinkommen über Staatenimmunität aufgrund der geringen Anzahl an Ratifikationen nur in einem sehr begrenzten Rahmen Bindungswirkung.

---

218 Vgl. auch die Hinweise der ILC zu Art 2 der Draft Articles on jurisdictional immunities of States and their property im Yearbook oft he International Law Commission, Doc. A/CN.4/SER.A/1991/ Add.l (Part 2), S. 17.

219 Vgl. Yearbook of the International Law Commission, 1991, Volume II Part Two, S. 18.

220 Siehe unter B, I, 2a ,aa).

Deswegen muss auch bezüglich der Immunität von Staatsunternehmen außerhalb dieses Anwendungsbereichs auf das Völkergewohnheitsrecht zurückgegriffen werden.

Ferner ist zu beachten, dass der Vertragstext des Europäischen Übereinkommens auf dem Stand von 1972 ist und damit mögliche Entwicklungen im Bereich der Immunität aus den letzten nahezu 40 Jahren nicht berücksichtigt sind. Da auch im Völkerrecht der Grundsatz ‚*lex posterior derogat legi priori*' gilt und im Rahmen dessen insbesondere auch Völkergewohnheitsrecht einen älteren völkerrechtlichen Vertrag ersetzen oder abändern kann,[221] ist folglich zu untersuchen, inwieweit die Immunität von Staatsunternehmen völkergewohnheitsrechtlich verankert ist.

2.) Die Immunität von Staatsunternehmen im Völkergewohnheitsrecht

Deswegen wird im Folgenden erarbeitet, wie die Immunität von Staatsunternehmen von verschiedenen Staaten praktiziert wird. Zur Ermittlung dieser Staatenpraxis kann wiederum die nationale Gesetzgebung und Rechtsprechung in diesem Bereich herangezogen werden.[222]

a.) Die Entwicklung des Rechts der Immunität von Staatsunternehmen in der Bundesrepublik Deutschland

Zunächst wird betrachtet, wie sich die Immunität von Staatsunternehmen in der Bundesrepublik Deutschland entwickelt hat.

aa.) Die deutsche Rechtspraxis bis Ende der 70er Jahre des 20. Jahrhunderts

Im Jahr 1921 befasste sich der Gerichtshof zur Entscheidung der Kompetenzkonflikte mit einem Anspruch auf Schadensersatz gegen die polnische Landesdarlehenskasse wegen Entziehung des Eigentums durch die polnische revolutionäre Regierung.[223] Das Gericht stellte in diesem Zusammenhang fest, dass die Landesdarlehenskasse eine vom polnischen Staatsfiskus unabhängige, auf privatrechtlicher Grundlage beruhende selbstständige Rechtspersön-

221 HOBE, S. 182, 189; SHAW, S. 123.

222 DOEHRING, Völkerrecht, Rn. 287; SHAW, S. 82.

223 Siehe die Erkenntnis des Gerichtshofs zur Entscheidung der Kompetenzkonflikte vom 12. März 1921, Juristische Wochenschrift 1921, 1481.

lichkeit sei und keine dem Staat gleiche Rechtsstellung genieße. Während der ausländische Staat auch aus rein privatrechtlichen Ansprüchen nicht beklagt werden könne, könne die Darlehenskasse das gleiche Recht für sich nicht in Anspruch nehmen. Deswegen habe der Gerichtshof keine Bedenken der Landesdarlehenskasse das beantragte Recht der Exemption zu versagen.[224] Im Ergebnis hat das Gericht die Klage dennoch abgewiesen, da die geltend gemachten Ansprüche nicht wie von den Klägern behauptet gegenüber der Landeskasse sondern gegenüber dem Staat Polen selbst bestanden und dieser sich auf Immunität berufen konnte.

Es wird also deutlich, dass für den Gerichtshof zur Entscheidung der Kompetenzkonflikte das entscheidende Kriterium zur Beurteilung der Immunität eines Staatsunternehmens die rechtliche (Un-)Selbstständigkeit des Unternehmens war: Nur solche Unternehmen können sich auf die dem Staat zustehende Immunität berufen, die als unselbstständiger Bestandteil des Staates gesehen werden.

Dieser Auffassung folgte der Gerichtshof zur Entscheidung der Kompetenzkonflikte ausdrücklich auch noch im Jahre 1924.[225]

1955 hatte der BGH über die Wirksamkeit einer Enteignungsmaßnahme bezogen auf internationale Warenzeichen zu entscheiden. Er stellte fest, dass keine Immunität gewährt wird, wenn Ansprüche gegen ein ausländisches Unternehmen geltend gemacht werden, dem der ausländische Staat nicht nur wirtschaftliche, sondern auch juristische Selbstständigkeit verliehen hat.[226]

Auch in den 50er Jahren kam es demnach bei der Immunität von Staatsunternehmen auf die rechtliche Selbstständigkeit des jeweiligen Unternehmens an.

1975 befasste sich das LG Frankfurt im Rahmen des sog. Trendtex-Falls mit der Möglichkeit der Ausübung von deutscher Gerichtsbarkeit gegenüber einer ausländischen Notenbank, der Central Bank of Nigeria. Das Verfahren betraf eine Forderung gegenüber der Zentralbank, die im Zusammenhang mit der Abwicklung eines Vertrags über die Lieferung von Zement entstanden war, sowie die Anordnung eines Arrests zur Sicherung der Durchsetzung der

---

224 So die Erkenntnis des Gerichtshofs zur Entscheidung der Kompetenzkonflikte vom 12. März 1921, Juristische Wochenschrift 1921, 1481, 1484.

225 Gerichtshof zur Entscheidung der Kompetenzkonflikte, Erkenntnis vom 15. Dezember 1923, Juristische Wochenschrift 1924, 1388, 1390.

226 Vgl. BGHZ 18,1.

Forderung.[227] In Rahmen dessen erklärte das Gericht, dass nach allgemeiner Meinung in der Rechtsprechung, in der prozessrechtlichen Literatur und im völkerrechtlichen Schrifttum rechtlich selbstständige Organisationen eines ausländischen Staates keine Immunität genössen.[228] Dennoch ließ das LG Frankfurt die Frage offen, ob es sich bei der Zentralbank um ein selbstständiges Unternehmen oder eine unselbstständige Abteilung des Staates handelte. Das Gericht kam nämlich zu dem Ergebnis, dass die in Rede stehende Tätigkeit ohnehin nicht hoheitlicher Natur war und damit die nigerianische Zentralbank auch als unselbstständige Behörde des Staates Nigeria keine Immunität beanspruchen hätte könnte.

Festzuhalten ist aber, dass auch in diesem Fall das Gericht die rechtliche Selbstständigkeit der Zentralbank für das entscheidende Kriterium bezüglich der Gewährung von Immunität hielt.

Insgesamt ging also die deutsche Rechtsprechung bis Ende der 70er Jahre des 20. Jahrhunderts davon aus, dass bei der Beurteilung der Frage, ob einem Staatsunternehmen Immunität gewährt werden sollte, die rechtliche Selbstständigkeit des Unternehmens maßgeblich ist.[229]

bb.) Die deutsche Rechtspraxis in den 80er Jahren des 20. Jahrhunderts

Anfang der 80er Jahre des 20. Jahrhunderts ergingen verschiedene Entscheidungen im Zusammenhang mit der sog. National Iranian Oil Company, einer Aktiengesellschaft iranischen Rechts, welche im Eigentum der Iranischen Republik stand.

Am 11.5.1981 befasste sich das OLG Frankfurt mit der Frage, ob Forderungen, die die National Iranian Oil Company gegen Banken in Deutschland hatte, gepfändet werden durften oder ob sich das Unternehmen insoweit auf Immunität berufen konnte.[230] Das Verfahren betraf zwar ausschließlich vollstreckungsrechtliche Probleme. Es ist aber auch für die Beurteilung der Immunität im Erkenntnisverfahren von Interesse, da das Gericht abstrakt erklärte, dass es in der deutschen Rechtsprechung und Rechtslehre seit jeher anerkannt sei, dass wirtschaftliche Unternehmen eines ausländischen Staates, denen dieser die Stellung einer selbständigen juristischen Person verliehen hat,

---

227 LG Frankfurt, Urteil vom 2. 12. 1975, Az. 3/8 O 186/75, NJW 1976, 1044 ff.

228 LG Frankfurt, NJW 1976, 1044, 1045.

229 Vgl. HAUSMANN, IPRax 1982, 51, 54.

230 OLG Frankfurt, 11.5.1981, Az. 20 W 422/80, NJW 1981, 2650 ff.

keine Immunität genössen. Folglich lassen sich aus dieser umfassenden Formulierung auch Anhaltspunkte für die Immunität im Erkenntnisverfahren ableiten. Festgehalten werden kann insoweit, dass das OLG Frankfurt zwei Aspekte anbrachte, um die Immunität in diesem Fall abzulehnen: Zum einen bezog es sich auf „wirtschaftliche Unternehmen“, zum anderen stellte es auf die rechtliche Selbstständigkeit des Unternehmens ab.

Ein Jahr später erging eine weitere Entscheidung des OLG Frankfurt im Hinblick auf die Vollstreckungsimmunität der National Iranian Oil Company.[231] Auch hier finden sich aber umfassende Aussagen in Bezug auf die Immunität von Staatsunternehmen im Allgemeinen. Das OLG stellte zunächst wie im Vorjahr fest, dass nach der deutschen Rechtsprechung und Literatur wirtschaftliche Unternehmen eines ausländischen Staates, denen dieser die Stellung einer selbstständigen, juristischen Person verliehen hat, keine Immunität genössen.[232] Es führte dann aber aus, dass „einem ausländischen Staat – bzw. einem Staatsunternehmen oder Quasistaatsunternehmen –“ Freiheit von deutscher Gerichtsbarkeit nur in Bezug auf seine hoheitliche Betätigung zukomme.[233] Es erklärte, dass es keine allgemeine Regel des Völkerrechts gebe, nach der die inländische Gerichtsbarkeit bei Klagen gegen einen ausländischen Staat oder ein Staatsunternehmen oder Quasistaatsunternehmen in Bezug auf seine nicht hoheitliche Tätigkeit ausgeschlossen sei. Ausdrücklich stellte das Gericht noch einmal klar, dass die Arrestbeklagte, also die National Iranian Oil Company, wenn sie hoheitlich handelte, Immunität beanspruchen könnte und prüfte deswegen im Anschluss, ob das Verhalten der Beklagten (Abwicklung von Verträgen über den Bau von Ölpipelines und Gasleitungen) als ein solches hoheitliches Handeln zu qualifizieren wäre.[234] Das Gericht hat also nicht einfach unter Verweis auf die rechtliche Selbstständigkeit des Unternehmens die Immunität abgelehnt, sondern sich an der Unterscheidung zwischen hoheitlichem und nicht hoheitlichem Verhalten orientiert, welche wie dargestellt bei der allgemeinen Staatenimmunität maßgeblich ist. Es hat Staat und Staatsunternehmen also gleich behandelt. Deswegen wird diese Entscheidung in der Literatur als „Meinungswandel“ bewertet.[235]

---

231 OLG Frankfurt 4.5.1982, IPRax 1983, 68ff.

232 OLG Frankfurt 4.5.1982, IPRax 1983, 68, 69.

233 OLG Frankfurt 4.5.1982, IPRax 1983, 68, 69.

234 OLG Frankfurt 4.5.1982, IPRax 1983, 68, 69f, im Ergebnis lag nach Auffassung des Gerichts aber kein hoheitliches Verhalten vor.

235 HERZ, S. 64; ALBERT, IPRax 1983, 55, 57.

Insgesamt stellen die dargestellten Urteile noch keine Wende in der Rechtsprechung dar. Sie zeigen jedoch die Entwicklung, dass das bloße Abstellen auf das Kriterium der rechtlichen Selbstständigkeit zunehmend hinterfragt wird. Während das OLG Frankfurt 1981 noch die Immunität im Wesentlichen wegen der rechtlichen Selbstständigkeit der National Iranian Oil Company ablehnte, hat das Gericht im Folgejahr ausführlicher die Rechtsnatur des unternehmerischen Verhaltens bzw. des Vollstreckungsobjekts analysiert. Hätten man der traditionellen Auffassung folgen wollen, wäre eine solche Qualifikation nicht erforderlich gewesen, sondern hätte die Immunität mit dem einfachen Verweis auf die rechtliche Selbstständigkeit des Unternehmens abgelehnt werden können.

cc.) Die deutsche Rechtspraxis bis heute

Vom Beginn der 90er Jahre des 20. Jahrhunderts bis heute sind – soweit ersichtlich[236] – nur wenige Entscheidungen ergangen, die zumindest mittelbar die Immunität von Staatsunternehmen betrafen.

1996 hat das OLG Frankfurt in einem Fall im Zusammenhang mit der türkischen Zentralbank entschieden, dass diese als Aktiengesellschaft rechtlich selbständig organisiert sei, sodass ihr deswegen Immunität nicht zuerkannt werden könne.[237] Das OLG hat demnach nicht auf die konkreten Aufgaben der Zentralbank sondern nur auf das Kriterium der rechtlichen Selbstständigkeit abgestellt. Damit hat es sich in einen Widerspruch zur früheren Rechtsprechung des Gerichts gesetzt, d.h. zu der oben angesprochenen Entscheidung des OLG Frankfurt vom 4.5.1982.

Ein Grund dafür mag darin liegen, dass das Urteil aus 1982 vom 5. Zivilsenat gesprochen wurde, während das neuere durch den 1. Senat erging. Jedenfalls zeigt es, dass sogar innerhalb der Rechtsprechung desselben Gerichts noch keine einheitliche Position im Hinblick auf die Beurteilung der Immunität von Staatsunternehmen existiert.

Im Jahre 1999 hatte sich das Landesarbeitsgericht Hamburg mit der Immunitätsfrage zu befassen, um zu klären, ob es eine Kündigung des Klägers, ein Angestellter bei einer selbstständigen Behörde, welche dem Präsidenten der Vereinigten Staaten von Amerika unterstellt war, gerichtlich überprüfen durf-

236 Dies ergab eine Recherche in der juris-Datenbank.

237 OLG Frankfurt, Urteil vom 24.10.1996, Az. U 242/94 (zitiert aus juris).

te oder ob insoweit Immunität eingreifen würde.[238] Im Rahmen dessen stellte das LAG eindeutig fest: „Die deutsche Gerichtsbarkeit erstreckt sich nicht auf einen souveränen, fremden Staat, wenn dessen Prozessgegner im Rahmen hoheitlicher Aufgaben dieses Staates tätig geworden ist. [...] Dabei kann es nicht darauf ankommen, ob der ausländische Staat diese Aufgaben im Rahmen seiner konsularischen Tätigkeit oder durch eine andere Organisation ausübt". Dies stellt zwar kein eindeutiges Bekenntnis zu einer funktionalen Betrachtungsweise dar, wonach nicht auf die rechtliche Selbstständigkeit eines Unternehmens sondern auf den Grad der staatlichen Kontrolle und den jeweiligen Aufgabenbereich abzustellen ist. Es zeigt aber, dass das Gericht bereit ist, auch anderen staatlichen Organisationen Immunität zu gewähren, wenn diese hoheitlichen Tätigkeiten nachgehen.

Folglich ist auch für das LAG Hamburg die jeweilige Tätigkeit des Beklagten entscheidend.

Als Revisionsinstanz hat das Bundesarbeitsgericht im Jahr 2000 die Entscheidung des LAG bestätigt, es hat sich zur Frage der Immunität von Staatsunternehmen aber nicht weiter geäußert.[239]

Im Mai 2002 hatte das Bundesarbeitsgericht als Revisionsinstanz erneut über das Eingreifen von Immunität zu entscheiden.[240] Die Besonderheit dieses Falles lag darin, dass der Staat gewisse Aufgaben auf ein Privatunternehmen übertragen hatte. Das BAG entschied jedoch, dass dies dem hoheitlichen Charakter der Aufgaben nicht im Wege stehe. Der Staat müsse hoheitliche Aufgaben nicht in öffentlich-rechtlichen Rechtsformen erledigen. Es komme nicht auf die Rechtsform, sondern auf den Inhalt der ausgeübten Tätigkeit an.[241] Im Ergebnis hatte das BAG eine hoheitliche Tätigkeit angenommen und daher die deutsche Gerichtsbarkeit nach § 20 Abs. 2 GVG für nicht gegeben gehalten.

Es wird also deutlich, dass auch das Bundesarbeitsgericht dazu tendiert, bei der Immunitätsfrage maßgeblich auf den betroffenen Aufgabenbereich abzustellen und nicht darauf, welche staatliche Organisationsform tätig geworden ist.

---

238 LAG Hamburg, Urteil vom 23.06.1999, Az. 5 Sa 76/98 (zitiert aus juris).

239 BAG, Urteil vom 23.11.2000, 2 AZR 490/99(zitiert aus juris).

240 Die Entscheidung des LAG Hessen als Vorinstanz führt hinsichtlich der Immunität von Staatsunternehmen nicht weiter.

241 BAG, Urteil vom 16.05.2002, Az. 2 AZR 688/00 (zitiert aus juris).

Im Jahre 2008 befassten sich im Zusammenhang mit dem in der Einleitung erwähnten sog. „SEDELMAYER-Fall" verschiedene Gerichte mit der Immunität eines als juristische Person nach russischem Recht in Deutschland agierenden Staatsunternehmens. Die Verfahren bei dem Oberlandesgericht Köln[242], dem Bundesgerichtshof[243] und dem Bundesverfassungsgericht[244] betrafen aber jeweils nur (mittelbar) die Vollstreckungsimmunität dieses Staatsunternehmens.[245] Hinweise auf eine Praxis der Gerichte in Bezug auf die Immunität eines Staatsunternehmens im Erkenntnisverfahren lassen sich den Entscheidungen nicht entnehmen.

Im Jahr 2009 hatte sich der BGH erneut mit der dargestellten Sachverhaltskonstellation gegenüber dem Staat Russland zu befassen, weil der Kläger in diesem Verfahren versuchte, seine Ansprüche nun durch Pfändung und Überweisung einer Mietzinsforderung der Russischen Föderation aus einer im Inland gelegenen Kultureinrichtung zu befriedigen.[246]

Die Entscheidung betraf zwar das Vollstreckungsverfahren und Verfahrensgegner und Schuldnerin war hier der russische Staat selbst, dennoch lassen sich der Entscheidung Hinweise auf die Position des Bundesgerichtshofs bezüglich der Immunität von staatlichen Einrichtungen entnehmen.

Im Rahmen der Entscheidung erklärte der BGH, dass die Staatenimmunität die Funktionsfähigkeit staatlichen Handelns nach außen schütze, wozu auch das Handeln selbstständiger Dienststellen gehöre, soweit die eingeleiteten Verfahren sich auf von diesen ausgeübte hoheitliche Funktionen bezögen.

Die Staatenimmunität stehe damit nicht nur dem Staat selbst sondern auch Untergliederungen des Staates zu, durch die dieser handelt.

Der Bundesgerichtshof stellt an dieser Stelle leider nicht klar, von welcher Immunität er spricht, also von der Immunität im Erkenntnis- oder Vollstreckungsverfahren oder beiden. Aufgrund dieser offenen Formulierung ‚die Staatenimmunität' kann aber hier jedenfalls auch die Immunität im Erkenntnisverfahren angesprochen sein.

An einer späteren Stelle der Entscheidung merkt der BGH schließlich an,

---

242 OLG Köln, Urteil vom 18.03.2008, Az. 22 U 98/07 und OLG Köln, 22. Zivilsenat, 18.03.2008, Az. 22 U 99/07 (jeweils zitiert aus juris).

243 BGH, Beschluss vom 6.11. 2008, Az. IX ZR 64/08 (zitiert aus juris).

244 Bundesverfassungsgericht, Beschluss vom 15.12.2008, Az. 2 BvR 2495/08 (zitiert aus juris).

245 Siehe zur Vollstreckungsimmunität von Staatsunternehmen unten C, V. und VI.)

246 BGH, Beschluss vom 1.10.2009, Az. VII ZB 37/08 (zitiert aus juris).

dass die Frage, ob das Russische Haus rechtlich selbstständig mit einer eigenen Rechtspersönlichkeit sei, dahingestellt bleiben könne, da es nicht auf die austauschbare Rechtsform, sondern auf die Funktion, die das Russische Haus erfülle, ankomme. Auch diese Aussage lässt sich weder der Immunität im Erkenntnisverfahren noch im Vollstreckungsverfahren eindeutig zuordnen. Sie erfolgt zum Schluss der Entscheidung, ohne näher in den Kontext integriert zu werden. Dennoch kann daraus geschlossen, werden dass das Kriterium der Selbstständigkeit für den BGH bei der Immunitätsproblematik generell nicht länger von Bedeutung ist.

Im Ergebnis bestätigt diese Entscheidung damit die obige Annahme, dass der BGH bei der rechtlichen Behandlung von Staatsunternehmen im Rahmen der Immunitätsproblematik eine funktionale Betrachtungsweise anwendet und nicht mehr auf die rechtliche Selbstständigkeit abstellt.

Die genannten Formulierungen des BGH hat das KG Berlin im Jahr 2010 zweimal aufgegriffen. Die den Verfahren zugrunde liegenden Sachverhalte betrafen zwar unmittelbar weder Ansprüche gegen ein Staatsunternehmen noch das Erkenntnisverfahren: In der Entscheidung aus März 2010 ging es um die Vollstreckung in Kunstgegenstände des Staates Syrien.[247] Der Beschluss aus Juni 2010[248] behandelte die Eintragung einer Zwangshypothek in ein Gebäude, in dem die Russische Föderation das Russische Haus der Wissenschaft und Kultur unterhielt. Dennoch geben sie Aufschluss über die Rechtspraxis bezüglich der Immunität von Staatsunternehmen.

Zum einen verwendete das Gericht in der Begründung der März-Entscheidung die gerade dargestellte Aussage des BGH wortgetreu, nach der die Staatenimmunität die Funktionsfähigkeit staatlichen Handelns nach außen schütze, wozu auch das Handeln selbstständiger Dienststellen gehöre. Zum anderen erklärte es in der zweiten Entscheidung dieses Jahres, dass es hinsichtlich des Russischen Hauses nicht auf die austauschbare Rechtsform sondern die jeweils wahrgenommene Funktion ankomme.

Unter dem Vorbehalt, dass diese Aussage sich eindeutig weder auf die Immunität im Erkenntnisverfahren noch auf die im Vollstreckungsverfahren bezieht, spricht die Verwendung dieses Ausdrucks durch das KG Berlin jedenfalls dafür, dass das Gericht damit den Vorgaben des BGH und der dargestellten funktionalen Betrachtungsweise folgt.

---

247 KG Berlin, Beschluss vom 5.3.2010, Az. 18 W 2/10 (zitiert aus juris).

248 KG Berlin, Beschluss vom 14.6.2010, Az. 1 W 276/09 (zitiert aus juris).

Festzuhalten ist abschließend, dass sich in der jüngeren Rechtsprechung in Deutschland nur in wenigen Urteilen klare Äußerungen über die Immunität von Staatsunternehmen finden lassen. So bekannten sich als Instanzgerichte das OLG Frankfurt, das LAG Hamburg und das KG Berlin sowie als oberste Gerichte das Bundesarbeitsgericht und der Bundesgerichtshof zu einer funktionalen Betrachtungsweise und stellen nicht (mehr) auf die rechtliche Selbstständigkeit des Unternehmens ab.

Da aber wie dargestellt zwei der obersten Gerichte Deutschlands (BGH und BAG) eindeutig nicht mehr die rechtliche Selbstständigkeit der Staatsunternehmen sondern die wahrgenommenen Funktionen für maßgeblich halten und es sich bei diesen Gerichten wohl auch um die einzigen obersten Gerichte handelt, die sich mit Fällen über Staatsunternehmen beschäftigen, kann dies als Zeichen für einen Wandel der deutschen Rechtsprechung zu einer funktionalen Betrachtungsweise bezüglich der Immunität von Staatsunternehmen gewertet werden.

dd.) Zwischenergebnis

Wie sich aus den obigen Ausführungen ergibt, stellt die Rechtsprechung in Deutschland seit den 90er Jahren nicht mehr auf den formalen Aspekt der rechtlichen Selbstständigkeit des Staatsunternehmens ab, sondern gewährt die Immunität entsprechend der allgemeinen Staatenimmunität dann, wenn es sich um hoheitliche Tätigkeiten handelt. Da folglich die Frage der rechtlichen Organisation des Unternehmens an Stellenwert verloren hat und stattdessen die wahrgenommenen Aufgaben maßgeblich sind, handelt es sich um eine funktionale Betrachtungsweise.[249]

Dies ist Ausdruck einer entsprechenden Rechtspraxis in Deutschland und erfüllt damit eine der Voraussetzungen für den Nachweis von Völkergewohnheitsrecht.

Daneben ist wie erwähnt erforderlich, dass diese Staatenpraxis von der Auffassung getragen wird, dass eine solche Verhaltensweise geboten sei, weil sie dem entspricht, was die Völkerrechtssubjekte und damit der jeweilige Staat als rechtlich geboten betrachten.[250]

---

249 Zum Begriff der ‚funktionalen Betrachtungsweise' siehe schon bei HESS, S. 62 unter Bezugnahme auf VON HOFFMANN in FISCHER/VON HOFFMANN, S. 52.

250 IPSEN, §16 Rn. 14.

Der Nachweis dieses subjektiven Elements der Rechtsüberzeugung ist schwieriger als der des objektiven Kriteriums der Staatenpraxis.[251] Dennoch ist anerkannt, dass die Übung selbst sowie ihre Dauer, Einheitlichkeit und die sie begleitenden Umstände als Nachweis für eine entsprechende Rechtsüberzeugung herangezogen werden können.[252]

Ferner kann bei Entscheidungen nationaler Gerichte davon ausgegangen werden, dass der jeweilige Richter mit der erforderlichen Überzeugung handelt, dass seine Entscheidung dem entspricht, was als rechtens gesehen wird, da dies gerade zur Aufgabe jedes Gerichts gehört.[253]

Damit sind die Voraussetzungen für den Nachweis der Rechtsposition Deutschlands zur Ermittlung des bestehenden Völkergewohnheitsrechts erfüllt: In der Bundesrepublik Deutschland wird bei der Beurteilung der Immunität von Staatsunternehmen eine funktionale Betrachtungsweise zugrunde gelegt, nach der nicht die rechtliche Selbstständigkeit des Unternehmens entscheidend ist sondern die jeweils übernommene Tätigkeit.

b.) Das Recht der Immunität von Staatsunternehmen in anderen Staaten

Die Staatenpraxis, die zur Entstehung von Völkergewohnheitsrecht führt, darf aber nicht einseitig sein – nur weil ein einzelner Staat einseitige Rechtsakte wiederholt, entsteht kein Völkergewohnheitsrecht.[254]

Daher ist zu überprüfen, wie andere Staaten die Immunität von Staatsunternehmen praktizieren.

aa.) Europäische Staaten

aaa.) Frankreich

Schon 1969 hat die französische Cour de Cassation in der Sache Administration des Chemins de Fer du Gouvernement Iranien c/ Société Levant Express Transport festgestellt, dass *« les états étrangers et les organismes agissant par leur ordre ou pour leur compte ne bénéficient de l'immunité de juridiction qu'autant que l'acte qui donne lieu au litige constitue un acte de puis-*

251 IPSEN, §16 Rn. 34.
252 IPSEN, §16 Rn. 34.
253 DOEHRING, Völkerrecht, Rn. 313.
254 HOBE, S. 193.

sance publique ou a été accompli dans l'intérêt d'un service public ».[255] Die Cour de Cassation setzt also bei der Entscheidung über die Gewährung von Immunität Staaten und Organisationen, die auf Anordnung und mit Wirkung für den fremden Staat handeln, gleich und gewährt diesen Immunität, soweit es sich bei der streitigen Handlung um einen Akt *iure imperii* handelt oder die Handlung im öffentlichen Interesse erfolgte. Wenn also ein Staatsunternehmen auf Anordnung und mit Wirkung für den fremden Staat handelt, kann es sich bei einer hoheitlichen Handlung auf Immunität berufen. Ob das Unternehmen eine selbstständige Rechtspersönlichkeit aufweist, ist unbeachtlich.

Einige Jahre später hat das Gericht des Weiteren erklärt, dass „*l'immunité est fondée sur la nature de l'activité exercée et non sur la qualité de celui qui l'excerce*"[256] und somit ebenfalls verdeutlicht, dass es allein auf die Natur der jeweiligen Handlung ankommt nicht aber auf die Rechtsperson, die handelt.

Die Cour de Cassation hat sich daher insgesamt bereits 1969 zu einer funktionalen Betrachtungsweise bekannt und diese Auffassung in der Folgezeit mehrfach bestätigt.[257] Seit dem Jahre 2004 hat die Cour de Cassation ihre Begrifflichkeiten geändert und verwendet neben der dargestellten Formel „*agissant par leur ordre et pour leur compte*" auch den Ausdruck „*les organismes qui constituent l'émanation des Etats*".

Im Ergebnis wird aber auch hier staatlichen Organisationen Immunität gewährt, wenn die fragliche Handlung die Ausübung von Hoheitsgewalt und nicht einen Akt *iure gestionis* darstellt.[258]

Zur Untermauerung kann des Weiteren die Tatsache herangezogen werden, dass Frankreich am 17. Januar 2007 das UN-Übereinkommen zur Staatenimmunität unterzeichnet hat.[259] Dieses setzt wie oben dargestellt in Art. 2,

---

255 Siehe Cour de Cassation Chambre civile 1 25 février 1969 N° 67-10.243 ; Cour de CassationChambre civile 119 mai 1976 N° 74-11.424 (jeweils zitiert aus dem französischen Rechtsportal http://www.easydroit.fr/jurisprudence/).

256 Cour de Cassation Chambre civile 1 du 7 décembre 1977 (zitiert aus dem französischen Rechtsportal http://www.easydroit.fr/jurisprudence/).

257 Siehe ferner die Entscheidungen der Cour de Cassation vom 19 Mai 1976 N°74-11.424 , 2. Mai 1990 N° 88-14.363, 27. April 2004 N°01-12.442, 23. November 2004 N° 04-84.265 (jeweils zitiert aus dem französischen Rechtsportal http://www.easydroit.fr/jurisprudence/).

258 So in den Entscheidungen der Cour de Cassation vom 20. September 2006 N° 05-14.199, 19. November 2008 N° 07-10.570 und 31. März 2009 N° 07-45.618 (jeweils zitiert aus dem französischen Rechtsportal http://www.easydroit.fr/jurisprudence/).

259 Siehe den Nachweis unter: http://treaties.un.org/Pages/ViewDetails.aspx

Nr 1b, iii) Staatsunternehmen mit Staaten hinsichtlich ihrer Immunität gleich, wenn sie hoheitlich handeln, und basiert somit ebenfalls auf einer funktionalen Betrachtungsweise.

Zwar ist das Übereinkommen wie erwähnt noch nicht in Kraft getreten und Frankreich hat es bisher nicht ratifiziert, sondern lediglich unterzeichnet. Dadurch dass ein Staat einen völkerrechtlichen Vertrag unterzeichnet hat, unterliegt er aber der Verpflichtung, durch sein weiteres Tun nicht den Sinn und Zweck des Vertrages zu gefährden (vgl. Art. 18 Wiener Vertragsrechtkonvention[260]). Folglich stellt die Unterzeichnung eines völkerrechtlichen Vertrages jedenfalls ein Indiz für eine entsprechende, vertragskonforme Rechtsauffassung dar.

Es kann also festgehalten werden, dass die französische Rechtsprechung der funktionalen Betrachtungsweise bei der Immunität von Staatsunternehmen folgt.

bbb.) Belgien

Auch in Belgien ist diese Rechtsauffassung zu finden. Dort hat im Jahre 1963 die 2. Kammer der Cour d'Appel in Brüssel festgestellt, dass « *Attendu que, soit qu'il émane de l'état étranger lui-même ou d'un de ses organes ou d'un établissement public, ou d'un établissement public à forme sociétaire agissant pour compte de l'état, l'acte n'est couvert par l'immunité de juridiction que lorsqu'il constitue un acte de gouvernement ou de puissance publique, que par contre il échappe de l'immunité lorsqu'il est accompli iure gestionis.* ».[261] Danach unterfallen also Akte öffentlicher Gesellschaften, die für den Staat handeln, wie Akte des ausländischen Staat selbst der Immunität, wenn sie Hoheitsgewalt ausdrücken.

?src=TREA&mtdsg_no=III13&chapter=3&lang=en

260 Frankreich gehört zwar nicht zu den 111 Mitgliedstaaten der Wiener Vertragsrechtskonvention (vgl. http://treaties.un.org/Pages/ViewDetailsIII.aspx?&src=UNTSONLINE&mtdsg_no=XXIII~1&chapter=23&Temp=mtdsg3&lang=en Stand: April 2012). Es ist aber anerkannt, dass die Wiener Vertragsrechtskonvention im Wesentlichen das bestehende Gewohnheitsrecht kodifiziert hat und deshalb auch dann herangezogen werden kann, wenn ein Staat sie noch nicht ratifiziert hat [siehe dazu etwa HOBE, S. 215].

261 So die Entscheidung der 2. Kammer der Cour d'appel Bruxelles vom 4. Dezember 1963, Journal des Tribunaux 1964, 44 (zitiert aus dem belgischen Rechtsportal http://jure.juridat.just.fgov.be/).

Dass dies nicht eine traditionelle, überkommene Auffassung ist, sondern auch jüngere Entscheidungen auf diesem Gedanken basieren, zeigt die Entscheidung des Tribunal de Première Instance, Bruxelles vom 24. 10. 1991. Dort wurde angemerkt, dass « *La personnalité d'une entreprise publique est distincte du pouvoir public qui l'a créée, mais l'Etat qui en est le maître peut lui avoir conféré une mission de service public, ce qui lui confère, alors, les mêmes immunités que celles dont jouirait pareil Etat.* ». Hier wird ganz deutlich festgestellt, dass ein Staatsunternehmen dieselbe Immunität genießt wie der Staat, dem es angehört. Durch die Gleichstellung von Staat und Staatsunternehmen und durch das Abstellen auf die Art der jeweiligen Handlung ergibt sich also, dass die belgische Rechtsprechung der funktionellen Betrachtungsweise folgt.

Entsprechend den Ausführungen zur Rechtslage in Frankreich lässt sich auch hier das gefundene Ergebnis damit untermauern, dass Belgien am 22. April 2005 das UN-Übereinkommen zur Staatenimmunität unterzeichnet hat.[262]

ccc.) Österreich

Am 24.9.2008 hat der österreichische Oberste Gerichtshof erklärt, er verkenne nicht, dass Staaten häufig durch mehr oder weniger selbständige Einrichtungen oder Staatsunternehmen, die meist eigene Rechtspersönlichkeit besitzen, im Wirtschaftsleben vertreten seien und dass sich auch bei Geschäften mit solchen staatlichen Einrichtungen die Frage nach der Immunität stellen könne.[263] Wie diese Frage zu beantworten ist, erklärt der Gerichtshof aber nicht. Er verweist lediglich auf NEUHOLD/HUMMER/SCHREUER als Vertreter der österreichischen Literatur. Nach deren Auffassung behandelt die neuere Rechtspraxis die Frage der Immunität staatlicher Einrichtungen meist funktionell. Entscheidend sei, ob die Einrichtung im besonderen Falle auch tatsächlich hoheitlich gehandelt habe.[264]

Der Oberste Gerichtshof hat also keine eigene klare Position zu der Frage der Immunität von Staatsunternehmen eingenommen. Allerdings ist der Ver-

---

262 Siehe den Nachweis unter: http://treaties.un.org/Pages/ViewDetails.aspx?src=TREA&mtdsg_no=III-13&chapter=3&lang=en (Stand April 2012).

263 Siehe die Entscheidung des OGH vom 24.09.2008, Az. 2Ob32/08g (zitiert aus der Internet-Datenbank des Rechtsinformationssystems des österreichischen Bundeskanzleramts unter http://www.ris.bka.gv.at/Judikatur/).

264 Vgl. NEUHOLD/HUMMER/SCHREUER, Rn 872.

weis auf die dargestellte Literaturansicht doch als Indiz für eine entsprechende Rechtsauffassung des Gerichts zu werten. Dies umso mehr, als in der relevanten Passage nicht etwa verschiedene Lösungsmöglichkeiten präsentiert werden, sondern nur die wohl vorherrschende, funktionelle Betrachtungsweise.

Zu berücksichtigen ist weiterhin, dass Österreich am 14. September 2006 das Übereinkommen der Vereinten Nationen zur Staatenimmunität ratifiziert hat.[265]

Zwar tritt, solange die Mindestzahl von Ratifikationen nicht erreicht ist, auch für die Staaten, die bereits den völkerrechtlichen Vertrag ratifiziert haben, die völkerrechtliche Bindung nicht ein.[266] Hat ein Staat, wie hier Österreich, einen völkerrechtlichen Vertrag ratifiziert, so erklärt er damit jedoch gemäß Art. 2 Abs. 1 b der Wiener Vertragsrechtskonvention, dass der Vertrag von ihm als bindend angesehen wird. Insoweit kann die Ratifikation des UN-Übereinkommens als Zeichen für eine entsprechende Rechtsauffassung Österreichs angesehen werden und es ist erstaunlich, dass der österreichische Oberste Gerichtshof in der angesprochenen Entscheidung vom 24.9.2008 nicht auf das UN-Übereinkommen eingegangen ist.

Insgesamt sprechen die Argumentationsweise des Gerichthofs in der dargestellten Entscheidung und die Ratifikation des UN-Übereinkommens dafür, dass die Republik Österreich der funktionalen Betrachtungsweise folgt.

ddd.) Schweiz

In der Schweiz ist die Rechtslage nicht eindeutig. Lange Zeit konnten sich dort Körperschaften, denen nach dem Recht ihres Sitzes eigene Rechtspersönlichkeit zukommt, nicht auf die Immunität des hinter ihnen stehenden Staates berufen.[267] In der Entscheidung BGE 104 Ia 373 vom 15. November 1978 hat das schweizerische Bundesgericht jedoch Zweifel daran geäußert, ob an dieser Rechtsprechung in jedem Falle festzuhalten sei. Es stellte fest, dass in der

---

265 Siehe den Nachweis unter: http://treaties.un.org/Pages/ViewDetails.aspx?src=TREA &mtdsg_no=III-13&chapter=3&lang=en (Stand April 2012).

266 Vgl. HOBE, S. 219.

267 Schweizerisches Bundesgericht in BGE 110 Ia 43,44 unter Verweis auf die Entscheidungen BGE 56 I 249; 82 I 85; 86 I 27; 104 Ia 368 (zitiert aus der Internet-Datenbank des schweizerischen Bundesgerichts unter http://www.bger.ch/index.htm).

schweizerischen und ausländischen Rechtsprechung allgemein den wirtschaftlichen Zusammenhängen größere Bedeutung beigemessen werde als vor Jahrzehnten und es des Öfteren mit Rücksicht auf diese über die nach außen in Erscheinung tretende Rechtsform hinweggesehen werde. Dies spreche gegen die Annahme, dass mit dem Staat eng verbundene selbständige öffentlichrechtliche oder privatrechtliche Körperschaften sich von vornherein nicht auf die staatliche Immunität berufen könnten. Weitergehende Folgerungen hat das Gericht daraus jedoch nicht gezogen, sondern die Frage offen gelassen.

Im Jahre 1984 hat es sich erneut mit dieser Frage beschäftigt. Es hat festgestellt, dass Organismen mit eigener Rechtspersönlichkeit grundsätzlich keine staatliche Immunität beanspruchen könnten und dass Ausnahmen nur denkbar seien, soweit sie mit staatlicher Hoheitsgewalt also *iure imperii* gehandelt haben.[268] Zur Untermauerung hat das Gericht auf die damalige Literatur abgestellt.

Allerdings ist zu berücksichtigen, dass diejenigen Stimmen, die das Gericht als Beleg gegen die Immunität von Staatsunternehmen herangezogen hat, schon damals nicht aktuell waren, da sie aus den Jahren 1968 und 1976 stammten.[269]

Zu beachten ist weiterhin, dass in der neueren schweizerischen Literatur die Immunität für Staatsunternehmen jedenfalls nicht mehr zwingend ausgeschlossen wird, sofern es sich um Handlungen *iure imperii* handelt.[270] In Anbetracht dieser Umstände und der Tatsache, dass das schweizerische Bundesgericht in seiner Entscheidung anerkannt hat, dass die jeweilige Rechtsperson in Ausnahmefällen, in denen sie hoheitlich gehandelt hat, durchaus Immunität genießen kann, ist festzustellen, dass die selbstständige Rechtspersönlichkeit für die Gewährung von Immunität nicht allein ausschlaggebend ist. Zwar besteht eine Art Vermutung dafür, dass bei einem Unternehmen mit selbstständiger Rechtspersönlichkeit keine Immunität gewährt wird. Wenn jedoch im Einzelfall ein hoheitliches Verhalten vorliegt, kann das Unternehmen ausnahmsweise Immunität beanspruchen.

Zur Untermauerung dieser Annahme kann des Weiteren wie oben bei der Untersuchung der Rechtslage in Frankreich und Belgien die Tatsache heran-

---

268 Vgl. BGE 110 Ia 43, 45f (zitiert aus der Internet-Datenbank des schweizerischen Bundesgerichts unter http://www.bger.ch/index.htm).

269 Siehe BGE 110 Ia 43, 45 verweisend auf SCHAUMANN/HABSCHEID aus dem Jahre 1968 und VERDROSS/SIMMA aus dem Jahre 1976.

270 So zum Beispiel WALTER, S. 76; HABSCHEID, §12 Nr. 2.

gezogen werden, dass die Schweiz am 19. September 2006 das UN-Übereinkommen zur Staatenimmunität unterzeichnet hat. Dies und die obigen Faktoren sprechen dafür, dass in der Schweiz die funktionale Betrachtungsweise jedenfalls nicht ausgeschlossen ist.

eee.) Weitere europäische Staaten

Die Argumentation anhand der Unterzeichnung bzw. Ratifikation des UN-Übereinkommens lässt sich auch auf die übrigen europäischen Staaten übertragen, die das Übereinkommen unterzeichnet bzw. ratifiziert haben: Norwegen, Portugal, Rumänien und Schweden haben das UN-Übereinkommen ratifiziert und damit erklärt, dass der Vertrag von ihnen als bindend angesehen wird.

Von Dänemark, Estland, Finnland, Island, der Slowakei und der Tschechischen Republik wurde das Übereinkommen unterzeichnet. Es ist also davon auszugehen, dass auch diese Staaten der funktionalen Betrachtungsweise zumindest offen gegenüberstehen.

Es kann also festgehalten werden, dass in der Mehrheit der europäischen Staaten die funktionale Betrachtungsweise zur Beurteilung der Immunität von Staatsunternehmen anerkannt ist bzw. zumindest nicht abgelehnt wird.

bb.) Common Law Staaten mit Immunitätsgesetzen

Im Folgenden wird die Rechtslage in Common Law Staaten, die jeweils eigene nationale Immunitätsgesetze erlassen haben, untersucht.

aaa.) USA und Kanada

Wie zu Beginn der Arbeit festgestellt wurde,[271] haben viele Common Law Staaten seit den 70er Jahren des 20. Jahrhunderts Immunitätsgesetze erlassen. Im ersten Immunitätsgesetz, dem US-amerikanischen Foreign Sovereign Immunities Act von 1976, ergibt sich die amerikanische Position zur Immunität von Staatsunternehmen aus der Definition in §1603 FSIA. Dort ist niedergelegt:

„For purposes of this chapter -- (a) A "foreign state", [...], includes a political subdivision of a foreign state or an agency or instrumentality of a foreign

271 Siehe oben unter B, I, 2a, bb.).

state as defined in subsection (b). (b) An "agency or instrumentality of a foreign state" means any entity -- (1) which is a separate legal person, corporate or otherwise, and (2) which is an organ of a foreign state or political subdivision thereof, or a majority of whose shares or other ownership interest is owned by a foreign state or political subdivision thereof, and (3) which is neither a citizen of a State of the United States as defined in section 1332 (c) and (d) of this title, nor created under the laws of any third country."

Nach dieser Definition werden Staatsunternehmen unter den allgemeinen Staatsbegriff des amerikanischen Immunitätsgesetzes subsumiert. Dies wird auch durch die Praxis der US-amerikanischen Gerichte deutlich: So hat beispielsweise der United States District Court, S. D. New York, ausdrücklich erklärt, dass zunächst zu ermitteln ist, ob das jeweilige Unternehmen unter den Staatsbegriff gefasst werden kann, und danach zu überprüfen ist, ob eine der Immunitätsausnahmen greift.[272] Der United States Court of Appeals, Second Circuit, stellte klar, dass „*The FSIA codifies the "restrictive theory of sovereign immunity," (...) under which foreign sovereigns and their "agenc[ies] or instrumentalit[ies]," (...) enjoy immunity from suit in United States courts, subject to a few, enumerated statutory exceptions.*"[273] Damit setzte er staatliche Einrichtungen mit Hoheitsträgern gleich.

Im FSIA kommt es also zu einer vollständigen Gleichstellung von Staat und Staatsunternehmen hinsichtlich der Behandlung im Rahmen der Immunität. Für die Frage der Immunität ist es damit unerheblich, ob das Unternehmen eine eigene Rechtspersönlichkeit aufweist oder nicht.

Entscheidend ist nur, ob das Unternehmen den Anforderungen des §1603 (b) FSIA entspricht, also insbesondere, dass die Mehrheit der Unternehmensanteile im Eigentum des fremden Staates stehen, und ob dann für die jeweilige Handlung eine Ausnahme des Immunitätsgesetzes einschlägig ist. Somit liegt dem FSIA und der amerikanischen Rechtspraxis eine funktionale Betrachtungsweise zugrunde.

Eine ähnliche Methodik findet sich in der kanadischen Rechtspraxis.
Sec. 2 des kanadischen State Immunity Act beinhaltet folgende Regelung:

---

272 United States District Court, S. D. New York, Rio Grande Transport Inc, 19.Juni 1981, 516 F. Supp.1155.

273 United States Court of Appeals, Second Circuit, Kato vs Ishihara, 18. Februar 2004, 360 F.3d 106.

"foreign state" includes [...] (b) any government of the foreign state or of any political subdivision of the foreign state, including any of its departments, and any agency of the foreign state"

Wie oben gezeigt, fallen unter den Begriff „*agency of a foreign state*“ auch Staatsunternehmen im Sinne der vorliegenden Arbeit. Demnach setzt also auch das kanadische Immunitätsgesetz Staatsunternehmen und Staaten gleich, sodass es bei der Frage nach der Immunität auch hier nur auf die Einordnung der jeweils zu beurteilenden Handlung und nicht auf die (Un-) Selbstständigkeit der Rechtspersönlichkeit des Unternehmens ankommt.

bbb.) Das Vereinigte Königreich, Singapur, Pakistan, Südafrika und Australien

Der State Immunity Act des Vereinigten Königreichs folgt einer anderen Systematik. Dort wird zunächst in Sec. 14 (1) klargestellt:

“*references to a State include references to-- (a) the sovereign or other head of that State in his public capacity; (b) the government of that State; and (c) any department of that government, but not to any entity (hereafter referred to as a "separate entity") which is distinct from the executive organs of the government of the State and capable of suing or being sued*”

Selbstständige Rechtsträger und somit auch Staatsunternehmen mit eigener Rechtspersönlichkeit fallen also gerade nicht unter den Begriff ‘Staat’ im Sinne dieses Immunitätsgesetzes. In Sec. 14 (2) wird jedoch festgelegt:

“*A separate entity is immune from the jurisdiction of the courts of the United Kingdom if, and only if-- (a) the proceedings relate to anything done by it in the exercise of sovereign authority; and (b) the circumstances are such that a State [...] would have been so immune*”.

Ein Staatsunternehmen mit eigener Rechtspersönlichkeit kann sich demnach auf Immunität berufen, wenn es hoheitlich gehandelt hat und einem Staat in einer solchen Situation Immunität gewährt würde. Es kommt folglich zwar nicht wie nach dem amerikanischen FSIA zu einer ausdrücklichen Gleichstellung mit dem Staat, da für rechtlich selbstständige Staatsunternehmen andere Regeln gelten als für Staaten und insbesondere nicht die Immunitätsausnahmen des Gesetzes einschlägig sind.

Im Ergebnis ist aber das entscheidende Kriterium für die Gewährung von Immunität die Ausübung von Hoheitsgewalt und nicht die rechtliche Selbstständigkeit: Staatsunternehmen wird nicht nur, weil sie rechtlich selbstständig sind, das Privileg der Immunität verwehrt, sondern entscheidend ist die jeweils ausgeübte Tätigkeit. Deswegen liegt dem State Immunity Act letztlich eine funktionale Betrachtungsweise zugrunde.

Dieser Rechtsauffassung, also dass ein (rechtlich selbstständiges) Staatsunternehmen Immunität beanspruchen kann, wenn es hoheitlich handelt, folgen dementsprechend auch die Gerichte des Vereinigten Königreichs, so beispielsweise kürzlich der High Court of Justice, Queens Bench Division, Commercial Court in der Sache Tsavliris Salvage (International) Ltd v The Grain Board of Iraq.[274] In diesem Verfahren machte die Tsavliris Salvage (International) Ltd. gegenüber dem Grain Board of Iraq, einem irakischen Staatsunternehmen, dessen Hauptaufgabe darin lag, Getreide zu importieren, Ansprüche aufgrund der Bergung eines Schiffes geltend. Das Gericht stellte fest, dass das irakische Unternehmen eine selbstständige Rechtspersönlichkeit aufwies und hatte deswegen bezüglich der Frage der Immunität zu klären, ob das Verfahren, wie von sec. 14 (2a) gefordert, mit der Ausübung von Hoheitsgewalt zusammen hängt.[275] Es erklärte, dass es dabei auf den Charakter des zu untersuchenden Akts und nicht auf dessen Zweck ankomme und kam zu dem Ergebnis, dass das Verhalten des Grain Board of Iraq kein hoheitliches Verhalten darstelle, sodass sich das Unternehmen demnach nicht auf die Immunität aus sec. 14 (2) des State Immunity Acts berufen könne.[276]

Es wird also deutlich, dass sowohl nach der Gesetzgebung als auch der Rechtsprechung im Vereinigten Königreich die Immunität von Staatsunternehmen anhand von funktionalen Kriterien, d.h. nach Maßgabe der jeweiligen Tätigkeit, beurteilt wird.

---

274 Siehe Tsavliris Salvage (International) Ltd v The Grain Board of Iraq [2008] EWHC 612 (Comm) 01 April 2008 (zitiert aus der Internet-Datenbank des British and Irish Legal Information Institute http://www.bailii.org/).

275 Siehe Tsavliris Salvage (International) Ltd v The Grain Board of Iraq [2008] EWHC 612 (Comm) 01 April 2008, Rn 73ff (zitiert aus der Internet-Datenbank des British and Irish Legal Information Institute http://www.bailii.org/).

276 Siehe Tsavliris Salvage (International) Ltd v The Grain Board of Iraq [2008] EWHC 612 (Comm) 01 April 2008, Rn 78, 80 (zitiert aus der Internet-Datenbank des British and Irish Legal Information Institute http://www.bailii.org/).

Dem Beispiel des State Immunity Act des Vereinigten Königreichs folgten der State Immunity Act Singapore aus dem Jahre 1979, die State Immunity Ordinance in Pakistan von 1981 sowie der südafrikanische Foreign States Immunities Act aus 1981: Sec. 16 SIA Singapore und Sec. 15 SIO Pakistan geben wortgetreu den Inhalt der dargestellten Norm aus dem Vereinigten Königreich wieder und folgen somit gleichsam der funktionalen Betrachtungsweise. Im südafrikanischen Immunitätsgesetz findet sich diese Regelung in sec. 15 (1).

Dem australischen Foreign States Immunities Act liegt ebenfalls eine dem britischen SIA ähnliche Systematik zugrunde. Auch hier sind zur Beurteilung der Immunität eines Staatsunternehmens die Vorschriften über „*separate entity*" maßgeblich, da dies nach Sec. 3 (1) des australischen FSIA "*a natural person [...], or a body corporate or corporation sole (other than a body corporate or corporation sole that has been established by or under a law of Australia), who or that (a) is an agency or instrumentality of the foreign State; and (b) is not a department or organ of the executive government of the foreign State*" umfasst, sodass auch Staatsunternehmen unter diese Definition subsumiert werden können.

Für diese "*separate entity*" regelt Sect. 3 (1) des Gesetzes -ähnlich wie Sec. 14 (1) SIA-, dass, soweit nichts Gegenteiliges erkennbar ist, eine Bezugnahme im Gesetzestext auf den Begriff „*foreign state*" nicht gleichzeitig für „*separate entities*" gilt.[277] Vielmehr beinhaltet Sect. 22 des australischen FSIA eine eigene Regelung für diese selbstständigen Rechtspersönlichkeiten. Die Vorschrift erklärt:

The preceding provisions of this Part (other than subparagraph 11(2)(a)(i), paragraph 16(1)(a) and subsection 17(3)) apply in relation to a separate entity of a foreign State as they apply in relation to the foreign State.

Damit ist die Mehrheit der Normen des FSIA auch für „*separate entities*" anwendbar, soweit sie für den fremden Staat Anwendung finden würden. Es handelt sich hier also im Ergebnis um eine Gleichstellung von Staatsunternehmen und Staat. Auch selbstständige Staatsunternehmen können sich folglich nach australischer Rechtspraxis auf Immunität berufen, wenn die Voraussetzungen von sec. 22 des australischen FSIA vorliegen.

---

277 Vgl. Sect 3 (3) austr. FSIA: *Unless the contrary intention appears, a reference in this Act to a foreign State does not include a reference to a separate entity of a foreign State.*

Insgesamt ist damit festzuhalten, dass in den oben untersuchten Common-Law-Staaten bei der Beurteilung der Immunität von Staatsunternehmen eine funktionale Betrachtungsweise praktiziert wird, nach der letztlich die jeweilige Unternehmenstätigkeit maßgeblich ist und nicht der Umstand, ob das Unternehmen rechtlich selbstständig ist. Wie oben bei der Beurteilung der deutschen Rechtspraxis kann auch hier davon ausgegangen werden, dass diese Staatenpraxis von einer entsprechenden, hinreichenden Rechtsüberzeugung getragen wird, so dass die Voraussetzungen für den Nachweis von Völkergewohnheitsrecht vorliegen.

cc.) Weitere außereuropäische Staaten

Zu untersuchen ist nun, ob und inwieweit weitere, außereuropäische Staaten bei der Beurteilung der Immunität von Staatsunternehmen eine funktionale Betrachtungsweise zugrunde legen.

Dabei können zunächst mit der oben verwendeten Argumentation anhand der Unterzeichnung bzw. Ratifizierung des UN-Übereinkommens Rückschlüsse auf die Rechtsposition einiger außereuropäischer Staaten gezogen werden.[278]

Japan, Iran, Kasachstan, Libanon und Saudi-Arabien haben das Übereinkommen ratifiziert und sehen es damit als bindend an.[279] Es ist folglich davon auszugehen, dass auch diese Staaten den Vorgaben des UN-Übereinkommens folgen und dementsprechend jedenfalls eine funktionale Betrachtungsweise bei der Immunität von Staatsunternehmen nicht ablehnen.

Für Japan ist außerdem folgendes zu beachten: Japan hat im April 2009 den sog. „Act on the Civil Jurisdiction of Japan over Foreign States (24/2009)" beschlossen.[280] Dieses Gesetz wurde nach Auskunft der japanischen Botschaft und Angaben in der Literatur[281] im Einklang mit dem UN-Übereinkommen über Staatenimmunität erlassen und setzt somit bei der Frage der Immunität ebenfalls Staatsunternehmen mit Staaten gleich, wenn sie hoheitlich handeln.

---

278 Siehe oben unter C, II, 2b, aa.).

279 Siehe die Nachweise zum Stand der Unterzeichnung bzw. Ratifikation des UN-Übereinkommens auf: http://treaties.un.org/pages/ViewDetails.aspx?src=TREATY &mtdsg_no=III13&chapter=3&lang=en.

280 So die Auskunft der japanischen Botschaft in Berlin.

281 Siehe die Erläuterungen von Naoki Iguchi, Aoi Inoue, Maki Kadonaga, New Act Sets Out Terms of Jurisdictional Immunity for Foreign States, unter http://www.amt-law.com/res/news_2009en_pdf/090828_1357.pdf (Stand April 2012).

In China, Indien, Madagaskar, Mexiko, Marokko, Paraguay, Russland, Senegal, Sierra Leone und Timor-Leste wurde das Übereinkommen zumindest unterzeichnet. Dadurch sind sie wie bereits erklärt dazu verpflichtet, sich aller Handlungen zu enthalten, die Ziel und Zweck des Vertrages vereiteln würden. Diese Tatsache kann ebenfalls zumindest als ein Indiz für eine entsprechende Rechtsüberzeugung dieser Staaten verwendet werden.

Angaben über die Rechtspraxis einiger anderer Staaten, die das UN-Übereinkommen weder unterzeichnet noch ratifiziert haben, finden sich schließlich in der Literatur: In Brasilien werden demnach Staatsunternehmen im Hinblick auf die Immunitätsproblematik wie Staaten behandelt. Sie genießen Immunitätsschutz für solche Akte, die sich unmittelbar als Ausfluss der hoheitlichen Verwaltung darstellen, während bei Streitigkeiten ohne hoheitlichen Bezug die brasilianische Gerichtsbarkeit ohne weiteres gegeben ist.[282]

Bezüglich der rechtlichen Situation in Malaysia wird angeführt, dass Staatsunternehmen und Staatsbanken mit eigener Rechtspersönlichkeit im Grundsatz keine Immunität genießen, Ausnahmen aber für solche Staatsunternehmen gemacht werden, die hoheitliche Aufgaben wahrnehmen und unter staatlicher Kontrolle stehen.[283]

Im Hinblick auf die Rechtslage in Kolumbien wird erklärt, dass sich ausländische Staatsunternehmen nur dann auf Immunität berufen könnten, wenn sie diese durch Vertrag, Abkommen oder Anerkennung ausdrücklich geltend gemacht haben, da ansonsten keine rechtliche Grundlage für deren Immunität bestehe, sodass sie wie nationale Unternehmen zu behandeln seien.[284]

In Argentinien gilt schließlich wie schon erwähnt seit 1995 das Gesetz Nr. 24488 über die Immunität ausländischer Staaten vor argentinischen Gerichten. Da das Gesetz keine Regelungen über die Immunität von Staatsunternehmen beinhaltet, wird in der Literatur vertreten, dass soweit nicht bereits die Organisation von Staatsunternehmen in Form einer Handelsgesellschaft zu einem Immunitätsverlust führt, die Ausnahmen nach Art. 2 entsprechend gelten.[285]

---

282 Siehe bei SAMTLEBEN in GEIMER/SCHÜTZE, Internationaler Rechtsverkehr, Band 5, S. 1023.2ff.

283 Siehe bei SCHÜTZE in GEIMER/SCHÜTZE, Internationaler Rechtsverkehr, Band 5, S. 1086.2.

284 Siehe bei VON BILA in GEIMER/SCHÜTZE, Internationaler Rechtsverkehr, Band 5, S. 1070.2.

285 So die Angaben von PILTZ in GEIMER/SCHÜTZE, Internationaler Rechtsverkehr, Band

c.) Zwischenergebnis

Insgesamt wird also deutlich, dass in den meisten europäischen Staaten, in den Common Law Staaten sowie in Japan und Brasilien anerkannt ist, dass es für die Gewährung von Immunität für Staatsunternehmen nicht darauf ankommt, ob das Unternehmen rechtlich unselbstständig ist, sondern ob die jeweilige in Rede stehende Handlung immunitätsfähig ist.

Aber auch einige andere Staaten aus dem russischen Rechtskreis sowie aus Asien, Afrika und Mittel- bzw. Süd-Amerika scheinen dieser funktionalen Betrachtungsweise gegenüber jedenfalls aufgeschlossen zu sein.

Da jedoch letztere Staaten bisher kein eindeutiges Bekenntnis zu dieser Ansicht abgegeben haben, sehr viele andere Staaten das UN-Übereinkommen nicht einmal unterzeichnet haben und manche Staaten wie Kolumbien ganz andere Vorgehensweisen entwickelt haben, kann die funktionale Betrachtungsweise (noch) nicht als allgemein gültiges, universelles Völkergewohnheitsrecht angesehen werden. Es handelt sich vielmehr um partikuläres, in seiner Wirkung auf die dargestellten Staaten begrenztes Völkerrecht.

3.) Zusammenfassung und Bewertung: die funktionale Betrachtungsweise

Die obigen Ausführungen zeigen, dass nach dem einzig in Kraft getretenen völkerrechtlichen Vertrag über Immunität, also dem Europäischen Übereinkommen über Staatenimmunität, nach dem Vertragstext des UN-Übereinkommens sowie nach partikulärem Völkergewohnheitsrecht rechtlich selbstständige Staatsunternehmen grundsätzlich Immunität beanspruchen können, soweit sie hoheitlich tätig sind.

Viele Staaten folgen damit einer funktionalen Betrachtungsweise, nach der für die Gewährung von Immunität nicht mehr die rechtliche Organisation des Unternehmens, d.h. insbesondere seine rechtliche Selbstständigkeit, sondern die wahrgenommene Aufgabe maßgeblich ist.

Dass dies eine folgerichtige Entwicklung ist, wird anhand eines Vergleichs mit der Entwicklung der allgemeinen Staatenimmunität deutlich.

Zu Zeiten der absoluten Staatenimmunität wurde wie oben erwähnt nicht zwischen hoheitlichen und nicht hoheitlichen Aktivitäten der Staaten diffe-

---

5, S. 1009.4.

renziert, sondern umfassend Immunität gewährt.[286] Das einzige taugliche Kriterium um ein Ausufern der Immunität in Bezug auf jegliche staatliche Einrichtungen und Staatsunternehmen zu verhindern, konnte daher nur die Identität mit dem Staat und damit die rechtlichen Selbstständigkeit darstellen.[287]

Die allgemeine Staatenimmunität hat sich jedoch von dieser absoluten Immunität zur restriktiven Immunität entwickelt, sodass letztere etwa seit den 80er Jahren des 20. Jahrhunderts als fester Bestandteil des Völkergewohnheitsrechts gesehen werden kann.[288] Seitdem können Staaten nicht mehr für jedes Verhalten Immunität beanspruchen, sondern nur, wenn es als hoheitlich zu qualifizieren ist. Der Grund dafür lag vor allem in der Auffassung, dass Staaten, sobald sie wie jedermann kommerziell tätig werden, auch wie jedermann behandelt werden sollten und nicht mehr staatliche Privilegien wie die Immunität genießen sollen. Es geht also im Kern um eine Gleichbehandlung aller Teilnehmer auf dem Wirtschaftsmarkt.

Um dieses Ziel zu erreichen ist es nur sachgerecht, auch staatliche Unternehmen nur noch dann durch das Recht der Immunität zu privilegieren, wenn diese hoheitlich tätig sind. Die Hoheitlichkeit lässt sich aber auf sachgerechte Weise nur anhand der jeweils wahrgenommen Tätigkeit ermitteln und nicht (nur) anhand der Unternehmensstruktur, d.h. mithilfe des Kriteriums der rechtlichen Selbstständigkeit.

Schon in den 80er Jahren wurde seitens der Literatur argumentiert, dass aufgrund der Zunahme staatlicher Betätigungen und der Dezentralisierung von Dienstleistungen vermehrt andere Institutionen als klassische Staatsorgane hoheitliche Aufgaben ausführten, sodass sich die Immunität nicht länger auf solch klassische Staatsorgane beschränken könne.[289]

Die rechtliche Selbstständigkeit ist daher ein ungeeignetes Merkmal zur Bestimmung von Immunität, da sie nur Aufschluss über die Organisation nicht aber über die Funktion des Unternehmens gibt.[290] Insbesondere kann sie keine Auskunft darüber geben, ob nicht auch Hoheitsrechte ausgeübt werden.[291]

---

286 Siehe oben unter B, I, 1.).
287 Vgl. SCHREUER, S. 93.
288 Siehe oben unter B, I, 2.).
289 ESSER, RIW 1984, 577ff, 578.
290 ESSER, RIW 1984, 577ff, 578.
291 ALBERT, IPRax 1983, 55, 57.

Weiter wird angemerkt, dass auch ein formal verselbstständigtes Unternehmen, welches unabhängig von seiner Rechtsform vollständig vom Staat beherrscht wird und hoheitliche Aufgaben wahrnimmt, funktional gesehen eine unselbstständige Abteilung des Staates darstellt und schon deswegen mit dem Staat gleichzusetzen ist.[292]

Um herauszufinden, wann staatliche Unternehmen wirklich staatlich tätig sind und ihnen deswegen das originär staatliche Privileg der Immunität zusteht, kann daher nur auf die jeweiligen, dem Unternehmen übertragenen Aufgaben und damit auf dessen Funktion abgestellt werden, da dies ein zuverlässiges, beständiges Qualifizierungsmerkmal darstellt.

Schließlich lassen sich zwei weitere Aspekte gegen das Kriterium der rechtlichen Selbstständigkeit anführen. Zunächst birgt das Kriterium der rechtlichen Selbstständigkeit eine Missbrauchsgefahr in sich.

Wenn nur die rechtliche Selbstständigkeit relevant wäre, würden fremde Staaten darauf achten, dass sie jene Stellen, die überwiegend im Ausland tätig sind, nach Möglichkeit ohne eigene Rechtspersönlichkeit einrichten, um das Privileg der Immunität beanspruchen zu können.[293]

Ferner spricht gegen das Kriterium der Selbstständigkeit, dass sofern nur rechtlich unselbstständige Staatsunternehmen Immunität beanspruchen können, dem Staat faktisch vorgeschrieben wird, wie er sich und seine Einrichtungen zu organisieren hat.[294] Es muss aber jedem Staat selbst überlassen bleiben zu entscheiden, in welcher Weise er seine Tätigkeiten juristisch organisiert und die ihm ideal erscheinende Aufgabenteilung zu wählen.[295]

Aus diesen Gründen ist es daher nur konsequent, Staat und Staatsunternehmen gleich zu behandeln und die Immunität eines staatlichen Unternehmens nicht anhand von der jeweiligen rechtlichen Struktur und Organisation, sondern entsprechend der jeweils wahrgenommenen Tätigkeit zu beurteilen.

Mithilfe dieser Vorgehensweise kann sachgerecht über die Immunität von Staatsunternehmen geurteilt werden. Die Entwicklung und Festigung dieser funktionalen Betrachtungsweise im Völkerrecht ist somit zu begrüßen.

292 HAUSMANN, IPRax 1982, 51, 54f.

293 HERZ, S. 132.

294 ALBERT, IPRax 1983, 55, 57.

295 VON SCHÖNFELD, NJW 1986, 2980, 2987; ALBERT, IPRax 1983, 55, 57.

III.) Bestimmung des für die funktionale Betrachtungsweise zentralen Merkmals ‚hoheitlich'

Es stellt sich nun die Frage, zu welchen Ergebnissen die funktionale Betrachtungsweise führt, also für welche konkreten Unternehmenstätigkeiten letztlich Immunität beansprucht werden kann.

Bei Staaten wie etwa den USA, die in ihren nationalen Immunitätsgesetzen Staatsunternehmen mit ausländischen Staaten vollständig gleichstellen, ist die praktische Vorgehensweise einfach: Es ist lediglich zu untersuchen, ob das jeweilige unternehmerische Verhalten unter eine der ausdrücklich aufgezählten Immunitätsausnahmen fällt, also beispielsweise eine kommerzielle Tätigkeit darstellt, vgl. §1605 (a) (2) FSIA.

Schwieriger ist die Rechtslage hingegen bei solchen Staaten, die kein Immunitätsgesetz erlassen haben, da bei diesen die Entscheidung über die Gewährung von Immunität anhand der abstrakten Unterscheidung zwischen hoheitlichem und nicht hoheitlichem Verhalten zu erfolgen hat.

Da hiernach also Voraussetzung für die Immunität eines Staatsunternehmens ist, dass das Unternehmen hoheitlich tätig geworden ist, ist entscheidend, wann eine solche Tätigkeit zu bejahen ist, also was unter dem Begriff ‚hoheitlich' zu verstehen ist.

1.) Vorüberlegung: Welche Rechtsordnung bestimmt das Merkmal ‚hoheitlich'?

Dafür ist zunächst zu klären, welche Rechtsordnung bestimmt, ob ein Verhalten als hoheitlich oder als nicht hoheitlich einzustufen ist. Angesichts verschiedener kultureller und gesellschaftlicher Strukturen der Staaten ist die Klärung dieser Frage von entscheidender Bedeutung, denn je nachdem auf welches Recht abgestellt wird, kann die Charakterisierung als hoheitliche bzw. nicht hoheitliche Tätigkeit zu unterschiedlichen Ergebnissen führen.

Hinzukommt die Tatsache, dass dadurch, dass das Recht in seiner Anwendung und Entwicklung immer das Spiegelbild der jeweiligen Gesellschaft darstellt, die Diskussion über die Frage nach den entscheidenden Kriterien bzw. der maßgeblichen Rechtsordnung im Kern eine *pro-domo*-Diskussion der staatlichen, gesellschaftspolitischen und kulturellen Unterschiede beinhaltet. Denn einheitliche Kriterien zu finden bzw. sich auf eine maßgebliche Rechtsordnung festzulegen, bedeutet regelmäßig einen Kompromiss und damit eine „kleine Niederlage" – ein Umstand, der speziell bei der Immunitätsdiskussion neben einem Prestigeverlust auch mit erheblichen finanziellen Nachteilen verbunden sein kann.

Um für dieses entscheidende Problem eine angemessene und überzeugende Lösung zu finden, wird im Folgenden zunächst ermittelt, welche Positionen verschiedene Staaten, die keine nationalen Immunitätsgesetze erlassen haben, hierzu eingenommen haben.

a.) Rechtsprechung zur Frage der maßgeblichen Rechtsordnung

Für die deutsche Rechtspraxis hat das Bundesverfassungsgericht in seiner grundlegenden Entscheidung zur Staatenimmunität festgestellt, dass die Qualifikation der Staatstätigkeit als hoheitlich oder nicht hoheitlich grundsätzlich nach nationalem Recht vorgenommen werden müsse, da das Völkerrecht jedenfalls in der Regel für diese Abgrenzung keine Kriterien enthalte. Entscheidend sei also grundsätzlich das jeweils anwendbare nationale Recht.[296] Damit stellt das Bundesverfassungsgericht eine klare Vermutung zugunsten der Anwendung des nationalen Rechts auf, lässt sich aber die Möglichkeit eines Rückgriffs auf das Völkerrecht offen.

Diese Vorgehensweise lässt sich damit begründen, dass das Gericht erkannt hat, dass es einer erwünschten Rechtseinheit entgegen wirke, wenn mit dieser Vorgehensweise nur auf das nationale Recht abgestellt wird. Deswegen seien einer solchen Qualifikation völkerrechtliche Schranken gezogen – das nationale Recht dürfe nur mit der Maßgabe herangezogen werden, dass von der Immunität nicht solche Handlungen des Staates ausgenommen werden, die nach der von den Staaten überwiegend vertretenen Auffassung zum Bereich der Staatsgewalt im engeren und eigentlichen Sinn gehören. Es könne also ausnahmsweise völkerrechtlich geboten sein, die Betätigung eines Staates als Akt *iure imperii* zu qualifizieren, obwohl sie nach nationalem Recht als privatrechtlich und nicht als öffentlich-rechtlich anzusehen wäre.[297]

Festzuhalten ist also, dass, da nach Auffassung des Bundesverfassungsgerichts im Völkerrecht prinzipiell keine Abgrenzungskriterien für die Qualifikation enthalten seien, nationales Recht heranzuziehen ist, dieses aber internationalen Schranken unterliegt.

Die Gerichte im Bereich der deutschen Zivilgerichtsbarkeit folgen diesen Vorgaben des Bundesverfassungsgerichts, allerdings zum Teil in stark ver-

---

296 So BVerfGE 16, 27, 28, 62.

297 Vgl. BVerfGE 16, 27, 63f.

kürzter Form. So wird die vom Bundesverfassungsgericht im Einzelnen genau ausdifferenzierte Formulierung etwa seitens des OLG Köln auf die Formel „Maßgebend für die Qualifikation einer Staatstätigkeit ist im Erkenntnisverfahren das jeweils anwendbare nationale Recht“ reduziert und damit auf jeglichen völkerrechtlichen Aspekt verzichtet.[298]

Der BGH hat im Jahr 2003 sowohl deutsches Recht als auch ausländisches, im konkreten Fall griechisches Recht herangezogen.[299]

Ganz aktuell vertritt der Gerichtshof die Auffassung, dass die Frage, ob ein Handeln oder ein Vermögenswert als hoheitlich zu qualifizieren ist, sich, soweit keine Kriterien im Völkerrecht vorhanden sind, grundsätzlich nach der jeweiligen nationalen Rechtsordnung entscheidet.[300] Im Rahmen dieser Entscheidung argumentiert der Gerichtshof sowohl mithilfe eines bilateralen völkerrechtlichen Vertrags als auch anhand der deutschen Rechtsprechung.

Für die deutsche Rechtspraxis lässt sich damit keine vollkommen einheitliche Linie feststellen. Deutlich wird aber, dass die Entscheidungen jedenfalls immer (auch) auf Erwägungen des nationalen Rechts beruhen.

Die österreichische Rechtsprechung geht einen anderen Weg. Der österreichische oberste Gerichtshof hat ganz ausdrücklich konstatiert, dass sich die Beurteilung, ob ein Akt hoheitlich oder privatrechtsgeschäftlich zu qualifizieren sei, nicht nach dem jeweiligen innerstaatlichen Recht richte sondern nach allgemeinem Völkerrecht.[301] Diese von dem Gericht gewählte Formulierung, die keinerlei Verweis auf nationales Recht beinhaltet, lässt die Annahme zu, dass folglich allein das Völkerrecht maßgeblich sei und entsprechende Vorgaben enthalte.

Was unter dem Begriff ‚allgemeines Völkerrecht‘ zu verstehen ist und welche völkerrechtlichen Abgrenzungskriterien sich genau daraus ergeben, hat das Gericht allerdings nicht erklärt. Auch anhand seiner argumentativen Vorgehensweise lässt sich nicht erkennen, wie es aus dem Völkerrecht die für die Qualifikation erforderlichen Kriterien herleitet. Der Gerichtshof hat in seinen

298 So das OLG Köln, Beschluss vom 12.01.2004, Az. 16 W 20/03 (zitiert aus juris).

299 BGH, Urteil vom 26.6 2003, Az. III ZR245/98 (zitiert aus juris).

300 So der BGH, Beschluss vom 1. 10. 2009, Az.VII ZB 37/ 08 (zitiert aus juris).

301 Siehe die Entscheidungen des österreichischen OGH: grundlegend am 23.2.1988, Az. 5 Nd 509/87, EvBl 1988/118 = Österreichische Juristenzeitung 1988, 562 sowie am 24.09.2008, Az. 2Ob32/08g (zitiert aus der Internet-Datenbank des Rechtsinformationssystems des österreichischen Bundeskanzleramts unter http://www.ris.bka.gv.at/Judikatur/).

Erwägungen nicht die einzelnen Völkerrechtsquellen untersucht, sondern lediglich auf seine eigene Rechtsprechung Bezug genommen. Die Entscheidung ist folglich dogmatisch ungenau. Zumindest kann der Entscheidung aber die Aussage entnommen werden, dass nach Auffassung des österreichischen OGH schwerpunktmäßig auf das Völkerrecht abzustellen ist.

Auch das schweizerische Bundesgericht hat sich mit der Frage befasst, welches Recht für die Qualifikation des staatlichen Handelns heranzuziehen ist. Es hat in einer Entscheidung zur Staatenimmunität angemerkt, dass zum Entscheid über die Frage der Immunität notwendigerweise ausländisches öffentliches Recht berücksichtigt werden müsse. Die von der Schweiz stets vertretene Auffassung, wonach zwischen Handlungen „*iure imperii*" und „*iure gestionis*" zu unterscheiden ist, ließe sich nicht durchsetzen, wenn das ausländische öffentliche Recht unbeachtet bleiben müsse. Allerdings sei dieses Recht nicht materiell anzuwenden; es sei nicht darüber zu entscheiden, ob der Anspruch begründet ist, sondern nur, welcher Natur er ist.[302] Das schweizerische Bundesgericht stellt also bei der Feststellung, ob das staatliche Verhalten hoheitlicher oder nicht hoheitlicher Natur ist, auf ausländisches öffentliches Recht ab. Was insoweit unter ausländischem öffentlichem Recht zu verstehen ist und ob es sich dabei um allgemeine, etwa durch Rechtsvergleichung ermittelte Prinzipien handelt oder um das öffentliche Recht des ausländischen Staats, erklärt das Gericht allerdings nicht.

Eine andere Vorgehensweise findet sich in der belgischen Rechtsprechung wieder. Dort hat die Cour d'appel, Brüssel – wenn auch im Zusammenhang mit der Vollstreckungsimmunität – ausdrücklich festgestellt: *„Attendu que l'immunité d'exécution participant au droit international, c'est à la lumière de cet ordre que doit être recherchée l'affectation du bien saisi ; Que toutefois, en l'absence de précision donnée à cet égard par le droit international, la qualification lege fori de cette affectation peut être admise".*[303] Demnach muss, da die Immunität einen Teil des internationalen Rechts darstellt, grundsätzlich die Zweckbestimmung des Vollstreckungsobjekts auch im Lichte dieser Rechtsordnung ermittelt werden. Aus Mangel an Vorgaben seitens des internationalen Rechts, kann die *lex fori* zur Bestimmung der Natur der fraglichen Handlung herangezogen werden.

302 BGE 111 Ia 52 S. 59 (zitiert aus der Internet-Datenbank des schweizerischen Bundesgerichts unter http://www.bger.ch/index.htm).

303 Entscheidung der Cour d'Appel Brüssel vom 16.3.1999, 98/A/3089 (zitiert aus dem belgischen Rechtsportal http://jure.juridat.just.fgov.be/).

Die belgische Rechtspraxis ist folglich mit der deutschen Vorgehensweise vergleichbar.

In Frankreich schließlich wird zur Bestimmung der Natur der fraglichen Handlung regelmäßig allein und ohne dies näher zu erläutern auf die *lex fori* abgestellt.[304]

b.) Bewertung und Stellungnahme

Die ausgewählten Beispiele aus der Rechtsprechung verschiedener Staaten zeigen, dass keine einheitliche Vorgehensweise bezüglich der Frage existiert, welche Rechtsordnung klassifiziert, ob ein Verhalten hoheitlich oder nicht hoheitlich einzustufen ist: Einige Staaten legen in unterschiedlicher Form einen internationalen Maßstab an, in anderen wird allein auf die *lex fori* abgestellt.

Widersprüchlich bei der dargestellten Rechtsprechung ist, dass beispielsweise nach der Auffassung der belgischen Rechtsprechung das Völkerrecht für die Abgrenzung zwischen hoheitlichem und nicht hoheitlichem Verhalten prinzipiell keine Kriterien enthält, nach der Auffassung des österreichischen Obersten Gerichtshofs jedoch das Völkerrecht maßgeblich ist. Damit findet sich sogar in west- bzw. mitteleuropäischen Staaten mit grundsätzlich ähnlicher Rechtskultur eine konträre Bewertungslage.

Gerade ein solch völkerrechtlicher, internationaler Maßstab wäre aber für die Entscheidung über die Hoheitlichkeit der jeweiligen Tätigkeit wünschenswert. Die Entscheidung, ob ein Verhalten hoheitlich oder nicht hoheitlich einzustufen ist, stellt den Kernaspekt des Immunitätsrechts dar, da davon die Entscheidung über die Gewährung von Immunität abhängt. Damit die Immunitätsfrage möglichst einheitlich gelöst wird, sollte das Merkmal ‚hoheitlich' möglichst unabhängig von individuellen staatlichen Vorstellungen ausgelegt und angewendet werden. Ziel muss es sein, die wichtige Immunitätsfrage auf der Basis weitgehend standardisierter und objektiv feststellbarer Kriterien zu entscheiden.

Stellt man nämlich demgegenüber ausschließlich auf nationales Recht ab, so wird jeder Fall je nachdem, welche Staaten beteiligt sind, anders beurteilt.

---

304 So die Rechtsprechung der 1. Chambre civile der Cour de Cassation grundlegend am 25. Februar 1969 N° 67-10.243 oder vom 2. Mai 1990 N° 88-14.363 und 88-14.687 (jeweils zitiert aus dem französischen Rechtsportal http://www.easydroit.fr/jurisprudence/). Zur zweiten genannten Entscheidung siehe ausführlich bei GRABINSKI, IPRax 1992, 55.

Ist das Recht des beklagten Staates entscheidend, muss der Gerichtsstaat gegenüber jedem ausländischen Staat entsprechend dessen rechtlichen Vorstellungen von hoheitlichem bzw. nicht hoheitlichem Verhalten ein anderes Maß an Immunität gewähren.[305] Dies kann zu erheblicher Rechtsunsicherheit führen.

Außerdem ist gegen die Qualifizierung anhand der ausländischen Rechtsordnung anzuführen, dass dann der beklagte Staat es selbst in der Hand hätte, den Umfang seiner Immunität zu bestimmen, indem er die Tätigkeiten, die er der gerichtlichen Kontrolle durch andere Staaten entziehen möchte, in seiner Rechtsordnung als hoheitlich einstuft.

Auch eine Qualifizierung anhand des Rechts des Gerichtsstaates der *lex fori* ist problematisch, da sie zu einer „Fragmentierung der Immunitätsregel“[306] führt. Bei einer alleinigen Beurteilung nach der *lex fori* könnte der gleiche Sachverhalt von Staat zu Staat unterschiedlich beurteilt werden kann. Es besteht die Gefahr einer Ungleichbehandlung gleichartiger Fälle.[307]

Hinzukommt, dass der nationale Gesetzgeber dadurch, dass er bestimmen kann, welches Verhalten er als hoheitlich einstuft und welches nicht, Einfluss auf den Umfang der Immunität anderer Staaten nehmen kann.[308] So könnte der Gerichtsstaat, indem er nur sehr wenige originär-staatliche Tätigkeiten als hoheitlich charakterisiert, für andere Staaten, die auf seinem Gebiet verklagt würden, die Immunität nahezu aufheben. Dies würde der oben erwähnten staatlichen Unabhängigkeit und Souveränität zuwiderlaufen.

Es entspräche also vielmehr der Natur des Immunitätsrechts, die Entscheidung über die Hoheitlichkeit der Tätigkeit nicht allein nach staatlichem Recht zu treffen sondern nach Maßgabe einer Auswertung der Staatenpraxis.[309]

Zu klären ist daher, ob angesichts der seit den ergangenen Entscheidungen vergangenen Zeit und der damit verbundenen Entwicklungen im Völkerrecht das Völkerrecht tatsächlich keine tauglichen Kriterien zur Beurteilung der Frage, ob ein Verhalten hoheitlich oder nicht hoheitlich einzustufen ist, bereit hält. Ansonsten könnte die in diesem Aspekt anderslautende Rechtsprechung als überholt angesehen werden.

---

305 SCHAUMANN in Schaumann/Habscheid, S. 125

306 HESS, S. 46.

307 RESS, ZaöRV 40 (1980) 217, 258.

308 Vgl BVerfGE 16, 27 (63).

309 BUNGENBERG, IPRax 2011, 356, 359.

2.) Völkervertragsrechtliche Definition des Begriffs ‚hoheitlich'?

Zunächst stellt sich daher die Frage, ob es in völkerrechtlichen Verträgen eine Definition für den Begriff ‚hoheitlich' gibt.

Der einzige wirksame multilaterale völkerrechtliche Vertrag, der die Immunität von Staaten und Staatsunternehmen regelt, das Europäische Übereinkommen über Staatenimmunität, enthält keine konkreten, umfassenden Vorgaben zu der Frage, wann hoheitliches Verhalten vorliegt. Er beinhaltet eine Aufzählung verschiedener Fallgruppen, für die keine Immunität gewährt wird.

Entsprechendes gilt für das noch nicht in Kraft getretene UN-Übereinkommen.

Es kann daher nur untersucht werden, ob in anderen völkerrechtlichen Verträgen der Begriff ‚hoheitlich' näher bestimmt wird und sich diese Begriffsbestimmung dann auf die Immunitätsproblematik übertragen lässt.

Eine Sammlung von über 158000 bi- und multilateralen völkerrechtlichen Verträgen der Mitgliedstaaten der Vereinten Nationen, die sog. United Nations Treaty Series, gibt das Sekretariat der Vereinten Nationen seit 1946 heraus.[310] Der Grund dafür liegt darin, dass gemäß Art. 102 Abs. 1 der UN-Charta alle Verträge und sonstigen internationalen Übereinkünfte, die ein Mitglied der Vereinten Nationen nach dem Inkrafttreten der UN-Charta schließt, so bald wie möglich registriert und veröffentlicht werden sollen.

Eine Recherche in der Internet-Datenbank dieser Sammlung zu dem Stichwort „sovereign" bzw. „sovereign rights" ergibt, dass dieser Begriff in über 2300 Vertragstexten enthalten ist.

In der Mehrzahl der Verträge erschöpft sich die Verwendung dieses Begriffes darin, zu erklären, dass ein Staat als souveräner Staat anerkannt wird bzw. sich als solcher versteht oder darin, dass die souveräne Gleichheit der Staaten respektiert wird.[311]

Eine allgemeingültige, umfassende Definition des Begriffs ‚hoheitlich' bzw. ‚sovereign' existiert in keinem der Verträge.

---

310 http://treaties.un.org/Pages/DB.aspx?path=DB/UNTS/page1_en.xml&menu=UNTS.

311 Siehe z.B. Declaration of Acceptance of the Obligations contained in the Charter of the United Nations durch Singapur, UNTS Vol 545 I 7930 oder das.Framework Agreement on the peaceful settlement of the territorial dispute zwischen Tschad und Libyen, UNTS Vol. 1545 I 26801.

In vielen Verträgen werden im Zusammenhang mit dem Begriff ‚hoheitlich' bzw. ‚sovereign' zumindest einzelne Hoheitsrechte bestimmt. So ist beispielsweise anerkannt, dass Staaten das souveräne Recht haben die Verbringung von ausländischem Giftmüll auf ihr Territorium zu untersagen.[312] Ferner geht aus diversen Verträgen hervor, dass ein hoheitliches Recht der Staaten darin liegt ihre natürlichen Ressourcen auszubeuten.[313] Des Weiteren entspricht es nach Auffassung vieler Staaten der staatlichen Souveränität ihre jeweilige Währungspolitik und den Außenhandel zu bestimmen.[314] In der Präambel der Constitution of the International Telecommunication Union wird bestimmt, dass Staaten das hoheitliche Recht haben die jeweilige Telekommunikation zu regulieren.[315] Ein anderes Beispiel für ein hoheitliches Recht ist es schließlich, Industrialisierung zu erreichen.[316]

Anhand dieser ausgewerteten Verträge wird also deutlich, dass der Begriff ‚hoheitliches Recht' bzw. ‚sovereign right' vielfältige staatliche Kompetenzen

---

312 Präambel der Basel Convention on the Control of Transboundary Movements of Hazardous Wastes and their Disposal, UNTS vol. 1673, p. 57

313 Vgl etwa Art. 1 des Agreement concerning the delimitation of the continental shelf zwischen Schweden und Norwegen, UNTS Vol. 968 I 14015; Art. 3 des Agreement between the Government of the Common Wealth of Australia and the Government of the Republic of Indonesia establishing vertain seabed boundaries in the area of the Timor and Arafura Seas, supplementary to the Agreement of 18 May 1971, UNTS Vol. 974 I 12123; Art. 7 des Treaty of friendship and co-operation zwischen Ungarn und Mosambik, UNTS Vol. 1339 I 22338; Art. 1 des Agreement between the Government of Japan and the Government of the United States of America concerning fisheries off the Coast of the United States of America, UNTS Vol. 1574, A-22950; Art. 30 der Convention between the Republic of austria and the French republic for Avoidance of Double-Taxation and Prevention of Fiscal Evasion with Respect to Taxes on income and on Capital, UNTS Vol. 1824 I 31236; Art. 5c des Protocol on Water and Health to the 1992 Convention on the Protection and Use of Transboundary Watercourses and International Lakes, ECOSOC doc. MP.WAT/AC.1/1999/1.

314 Vgl. Art. 10 des Agreement on co-operation in economic, monetary and financial matters (with procès-verbal of understanding) zwischen Frankreich und Mauretanien, UNTS Vol. 941 I 13420; Art. 10 des Agreement on co-operation in economic, monetary and financial matters zwischen franlreich und Upper-Volta, UNTS Vol. 782 I 11147.

315 Vgl. die Präambel der Constitution of the International Telecommunication Union, UNTS Vol. 1825 I 31251.

316 Vgl. Die Prämbel der Constitution of the United Nations Industrial Development Organization (with annexes), UNTS Vol. 1401 I 23432.

umfasst. Sie erklären aber nicht, ob und inwieweit auch die Wahrnehmung dieser Hoheitsrechte als hoheitlich zu bewerten ist.

Desweiteren ergibt sich aus den dargestellten Beispielen für hoheitliche Rechte, dass sich diese regelmäßig auf Kompetenzen beziehen, die auf das jeweilige staatliche Hoheitsgebiet beschränkt sind. In solchen Konstellationen fehlt es an dem zwischenstaatlichen Element, dass ein Staat über einen anderen urteilt, sodass die Immunitätsproblematik nicht auftritt.

Außerdem ist zu beachten ist, dass die gefundenen Beispiele für die Verwendung des Begriffes ‚hoheitlich' in völkerrechtlichen Verträgen nur zwischen den jeweiligen Vertragspartnern gelten und damit keine universell geltende Begriffsbestimmung darstellen. Es wäre also im konkreten Fall stets zu untersuchen, ob der betroffene Staat bzw. dessen Staatsunternehmen auch Vertragsstaat ist, um sich auf die darin befindliche Definition berufen zu können.

Insgesamt helfen diese einzelnen Verwendungsbeispiele des Begriffs ‚hoheitlich' nicht, eine für die praktische Anwendung der funktionalen Betrachtungsweise umfassende Begriffsbestimmung zu gewinnen. Da daneben auch kein Vertrag wie soeben erwähnt eine allgemeingültige, umfassende Definition für den Begriff ‚hoheitlich' beinhaltet, kann an dieser Stelle festgehalten werden, dass das Völkervertragsrecht insgesamt keine für die Anwendung der funktionalen Betrachtungsweise geeignete, allgemeine Bestimmung des Begriffs ‚hoheitlich' bietet. Es lässt sich lediglich im konkreten Fall untersuchen, ob ein bilateraler Vertrag zwischen dem beklagten Staats und dem Gerichtsstaat existiert, der das jeweilige der Streitigkeit zugrunde liegende Thema betrifft und Hinweise auf die Hoheitlichkeit des Themenfeldes enthält.

3.) Völkergewohnheitsrechtliche Definition des Begriffs ‚hoheitlich'?

Möglicherweise könnte sich mithilfe des Völkergewohnheitsrechts Genaueres ergeben.

Das Völkergewohnheitsrecht beruht wie schon erwähnt auf der von einer entsprechenden Rechtsüberzeugung getragenen Staatenpraxis und umfasst damit solche Akte, die auf der Ebene des zwischenstaatlichen Verkehrs von einem Völkerrechtssubjekt gesetzt wurden.[317] Es bietet sich daher in der vorliegenden Situation an, zu untersuchen, ob verschiedene Staaten, die keine Immunitätsgesetze erlassen haben, einheitlich bestimmte Kriterien entwickelt haben,

---

317 Vgl. HOBE, S. 193.

anhand derer sie beurteilen, ob ein Verhalten im Hinblick auf die Immunitätsproblematik hoheitlich oder nicht-hoheitlich einzustufen ist. Da die Immunitätsrechtsprechung immer zwischenstaatliche Beziehungen betrifft und keinen rein nationalen Aspekt darstellt, könnte diese, sofern sich eine entsprechende einheitliche Begriffsbestimmung bzw. Verwendung des Begriffs ‚hoheitlich' feststellen lässt, einen Satz des Völkergewohnheitsrechts bilden.

Aufgrund der bei der funktionalen Betrachtungsweise üblichen Gleichstellung von Staatsunternehmen und Staat kann bei der Ermittlung von Abgrenzungskriterien für die Unterscheidung zwischen hoheitlicher und nicht hoheitlicher Unternehmenstätigkeit auch auf die Abgrenzungskriterien, die für die allgemeine Staatenimmunität entwickelt wurden, zurückgegriffen werden.

a.) Der Begriff ‚hoheitlich' in der deutschen Immunitätsrechtsprechung

Zunächst wird erarbeitet, wie in der Rechtspraxis der Bundesrepublik Deutschland im Zusammenhang mit der Frage nach Immunität der Begriff ‚hoheitlich' verstanden wird.

aa.) Rechtsprechung des Bundesverfassungsgerichts

aaa.) Darstellung der relevanten Entscheidungen

In seiner grundlegenden Entscheidung zur allgemeinen Staatenimmunität im Zusammenhang mit einem Reparaturauftrag an einem Botschaftsgebäude hat das Bundesverfassungsgericht im Jahre 1963 wesentliche Grundsätze für die Gewährung von Immunität im Erkenntnisverfahren aufgestellt.[318] Es hat erklärt, dass die Unterscheidung zwischen hoheitlicher und nicht hoheitlicher Staatstätigkeit nicht nach dem Zweck der staatlichen Betätigung und danach vorgenommen werden könne, ob diese Betätigung in erkennbarem Zusammenhang mit hoheitlichen Aufgaben steht. Denn letztlich würde die Tätigkeit des Staates, wenn nicht insgesamt, so doch zum weitaus größten Teil hoheitlichen Zwecken und Aufgaben dienen. Ebenso wenig könne es darauf ankommen, ob der Staat sich gewerblich betätigt hat. Gewerbliche Tätigkeit des Staates unterscheide sich ihrem Wesen nach nicht von sonstiger nicht hoheitlicher Staatstätigkeit.[319]

318 BVerfGE 16, 27.
319 BVerfGE 16, 27 (61).

Das Gericht hat weiter ausgeführt, dass es für die Gewährung von Immunität darauf ankomme, ob der Staat in Ausübung der ihm zustehenden Hoheitsgewalt, also öffentlich-rechtlich, oder wie eine Privatperson, also privatrechtlich, tätig geworden sei.[320] Generell sei die Natur der relevanten Handlung und nicht deren Zweck maßgeblich.[321] Ausnahmsweise könne es aber völkerrechtlich geboten sein, die Betätigung eines Staates, weil sie dem Kernbereich der Staatsgewalt zuzuordnen ist, als Akt *iure imperii* zu qualifizieren, obwohl sie nach nationalem Recht als privatrechtliche Betätigung anzusehen wäre.[322] Als Beispiele für Tätigkeiten, die zu dem allgemein anerkannten Bereich hoheitlicher Tätigkeit zu rechen seien, nannte das Gericht die Betätigung der auswärtigen militärischen Gewalt, die Gesetzgebung, die Ausübung von Polizeigewalt und die Rechtspflege.[323] Auf den Fall bezogen erklärte das Bundesverfassungsgericht schließlich, dass der Reparaturauftrag als eine nicht hoheitlich Tätigkeit anzusehen sei.

In den zwei weiteren in der Folgezeit im Zusammenhang mit Immunität ergangenen Entscheidungen, BVerfGE 46,342 und 64,1, die ausschließlich die Immunität im Vollstreckungsverfahren betrafen, finden sich keine weiteren Erläuterungen darüber, wann eine Tätigkeit nach Auffassung des Gerichts als hoheitlich zu bewerten ist.

Erst im Jahre 2006 äußerte sich das Bundesverfassungsgericht erneut zum Begriff ‚hoheitlich' im Zusammenhang mit der Immunität. In einem Verfahren betreffend das Massaker von Distomo im 2. Weltkrieg durch Mitglieder der deutschen SS erklärte das Bundesverfassungsgericht, dass die Übergriffe als Hoheitsakte einzuordnen seien, da die am Geschehen in Distomo beteiligte SS-Einheit den Streitkräften des Deutschen Reiches eingegliedert war.[324]

Ein weiterer Beschluss des Gerichts im Jahre 2006 behandelte die Problematik, ob aufgrund eines Immunitätsverzichts seitens der Republik Argentinien in ein Konto der argentinischen Botschaft in Deutschland vollstreckt werden könne.[325] Das Verfahren betraf damit primär Fragen der Vollstreckungsimmunität. Dennoch finden sich in dem Beschluss auch Ausführungen zur Immunität im Erkenntnisverfahren: Im Zusammenhang mit den Wirkungen

320 BVerfGE 16, 27 (62).
321 BVerfGE 16, 27 (62).
322 BVerfGE 16, 27 (63f.).
323 BVerfGE 16, 27 (63).
324 BVerfG, Beschluss vom 15.2. 2006, Az. 2 BvR 1476/03 (zitiert aus juris).
325 BVerfG, Beschluss vom 6.12.2006, Az. 2 BvM 9/03 (zitiert aus juris).

eines Immunitätsverzichts bezüglich des Erkenntnisverfahrens hat das Bundesverfassungsgericht erklärt, dass die Kapitalaufnahme durch Emission von Staatsanleihen nach ganz überwiegender Ansicht zum Kreis nicht hoheitlichen Handelns gerechnet werde.[326]

Weitere Entscheidungen des Bundesverfassungsgerichts, die bis heute zum Thema Immunität von Staaten bzw. Staatsunternehmen ergingen,[327] beinhalten keine Erläuterungen zum Begriff ‚hoheitlich'.

bbb.) Bewertung

Eine präzise, allgemeingültige Definition des Begriffs ‚hoheitlich' im Zusammenhang mit der Immunität von Staaten und Staatsunternehmen hat das Bundesverfassungsgericht bis heute nicht gegeben.

In der Entscheidung aus dem Jahre 1963 finden sich zwar grundlegende Ausführungen zu der Frage, für welches staatliche Verhalten Immunität zu gewähren ist. Zusammenfassend hat das Gericht dabei vor allem erklärt, dass es darauf ankomme, ob der Staat in Ausübung von Hoheitsgewalt, also öffentlich-rechtlich, oder privatrechtlich tätig geworden sei. Es hat also im Grundsatz hoheitliche Tätigkeit mit öffentlich-rechtlicher Tätigkeit gleichgestellt.

Diese zunächst praktisch und formelhaft erscheinende Differenzierung zwischen ‚öffentlich-rechtlich' und ‚privatrechtlich' relativiert sich aber, wenn man berücksichtigt, dass das Bundesverfassungsgericht gleichsam festgestellt hat, dass es nicht allein ausschlaggebend sei, ob sich der Staat gewerblich betätigt hat, da sich eine gewerbliche Tätigkeit des Staates ihrem Wesen nach nicht von sonstiger nicht hoheitlicher Staatstätigkeit unterscheide und dass ausnahmsweise auch privatrechtliches Verhalten als hoheitliche Tätigkeit einzustufen sei.

Es bleibt also für den Rechtsanwender im Wesentlichen offen, wann konkret eine Tätigkeit hoheitlicher Natur zu bejahen ist. Orientierung bieten Beispiele für eine hoheitliche Tätigkeit, die das Gericht in der Entscheidung aufgezählt hat: die Betätigung der auswärtigen militärischen Gewalt, die Gesetz-

326 BVerfG, Beschluss vom 6.12.2006, Az. 2 BvM 9/03 (zitiert aus juris) unter Bezugnahme auf BAARS/BÖCKEL, Argentinische Auslandsanleihen vor deutschen und argentinischen Gerichten, ZBB 2004, S. 445, 452.

327 So der Beschluss vom 3.5.2007, Az. 2 BvM 1/03, 2 BvM 2/03, 2 BvM 3/03, 2 BvM 4/03, 2 BvM 5/03 und der Beschluss vom 15.12.2008, Az. 2 BvR 2495/08 (zitiert aus juris).

gebung, die Ausübung von Polizeigewalt und die Rechtspflege, also klassische Staatsaufgaben.

In den Beschlüssen, die in der Folgezeit ergingen, konkretisierte das Bundesverfassungsgericht seine ursprünglichen Prinzipien auch nicht näher, sondern ordnete nur weitere Tätigkeiten dem jeweiligen Bereich zu.

So hat das Gericht das Verhalten der SS-Einheit in Distomo aufgrund ihrer Eigenschaft als Streitkraft als hoheitlich qualifiziert, die Kapitalaufnahme durch Emission von Staatsanleihen hingegen als nicht hoheitlich eingestuft.

bb.) Rechtsprechung aus dem Bereich der allgemeinen Zivilgerichtsbarkeit

Nun ist zu untersuchen, ob und inwieweit die Rechtsprechung im Bereich der allgemeinen Zivilgerichtsbarkeit mit der dargestellten Position des Bundesverfassungsgerichts übereinstimmt.

aaa.) Darstellung der relevanten Entscheidungen

Im Jahre 1975 befasste sich das LG Frankfurt mit der Durchsetzung von Forderungen aus einem Vertrag über die Lieferung von Zement nach Nigeria, der vorsah, dass zugunsten des Verkäufers ein unwiderrufliches Dokumentenakkreditiv eröffnet werden sollte.[328] Im Mittelpunkt standen die Zulässigkeit eines Arrestverfahrens und die Möglichkeit der Vollstreckung aus diesem Arrest. In diesem Zusammenhang stellte das Gericht fest, dass die bankgeschäftliche Eröffnung eines Dokumentenakkreditivs privatrechtliches Handeln darstelle und somit als nich hoheitliche Staatstätigkeit zu bewerten sei.

Zwei Jahre später hatte das OLG Frankfurt über Schadensersatzansprüche beziehungsweise Vergütungsansprüche wegen der unberechtigten Verwendung von Filmmusiken durch staatliche spanische Verkehrsämter zu entscheiden.[329] Unter Bezugnahme auf die Unterscheidungskriterien des Bundesverfassungsgerichts aus dem Beschluss vom 30. April 1963 zwischen hoheitlicher und nicht hoheitlicher Tätigkeit führte das Gericht aus, dass vertragliche Beziehungen über die Verwertung von Filmmusik grundsätzlich dem Privatrecht angehörten; insbesondere seien entsprechende Nutzungsrechte Gegenstand privater Rechtsgeschäfte, die nicht in den hoheitlichen Bereich des Staates fielen.

---

328 LG Frankfurt, Urteil vom 2. 12. 1975, Az. 3/8 O 186/75, NJW 1976, 1044.
329 OLG Frankfurt, Urteil vom 30.06.1977, Az. 6 U 184/74 (zitiert aus juris).

Ferner erklärte es, dass die Tätigkeit der staatlichen spanischen Verkehrsämter privatrechtlicher Natur sei, mögen diese Verkehrsämter auch als Behörden organisiert sein.

Im Jahre 1978 hatte der BGH einen Fall zu entscheiden, in dem es um einen Bericht des Scotland Yard über die Scientology-Bewegung ging.[330] In Anlehnung an BVerfGE 16, 27 erklärte der BGH zunächst, dass für die Unterscheidung zwischen hoheitlichem und nicht hoheitlichem Verhalten die Natur der jeweils zu beurteilenden staatlichen Handlung maßgebend sei. Er führte aus, dass nach deutschem öffentlichen Recht die Ausübung polizeilicher Gewalt unzweifelhaft zur hoheitlichen Tätigkeit des Staates, sogar zum Kernbereich der Staatsgewalt gehöre. Deswegen wurde dem Leiter des Scotland Yard im Ergebnis Immunität gewährt.

Am 11.5.1981 befasste sich erneut das OLG Frankfurt mit der Immunität von Staaten bzw. Staatsunternehmen.[331] Dieses Verfahren betraf die Frage, ob Forderungen, die die National Iranian Oil Company gegen Banken in Deutschland hatte, gepfändet werden durften oder ob sich das Unternehmen insoweit auf Immunität berufen konnte. Dabei erklärte das Gericht entsprechend den Vorgaben der schon mehrfach angesprochenen Entscheidung des Bundesverfassungsgerichts BVerfGE 16, 27, dass nicht Motiv und Zweck, sondern die Natur der Handlung oder das entstandene Rechtsverhältnis für die Frage der Immunität entscheidend seien. Auf den konkreten Fall bezogen argumentierte es dann, dass die Errichtung und Innehabung der Konten wie bei Privatpersonen erfolgt sei und die betroffenen Guthaben im Zusammenhang mit Kaufverträgen, also ihrer Natur nach nicht durch hoheitliches Tun, entstanden seien. Wenn es in dem Fall also auch primär um die Qualifizierung der fraglichen Gelder und damit um ihre Tauglichkeit als Vollstreckungsobjekt ging, so lässt sich der Entscheidung jedenfalls dennoch entnehmen, dass nach Auffassung des OLG Frankfurt der Abschluss von Kaufverträgen nicht hoheitliches Tun darstellt.

Auch 1982 erging eine Entscheidung des OLG Frankfurt betreffend die National Iranian Oil Company.[332]

---

330 BGH, Urteil vom 26.09.1978, Az. VI ZR 267/76 (zitiert aus juris).

331 OLG Frankfurt, 11.5.1981, Az. 20 W 422/80, NJW 1981, 2650ff.

332 OLG Frankfurt, Beschluss vom 4.5. 1982 Az. 5 U 202/81, IPRax 1983, 68, 70.

Hier stellte das Gericht fest, dass die beklagte Ölgesellschaft bei der finanziellen Abwicklung von Verträgen über den Bau von Ölpipelines und Gasleitungen der Klägerin rein privatwirtschaftlich in Form von Werkverträgen gegenübergetreten sei und in diesem Zusammenhang keine Aktivitäten hoheitlich ausgeübt habe.

Im Jahr 1987 befasste sich das AG Bonn im Rahmen von Schadensersatzansprüchen eines deutschen Bürgers wegen des Kernreaktorunfalls in Tschernobyl mit der Immunitätsproblematik.[333] Es erklärte, dass in der Bundesrepublik Deutschland die Energiewirtschaft durchgängig privatrechtlich betrieben und die Staatsaufgabe der Energieversorgung also nicht hoheitlich erfüllt werde. Deliktische Ansprüche, die sich im Rahmen der russischen Energiewirtschaft ergeben, unterlägen damit grundsätzlich der deutschen Gerichtsbarkeit. Insoweit konnte in diesem Fall der Grundsatz der Staatenimmunität nicht vorgebracht werden.

Die nächste Entscheidung, die im Zusammenhang mit der Frage der Immunität erging und Informationen zum Begriff ‚hoheitlich' enthält, erging soweit ersichtlich erst mehr als 10 Jahre später durch das OLG Frankfurt im Jahre 1998.[334] In diesem Fall, dem Ansprüche aus einem Vertrag über den Bau eines zivilen Staudammes zur Bewässerung, dem Hochwasserschutz und der Energieversorgung zugrunde lagen, sah das Gericht die deutsche Gerichtsbarkeit für gegeben an, da nach Auffassung des Gerichts die Ansprüche aus einem privatrechtlichen Rechtsverhältnis stammten. Das OLG erklärte als Berufungsinstanz, dass bereits das Landgericht zutreffend ausgeführt habe, dass der Bauvertrag nach deutschem Recht ein privatrechtliches Rechtsverhältnis sei, bei dessen Abschluss die Beklagte wie eine Privatperson gegenüber anderen gleichgeordneten Privatpersonen tätig wurde. Da es auf Motiv und Zweck des Verhaltens der Beklagten bei Vertragsschluss nicht ankomme, werde die Einordnung des staatlichen Verhaltens als privatrechtlich auch nicht dadurch in Frage gestellt, dass mit der Ausführung des Staudammprojektes Zwecke der staatlichen Daseinsvorsorge verfolgt wurden. Das Gericht stellte daher im Ergebnis fest, dass sich die Beklagte nicht auf Immunität berufen könne, da ein Anspruch aus nicht hoheitlichem Handeln Gegenstand der Klage war.

Im Jahre 2002 hatte das KG Berlin über die Gewährung von Immunität zu entscheiden im Zusammenhang mit der Verhängung eines dinglichen Arrestes in das Vermögen des Staates Libyen sowie der Pfändung von libyschen

---

333 AG Bonn, Beschluss vom 29.09.1987, Az. 9 C 362/86, NJW 1988, 1393.

334 OLG Frankfurt, Urteil vom 01.10.1998, Az. 1 U 163/96 (zitiert aus juris).

Kunstgegenständen wegen einer Schmerzensgeldforderung.[335] Das Gericht erklärte, dass die deutsche Gerichtsbarkeit davon abhänge, wie der Arrestanspruch einzustufen sei. Unter Bezugnahme auf die Vorgaben des Bundesverfassungsgerichts in der Entscheidung BVerfGE 16, 27 argumentierte es, dass die Abgrenzung zwischen hoheitlicher und nicht hoheitlicher Tätigkeit sich nach der Natur der Handlung richteten.

Da geheimdienstliche genau wie militärische Aktivitäten zum Kernbereich der Staatsgewalt gezählt werden müssten, könne "Staatsterrorismus", wie ihn die Antragstellerin der Antragsgegnerin vorwerfe, rechtlich nicht grundsätzlich anders bewertet werden, auch wenn er besonders abscheulich und menschenverachtend erscheine.

Im Folgejahr äußerte sich der BGH zu dem bereits oben bei den Entscheidungen des Bundesverfassungsgerichts beschriebenen Geschehen in Distomo.[336] Er erklärte, dass nach herkömmlicher, auch vom Bundesverfassungsgericht seit der Entscheidung BVerfGE 16, 27 vertretenen Sicht Gegenstand des Prozesses vor dem Landgericht Livadeia ein hoheitliches Handeln deutscher Streitkräfte im besetzten Griechenland während des Zweiten Weltkriegs gewesen sei.

Auch das OLG Köln befasste sich mit dem Begriff ‚hoheitlich' im Zusammenhang mit der Immunitätsproblematik.

Im Jahre 2003 entschied das OLG Köln darüber, ob Ansprüche aus der Einräumung von Überflugrechten, Transitrechten und Einflugrechten pfändbar seien oder insoweit zugunsten der Russischen Föderation Vollstreckungsimmunität eingreife.[337] In diesem Zusammenhang argumentierte es: Die gepfändeten Ansprüche entsprängen einer hoheitlichen Tätigkeit. Die Luftverkehrsverwaltung sei nach deutschem Recht öffentlich-rechtlich ausgestaltet und die der Luftverkehrsverwaltung übertragenen Aufgaben seien hoheitlicher Art. Der Aspekt der Öffentlichrechtlichkeit fließt in die Bewertung als ‚hoheitlich' folglich jedenfalls mit ein.

Im Folgejahr befasste sich das OLG Köln – ähnlich wie in dem dargestellten Fall am OLG Frankfurt aus dem Jahr 1998 – mit Ansprüchen aus Verträgen über die Durchführung von Straßenbauarbeiten.[338] In diesem Zusammen-

335 KG Berlin, Beschluss vom 26.06.2002, Az. 9 W 176/02 (zitiert aus juris).

336 BGH, Urteil vom 26.06.2003, Az. III ZR 245/98 (zitiert aus juris).

337 OLG Köln, Beschluss vom 6.10.2003, Az. 16 W 35/02 (zitiert aus juris). Der Beschluss wurde vom BGH im Jahr 2005 bestätigt, siehe dazu sogleich.

338 OLG Köln, Beschluss vom 12.01. 2004, Az. 16 W 20/03 (zitiert aus juris).

hang erklärte das Gericht mit nahezu denselben Worten wie das OLG Frankfurt, dass solche Verträge über den Bau von Straßen nach deutschem Recht privatrechtliche Rechtsverhältnisse seien, bei deren Abschluss der Staat wie eine Privatperson gegenüber seinem gleichgeordneten Vertragspartner tätig werde. Es führte aus, dass es auf Motiv und Zweck des Verhaltens des Staates bei Vertragsschluss nicht ankomme. Folglich würde die Einordnung des staatlichen Verhaltens als privatrechtlich auch nicht dadurch in Frage gestellt, dass mit der Ausführung der Straßenbauprojekte Zwecke der staatlichen Daseinsvorsorge verfolgt wurden.

Deutlich wird, dass für das OLG Köln die Rechtsform der jeweiligen Handlung bzw. Ansprüche für die Bewertung als ‚hoheitlich' eine wichtige Rolle spielt.

Im Jahre 2005 befasste sich der BGH mit dem soeben dargestellten Fall bezüglich der Pfändung der Überflugrechte.[339] Er wies die Rechtsbeschwerde des Gläubigers gegen den Beschluss des OLG Köln zurück. Wenn sich dieser Entscheidung auch keine detaillierten Ausführungen zur Hoheitlichkeit im Zusammenhang mit der Immunitätsproblematik entnehmen lassen, so ist jedenfalls festzuhalten, dass der Gerichtshof in diesem Zusammenhang erklärte, dass die Flugsicherung und die Luftverkehrsverwaltung eine hoheitliche Aufgabe seien.

Im März 2009 hat sich das LG Bonn konkret zum Vorliegen einer hoheitlichen Tätigkeit geäußert.[340] Im Zusammenhang mit der Eintragung einer Zwangssicherungshypothek auf ein diplomatisch genutztes Grundstück stellte das Gericht fest, dass die Wahrnehmung konsularischer Aufgaben im Sinne des Art. 5 des Wiener Übereinkommens vom 24.04.1963 über konsularische Beziehungen eine hoheitliche Tätigkeit darstelle und keiner weiteren Begründung bedürfe. Insoweit bietet die Entscheidung auch allgemeine Hinweise auf das Vorliegen hoheitlichen Verhaltens.

Auch der BGH befasste sich im Jahr 2009 mit dem Begriff ‚hoheitlich' im Zusammenhang mit der Immunitätsproblematik.[341] Im Zusammenhang mit der Vollstreckungsimmunität von Mietzinsforderungen der Russischen Föderation aus einer im Inland gelegenen Kultureinrichtung erklärte er, dass nach der herrschenden Theorie der restriktiven Immunität zu unterscheiden sei zwischen hoheitlich bedingten Tätigkeiten des Staates (*acta iure imperii*) und

339 BGH, Beschluss vom 4.10.2005, Az. VII ZB 9/05 (zitiert aus juris).
340 LG Bonn, Urteil vom 27.03.2009, Az. 6 T 228/04 (zitiert aus juris).
341 BGH, Beschluss vom 1.10.2009, Az. VII ZB 37/08 (zitiert aus juris).

seinen privatwirtschaftlichen Aktivitäten (*acta iure gestionis*), wobei letztere von der Immunität ausgenommen würden. Er führte aus, dass das Beschwerdegericht zu Unrecht darauf abstelle, dass eine hoheitliche Zweckbestimmung die unmittelbare Betroffenheit des Kernbereichs ausländischer hoheitlicher Tätigkeit voraussetze, neben dem Kernbereich der staatlichen Tätigkeit könne auch sonstiges hoheitliches Handeln unter die allgemeine Staatenimmunität fallen. Zur Wahrnehmung ausländischer Gewalt, so der BGH, gehörte auch die vom Staat abhängige Repräsentation von Kultur und Wissenschaft im Ausland durch Mittelorganisationen.

Im Jahre 2010 befasste sich das KG Berlin zweimal mit dem Begriff ‚hoheitlich' im Zusammenhang mit der Immunität. So erging durch das KG Berlin am 5. März 2010 ein Beschluss, der die Pfändung zweier im Landesmuseum Baden-Württemberg ausgestellter Kunstgegenstände betraf, die im Staatseigentum von Syrien stehen.[342] Unter Rückgriff auf die gerade dargestellte Argumentation des BGH kam das Gericht zu dem (Zwischen-) Ergebnis, dass die Repräsentation von Kultur und Wissenschaft im Ausland zur Wahrnehmung der auswärtigen Gewalt gehören könne und damit auch die Betreibung kultureller Einrichtungen hoheitliches Handeln darstellte und damit unter die allgemeine Staatenimmunität fiele. Außerdem erklärte das Gericht, dass nach der Auffassung des Senats kein Zweifel daran bestünde, dass die Antragsgegnerin in ihrer hoheitlichen Tätigkeit als Staat die Ausstellungsgegenstände über das Nationalmuseum in Damaskus zur Verfügung gestellt habe und hierbei nicht etwa privatrechtlich tätig geworden sei. Daran ändere sich nach Auffassung des Gerichts auch nichts dadurch, dass im Zusammenhang mit der Ausstellung auch andere Tätigkeiten wie Vortragsreihen oder Reisen angeboten werden, die einen eher privatrechtlichen Charakter hätten. Dies zeigt, dass sich das Gericht zwar auch an der Rechtsform der Handlung orientiert, seiner Beurteilung aber auch übergeordnete materielle Aspekte zugrunde legt.

In der zweiten Entscheidung des KG Berlin[343] finden sich weniger ausführliche Erwägungen hinsichtlich des Begriffs ‚hoheitlich'. Das Gericht bestätigte unter Bezugnahme auf die genannte Entscheidung des BGH aus dem Jahr 2009[344] lediglich die Auffassung des vorausgehenden Gerichts, wonach die Förderung russischer Kultur in der Bundesrepublik Deutschland hoheitlich einzustufen sei.

---

342 KG Berlin, Beschluss vom 5.3.2010, Az. 18 W 2/10 (zitiert aus juris).

343 KG Berlin, Beschluss vom 14.6.2010, Az. 1 W 276/09 (zitiert aus juris).

344 BGH, Beschluss vom 1.10.2009, Az. VII ZB 37/08 (zitiert aus juris).

bbb.) Bewertung

Die dargestellten Urteile zeigen, dass die Rechtsprechung im Bereich der allgemeinen Zivilgerichtsbarkeit im Wesentlichen an die Prinzipien des Bundesverfassungsgerichts aus der Entscheidung BVerfGE 16, 27 anknüpft. Bei der Beurteilung der Frage, ob ein Verhalten als hoheitlich einzuordnen ist, wird stets auf die Formulierung des Bundesverfassungsgerichts zurückgegriffen, wonach nicht Motiv und Zweck, sondern die Rechtsnatur der fraglichen Handlung entscheidend ist.[345]

In einigen, vor allem den länger zurückliegenden Entscheidungen wird außerdem die Argumentation herangezogen, nach der es maßgeblich ist, ob der Staat in Ausübung der ihm zustehenden Hoheitsgewalt, also öffentlich-rechtlich, oder wie eine Privatperson, also privatrechtlich, tätig geworden ist.[346] Dabei haben die jeweiligen Gerichte[347] unmittelbar aus dem Vorliegen einer privatrechtlichen Handlung geschlossen, dass der Charakter der Handlung als nicht hoheitlich zu einzustufen ist. Dass es möglicherweise Sachverhaltskonstellationen gibt, in denen zwar eine privatrechtliche Handlung vorliegt, diese aber dennoch als hoheitliche eingestuft werden kann, wird kaum berücksichtigt, obwohl das Bundesverfassungsgericht ausdrücklich klargestellt hat, dass zumindest ausnahmsweise auch privatrechtliches Handeln eine hoheitliche Tätigkeit darstellen kann.[348]

Insoweit ist festzuhalten, dass viele Gerichte nur verkürzt auf die einschlägigen Grundsätze des Bundesverfassungsgerichts zurückgreifen und sich primär an der bereits angesprochenen, auf den ersten Blick griffigen Gleichsetzung von ‚hoheitlich' und ‚öffentlich-rechtlich' orientieren. Dies wird besonders deutlich anhand der Ausführungen des AG Bonn:[349] Dort fehlt jegliche Erläuterung zu der Frage, ob die Energieversorgung, wenn auch durch privatrechtliche Rechtsverhältnisse geregelt, zum Kernbereich der Staatsgewalt gerechnet werden kann und somit eine hoheitliche Tätigkeit darstellt. Dies wäre insoweit angemessen gewesen, als die Energieversorgung der Daseinsvorsor-

345 BVerfGE 16, 27 (61f.).

346 BVerfGE 16, 27 (62).

347 So beispielsweise das LG Frankfurt, Urteil vom 2.12.1975, Az. 3/8 O 186/75; das AG Bonn, Beschluss vom 29.9.87, Az. 9C 362/86; das OLG Frankfurt, Urteil vom 1.10.1998, Az. 1 U 163/906 und das OLG Köln, Beschluss vom 12.1.2004, Az. 16 W 20/03 (jeweils zitiert aus juris).

348 BVerfGE 16, 27 (64).

349 AG Bonn, Beschluss vom 29.09.1987, Az. 9 C 362/86, NJW 1988, 1393.

ge dient und es somit zumindest nicht von vorneherein auszuschließen ist, dass dies zu staatlichen Kernaufgaben zu zählen ist.

Andererseits existieren aber auch Entscheidungen, in denen bei der Bestimmung, ob ein Verhalten nicht hoheitlich einzustufen ist, nicht auf das Merkmal ‚privatrechtlich' sondern auf andere, vorwiegend materielle Kriterien, wie etwa den Aspekt der ‚Privatwirtschaftlichkeit' abgestellt wird: Entsprechend entschied das OLG Frankfurt[350] schon im Jahre 1982 sowie jüngst der Bundesgerichtshof im Jahre 2009[351] und das Kammergericht Berlin im März 2010.[352] Damit ist nicht mehr die bloße (privatrechtliche) Rechtsform der jeweiligen Tätigkeit ausschlaggebend für die Einstufung als nicht hoheitliche Tätigkeit. Es spielen bei der Entscheidung über die Gewährung von Immunität vermehrt materielle und nicht nur formelle Aspekte eine Rolle.

Diese Tendenz steht nicht im Widerspruch zu der mehrfach angesprochenen Grundsatzentscheidung des Bundesverfassungsgerichts. Es handelt sich vielmehr um eine Fortentwicklung, da das Bundesverfassungsgericht selbst wie erwähnt[353] der Auffassung ist, dass ausnahmsweise auch privatrechtliches Verhalten als hoheitlich bewertet werden kann und damit die Rechtsform nicht immer ausschlaggebend ist.

Wegen dieser Tendenzen in der jüngeren Rechtsprechung und insbesondere aufgrund der Tatsache, dass der Bundesgerichtshof als oberstes Gericht im Bereich der allgemeinen Zivilgerichtsbarkeit seiner Entscheidung das Merkmal der Privatwirtschaftlichkeit zugrunde legt, kann jedenfalls die Gleichsetzung von ‚privatrechtlich' mit ‚nicht hoheitlich' bei der Entscheidung über die Gewährung von Immunität nicht mehr als alleinige deutsche Rechtspraxis im Bereich der allgemeinen Zivilgerichtsbarkeit angesehen werden.

cc.) Rechtsprechung aus dem Bereich der Arbeitsgerichtsbarkeit

Die Rechtsprechung im Bereich der Arbeitsgerichtsbarkeit hatte ebenfalls in diversen Fällen zu der Auslegung des Begriffs ‚hoheitlich' Stellung genommen. Dies geschah regelmäßig im Zusammenhang mit der Frage, ob Arbeitsverhältnisse von Botschaftsangestellten im jeweiligen Fall überhaupt gericht-

350 OLG Frankfurt, Beschluss vom 4.5. 1982 Az. 5 U 202/81, IPRax1983, 68, 70.

351 BGH, Beschluss vom 1.10.2009, Az. VII ZB 37/08 (zitiert aus juris).

352 KG Berlin, Beschluss vom 5.3.2010, Az. 18 W 2/10 (zitiert aus juris).

353 Siehe dazu oben C, III, 3a, aa.).

lich überprüft werden durften oder ob insoweit zugunsten des Arbeitgebers in Form des fremden Staates der Grundsatz der Immunität eingreift.

aaa.) Darstellung der relevanten Entscheidungen

Im Jahre 1981 äußerte sich das Bundesarbeitsgericht zum Begriff ‚hoheitlich' im Zusammenhang mit der Immunitätsproblematik.[354] Das Verfahren betraf die Mitwirkungsrechte der an einer Dienststelle der amerikanischen Streitkräfte in Europa errichteten Betriebsvertretung bei der Begründung eines Dienstverhältnisses. Zunächst hat sich das Bundesarbeitsgericht ausdrücklich den Grundsätzen des Bundesverfassungsgerichts aus der Entscheidung BVerfGE 16, 27 im Hinblick auf die Qualifizierung des jeweils fraglichen Verhaltens angeschlossen. Bezüglich des in dem Verfahren beanspruchten Mitwirkungsrechts führte das Gericht dann aus, dass durch die Mitwirkung bei der Einstellung von Bediensteten im öffentlichen Dienst öffentlich-rechtliche Rechtsverhältnisse entstünden, die die hoheitliche Tätigkeit des Staates, nämlich die Ausübung seiner Dienstherrenfähigkeit betreffen. Deshalb könne es dahinstehen, ob etwa das fragliche, nach amerikanischem Recht begründete Dienstverhältnis entsprechend dem deutschen Recht beamtenähnlich ausgestaltet war oder ob es sich um ein privatrechtliches Arbeitsverhältnis gehandelt hat.

Beide Möglichkeiten der Gestaltung von Dienstverhältnissen beträfen vielmehr die staatliche Betätigung in ihrem Kernbereich, nämlich die Ausübung hoheitlicher Gewalt, sodass die Zuständigkeit der inländischen Gerichtsbarkeit ausgeschlossen sei.

Im Jahre 1996 urteilte das BAG erneut über das Vorliegen einer hoheitlichen Tätigkeit. Das Gericht stellte fest, dass die Tätigkeit einer Konsulatsangestellten, die unter anderem in der Neuausstellung und Verlängerung von argentinischen Reisepässen sowie der Visa-Bearbeitung bestand, als originär-konsularisch und folglich als hoheitlich zu qualifizieren sei, weswegen das Gericht die deutsche Gerichtsbarkeit als nicht gegeben sah.[355] In seiner Begründung hat sich das BAG weitgehend der Entscheidung des Bundesverfassungsgerichts BVerfGE 16, 27 angeschlossen, indem es konstatierte, dass für die Unterscheidung zwischen hoheitlicher und nicht hoheitlicher Staatstätig-

354 BAG, Beschluss vom 23.07.1981, Az. 6 ABR 74/78 und 6 ABR 44/79 (zitiert aus juris).

355 BAG, Urteil vom 3.7.1996, Az. 2 AZR 513/95 (zitiert aus juris).

keit nicht deren Motiv oder Zweck, sondern die Natur des streitigen Rechtsverhältnisses maßgebend sei.

Ergänzend hat es aber ausgeführt, dass es dahinstehen könne, ob das vorliegend streitige Rechtsverhältnis durch privatrechtliche Willenserklärungen oder durch einen Hoheitsakt begründet wurde.

Ein Jahr später befasste sich das Bundesarbeitsgericht wieder mit der Immunitätsfrage.[356] Unter Bezugnahme auf BVerfGE 16, 27 und das gerade erläuterte Urteil erklärte das Gericht, dass die Natur des streitigen Rechtsverhältnisses maßgebend sei und ein in einem privatrechtlichen Arbeitsverhältnis bei der US-Botschaft beschäftigter Aufzugsmonteur keine hoheitlichen Aufgaben erfüllte, sodass die deutsche Gerichtsbarkeit in diesem Fall gegeben war.

Im Jahre 1998 erging eine Entscheidung des hessischen Landesarbeitsgerichts, in der für die Klage eines Angestellten des US-Generalkonsulats gegen eine Änderungskündigung die deutsche Gerichtsbarkeit verneint und somit Immunität gewährt wurde.[357] Auch das hessische Landesarbeitsgericht folgt im Wesentlichen der schon mehrfach angesprochenen Entscheidung des Bundesverfassungsgerichts. Ergänzend hat es festgestellt, dass der privatrechtliche Charakter eines Rechtsverhältnisses zurücktrete, wenn der Kernbereich der Staatsgewalt betroffen ist.

Ferner könne sich dieser Kernbereichsbezug daraus ergeben, dass ein Arbeitsverhältnis die Erfüllung von Aufgaben zum Gegenstand hat, die zur Betätigung der auswärtigen Gewalt des fremden Staats zu rechnen sind.

In demselben Jahr ergingen zwei weitere Urteile, die die Klärung des Begriffs ‚hoheitlich' zum Inhalt hatten.

So stellte zum einen das Landesarbeitsgericht Berlin im Zusammenhang mit dem Arbeitsvertrag einer Sprachlehrerin an einem französischen Kulturzentrum fest, dass soweit ein Arbeitgeber ein ausländischer Staat ist, er beim Abschluss von Arbeitsverträgen grundsätzlich nicht hoheitlich tätig werde, sodass für Streitigkeiten aus diesen Arbeitsverhältnissen die deutsche Gerichtsbarkeit gegeben sei.[358] Ferner könne die Tatsache, dass die Erteilung von Sprachunterricht nicht zu hoheitlicher Betätigung gehört, nicht ernsthaft in Zweifel gezogen werden.

---

356 BAG, Urteil vom 20.11.1997, Az. 2 AZR 631/96 (zitiert aus juris).

357 Hessisches LAG, Urteil vom 11.5.1998, Az. 10 Sa 1506/97 (zitiert aus juris).

358 LAG Berlin, Urteil vom 20.7.1998, Az. 9 Sa 74/97 (zitiert aus juris).

Zum anderen erklärte das Arbeitsgericht Köln, dass im Streit um die Beendigung des Arbeitsverhältnisses der im Schalterdienst einer Botschaft tätigen Klägerin entscheidend war, ob Inhalt des Arbeitsvertrages die unmittelbare Wahrnehmung von hoheitlichen Aufgaben war.[359] Entsprechend den Vorgaben des Bundesverfassungsgerichts führte das Gericht zunächst aus, dass maßgebend für die Unterscheidung zwischen hoheitlicher und nicht hoheitlicher Staatstätigkeit die Natur der umstrittenen staatlichen Handlung sei. Es erklärte dann, dass ein Rechtsverhältnis, das zur Erfüllung von Aufgaben verpflichtet, die zur Betätigung der auswärtigen Staatsgewalt zu rechnen sind, unabhängig von der Art seiner Begründung, also, ob durch privatrechtliche Willenserklärungen oder durch einen Hoheitsakt, nicht zum Gegenstand eines Bestandsstreits vor inländischen Gerichten gemacht werden könne. Im Ergebnis hat das Gericht die Tätigkeit als hoheitlich eingestuft.

Im Jahre 1999 äußerte sich das Landesarbeitsgericht Hamburg zu dem Begriff ‚hoheitlich' im Zusammenhang mit der Tätigkeit eines Pressereferenten des Amerikahauses.[360] Neben Ausführungen, die denen der grundlegenden Entscheidung des Bundesverfassungsgerichts entsprechen, stellte das Gericht weiter fest, dass eine Tätigkeit nicht nur dann als hoheitlich angesehen werden könne, wenn durch sie ein Über- bzw. Unterordnungsverhältnis bzw. ein irgendwie geartetes Gewaltverhältnis ausgelöst werde. Vielmehr stelle sich als hoheitliche Tätigkeit jedes unmittelbare staatliche Handeln dar, soweit es nicht um wirtschaftliches Handeln gehe. Gerade die Darstellung der Kultur und der politischen Ziele eines souveränen Staates gehöre nach Auffassung des LAG zum Kernbereich staatlichen Handelns im Sinne der hoheitlichen Tätigkeit. Deswegen hatte das Gericht in diesem Fall das Vorliegen der deutschen Gerichtsbarkeit verneint.

Auch das BAG äußerte sich erneut zum Begriff ‚hoheitlich'. Im Jahre 2000 urteilte es als Revisionsinstanz über den gerade beschriebenen Fall des Landesarbeitsgerichts Hamburg.[361] Das Gericht bestätigte, dass dieser Rechtsstreit der deutschen Gerichtsbarkeit entzogen sei, weil der Kläger durch die von ihm wahrgenommene Pressearbeit hoheitliche Funktionen ausübte. Gerade Öffentlichkeitsarbeit und Aufklärungstätigkeiten der öffentlichen Hand seien

---

359 ArbG Köln, Urteil vom 16.12. 1998, Az. 9 Ca 10955/97; das LAG Köln hat dieses Urteil als Berufungsinstanz am 5.4.2000 bestätigt (Az. 7 Sa 663/99) (jeweils zitiert aus juris).

360 LAG Hamburg, Urteil vom 23.06.1999, Az. 5 Sa 76/98 (zitiert aus juris).

361 BAG, Urteil vom 23.11.2000, Az. 2 AZR 490/99 (zitiert aus juris).

nach deutschem Recht hoheitlicher Natur. Hoheitliche Tätigkeit liege erst dann nicht mehr vor, wenn die öffentliche Hand bei der Erfüllung öffentlicher Aufgaben in einen von Gleichordnung geprägten Wettbewerb mit Privatunternehmen trete oder bei einer wettbewerbsrechtlichen Streitigkeit aufgrund der Förderung einzelner Unternehmen, soweit zwischen der öffentlichen Hand und Konkurrenten der geförderten Unternehmen kein öffentlichrechtliches Verhältnis bestehe. Staatliches Handeln sei nicht bereits dann privatrechtlicher Natur, wenn es nicht durch den Erlass von Verwaltungsakten gekennzeichnet ist, da sonst die nach deutschem Recht bestehende Möglichkeit schlicht hoheitlicher Tätigkeit nicht berücksichtigt werde.

Im Jahr 2001 beschäftigte sich das Landesarbeitsgericht Berlin mit der Kündigungsschutzklage eines deutschen Botschaftsangehörigen der Vereinigten Staaten von Amerika.[362] Unter Bezugnahme auf die Argumentation des Bundesverfassungsgerichts in der Entscheidung BVerfGE 16, 27 hielt es die deutsche Gerichtsbarkeit für nicht gegeben, da der Kläger eine hoheitliche Staatstätigkeit ausgeübt hatte. Das Gericht führte allerdings aus, dass es unerheblich sei, ob der ausländische Staat in Ausübung der ihm zustehenden Hoheitsgewalt, also öffentlich-rechtlich, oder wie eine Privatperson, also privatrechtlich, tätig geworden sei, was mit der angesprochenen Entscheidung in Widerspruch zu stehen scheint.

Im Jahre 2002 befasste sich das BAG erneut mit hoheitlichem Verhalten im Zusammenhang mit der Gewährung von Immunität.[363] In diesem Fall betreffend das Arbeitsverhältnis eines Konsulatsangestellten lehnte das Gericht das Vorliegen der deutschen Gerichtsbarkeit ab und erklärte, dass der ausländische Staat nicht gehalten sei, hoheitliche Aufgaben in Rechtsformen zu erledigen, die als öffentlich-rechtlich zu qualifizieren seien. Unter Verweis auf die schon mehrfach angesprochene Entscheidung des Bundesverfassungsgerichts BVerfGE 16, 27 und die dargestellte Entscheidung des BAG aus dem Jahre 1996 führte das Gericht weiter aus, dass es nicht auf die Rechtsform, beispielsweise in Form eines privatrechtlichen Vertrages, ankomme sondern auf den Inhalt der ausgeübten Tätigkeit. Sofern letztere eine originär hoheitliche Aufgabe betreffe, sei Immunität gegeben.

In einem Fall aus dem Jahr 2005 stellte das BAG ferner fest, dass die einem Haustechniker einer US-Botschaft übertragenen Aufgaben ihrer Natur nach nicht hoheitlich waren.

---

362 LAG Berlin, Urteil vom 4.7. 2001, Az. 13 Sa 131/01 (zitiert aus juris).

363 BAG, Urteil vom 16.05.2002, Az. 2 AZR 688/00 (zitiert aus juris).

Die Sicherung von Gebäuden gegen Eindringlinge treffe jeden Inhaber oder Nutzer eines Bauwerks und deren Wartung und Instandhaltung sei ein rein tatsächlicher Vorgang, der weder mit hoheitlichen Befugnissen verbunden sei noch solche voraussetze.[364]

Im Jahr 2009 befassten sich die Kammern zweier Landesarbeitsgerichte mit der Frage, ob hoheitliches Verhalten vorliege. Zum einen stellte die 17. Kammer des LAG Berlin-Brandenburg fest, dass ein Kraftfahrer einer Botschaft nicht hoheitlich tätig sei, wenn er lediglich Personen und Post zu befördern habe. Dadurch bekleide der Kläger zwar eine Vertrauensstellung. Dass eine Tätigkeit das genannte Vertrauen voraussetzt, führe aber nicht zu einem hoheitlichen Handeln des ausländischen Staates und unterfalle somit nicht der Immunität.[365]

Daneben hat die 7. Kammer des LAG Baden-Württemberg erklärt, dass die Klage eines türkischen Lehrers gegen die Republik Türkei nicht von der deutschen Gerichtsbarkeit umfasst sei, da das Verfahren eine hoheitliche Tätigkeit betreffe.[366] Dies begründete das Gericht in zweierlei Hinsicht: Die Hoheitlichkeit ergebe sich zum einen aus Art. 62 der türkischen Verfassung („Der Staat trifft die notwendigen Maßnahmen zur Gewährleistung der Einheit der Familie der im Ausland arbeitenden türkischen Staatsbürger, der Erziehung ihrer Kinder, ihrer kulturellen Bedürfnisse und ihrer sozialen Sicherheit, zum Schutz ihrer Bindungen an das Vaterland und zur Hilfestellung bei ihrer Rückkehr in die Heimat.") und zum anderen auch aus dem deutschen Grundgesetz, da gem. Art. 7 I GG das Schulwesen eine staatliche und hoheitliche Aufgabe sei. Insgesamt sei es im Übrigen unerheblich, ob die vom Staat zur Realisierung des Schulbetriebs eingesetzten Lehrkräfte in einem Beamten- oder aber in einem Arbeitsverhältnis stehen.

Im Jahre 2010 schließlich entschied das Bundesarbeitsgericht als Revisionsinstanz über den soeben genannten Fall am LAG Berlin-Brandenburg.[367] Es hob das Berufungsurteil auf, ließ aber offen, ob Immunität zu gewähren sei. Hinsichtlich der Hoheitlichkeit der Tätigkeit stellte das Gericht in Anlehnung an seine vorausgehenden Entscheidungen fest, dass es dafür nicht auf die rechtliche Form der Rechtsbeziehung (privatrechtlicher Vertrag oder öf-

---

364 BAG, Urteil vom 15.2.2005, Az. 9 AZR 116/04 (zitiert aus juris).

365 LAG Berlin-Brandenburg, Urteil vom 14.1.2009, Az. 17 Sa 1719/08 (zitiert aus juris).

366 LAG Baden-Württemberg, Urteil vom 27.2.2009, Az. 7 Sa 87/08 (zitiert aus juris).

367 BAG, Urteil vom 1.7.2010, Az. 2 AZR 270/09 (zitiert aus juris).

fentlich-rechtliches Verhältnis) sondern auf den Inhalt der ausgeübten Tätigkeit ankomme.

bbb.) Bewertung

Anhand der dargestellten Urteile aus dem Bereich der Arbeitsgerichtsbarkeit ergibt sich, dass die Gerichte entweder durch ausdrückliche Bezugnahme oder jedenfalls mittelbar den Vorgaben des Bundesverfassungsgerichts folgen und bei der Beurteilung des fraglichen Rechtsverhältnisses auf die Rechtsnatur und nicht dessen Zweck abstellen.

Es fällt auf, dass viele Gerichte dabei aber nicht lediglich einzelne Prinzipien des Bundesverfassungsgerichts wortgetreu anwenden – wie etwa die allgemeinen Zivilgerichte in den oben dargestellten Entscheidungen –, sondern dass sie auch eigene Aspekte in die Beurteilung der jeweiligen Tätigkeit einfließen lassen. Es kommt somit zu einer Fortentwicklung der Kriterien zur Feststellung, ob ein Verhalten als hoheitlich einzustufen ist. Besonders deutlich wird dies in einem Aspekt: So haben, wie anhand der vorausgehenden Ausführungen deutlich wird, mehrfach das BAG[368], das Hessische Landesarbeitsgericht,[369] das LAG Berlin[370] und zuletzt das LAG Baden-Württemberg[371] klargestellt, dass zur Entscheidung über die Gewährung von Immunität nicht die Rechtsform des jeweiligen Vertrages sondern der Inhalt entscheidend sei. Es sei unerheblich, ob es sich um eine öffentlich-rechtliche oder eine privatrechtliche Tätigkeit handele. Hoheitliche Aufgaben müssten nicht in öffentlich-rechtlichen Formen erledigt werden.

Im Vergleich dazu hatte das Bundesverfassungsgericht in der grundlegenden Entscheidung aus dem Jahre 1963 erklärt, dass es für die Gewährung von Immunität darauf ankomme, ob der Staat in Ausübung der ihm zustehenden Hoheitsgewalt, also öffentlich-rechtlich, oder privatrechtlich tätig geworden sei.[372] Wie bereits erwähnt hat das Gericht jedoch ferner festgestellt, dass ausnahmsweise auch gewerbliche Tätigkeit sich nicht ihrem Wesen nach von

368 So ausdrücklich in den Urteilen BAG, Urteil vom 3.7.1996, Az. 2 AZR 513/95 und BAG, Urteil vom 16.05.2002, Az. 2 AZR 688/00, ein erstes Indiz für diese Auffassung findet sich aber bereits in dem Beschluss vom 23.07.1981, Az. 6 ABR 74/78 und 6 ABR 44/79 (jeweils zitiert aus juris).

369 Hessisches LAG, Urteil vom 11.5.1998, Az. 10 Sa 1506/97 (zitiert aus juris).

370 LAG Berlin, Urteil vom 4.7. 2001, Az. 13 Sa 131/01(zitiert aus juris).

371 LAG Baden-Württemberg, Urteil vom 27.2.2009, Az. 7 Sa 87/08 (zitiert aus juris).

372 Vgl. BVerfGE 16, 27 (62).

sonstiger nicht hoheitlicher Staatstätigkeit unterscheiden muss und dass privatrechtliches Handeln eine hoheitliche Tätigkeit darstellen kann, wenn es zum staatlichen Kernbereich zu zählen ist.[373]

In den angesprochenen Entscheidungen werden diese Feststellungen fortentwickelt. Dadurch kommt es insoweit zu einer Modifikation, als die Arbeitsgerichte nicht darauf beharren, dass nur in Ausnahmefällen privatrechtliches Verhalten als hoheitlich qualifiziert werden kann, sondern dass es ganz grundsätzlich unerheblich ist, welche Rechtsform die Tätigkeit aufweist.

Dass diese Vorgehensweise eine Fortentwicklung und nicht lediglich ein Abweichen von der Rechtsprechung des Bundesverfassungsgerichts darstellt, zeigt folgende Überlegung. Zu berücksichtigen ist nämlich die Tatsache, dass nach der Rechtsprechung des Bundesverfassungsgerichts, wie schon mehrfach betont, auf die Natur der Handlung abzustellen ist. Vor diesem Hintergrund lassen sich die Formulierungen der Arbeitsgerichte so verstehen, dass, wenn für die Gerichte die Rechtsform unbeachtlich und der Inhalt der Tätigkeit maßgeblich ist, sie mit den Worten des Bundesverfassungsgerichts gleichsam auf die Natur des Rechtsverhältnisses abstellen und dass demnach nur klargestellt werden soll, dass die rechtliche ‚Hülle' der fraglichen Handlung irrelevant ist.

Insgesamt ist daher die Rechtsprechung der Arbeitsgerichtsbarkeit als konsequente Fortentwicklung der grundlegenden Entscheidung des Bundesverfassungsgerichts aus dem Jahre 1963 zu sehen.

dd.) Bewertung der deutschen Rechtsprechung

Die dargestellten Urteile zeigen, dass die deutschen Gerichte bei der Beurteilung, ob ein Verhalten als hoheitlich zu bewerten ist, nicht durchweg einheitlich vorgehen: Im Bereich der allgemeinen Zivilgerichtsbarkeit wurde klassischerweise wortgetreu an der Formulierung des Bundesverfassungsgerichts festgehalten, wonach für die Gewährung von Immunität entscheidend ist, ob die fragliche Tätigkeit öffentlich-rechtlich oder privatrechtlich einzuordnen ist und nur in Ausnahmefällen eine privatrechtliche Tätigkeit hoheitliches Verhalten darstellen und Immunität beanspruchen kann.

Gerade in der jüngeren Rechtsprechung aus den Jahren 2009 und 2010 zeigt sich jedoch die Tendenz, dass der Begriff ‚nicht hoheitlich' nicht mehr nur durch das Merkmal ‚privatrechtlich', sondern auch durch das Kriterium

---

373 BVerfGE 16, 27 (61f.).

'privatwirtschaftlich' konkretisiert wird. Insoweit ist nicht mehr allein der formale Aspekt der Rechtsform ausschlaggebend, sondern auch der materielle Aspekt der Wirtschaftlichkeit der Tätigkeit.

Im Bereich der Arbeitsgerichtsbarkeit wurde – wie gerade gezeigt – die Rechtsprechung des Bundesverfassungsgerichts noch deutlicher fortentwickelt in der Gestalt, dass nicht mehr primär die Rechtsform sondern die wahre Natur der Tätigkeit entscheidend ist. Es wird beispielsweise darauf abgestellt, ob ein von Gleichordnung geprägter Wettbewerb mit Privaten besteht.

Trotz der unterschiedlichen Vorgehensweise im Bereich der allgemeinen Zivilgerichtsbarkeit und der Arbeitsgerichtsbarkeit ist jedenfalls im Ergebnis festzuhalten, dass in Deutschland allgemein die Tendenz zu einer materielleren Bestimmung des Begriffs 'hoheitlich' besteht. Die Rechtsform der jeweiligen Handlung wird immer mehr als unerheblich angesehen.

Dennoch sind die Prinzipien des Bundesverfassungsgerichts aus dem Jahre 1963 nicht als überkommen zu bezeichnen: Die Gerichte legen diese Wertungen bis heute ausdrücklich oder jedenfalls mittelbar ihrer rechtlichen Würdigung zugrunde und haben sie lediglich, was das Abstellen auf die Rechtsform der Tätigkeit angeht, fortentwickelt.

Insgesamt kann jedenfalls mehr von einer deutschen Rechtspraxis ausgegangen werden, nach der noch immer von einer privatrechtlichen Form der Tätigkeit auf ihren nicht hoheitlichen Charakter zu schließen ist. Die privatrechtliche Form einer Handlung wird vielmehr nur als Indiz[374] für einen wahrscheinlich nicht hoheitlichen Charakter angesehen werden. Hauptkriterium zur Bestimmung, ob ein Verhalten eine hoheitliche Tätigkeit darstellt, ist die wahre Natur der Tätigkeit.

Auffällig ist, dass sich für die Beurteilung des fraglichen Verhaltens insgesamt keine allgemeingültige, griffige Formel herausgebildet hat. Vielmehr existieren auf der Grundlage der Formulierungen des Bundesverfassungsgerichts diverse Einzelkriterien, die auf den jeweiligen Fall angewendet werden können, sowie eine Reihe bereits entschiedener Fallbeispiele für bestimmte Tätigkeitsformen.

So hat das Bundesverfassungsgericht entscheiden, dass der Reparaturauftrag für ein Botschaftsgebäude und die Kapitalaufnahme durch Emission von Staatsanleihen nicht hoheitliche Tätigkeitsformen sind. Hingegen hat es das Verhalten der deutschen SS in Distomo als hoheitlich eingestuft.

---

374 Ähnlich schon STEIN, IPRax 1984, 179, 180.

Fasst man die Fälle zusammen, in denen im Bereich der allgemeinen Zivilgerichtsbarkeit nicht hoheitliche Tätigkeiten angenommen wurden, so kommt man zu dem Ergebnis, dass nach der bisherigen Rechtsprechung darunter jedenfalls Bau- bzw. Werkverträge, Bankgeschäfte, Urheberrechtsstreitigkeiten und die Aktivitäten im Bereich Energiewirtschaft zu fassen sind. Als hoheitlich wurden seitens der Zivilgerichtsbarkeit klassische staatliche Aktivitäten in Form von Polizei- und Geheimdiensttätigkeit, die Luftverkehrsverwaltung sowie die Wahrnehmung konsularischer Aufgaben charakterisiert. Hinsichtlich der Entscheidungen aus dem Arbeitsrecht lassen sich keine genaueren Fallgruppen nach Rechtsgebieten bilden, da mit Ausnahme der Streitigkeit über die Mitwirkungsrechte der Betriebsvertretung ohnehin nur Arbeitsverträge bzw. deren Aufhebung überprüft wurden. Es kann an dieser Stelle nur noch einmal festgehalten werden, dass es nicht auf die Rechtsnatur des jeweiligen Vertrages ankommt sondern auf die Natur der ausgeübten Tätigkeit, sodass beispielsweise für rein-handwerkliche Tätigkeiten keine Hoheitlichkeit und damit keine Immunität angenommen wurde.

Insgesamt stellt sich daher die Frage, wieso sich innerhalb der seit der grundlegenden Entscheidung des Bundesverfassungsgerichts BVerfGE 16, 27 vergangenen mehr als 40 Jahre keine konkrete Definition für den Begriff ‚hoheitlich' herausgebildet hat. Gerade seitens des Bundesverfassungsgerichts wären klarere Erklärungen zu erwarten gewesen, da sich das Gericht auch sonst unmittelbar zur Immunitätsproblematik geäußert hat. In jeder der dargestellten Entscheidungen hätte das Gericht die Möglichkeit gehabt, entweder unmittelbar auf den konkreten Fall bezogen oder in einem *obiter dictum* eindeutige Anforderungen für die Charakterisierung als ‚hoheitlich' und damit für die Gewährung von Immunität aufzustellen. Es hätte auf diese Weise einen klaren Beitrag zu der Rechtspraxis der Bundesrepublik Deutschland bezüglich des Umfanges der Immunität im Erkenntnisverfahren leisten können und damit letztlich auf die Entwicklung des Völkergewohnheitsrechts in diesem Bereich einwirken können.

Die Entscheidungsgründe enthalten leider keinen Hinweis darauf, aus welchen Gründen das Gericht die Gelegenheit nicht genutzt hat, den Begriff ‚hoheitlich' zu erläutern und zu präzisieren. Es kann daher nur vermutet werden, dass sich das Bundesverfassungsgericht bewusst nicht entsprechend geäußert hat, um nicht unnötig in einen möglichen, bereits bestehenden Entwicklungsprozess einzugreifen.

ee.) Zwischenergebnis zur Rechtspraxis in Deutschland

Festgehalten werden kann, dass die aktuelle Praxis der Bundesrepublik Deutschland darin besteht, auf die (wahre) Natur der jeweiligen Tätigkeit und damit überwiegend auf materielle Aspekte abzustellen. Die Bedeutung der Rechtsform der jeweiligen Handlung rückt immer mehr in den Hintergrund. Eine gewisse Einigkeit besteht außerdem darin, dass privatwirtschaftliches Verhalten nicht als hoheitlich einzustufen ist und damit keinen Anspruch auf Immunität begründen kann. Eine allgemeine Definition für hoheitliches Verhalten hat sich in Bezug auf die Immunität jedoch bisher nicht herausgebildet.

b.) Der Begriff ‚hoheitlich' in der Rechtsprechung anderer europäischer Staaten ohne Immunitätsgesetz

Nun wird untersucht, inwiefern die Rechtsprechung in anderen Staaten ohne Immunitätsgesetz den Begriff ‚hoheitlich' im Zusammenhang mit der Frage der Immunität konkretisiert hat.

aa.) Darstellung der Rechtsprechung

Die französische Cour de Cassation hat sich mehrfach mit der Frage auseinandergesetzt, wann ein Verhalten hoheitlich bzw. nicht hoheitlich einzustufen ist. Grundlegend hat dabei das Gericht 1961 festgestellt, dass nicht hoheitliches Verhalten dann vorliegt, wenn der Staat so gehandelt hat, wie auch jeder Einzelne hätte handeln können: *„cette immunité n'existe que quand l'état étranger a agi en sa qualité de puissance publique et non dans les termes du droit privé comme pourrait le faire un particulier"*.[375] Nicht hoheitliches Verhalten ist demnach anzunehmen, wenn in den Formen des Privatrechts gehandelt wird.

In einem späteren Urteil im Zusammenhang mit der Ausgabe einer Wechselbürgschaft hat die Cour de Cassation ebenfalls den Vergleich zu dem Handeln einer Privatperson gezogen, zusätzlich aber auf die Qualität der Tätigkeit als Handelsgeschäft abgestellt: « *L'aval donné par une banque étrangère pour le compte d'un Etat étranger, comme il l'aurait été au profit d'une personne de droit privé, constitue un simple acte de commerce accompli dans l'exercice normal de ses activités bancaires et ne relève en rien de l'exercice de la puis-*

375 Cour de cassation chambre civile 1 du 19 décembre 1961 (zitiert aus dem französischen Rechtsportal http://www.easydroit.fr/jurisprudence/).

sance publique ».[376] Hier war also jedenfalls nicht nur die Rechtsform der Handlung für die Gewährung von Immunität entscheidend.

Beispiele, in denen die Cour de Cassation Tätigkeitsformen als eindeutig nicht hoheitlich sondern wirtschaftlich eingestuft hat, sind die gerade erwähnte Ausgabe einer Wechselbürgschaft seitens einer ausländischen Bank[377], der Transport und Vertrieb von Kohlenwasserstoff[378] sowie ein Vertrag zwischen einer französischen Pipeline-Gesellschaft und der Nationalen Iranischen Gasgesellschaft über die Installation von Gasleitungen zwischen zwei iranischen Städten[379].

In Bezug auf den Erwerb von Immobilien hat das Gericht klargestellt, dass dies, auch wenn die Immobilien zur Unterkunft von höheren Offizieren verwendet würden, kein hoheitliches Verhalten darstelle sondern einen Akt *iure gestionis* des Privatrechts.[380] Es hat aber festgestellt, dass es sich demgegenüber bei der Unterbringung von Beamten in diesen Gebäuden, die der ausländische Staat benötigt, um das Funktionieren seiner politischen, verwaltungstechnischen und militärischen Repräsentation zu garantieren und die Wirksamkeit und Nützlichkeit seiner diplomatischen Beziehungen sicherzustellen, nicht um eine wirtschaftliche Aktivität handelt, die dem Privatrecht unterfällt.[381]

Die Cour de Cassation hatte sich im Zusammenhang mit der Frage nach hoheitlichem Verhalten auch mit Klagen betreffend Arbeitsverhältnisse befasst. Als maßgebliches Kriterium wurde darauf abgestellt, ob der jeweilige Arbeitnehmer besondere Verantwortung im Bereich der Ausübung öffentlicher Tätigkeit (*responsabilité particulière dans l'exercice du service public de cet Etat*) trägt. Mangels einer entsprechenden Verantwortung hat die Cour de

376 Cour de Cassation Chambre civile 1 du 18 novembre 1986 (zitiert aus dem französischen Rechtsportal http://www.easydroit.fr/jurisprudence/).

377 Cour de Cassation Chambre civile 1 du 18 novembre 1986 (zitiert aus dem französischen Rechtsportal http://www.easydroit.fr/jurisprudence/).

378 Cour de cassation Chambre civile 1 du 1 octobre 1985 (zitiert aus dem französischen Rechtsportal http://www.easydroit.fr/jurisprudence/).

379 Cour de Cassation Chambre civile 1 du 2 mai 1990 (zitiert aus dem französischen Rechtsportal http://www.easydroit.fr/jurisprudence/).

380 Cour de Cassation Chambre civile 1 du 25 janvier 2005 und Cour de cassation civile Chambre civile 1 du 19 novembre 2008 (zitiert aus dem französischen Rechtsportal http://www.easydroit.fr/jurisprudence/).

381 Cour de Cassation Chambre civile 1 du 25 janvier 2005 (zitiert aus dem französischen Rechtsportal http://www.easydroit.fr/jurisprudence/).

Cassation die Entlassung eines französischen Angestellten bei einem ausländischen Konsulat,[382] die Entlassung eines Angestellten bei der Pressestelle eines ausländischen Staates[383] sowie die Entlassung einer bei einer Botschaft angestellten Krankenschwester[384] jeweils als einen Akt *iure gestionis* und somit nicht hoheitliches Verhalten eingeordnet.

Einen eindeutigen Hoheitsakt hingegen stellt nach Auffassung der Cour de Cassation die Verstaatlichung dar.[385]

Der französischen Rechtsprechung lassen sich folglich gewisse Merkmale entnehmen, die für eine Einstufung als hoheitliche oder nicht hoheitliche Tätigkeit sprechen, also insbesondere der Vergleich mit dem Handeln einer Privatperson. Eine genaue, allgemeingültige Definition für den Begriff ‚hoheitlich' hat sich jedoch nicht herausgebildet.

In Belgien ergingen im Zusammenhang mit der Immunitätsproblematik deutlich weniger Urteile, in denen konkrete Aussagen zur Klärung des Begriffes ‚hoheitlich' getroffen wurden.

Wie in der französischen Rechtsprechung ist es aber auch nach der belgischen Rechtsprechung anerkannt, dass kein hoheitliches Verhalten des fremden Staates vorliegt, wenn der Staat privatrechtlich wie ein Individuum gehandelt hat.

So hat die Cour du Travail Brüssel 1989 im Zusammenhang mit dem Bruch eines (privatrechtlichen) Arbeitsvertrages klargestellt: « *en rompant un contrat de travail, l'Etat étranger ne met pas en œuvre la puissance publique mais fait ce que les particuliers peuvent faire et accomplit donc un acte de gestion* ».[386] Auch hiernach ist also eine nicht hoheitliche Tätigkeit anzunehmen, wenn der Staat wie eine Privatperson gehandelt hat.

Ähnlich argumentierte die Cour du Travail Mons bezüglich der Anstellung einer Arbeitskraft durch einen fremden Staat. Das Gericht erklärte: *«ainsi, lorsqu'en dehors de ses droits de puissance publique, l'Etat étranger n'exerce*

382 Cour de cassation civile Chambre sociale 31 mars 2009 (zitiert aus dem französischen Rechtsportal http://www.easydroit.fr/jurisprudence/).

383 Cour de Cassation Chambre sociale du 2 avril 1996 (zitiert aus dem französischen Rechtsportal http://www.easydroit.fr/jurisprudence/).

384 Cour de Cassation Chambre sociale du 10 novembre 1998 (zitiert aus dem französischen Rechtsportal http://www.easydroit.fr/jurisprudence/).

385 Cour de Cassation Chambre civile 1 du 20 octobre 1987 (zitiert aus dem französischen Rechtsportal http://www.easydroit.fr/jurisprudence/).

386 Cour du Travail, Bruxelles, 06/11/1989 (zitiert aus dem belgischen Rechtsportal http://jure.juridat.just.fgov.be/).

que des droits de gestion en participant comme personne civile à des rapports de droit privé, il n'est plus en droit d'en [l'immunité] bénéficier».[387] Ein Staat handelt demnach nicht hoheitlich und kann keine Immunität beanspruchen, wenn er wie Zivilpersonen an privatrechtlichen Beziehungen teilnimmt.

Anzumerken ist, dass die Cour du Travail Brüssel in einem späteren Urteil weitergehend erklärt hat, dass die Gewährung von Immunität dann ausgeschlossen ist, wenn der Arbeitsvertrag untergeordnete, unselbstständige Tätigkeiten betrifft.[388] Dieses Kriterium wird von dem Gericht jedoch weit und somit immunitätsunfreundlich verstanden, sodass auch das Ausfüllen und die Empfangnahme von Pässen und Visa als eine entsprechende untergeordnete Tätigkeit bewertet wurden. Deutsche Arbeitsgerichte haben hingegen vergleichbare Aufgaben, nämlich die Bearbeitung von Visa und Reisepässen bzw. der Schalterdienst bei einer Botschaft, als hoheitlich qualifiziert.[389]

Auch die Schweiz differenziert bei der Überprüfbarkeit von Arbeitsverhältnissen nach der jeweiligen Arbeitstätigkeit und gewährt in Fällen von untergeordneten Tätigkeiten, die ohne entscheidenden Einfluss auf die spezifischen Botschaftsaufgaben sind, keine Immunität. Als Beispiele für diese Tätigkeitsformen hat das schweizerische Bundesgericht die Arbeit eines Chauffeurs, Portiers, Gärtners, Kochs, Büroangestellten und einer Reinigungskraft aufgezählt.[390]

Auch im Zusammenhang mit der Tätigkeit eines Radiotelegraphisten wurde keine Immunität gewährt. Das Bundesgericht erklärte hier ausführlich, dass anstelle des Beklagten irgendein Dritter den Kläger als Radiotelegraphisten hätte anstellen können. Man könne daher nicht annehmen, der Betrieb einer Mission gehöre zu den hoheitlichen Aufgaben eines Staates und die Anstellung von Personal zu diesem Zweck sei deshalb ein Akt *iure imperii*. Kauf- und Mietverträge beispielsweise bleiben nicht hoheitlicher Natur, auch wenn sie ein Botschaftsgebäude zum Gegenstand haben, Arbeitsverhältnisse seien analog den erwähnten Miet- und Kaufverträgen zu qualifizieren. Nur bei

387 Cour du Travail, Mons, 19/01/1996 numéro de rôle 11660 (zitiert aus dem belgischen Rechtsportal http://jure.juridat.just.fgov.be/)

388 Cour du Travail, Bruxelles, 19/06/2007 (zitiert aus dem belgischen Rechtsportal http://jure.juridat.just.fgov.be/).

389 Siehe etwa BAG, Beschluss vom 23.07.1981, Az. 6 ABR 74/78 und 6 ABR 44/79 sowie ArbG Köln, Urteil vom 16.12. 1998, Az. 9 Ca 10955/97 (zitiert aus juris).

390 Vgl. BGE 120 II 400 vom 16. November 1994 und BGE 134 III 57 vom 9. Juli 2008 (jeweils zitiert aus der Internet-Datenbank des schweizerischen Bundesgerichts unter http://www.bger.ch/index.htm).

Botschaftsangehörigen mit höheren Funktionen könne der Entsendestaat ein namhaftes Interesse daran haben, dass Rechtsstreitigkeiten, in die sie verwickelt sind, nicht vor fremden Gerichten ausgetragen werden.[391]

Die Arbeit eines Rechtsexperten bei der kongolesischen Botschaft hat das schweizerische Bundesgericht demgegenüber als eine solche höhere Position eingestuft, sodass sich der fremde Staat auf Immunität berufen konnte.[392]

Im Zusammenhang mit der Zwangsvollstreckung gegen das Königreich Spanien wegen Forderungen aus einem Werkvertrag stellte das Gericht fest, dass derartige Forderungen aus Werkvertrag, evtl. auch aus Auftrag, klarerweise nicht hoheitlicher Natur seien, sondern *iure gestionis* eingegangen würden, da sich die Funktion des Staates als Besteller gegenüber dem Unternehmer nicht von derjenigen eines Privaten unterscheidet.[393]

Auch Bankgeschäfte wurden als nicht hoheitliche Tätigkeit qualifiziert.[394]

Die Zwangsenteignung von Grundeigentum wurde hingegen als ein Hoheitsakt eingestuft, da ein Privater in derselben Form nicht hätte handeln können.[395]

Generell kann festgestellt werden, dass nach schweizerischer Rechtsprechung *acta iure gestionis* angenommen werden, wenn der Staat als Träger von Privatrechten gleich einem Privaten auftritt.[396] Eine weitergehende regelmäßig verwendete Definition des Begriffes ‚hoheitlich' findet sich hier nicht.

In der österreichischen Rechtsprechung wurden ebenfalls in einigen Entscheidungen Äußerungen zur Klärung des Begriffes ‚hoheitlich' getroffen.

In einer Klage auf Zahlung wegen Mietrückständen hat das Landesgericht

---

391 BGE 110 II 255 vom 22. Mai 1984 (zitiert aus der Internet-Datenbank des schweizerischen Bundesgerichts unter http://www.bger.ch/index.htm).

392 BGE 134 III 57 vom 9. Juli 2008 (zitiert aus der Internet-Datenbank des schweizerischen Bundesgerichts unter http://www.bger.ch/index.htm).

393 BGE 112 Ia 148 vom 30. April 1986 (zitiert aus der Internet-Datenbank des schweizerischen Bundesgerichts unter http://www.bger.ch/index.htm).

394 BGE 110 Ia 43 vom 21. März 1984 (zitiert aus der Internet-Datenbank des schweizerischen Bundesgerichts unter http://www.bger.ch/index.htm).

395 BGE 113 Ia 172 vom 19. Januar 1987 (zitiert aus der Internet-Datenbank des schweizerischen Bundesgerichts unter http://www.bger.ch/index.htm).

396 Siehe etwa BGE 106 Ia 142 S. 147 vom 19. Juni 1980; BGE 112 Ia 148 S. 150 vom 30. April 1986; BGE 104 Ia 367 S. 374 vom 15. November 1978 (jeweils zitiert aus der Internet-Datenbank des schweizerischen Bundesgerichts unter http://www.bger.ch/index.htm).

Wien als Berufungsgericht erklärt, dass der Abschluss eines Mietvertrages durch einen fremden Staat auch dann zu den Privatrechtsakten dieses Staates zu zählen sei, wenn in den gemieteten Räumen die Botschaft untergebracht ist, da als privatrechtsgeschäftlich, und daher als nicht von der Immunität erfasst, alle jene Akte anzusehen seien, die auch ein Privatrechtssubjekt vornehmen könnte.[397]

In einem weiteren Verfahren, das Ansprüche im Zusammenhang mit Immobilien betraf, erklärte der österreichische OGH, dass jedenfalls auch Provisionsansprüche aus einem Maklervertrag, mit welchem der Abschluss eines Kaufvertrags über Grundstücke, die der Einrichtung der diplomatischen Vertretung eines Staats dienen sollten, vermittelt wurde, auf privatrechtsgeschäftlichem Handeln des ausländischen Staats beruhen und sich der Staat folglich nicht auf Immunität berufen könne.[398]

Außerdem hatte sich der OGH mit einer Klage seitens des Flughafens Linz-Hörsching gegen die Vereinigten Staaten von Amerika auf Zahlung von Landegebühren zu befassen.[399] In diesem Verfahren hat der OGH selbst keine ausführliche Stellungnahme in Bezug auf die Klärung des Begriffes ‚hoheitlich' abgegeben. Allerdings hat das Landesgericht Linz als Rekursgericht genauere Angaben hierzu gemacht, welche vom OGH bestätigt wurden. Insoweit können auch diese Aussagen herangezogen werden.

Das Rekursgericht hat zunächst erklärt, dass der Tätigkeitsbereich, der die Wahrnehmung hoheitlicher Aufgaben zum Gegenstand hat, einheitlich als hoheitlich anzusehen sei, selbst wenn einzelne Teile dieser Aufgaben so erfüllt werden, wie sie für sich genommen nach diesem äußeren Erscheinungsbild von jedermann vorgenommen werden könnten. Auch wenn daher die Benutzung eines Zivilflugplatzes für eine Zwischenlandung isoliert betrachtet ihrer Natur nach als privatrechtsgeschäftlich zu qualifizieren sei, da diese auch ein Privatrechtssubjekt vornehmen könnte, müssen nach Auffassung des Rekursgerichts diese Landungen vor dem Hintergrund und im Zusammen-

397 Siehe die Entscheidung des Landesgerichts für ZRS Wien vom 23.01.2001, Az. 40R7/01b (zitiert aus der Internet-Datenbank des Rechtsinformationssystems des österreichischen Bundeskanzleramts unter http://www.ris.bka.gv.at/Judikatur/).

398 Entscheidung des OGH vom 24.09.2008 Az. 2Ob32/08g (zitiert aus der Internet-Datenbank des Rechtsinformationssystems des österreichischen Bundeskanzleramts unter http://www.ris.bka.gv.at/Judikatur/).

399 Entscheidung des OGH vom 28.08.2003 Az. 2Ob156/03k (jeweils zitiert aus der Internet-Datenbank des Rechtsinformationssystems des österreichischen Bundeskanzleramts unter http://www.ris.bka.gv.at/Judikatur/).

hang mit dem Gesamteinsatz betrachtet werden. Deswegen war das Gericht der Auffassung, dass auch diese Landungen der Flugzeuge des beklagten Staates einen Bestandteil des hoheitlichen Handels darstellten und daher über die daraus abgeleiteten Ansprüche der klagenden Partei nicht durch die inländischen ordentlichen Gerichte zu entscheiden gewesen sei. Ferner erklärte das Rekursgericht, dass jedenfalls dann hoheitliches Handeln vorliege, wenn ein Staat im Rahmen eines völkerrechtlichen Vertrages gehandelt habe und darüber hinaus sei auch der Einsatz militärischer Mittel als Hoheitsakt zu beurteilen, weshalb für daraus abgeleitete Ansprüche keine inländische Gerichtsbarkeit besteht.

In diesem Urteil wird also nicht ausschließlich auf die Rechtsform der jeweiligen Handlung abgestellt sondern auf den Gesamtzusammenhang, in den die Tätigkeit eingebettet ist.

Festzuhalten ist daher, dass zwar in der Mehrzahl der österreichischen Urteile das entscheidende Kriterium für die Verweigerung von Immunität in der privatrechtlichen Form der jeweiligen Tätigkeit gesehen wurde, dass von diesem Grundsatz aber wie gerade gezeigt im Einzelfall auch abgewichen werden kann.

bb.) Bewertung und Zwischenergebnis zur Rechtspraxis der anderen Staaten

Was ergibt sich nun aus den dargestellten Entscheidungen der Gerichte verschiedener europäischer Staaten?

Auffällig ist zunächst, dass in allen untersuchten Staaten bei der Beurteilung der Frage, ob ein Verhalten als hoheitlich zu bewerten ist, konsequent darauf abgestellt wird, ob auch eine Privatperson dieselbe Handlung hätte vornehmen können. Dies hat zur Folge, dass grundsätzlich in allen Verfahren, denen privatrechtliches Verhalten (so beispielsweise bei Kauf-, Miet- und Werkverträgen) zugrunde liegt, keine Immunität gewährt wird.

Nur vereinzelt werden weitere, materielle Aspekte wie das Kriterium der Wirtschaftlichkeit oder des Gesamtzusammenhangs der Tätigkeit hinzugezogen.

Eine Ausnahme machen die Gerichte der untersuchten Staaten bei Arbeitsverträgen: Auch wenn ein Arbeitsvertrag ein privatrechtliches Rechtsinstrument darstellt, wird bei arbeitsrechtlichen Streitigkeiten mit Arbeitnehmern, die höhere, verantwortungsvolle Positionen einnehmen, Immunität gewährt.

Eine Tendenz wie in Deutschland, dass das Kriterium der Rechtsform in den Hintergrund rückt, lässt sich (noch) nicht erkennen.

Allerdings werden in einzelnen Entscheidungen neben dem Kriterium der Privatrechtlichkeit weitere Aspekte zur Beurteilung herangezogen: So wird etwa in der französischen Rechtsprechung auch der Gedanke der Wirtschaftlichkeit berücksichtigt[400] und in der österreichischen Rechtsprechung die Handlung in ihrem Gesamtzusammenhang betrachtet.[401]

Dennoch ist als Rechtspraxis für die untersuchten Staaten festzuhalten, dass hier das maßgebliche Merkmal für nicht hoheitliches Verhalten in der privatrechtlichen Rechtsform gesehen wird.

Eine klare Definition des Begriffs ‚hoheitlich' existiert ebensowenig wie in Deutschland.

c.) Bewertung der gefundenen Zwischenergebnisse bezüglich der Bestimmung des Begriffs ‚hoheitlich'

Die bisherigen Ausführungen zeigen, dass weder die Rechtsprechung in Deutschland noch in anderen west-europäischen Staaten, die keine eigenen Immunitätsgesetze erlassen haben, den Begriff ‚hoheitlich' im Zusammenhang mit der Frage der Immunität durch eine allgemeingültige, umfassende Definition präzisiert hat.

In Frankreich, Belgien, der Schweiz und Österreich besteht aber zumindest eine Rechtspraxis, nach der *acta iure gestionis*, also nicht hoheitliche Handlungen, mit privatrechtlichem Verhalten gleichgesetzt werden. Danach ließe sich für diese Staaten hoheitliches Verhalten negativ als solche Tätigkeit definieren, die nicht in den Formen des Privatrechts ergeht.

Für die Bundesrepublik Deutschland gilt diese Begriffsbestimmung nicht mehr. Wie mehrfach erwähnt, tritt das Merkmal der Rechtsform mehr und mehr in den Hintergrund.

Insbesondere der Bundesgerichtshof hat das Kriterium ‚privatrechtlich' in seiner jüngsten Rechtsprechung durch ‚privatwirtschaftlich' ersetzt.

---

400 Vgl. oben die Entscheidung der Cour de Cassation, chambre civile 1, 25. Januar 2005 (zitiert aus dem französischen Rechtsportal http://www.easydroit.fr/jurisprudence/).

401 Vgl. die oben besprochene Entscheidung des Entscheidung des OGH vom 28.08.2003 Az. 2Ob156/03k (zitiert aus der Internet-Datenbank des Rechtsinformationssystems des österreichischen Bundeskanzleramts unter http://www.ris.bka.gv.at/Judikatur/).

Fraglich ist, wie diese Tatsache in Bezug auf den Nachweis einer völkergewohnheitsrechtlichen Regelung für die Bestimmung des Begriffs ‚hoheitlich' bzw. ‚nicht hoheitlich' zu bewerten ist.

Grundsätzlich ist im Völkerrecht anerkannt, dass ein Staat, der sich der Entstehung einer völkergewohnheitsrechtlichen Norm beständig widersetzt (sog. *persistent objector*), durch diese Norm nicht gebunden wird.[402] Fehlt es hingegen an einem solchen Widerspruch, entfaltet die Norm auch für diejenigen Staaten Bindungswirkung, die sie nicht ausdrücklich akzeptiert haben.[403]

Folglich könnte das Verhalten der Bundesrepublik Deutschland als ein entsprechender Widerspruch verstanden werden, mit der Folge, dass die Bundesrepublik Deutschland nicht an das bestehende Gewohnheitsrecht gebunden ist.

Dem ist jedoch entgegenzuhalten, dass die Figur des *persistent objector* nur im Zusammenhang mit der Entstehung einer neuen Regelung des Völkerrechts anerkannt ist in der Form, dass durch das Verhalten anderer Staaten eine bestimmte Rechtspraxis beginnt und der *persistent objector* durch sein entgegenstehendes Verhalten von dieser neuen Praxis und der entstehenden gewohnheitsrechtlichen Norm nicht betroffen werden möchte.

Dies ist hier aber nicht der Fall. Es geht nicht darum, dass die Bundesrepublik Deutschland von einer neu entstehenden Regel nicht eingeschlossen werden möchte. Die Situation ist vielmehr so, dass die Tendenz zu erkennen ist, dass der deutsche Staat von seiner bisherigen und der bestehenden Übung der anderen Staaten abweicht.

Dies könnte als Anzeichen einer neuen Rechtspraxis und damit Grundlage für eine neue gewohnheitsrechtliche Regel zu bewerten sein.

Im Völkerrecht können sich durch den Wandel von Staatenpraxis und der zugehörigen Rechtsüberzeugung neue Regeln herausbilden, die früheres Gewohnheitsrecht derogieren, so erfolgte dies beispielsweise bei der Entwicklung von der absoluten zur relativen Immunität.[404]

Dabei tritt jedoch das Problem auf, dass der Staat, der durch seine Handlungen von bestehendem Gewohnheitsrecht abweicht, dadurch regelmäßig diese bestehende Regelung verletzt und damit an sich völkerrechtswidrig handelt. Dies ist insbesondere dann der Fall, wenn sich die neue Regel direkt

---

402 Vgl etwa IPSEN, §16 Rn. 26.

403 IPSEN, §16 Rn. 27; DOEHRING, Völkerrecht, Rn. 292, AKEHURST in KOSKENNIEMI, S. 252ff., 273.

404 STEIN/VON BUTTLAR, Rn. 143.

auf die Abschaffung oder Modifizierung der bestehenden Regel bezieht und nicht etwa ein vollkommen neues Themenfeld regelt.[405] Solche Konfliktsituationen liegen aber systembedingt in der Natur und der Entstehung von Völkergewohnheitsrecht begründet.[406] Es ist daher anerkannt, dass es durchaus Zeiten geben kann, in denen zwei konträre völkerrechtliche Übungen nebeneinander bestehen, bis eine (meist die neue Regel) generell akzeptiert ist.[407]

Dies lässt sich auf die gefundene Situation übertragen: Dadurch dass in der deutschen Rechtsprechung die Tendenz besteht, das Kriterium ‚privatrechtlich' durch ‚privatwirtschaftlich' zu ersetzen, wird in Deutschland der Begriff insoweit anders als in den übrigen untersuchten europäischen Staaten ohne Immunitätsgesetz und damit abweichend von dem bestehenden (regionalen) Gewohnheitsrecht ausgelegt. Es handelt sich also um eine Umbruchsituation, in der die untersuchten europäischen Staaten das Merkmal ‚nicht hoheitlich' als ‚privatrechtlich' auslegen, die Bundesrepublik Deutschland es hingegen mit ‚privatwirtschaftlich' gleichsetzt und der Rechtsform als Kriterium für die Gewährung von Immunität immer weniger Bedeutung beimisst.

d.) Ergebnis zur Begriffsbestimmung mithilfe des Völkergewohnheitsrechts: bestehende west-europäische Praxis und neue Tendenz in der Rechtsprechung

Festzuhalten ist damit, dass momentan zwei unterschiedliche regionale Formen von Begriffsbestimmung existieren: die wohl herrschende west-europäische Vorgehensweise, nach der das Vorliegen einer hoheitlichen Tätigkeit abgelehnt wird, wenn die Handlung privatrechtlich einzustufen ist, und daneben die neue Tendenz in der vorwiegend deutschen Rechtsprechung, bei der der Rechtsform als Kriterium für die Gewährung von Immunität weniger Bedeutung beikommt und vermehrt auf andere, materielle Kriterien abgestellt wird.

---

405 STEIN/VON BUTTLAR, Rn. 145.

406 STEIN/VON BUTTLAR, Rn. 144.

407 So ausdrücklich SHAW, S. 91.

4.) Definition des Begriffs ‚hoheitlich' mithilfe der allgemeinen Rechtsgrundsätze des Völkerrechts?

Zu klären ist schließlich, ob sich aus den allgemeinen Rechtsgrundsätzen, als dritte und letzte der drei Rechtsquellen aus Art. 38 IGH-Statut, genauere Informationen für die Bestimmung des Begriffs ‚hoheitlich' ergeben. Dagegen spricht schon folgender Aspekte: Anerkannt ist, dass allgemeine Rechtsgrundsätze des Völkerrechts keine Detailregelungen beinhalten, sondern das Verhalten der Völkerrechtssubjekte nur in groben Umrissen andeuten, wie etwa das Prinzip von Treu und Glauben oder der ungerechtfertigten Bereicherung.[408] Es handelt sich um Wert- bzw. Systementscheidungen[409] und Leitprinzipien von grundlegender Bedeutung, die aus nationalen Rechtsordnungen auf das Völkerrecht übertragen werden.[410]

Um den Begriff ‚hoheitlich' näher zu bestimmen, sind aber gerade konkrete Vorgaben erforderlich, sodass schon strukturbedingt nicht auf die allgemeinen Rechtsgrundsätze als Rechtsquelle zur Begriffsbestimmung zurückgegriffen werden kann.

5.) Ergebnis

Insgesamt kann damit festgehalten werden, dass aus den oben aufgezeigten Gründen die allgemeinen Rechtsgrundsätze des Völkerrechts und das Völkervertragsrecht den Begriff ‚hoheitlich' im Rahmen der Immunitätsproblematik nicht bzw. nicht umfassend bestimmen. Es können lediglich einzelne (bilaterale) völkerrechtliche Verträge zwischen dem beklagten Staat und dem Gerichtsstaat herangezogen werden, um im konkreten Fall Auskunft über das jeweils betroffene Themenfeld zu geben.

Im Völkergewohnheitsrecht besteht zwar keine allgemeingültige Definition des Begriffs ‚hoheitlich'. Feststellen lässt sich aber, jedenfalls was den westeuropäischen Rechtskreis angeht, die dargestellte Umbruchsituation, in der die zwei beschriebenen Vorgehensweisen zur Bestimmung des Begriffs ‚nicht hoheitlich' existieren.

Für die praktische Anwendung bedeutet dies insgesamt: In Staaten, die ein Immunitätsgesetz erlassen haben, in dem die Immunitätsausnahmen für

---

408 HOBE S. 197f.; IPSEN, §17 Rn. 4.

409 STEIN/VON BUTTLAR, Rn. 161.

410 Vgl. IPSEN, §17 Rn. 3.

Staatsunternehmen für anwendbar erklärt werden, wird die konkrete Unternehmenstätigkeit entsprechend unter diese Fallgruppen subsumiert. In Staaten ohne Immunitätsgesetz muss untersucht werden, ob das konkrete unternehmerische Verhalten hoheitlich oder nicht hoheitlich einzustufen ist. Dabei kann im west europäischen Rechtskreis entsprechend der „herrschenden" Vorgehensweise das Merkmal ‚nicht hoheitlich' mit ‚privatrechtlich' gleichgesetzt werden, sodass nur für solche Tätigkeiten Immunität gewährt wird, die nicht in privatrechtlicher Rechtsform ausgeübt werden. Es kann aber auch entsprechend der wohl im Vordringen befindlichen, vorwiegend deutschen Tendenz in der Rechtsprechung der Rechtsform weniger Bedeutung beigemessen werden und auf übergeordnete, materielle Kriterien wie etwa den Aspekt der Wirtschaftlichkeit der Tätigkeit oder das Vorliegen einer Wettbewerbssituation abgestellt werden.[411]

6.) Konsequenzen für die Rechtspraxis der untersuchten Staaten

Anhand der obigen Ausführungen ergibt sich, dass aufgrund der dargestellten Vorgaben des Völkergewohnheitsrechts zumindest für den west-europäischen Rechtskreis durchaus ein internationaler Maßstab zur Unterscheidung zwischen hoheitlichen und nicht hoheitlichen Tätigkeitsformen angelegt werden kann: Nach der wohl (noch) ‚herrschenden' west-europäischen Vorgehensweise entspricht es dem momentanen Völkerrecht, das Kriterium ‚hoheitlich' als ‚nicht privatrechtlich' auszulegen.

Für die Rechtspraxis in Staaten wie Österreich, in denen ohnehin unmittelbar auf das Völkerrecht abgestellt wird, ergibt sich daraus zweifellos kein Änderungsbedarf. Vielmehr untermauert das gefundene Ergebnis diese Vorgehensweise.

Aber auch für die Staaten, die ausschließlich nationales Recht heranziehen, so z.B. Frankreich, hat dieses Ergebnis keine unmittelbaren rechtlichen Konsequenzen. Eine solche Rechtspraxis ist weiterhin völkerrechtlich zulässig. Der Grund dafür liegt darin, dass wie einführend zu diesem Kapitel erarbeitet wurde, hinsichtlich der Frage, welche Rechtsordnung die Frage der Hoheitlichkeit bestimmt, keine einheitliche Rechtspraxis existiert, die Bestandteil eines entsprechenden Völkergewohnheitsrechts sein könnte. Die Staaten sind daher nicht völkerrechtlich dazu verpflichtet, sich für die Qualifikation als

411 Für eine weitergehende Untersuchung und Konkretisierung dieser neuen Tendenz siehe unten unter C, IV.).

hoheitliche Tätigkeit an völkerrechtliche Vorgaben zu halten, auch wenn diese existieren und an sich rechtlich vorzugswürdig sind.[412]

Lediglich für diejenigen Staaten, die wie oben gezeigt[413] die Auffassung vertreten, dass nationales Recht maßgeblich ist, weil das Völkerrecht keine entsprechenden Kriterien bereit hält, ergeben sich Auswirkungen für die Qualifizierung als hoheitliche Tätigkeit: Da im vorigen Abschnitt herausgearbeitet wurde, dass das Völkerrecht durchaus gewisse Abgrenzungskriterien bereithält, nämlich im Einzelfall bilaterale völkerrechtliche Verträge und für den west-europäischen Rechtskreis die dargestellte regionale völkergewohnheitsrechtliche Praxis, kann mit dieser Argumentation ein Rückgriff auf nationales Recht nicht mehr legitimiert werden.

Die erläuterten internationalen Vorgaben scheinen von den Gerichten aber nicht wahrgenommen worden zu sein.

Bezüglich der dargestellten Entscheidung des Bundesverfassungsgerichts lässt sich dies damit erklären, dass der Beschluss aus dem Jahre 1963 stammt und sich eine entsprechende Staatenpraxis kontinuierlich erst in der Folgezeit ausgebildet hat. Insoweit ist es schlüssig, dass das Bundesverfassungsgericht auf nationales Recht abstellte, dies jedoch zumindest völkerrechtlichen Schranken unterstellte.[414]

Eingehender zu hinterfragen ist aber, weshalb der Bundesgerichtshof auch im Jahre 2009 noch an dieser traditionellen Auffassung festhält.

Der BGH bekennt sich in der genannten Entscheidung[415] klar zu dem Grundsatz, dass bei fehlender völkerrechtlicher Regelungsgrundlage auf das nationale Recht abzustellen ist. Um diesen Grundsatz selbst konsequent zu befolgen, hätte der Gerichtshof untersuchen müssen, ob Völkervertrags- und Völkergewohnheitsrecht definitiv keine relevanten Regelungsgrundlagen enthalten. Erst danach wäre der Weg für eine Heranziehung der nationalen Grundsätze frei gewesen.

Eine solche Vorgehensweise geht aus der Entscheidung aber nicht erkennbar hervor.

Der BGH zieht zwar das bilaterale, zwischen der Bundesrepublik Deutschland und der beklagten russischen Republik bestehende Abkommen über kulturelle Zusammenarbeit heran und verdeutlicht damit, dass er sich im Ansatz

412 Siehe dazu oben unter C, III, 1.).
413 Siehe dazu oben unter C, III,1a.).
414 BVerfGE 16, 27 (62 f.).
415 BGH, Beschluss vom 1.10.2009, Az. VII ZB 37/08 (zitiert aus juris).

auf der Rechtsebene des Völkervertragsrechts bewegt. Dieser völkerrechtliche Vertrag ist aber nur der Ausgangspunkt für die weitere Argumentation des Gerichtshofs. Die wesentlichen Argumente zum Merkmal der Hoheitlichkeit leitet der BGH aus einer Entscheidung des Bundesverfassungsgerichts und Stimmen der deutschen Völkerrechtsliteratur her.

Der BGH hat im Rahmen seiner Argumentationskette folglich zwar Elemente des Völkervertragsrechts herangezogen, seine Lösung dogmatisch gesehen jedoch entscheidend mit Mitteln des nationalen Rechts begründet. Völkergewohnheitsrecht wird gar nicht in Betracht gezogen.

Ein Grund dafür mag darin liegen, dass der BGH den von ihm aufgestellten Grundsatz, dass sich die Frage, ob ein Handeln oder ein Vermögenswert als hoheitlich zu qualifizieren ist, soweit keine Kriterien im Völkerrecht vorhanden sind, grundsätzlich nach der jeweiligen nationalen Rechtsordnung entscheide, im Wesentlichen auf die schon erwähnte Entscheidung des OLG Köln aus dem Jahre 2003[416] stützt. Eine weitergehende Herleitung dieser Aussage erbringt er nicht.

Dabei ist problematisch, dass auch das OLG lediglich feststellt, dass im Normalfall das Völkerrecht keine Abgrenzungskriterien bereithalte und diese These wiederum lediglich auf die Grundsatzentscheidung des Bundesverfassungsgerichts aus dem Jahre 1963 stützt.[417] Weder das OLG Köln noch der sich auf diese Entscheidung berufende BGH überprüfen, ob an dieser Aussage so überhaupt noch festgehalten werden kann oder ob sich zwischenzeitlich die Rechtslage geändert hat. Beide Entscheidungen beruhen damit letztlich auf einer Aussage über die Rechtslage der 60er Jahre.

Aufgrund der in diesem Aspekt also insgesamt dürftigen Herleitung der Aussage und der fehlenden Analyse der Entwicklung des Völkerrechts verwundert es daher nicht, dass der BGH die bestehende (regionale) gewohnheitsrechtliche Praxis nicht in seine Argumentation einbezogen hat. Damit lässt sich erklären, warum der BGH an der traditionellen Prämisse *„Ob ein*

---

416 OLG Köln, Beschluss vom 6.10. 2003, Az. 16 W 35/02 (zitiert aus juris).

417 Die Argumentationskette des OLG Köln wurde im Übrigen schon in der Literatur kritisiert, was der BGH aber bei der Begründung seiner Entscheidung im Jahre 2009 außer Acht gelassen hat. So wurde beanstandet, dass das OLG Köln ohne weitere Diskussion der Entscheidung BVerfGE 16, 27 gefolgt ist, obwohl eine Auseinandersetzung mit eventuellen völkerrechtlichen Vorgaben angesichts der rasanten Entwicklungen des Völkerrechts angezeigt gewesen wäre. Vgl. KRÖLL, IPRax 2004, 223, 225f

Handeln oder ein Vermögenswert als hoheitlich zu qualifizieren ist, entscheidet sich, soweit keine Kriterien im Völkerrecht vorhanden sind, grundsätzlich nach der jeweiligen nationalen Rechtsordnung“ weiter festhält.

In Bezug auf die mögliche, sich in der Zukunft auf diese Vorgaben stützende Rechtsprechung von Instanzgerichten und die daraus resultierende Fortentwicklung der deutschen Rechtspraxis der Bundesrepublik Deutschland wäre aber ein Bekenntnis zu völkerrechtlichen Vorgaben vorteilhaft gewesen.

Bezüglich der belgischen Rechtspraxis kann Entsprechendes festgestellt werden.

Dort findet sich wie oben gezeigt[418] eine vergleichbare Kernaussage der Cour d'Appel Brüssel, wonach aus Mangel an Vorgaben seitens des internationalen Rechts die *lex fori* heranzuziehen ist.

Auch insoweit steht zwar nicht das Abstellen auf nationales Recht als solches, wohl aber die Argumentation mit den gefundenen Ergebnissen in Widerspruch.

Wie der BGH hat die Cour d'Appel offensichtlich keine detaillierte Auswertung der Völkerrechtslage vorgenommen, um zu ermitteln, ob tatsächlich kein völkerrechtlicher Maßstab zur Bestimmung des Merkmal ‚hoheitlich‘ existiert. Dies wäre aber zur Legitimierung des Rückgriffs auf die *lex fori* erforderlich gewesen.

Festzuhalten ist damit, dass das Völkerrecht jedenfalls für den europäischen Rechtskreis generell und für andere Sachverhalte im Einzelfall durchaus gewisse Kriterien bereithält, anhand derer zwischen ‚hoheitlich‘ und ‚nicht hoheitlich‘ unterschieden werden kann. Im Hinblick auf den Gedanken der Rechtssicherheit und -einheitlichkeit wäre es wünschenswert, wenn die angerufenen Gerichte auf diese (begrenzten) Vorgaben abstellen und darauf aufbauend rechtsfortbildend tätig werden.

Wie gezeigt, steht ihnen aber die Möglichkeit offen, ihre Immunitätspraxis an diesen internationalen oder an nationalen Kriterien auszurichten. Völkerrechtlich verbindlich vorgeschrieben ist ein solches Vorgehen nicht. Lediglich ein Abstellen auf nationales Recht ohne eine eingehende Untersuchung der Völkerrechtslage mit der (ausschließlichen) Begründung, dass das Völkerrecht keine entsprechenden Kriterien biete, wie dies die belgische und deutsche Rechtsprechung teilweise praktiziert, ist so nicht mehr tragfähig.

---

418 Siehe dazu oben unter C, III, 1a.).

IV.) Konkretisierung der neuen Tendenz in der Rechtsprechung für die Bestimmung des Begriffes ‚hoheitlich'

Wie aus den obigen Ausführungen deutlich wird, besteht im Völkerrecht zwar immer noch keine umfassende, allgemeingültige Definition des Begriffs ‚hoheitlich'. Es wurde aber aufgezeigt, dass im west-europäischen Bereich im Völkergewohnheitsrecht für Staaten ohne Immunitätsgesetz einerseits die wohl vorherrschende Praxis besteht, das Merkmal „hoheitlich" mit „nicht privatrechtlich" gleichzusetzen, und daneben die dargestellte, neue Tendenz in der (deutschen) Rechtsprechung.[419] Bisher stellt die letztgenannte Vorgehensweise nur eine erste Tendenz in der Staatenpraxis dar – eine Anerkennung als Regel des Völkergewohnheitsrechts setzt voraus, dass sich weitere Staaten anschließen.

Dass eine vertiefte Auseinandersetzung damit dennoch angebracht ist, wird im Folgenden dargelegt.

1.) Gründe für eine weitergehende Untersuchung der neuen Tendenz in der Rechtsprechung

Zunächst wird die Bedeutung der neuen Tendenz anhand der Tatsache deutlich, dass auch in anderen Staaten Anzeichen für eine entsprechende Vorgehensweise zu erkennen sind. So wird beispielsweise in der österreichischen Rechtsprechung vereinzelt in der Entscheidungsfindung auf übergeordnete, materielle Aspekte abgestellt und eine Handlung trotz ihrer Einstufung als ‚privatrechtsgeschäftlich' als hoheitlich bewertet.[420] Auch die französische Cour de Cassation zieht in einer jüngeren Entscheidung neben dem Merkmal der Privatrechtlichkeit materielle Aspekte der Wirtschaftlichkeit heran.[421]

Dies zeigt, dass diese neue Tendenz bei der Bestimmung des Merkmals ‚hoheitlich' durchaus das Potenzial hat, sich langfristig zu einer Regel des Völkergewohnheitsrechts zu etablieren. Es ist nicht unwahrscheinlich, dass

---

419 Siehe dazu oben unter C, III, 3d.).

420 So etwa der Beschluss des Landesgerichtes Linz als Rekursgericht vom 17. April 2003, GZ 37 R 48/03a-5, bestätigt durch den OGH in der Entscheidung vom 28.08.2003, Az. 2Ob156/03k (jeweils zitiert aus der Internet-Datenbank des Rechtsinformationssystems des österreichischen Bundeskanzleramts unter http://www.ris.bka.gv.at/Judikatur/).

421 Vgl. Cour de Cassation Chambre civile 1 du 25 janvier 2005 (zitiert aus dem französischen Rechtsportal http://www.easydroit.fr/jurisprudence/).

zukünftig mehr und mehr Staaten von dem formellen Abstellen auf die Rechtsform der Handlung Abstand nehmen, sodass die neue, materieller ausgerichtete Tendenz zu Völkergewohnheitsrecht erstarkt.

Vor allem aber überzeugt die neue Vorgehensweise inhaltlich. Mittlerweile wendet die Mehrheit der (westlichen) Industrienationen bei der Frage nach der Immunität von Staatsunternehmen eine funktionale Betrachtungsweise an, bei der die Aufgabe und Funktion des jeweiligen Unternehmens im Mittelpunkt stehen. Durch das Abstellen auf diese Kriterien und nicht auf formale Gesichtspunkte wie die rechtliche Organisationsstruktur, kann zuverlässig ermittelt werden, wann staatlichen Unternehmen wirklich das originär staatliche Privileg der Immunität zusteht. Wie oben gezeigt, ist dies im Sinne der Entwicklung der allgemeinen Staatenimmunität und führt zu sachgerechten Entscheidungen bei der Frage über die Gewährung von Immunität.[422]

Will man dieser Entwicklung Rechnung tragen und fortführen, ist es zweifelhaft, bei der Bestimmung des zentralen Merkmals ‚hoheitlich' auf den formalen Aspekt der Rechtsform der jeweiligen Tätigkeit abzustellen, wie dies durch die bisher wohl herrschende regionale gewohnheitsrechtliche Vorgehensweise praktiziert wird.

Auch SCHAUMANN und HABSCHEID haben im Jahre 1968 schon erkannt, dass ein der Funktion der Immunität entsprechendes Ergebnis in erster Linie durch eine inhaltliche und nicht durch eine formale Beurteilung zu erreichen sei.[423]

Setzt man nämlich für die Bewertung als hoheitliches Verhalten und damit für die Gewährung von Immunität voraus, dass das jeweilige Unternehmen nicht in privatrechtlicher Form gehandelt hat, dann hat das zur Folge, dass privatrechtlich organisierte Staatsunternehmen[424] generell nicht hoheitlich handeln und damit auch keine Immunität beanspruchen können. Denn das Handeln eines privatrechtlich organisierten Rechtsträgers ist grundsätzlich privatrechtlich einzustufen, auch wenn alle Geschäftsanteile von öffentlichen Rechtsträgern gehalten werden oder ihm öffentliche Aufgaben zur Erfüllung übertragen werden.[425] Auch wenn eine bisher öffentlich-rechtlich organisierte

---

422 Siehe oben unter C, II, 3.).

423 Vgl. These 25c.) in SCHAUMANN/HABSCHEID, S. 289.

424 Wie oben unter C, I, 2d.) ausgeführt, können in der vorliegenden Bearbeitung auch privatrechtliche Unternehmen bei Vorliegen der weiteren Voraussetzungen als Staatsunternehmen bewertet werden.

425 KOPP/SCHENKE, §40, Rn. 13; RENNERT in EYERMANN, §40 Rn. 56.

Stelle formell privatisiert wird, kann diese dann nur noch privatrechtlich handeln.[426] Ein Privatrechtsträger kann insgesamt nur dann öffentlich-rechtlich bzw. hoheitlich handeln, wenn und soweit er Beliehener ist.[427]

Da also privatrechtlich organisierte Unternehmen generell nicht öffentlich-rechtlich und damit nach diesem Maßstab nicht hoheitlich handeln können, wäre für die Gewährung von Immunität dann allein die rechtliche Organisation des Unternehmens entscheidend.

Dies würde aber letztlich eine formale und keine funktionale Betrachtungsweise darstellen. Die Beurteilung der Immunität von Staatsunternehmen würde sich dann nämlich auf die rein formale Frage reduzieren, ob das jeweilige Unternehmen in privatrechtlicher oder öffentlich-rechtlicher Rechtsform organisiert ist. Damit käme es dann aber auf die einzelne Aufgabe, die unmittelbar wahrgenommen wird, nicht mehr an. Wie erläutert, ist es aber gerade kennzeichnend für die funktionale Betrachtungsweise den Schwerpunkt der Beurteilung auf die jeweilige Unternehmenstätigkeit zu legen, da diese für die Gewährung von Immunität ein beständiges und zuverlässiges Kriterium darstellt.

Ein Abstellen auf die Rechtsform der jeweiligen Handlung entspricht damit nicht der funktionalen Betrachtungsweise und ist folglich abzulehnen.

Auch die folgende Überlegung, die sich aus Grundsätzen des deutschen Verwaltungsrechts herleitet, spricht für die weitere Untersuchung der neuen Tendenz in der Rechtsprechung. Anerkannt ist, dass die öffentliche Hand nach freiem Ermessen darüber entscheiden kann, ob sie sich Formen des öffentlichen oder des privaten Rechts bedient.[428] So kann beispielsweise eine Anstalt des öffentlichen Rechts zu ihren Nutzern sowohl ein öffentlich-rechtliches als auch ein privatrechtliches Rechtsverhältnis begründen.

Nach dem oben dargestellten Verständnis des Begriffes ‚Hoheitsgewalt' würde dies bedeuten, dass im Falle des öffentlich-rechtlichen Benutzungsverhältnisses die Tätigkeit der Anstalt hoheitlich einzustufen wäre. Begründet die Anstalt aber ein privatrechtliches Benutzungsverhältnis, wäre dieselbe Tätigkeit nicht mehr als hoheitlich zu charakterisieren. Das Gleiche gilt, wenn die Anstalt (formell) privatisiert und zu einer privatrechtlichen Gesellschaft umstrukturiert würde: Auch in diesem Fall würde die Einrichtung an sich dieselbe Tätigkeit ausüben, diese wäre aber nicht mehr als hoheitlich einzustufen.

---

426 SCHMITZ in STELKENS/BONK/SACHS, §1 Anwendungsbereich, Rn. 127.

427 RENNERT in EYERMANN, §40 Rn. 56.

428 Siehe etwa bei EHLERS, S. 65.

Durch dieses Beispiel wird deutlich, dass diesen drei Fällen zwar faktisch dieselbe Tätigkeit zugrunde liegt, die Tätigkeit aber jeweils in Bezug auf die Hoheitlichkeit des Handelns unterschiedlich bewertet werden würde.

Ein solcher Differenzierungsansatz mag durchaus in zahlreichen Problemkonstellationen, sei es im Hinblick auf die Notwendigkeit von Benutzungsordnungen bzw. Gebührensatzungen oder auch Haftungsfragen, sachgerecht sein. Er ergibt aber im Rahmen der Immunitätsproblematik und insbesondere im Hinblick auf die dort herrschende funktionale Betrachtungsweise keinen Sinn.

Denkt man das Beispiel der Anstalt weiter, hätte dies außerdem die Konsequenz, dass umgekehrt alles, was im Rahmen eines öffentlich-rechtlichen Benutzungsverhältnisses erfolgen würde, hoheitlich wäre und grundsätzlich Immunität beanspruchen könnte. Angesichts der Entwicklungen im Bereich des Immunitätsrechts und insbesondere dem dahinterstehenden Gedanken, private und staatliche Teilnehmer auf dem Wirtschaftsmarkt möglichst gleich zu behandeln, ist aber kein Grund ersichtlich, wieso staatliche Unternehmen für solche ‚banalen' Tätigkeiten das Privileg der Immunität verdienen.

Zudem birgt das Abstellen auf die Rechtsform ein Missbrauchsrisiko in sich: Käme es nur auf öffentlich-rechtliche Strukturen an, so könnten Staaten, die ein Interesse haben, bestimmte Wirtschaftszweige vor gerichtlichen Verfahren zu schützen, die in diesen Bereichen tätigen Unternehmen öffentlich-rechtlich strukturieren, und schon wäre ein einfaches Wirtschaftsunternehmen ‚immunitätsfähig', auch wenn dieses eine eigentlich rein wirtschaftliche Tätigkeit erbringt.

Gerade solche Umgehungsmöglichkeiten sollen aber im Rahmen der funktionalen Betrachtungsweise durch das Abstellen auf die jeweils wahrgenommenen Funktionen des Unternehmens vermieden werden. Der Begriff ‚hoheitlich' kann damit im Sinne der funktionalen Betrachtungsweise nicht durch rein formale Aspekte wie die Rechtsform der Handlung bestimmt werden. Sachgerechter ist es, entsprechend der neuen Tendenz in der Rechtsprechung auch bei der Bestimmung des Begriffs ‚hoheitlich' materielle Kriterien anzuwenden. Nur so kann den der funktionalen Betrachtungsweise zugrundeliegenden, anerkannten Wertungen umfassend Rechnung getragen werden.

Aufgrund all dieser Erwägungen wird also deutlich, dass diese Tendenz das Potenzial hat, die funktionale Betrachtungsweise fortzuentwickeln, und dass folglich eine weitergehende Auseinandersetzung damit angezeigt ist.

2.) Konkretisierung des neuen Ansatzes in der deutschen Rechtsprechung

Die Merkmale dieses neuen Ansatzes sind allerdings insgesamt zu unbestimmt, um ein taugliches Abgrenzungskriterium für die Gewährung von Immunität für ein Staatsunternehmen im Sinne der funktionalen Betrachtungsweise darzustellen. Von einer anerkannten Definition des Begriffs „hoheitlich" kann insoweit noch nicht gesprochen werden

Deswegen ist das Ziel der folgenden Ausführungen, diesen neuen Ansatz in der Rechtsprechung zu konkretisieren und zu erarbeiten, wie der Begriff ‚hoheitlich' in diesem Kontext sachgerecht zu bestimmen wäre. Damit wäre dann ein weiterer Schritt auf seinem Weg zur Etablierung als zukünftiges geltendes Völkerrecht und folglich zur Fortentwicklung der funktionalen Betrachtungsweise getan.

Erreicht werden kann mit dieser im Folgenden zu entwickelnden Konkretisierung selbstverständlich keine völkerrechtliche Definition. Dafür ist die völkergewohnheitsrechtliche Verankerung in Form der Annahme durch die Staatenpraxis erforderlich. Ziel der folgenden Ausführungen ist es, einen unter völkerrechtlichen Gesichtspunkten und rechtspolitischen Wertungen sachgerechten Vorschlag zur Konkretisierung der neuen Tendenz in der Rechtsprechung anzubieten.

a.) Methodische Einordnung der Vorgehensweise

Da also die anerkannten Rechtsquellen des Völkerrechts für die Konkretisierung des neuen Ansatzes keine Anhaltspunkte bieten (können), stellt sich die Frage, mithilfe welcher Rechtsquellen und welcher methodischen Verfahrensweise dieser Konkretisierungsvorschlag erreicht werden kann.

In Betracht kommt ein Abstellen auf Vorgaben aus dem nationalen Recht: Da der neue Ansatz aus der deutschen Rechtspraxis stammt und bisher durch diese auch am konsequentesten verfolgt wurde, ist es naheliegend, die Vorgaben des deutschen Rechts zu untersuchen. Nicht um diese zur Bestimmung des Begriffs ‚hoheitlich' unmittelbar auf die völkerrechtliche Ebene zu übertragen - das Ziel ist vielmehr eine Analyse der möglichen Definitionsformen des Begriffs ‚hoheitlich' als Ausgangspunkt für die Entwicklung einer modernen, sachgerechteren immunitätsrechtlichen Begriffsbestimmung. Diese wird in einem nächsten Schritt mit internationalen bzw. völkerrechtlichen Vorgaben abgeglichen und ergänzt.

aa.) Zulässigkeit des Rückgriffs auf nationales Recht

Um diese Idee verfolgen zu können, ist zunächst zu klären, inwieweit das Abstellen auf Vorgaben aus einer nationalen Rechtsordnung methodisch zulässig ist, um daraus einen solchen Vorschlag für die Konkretisierung eines völkerrechtlichen Begriffes zu entwickeln.

Das Abstellen auf nationales Recht bei ansonsten bestehenden Lücken oder Ungenauigkeiten ist der völkerrechtlichen Methodik nicht fremd. Auch zur Ermittlung von allgemeinen Rechtsgrundsätzen wird nationales Recht herangezogen. Diese Grundsätze dienen dazu, dem IGH die Möglichkeit zu geben, einem Anspruch stattzugeben, der bei ausschließlicher Anwendung von Vertrags- und Gewohnheitsrecht abgewiesen werden müsste.[429] Somit wird hier jedenfalls mittelbar mithilfe nationalen Rechts eine ansonsten bestehende Lücke geschlossen.

Allerdings wird im Rahmen der allgemeinen Rechtsgrundsätze rechtsvergleichend untersucht, ob in verschiedenen Staaten und Rechtssystemen dasselbe Rechtsprinzip enthalten ist, um dieses dann auf das Völkerrecht zu übertragen.[430]

Die hier favorisierte Vorgehensweise besteht demgegenüber zunächst in dem ausschließlichen Untersuchen der Vorgaben einer Rechtsordnung und weist keine entsprechende rechtsvergleichende Komponente auf. Außerdem liegt das Ziel der folgenden Ausführungen nicht darin, völkerrechtliche Lücken zu schließen, sondern eine Konkretisierung für einen bestehenden, noch ungenauen Ansatz zu erarbeiten. Dies lässt sich nur mithilfe des Verweises auf die Methodik bei der Ermittlung der allgemeinen Rechtsgrundsätze nicht legitimieren.

Anerkannt ist aber desweiteren, dass neben den allgemeinen Rechtsgrundsätzen generell bestimmte völkerrechtliche Regeln auch auf nationale Normen verweisen bzw. von diesen ausgefüllt und ergänzt werden.[431]

---

429 Vgl. HOBE, S. 197; VERDROSS/SIMMA, §608.

430 Vgl. HOBE S. 197.

431 Vgl. BITTER, S. 203; BVerfGE 16, 27 (62f.); SCHEUBA-LISCHKA in STRUPP/ SCHLOCHAUER, 3. Band, S. 586.

Als Beispiel werden dafür die Völkerrechtssätze genannt, die an die Staatsangehörigkeit einer Person anknüpfen, da die Staatsangehörigkeit durch nationales Recht bestimmt wird, da grundsätzlich kann jeder Staat, soweit damit nicht in die Rechte anderer Staaten eingegriffen wird, selber bestimmen, unter welchen Voraussetzungen er seine Staatsangehörigkeit verleiht.[432]

Mithilfe dieser Argumentation hat etwa das Bundesverfassungsgericht im Zusammenhang mit der Immunitätsproblematik erklärt, weshalb die Qualifikation als ‚hoheitlich' oder ‚nicht hoheitlich' nach nationalem Recht vorgenommen werden darf.

Hier geht es zwar nicht darum, den Begriff ‚hoheitlich' wie das Bundesverfassungsgericht unmittelbar durch nationales (deutsches) Recht zu bestimmen,[433] sondern darum, deutsches Recht als Ausgangspunkt und Orientierungshilfe für die Entwicklung einer neuen Begriffsbestimmung heranzuziehen. Ein Rückgriff auf nationales Recht zu diesen Orientierungszwecken ist mithilfe dieser Argumentation aber erst recht zulässig.

Ein weiteres Beispiel, das verdeutlicht, dass im Völkerrecht zur Klärung offener Fragen hilfsweise auf nationales Recht abgestellt werden kann, bildet das UN-Kaufrecht. Nach Art. 7 Abs. 2 CISG sind Fragen, die in diesem Übereinkommen geregelte Gegenstände betreffen, aber in diesem Übereinkommen nicht ausdrücklich entschieden werden, nach den allgemeinen Grundsätzen, die diesem Übereinkommen zugrunde liegen, oder mangels solcher Grundsätze nach dem Recht zu entscheiden, das nach den Regeln des internationalen Privatrechts anzuwenden ist. Das bedeutet, dass jedenfalls als ‚ultima ratio', wenn sich mithilfe des CISG selbst keine passende Auslegungsmöglichkeit findet und damit eine interne Regelungslücke besteht, ein Rückgriff auf das nationale Recht zulässig ist.[434] Zwar wird die jeweils anwendbare Rechtsordnung mithilfe des internationalen Privatrechts ermittelt. Entscheidend ist aber, dass auch hier zur Auslegung auf die Vorgaben einer einzelnen, nationalen Rechtsordnung abgestellt werden kann.

---

432 Vgl. VERDROSS/SIMMA, §1192; HOBE S. 87; BROWNLIE, S. 383 sowie das Urteil des IGH im Nottebohm Fall, ICJ Reports 1955, 20.

433 Dass die unmittelbare Bestimmung des Begriffs ‚hoheitlich' durch nationales Recht zwar durchaus Teilen der Staatenpraxis entspricht, aber unter Aspekten der Rechtssicherheit und -einheitlichkeit nicht zu befürworten ist, wurde oben ausführlicher erklärt, siehe unter C, III, 1.).

434 GRUBER in TIETJE, §14 Rn. 163f.

Anhand dieser Beispiele wird also deutlich, dass das Völkerrecht immer mit den nationalen Beziehungen zusammenspielt. Völkerrechtliche Verpflichtungen eines Staates müssen durch nationales Recht umgesetzt oder konkretisiert werden.[435]

Folglich ist es sachgerecht, bei der Entwicklung eines Vorschlags für die Konkretisierung eines völkerrechtlichen Begriffs auf die Vorgaben einer nationalen Rechtsordnung, hier in Form des deutschen Rechts, abzustellen.

Zur Untermauerung dieser Argumentation ist schließlich folgende Überlegung zu berücksichtigen: Wie schon mehrfach erwähnt, ist die nationale Gesetzgebung Bestandteil der Rechtspraxis des jeweiligen Staates und damit einer der Bausteine für Völkergewohnheitsrecht. Folglich spiegelt die Tatsache, wie ein Begriff in der jeweiligen nationalen Gesetzgebung verwendet wird, die jeweilige staatliche Rechtsposition wieder. Eine Untersuchung dieser nationalen Begriffsverwendung und -bestimmung ist damit näher an der noch entstehenden völkergewohnheitsrechtlichen Regel als andere Quellen, auf die sich ein solcher Vorschlag stützen ließe, also beispielsweise Stimmen in der völkerrechtlichen Literatur.

Insgesamt ist es daher methodisch sachgerecht, bei der Erarbeitung eines Konkretisierungsvorschlags für den neuen Ansatz in der deutschen Rechtsprechung zu untersuchen, wie der Begriff ‚hoheitlich' im deutschen Recht verwendet und bestimmt wird.

bb.) Zulässigkeit des Rückgriffs auf themenfremde Vorschriften

Da die Bundesrepublik Deutschland wie viele andere Staaten kein nationales Gesetz erlassen hat, das die Immunitätsproblematik regelt, gibt es keine themenspezifischen Vorschriften in Bezug auf die Verwendung des Begriff ‚hoheitlich', die für die Entwicklung eines Konkretisierungsvorschlags untersucht werden könnten. Im Bereich der deutschen Rechtsprechung findet sich ferner wie oben gezeigt[436] nur der noch unpräzise, bisher nicht näher ausgearbeitete Ansatz, den es hier zu konkretisieren gilt. Folglich lässt sich lediglich anhand von Gesetzen anderer Rechtsgebiete untersuchen, wie der Begriff ‚hoheitlich' in der deutschen Rechtspraxis verwendet und näher bestimmt wird, um daraus einen Vorschlag für eine immunitätsrechtliche Begriffsbestimmung zu entwickeln.

---

435 PETERS, S. 4.

436 Siehe dazu oben unter C, III, 3a.).

Insoweit stellt sich wiederum die logische Vorfrage, ob überhaupt auf themenverwandte oder sogar themenfremde Normen zurückgegriffen werden kann, die den Begriff ‚hoheitlich' oder eine ähnliche, sinnverwandte Formulierung enthalten, um daraus einen Konkretisierungsvorschlag zu entwickeln. Zu klären ist also, ob eine solche Vorgehensweise von den anerkannten methodischen Mitteln getragen wird.

Die zur Analogie entwickelten Grundsätze sind insoweit nicht hilfreich.

Unabhängig von der Frage, ob und inwieweit eine Analogie zur Lösung eines originär völkerrechtlichen Problems zulässig wäre, kommt die Analogie schon aus methodischen Gründen für die hier verfolgten Zwecke nicht in Betracht.

Eine Analogie dient der Ausfüllung offener Gesetzeslücken in der Form, dass eine für einen bestimmten Tatbestand geltende Regelung auf einen im Gesetz nicht geregelten, ähnlichen Tatbestand übertragen wird.[437]

Hier geht es jedoch weder darum, die Rechtsfolgen, die sich aus bestimmten Normen ergeben, die den Ausdruck ‚hoheitlich' beinhalten, auf die Immunitätsproblematik zu übertragen, noch besteht überhaupt eine Rechtslücke, die ausgefüllt werden soll. Das Ziel ist vielmehr, aus der Verwendung des Begriffs ‚hoheitlich' in anderen Rechtsgebieten Anhaltspunkte für die Entwicklung einer immunitätsrechtlichen Begriffsbestimmung abzuleiten, welche helfen soll, den neuen Ansatz zur Bestimmung des Merkmals ‚hoheitlich' und die funktionale Betrachtungsweise fortzuentwickeln.

Geeigneter könnte das methodische Mittel der Auslegung sein. Die Auslegung dient nicht der Lückenfüllung, sondern sie bedeutet die Auseinanderlegung und Darlegung des in dem jeweiligen Text niedergelegten Sinnes.[438] Dazu gehört alles, was das Verstehen des Gesetzes als eine rechtliche Ordnung betrifft, also die Klärung seiner Sprache, seines Systems, der Prinzipien, Zwecksetzungen und Wertungen, auf denen es beruht, wobei die Grenze in dem möglichen Wortsinn liegt.[439] Ausgangspunkt der Auslegung ist der jeweilige Wortlaut: sofern die jeweiligen, auszulegenden Wörter nicht schon durch den Gesetzgeber in Legaldefinitionen festgelegt sind, erhalten sie ihre Bedeutung durch den Sprachgebrauch der Rechtsgemeinschaft.[440] Vom Wortlaut ausgehend sind also Inhalt und Bedeutung zu bestimmen und zwar nach

---

437 Siehe etwa bei LARENZ, S. 381.

438 LARENZ, S. 313.

439 COING/HONSELL in STAUDINGER, Einleitung zum Bürgerlichen Gesetzbuch, Rn. 125.

440 ZIPPELIUS, S. 46f.

den Regeln der Grammatik und des allgemeinen oder fachlichen Sprachgebrauchs.[441]

Insoweit entspricht es grundsätzlich der Methodik der grammatikalischen Auslegung, zunächst zu ermitteln, welche Bedeutung der Begriff ‚hoheitlich' im (juristischen) Sprachgebrauch hat und dafür zu untersuchen, wie er oder sinnverwandte Ausdrücke in anderen Gesetzen verwendet werden. Mithilfe dieser Vorgehensweise lässt sich herausfinden, welche Bedeutung dem Begriff generell beigemessen wird und welche Bandbreite an Bedeutungsmöglichkeiten besteht.

Folglich könnten die folgenden Untersuchungen als eine Form von Auslegung der völkergewohnheitsrechtlichen Immunitätsregel und des enthaltenen, zentralen Begriffs ‚hoheitlich' angesehen werden. Die Untersuchung der Bedeutung des Begriffs ‚hoheitlich' in den Vorschriften anderer Rechtsgebiete ließe sich auf diese Weise legitimieren.

Eine solche Legitimation anhand der Regeln über die Auslegung ist in der vorliegenden Konstellation aber problematisch.

Zunächst ist umstritten, ob das Völkergewohnheitsrecht überhaupt der Auslegung zugänglich ist. Problematisch ist, dass gewohnheitsrechtliche Regeln ungeschrieben sind und folglich kein offizieller Wortlaut existiert, aus dem die Bedeutung der Regel abgeleitet werden kann.[442] Außerdem ist fraglich, was konkret das Objekt der Auslegung ist: die gewohnheitsrechtliche Regel selbst oder die Akte und Erklärungen, die das Gewohnheitsrecht bilden.[443] Dennoch wird argumentiert, dass wie jeder abstrakte Rechtssatz auch der abstrakte Rechtssatz des Völkergewohnheitsrechts ausgelegt werden können muss.[444] Es sollen die Methoden der völkerrechtlichen Vertragsauslegung unter Berücksichtigung der Besonderheiten des Völkergewohnheitsrechts eingreifen, sodass auch hier im Sinne der grammatikalischen Auslegung der gewöhnliche Sinn der verwendeten Worte im jeweiligen Zusammenhang des Satzes festzustellen ist.[445]

Entscheidend gegen die Heranziehung der Grundsätze der Auslegung als Legitimation für das Untersuchen anderer, themenfremder Normen im vorliegenden Fall spricht aber folgende Überlegung: Wie gerade erläutert, dient die

441 SCHWACKE, S. 72.
442 Vgl. ORAKHELASHVILI, S. 496.
443 Vgl. ORAKHELASHVILI, S. 496f.
444 So BLECKMANN, S. 133; *ders.* ZaöRV 1977, 504, 520, 526.
445 BLECKMANN, ZaöRV 1977, 504, 526

Auslegung dazu, die Bedeutung des auszulegenden Texts bzw. Begriffes zu ermitteln. Das Ziel der folgenden Untersuchungen besteht aber nicht darin, die genaue Bedeutung des Begriffs ‚hoheitlich' so, wie sie durch das geltende Völkergewohnheitsrecht vorgegeben wird, herauszuarbeiten. Vielmehr ist das Ziel, den neuen Ansatz für die Bestimmung des Merkmals ‚hoheitlich' zu konkretisieren und dafür einen entsprechenden Definitionsvorschlag zu entwickeln, um damit letztlich die funktionale Betrachtungsweise zu verfestigen und fortzuführen.

Diese Vorgehensweise ist also progressiv ausgerichtet und geht damit über eine Untersuchung des Bestehenden hinaus. Erarbeitet werden soll eine (synthetische) Definition.[446]

Definition heißt, die Bedeutung eines Ausdrucks festzulegen.[447] Eine Unterform ist dabei die Explikation, bei der unpräzise Ausdrücke dadurch präzisiert werden, dass der bestehende Sprachgebrauch festgestellt, aufgearbeitet und damit wissenschaftlich nützlicher gemacht wird.[448] Explikationen sollen eine bestehende Theorie fortentwickeln. Deshalb nehmen sie zunächst auf den gegenwärtigen Stand des Sprachgebrauchs Bezug, sollen aber langfristig zu einer Änderung des bisherigen Sprachgebrauchs hinleiten.[449]

Zu beachten ist dabei, dass es eine Bedeutung an sich nicht gibt - weder die Umgangssprache noch der Sprachgebrauch anderer Gesetze kann letztlich den Ausschlag geben.[450] Es kann immer nur eine Definition gebildet werden, die im Hinblick auf einen bestimmten Zweck geeignet ist.[451]

Deswegen kann grundsätzlich jeder Begriff in seiner jeweiligen Verwendung etwas Unterschiedliches bedeuten.[452]

Im Rahmen der Explikation wird daher zuerst geprüft, welche vorgegebene Bedeutung ein Begriff generell hat. Danach kommt es zu einer eigenständigen Transformation im Hinblick auf den jeweiligen Verwendungszweck.[453]

Mithilfe dieser methodischen Vorgehensweise lässt sich das hier angestrebte Ziel sachgerecht verfolgen. In einem ersten Schritt wird der bestehende

---

446 Zum Begriff der synthetischen Definition siehe bei WANK, S. 69ff.
447 WANK, S. 51
448 WANK, S. 57f.
449 WANK, S. 63.
450 WANK, S. 87f.
451 WANK, S. 73.
452 WANK, S. 122.
453 WANK, S. 122.

Sprachgebrauch im Hinblick auf den Begriff ‚hoheitlich' ermittelt und untersucht, welche Definitionsmöglichkeiten bzw. Bestimmungsmerkmale diesbezüglich in den Vorschriften anderer Rechtsgebieten existieren. In einem zweiten Schritt kommt es dann zu einer Bewertung, ob sich aus den bestehenden Varianten Merkmale ableiten lassen, die auch im Hinblick auf die Begriffsbestimmung bei der Immunitätsproblematik sachgerecht wären, d.h. es findet die erforderliche Transformation der Kriterien statt.

Die Untersuchung der Bedeutung des Begriffs ‚hoheitlich' in themenfremden Vorschriften ist folglich zur Entwicklung eines Konkretisierungsvorschlags methodisch zulässig.

b.) Untersuchung verschiedener Vorschriften im Hinblick auf Kriterien zur Bestimmung des Begriffs ‚hoheitlich'

Folglich kann nun untersucht werden, inwieweit in anderen Bereichen des deutschen Rechts der Begriff ‚hoheitlich' oder sinnverwandte, ähnliche Ausdrücke verstanden werden, um daraus Hinweise für eine Begriffsbestimmung im Zusammenhang mit der Immunitätsproblematik herzuleiten.

aa.) Konkretisierung durch das Europarecht

Dadurch, dass das Europarecht in den Mitgliedstaaten unmittelbare Geltung entfaltet,[454] kommen für die Untersuchung auch die Vorschriften des Europarechts in Betracht.

Aufgrund des grundsätzlichen Vorranges des Europarecht gegenüber dem gesamten nationalen Recht einschließlich der Verfassung[455] steht dieses in der Normenhierarchie an oberster Stelle; deshalb wird bei der Untersuchung anderer Rechtsgebiete im Hinblick auf die Konkretisierung des Begriffes ‚hoheitlich' mit europarechtlichen Vorschriften begonnen.

Als erster Schritt ist also eine Wortlautanalyse vorzunehmen und zu untersuchen, ob der Begriff ‚hoheitlich' im Europarecht verwendet wird und welche Bedeutung er dort hat.

---

454 GELLERMANN in RENGELING/MIDDEKE/GELLERMANN, §33 Rn. 9; SCHWEITZER, Rn. 324.

455 EuGH, Rs. 11/70 Internationale Handelsgesellschaft, Slg. 1970, 1125.; SCHWEITZER, Rn. 49f.

aaa.) Primärrecht

Weder der Vertrag über die Europäische Union noch der Vertrag über die Arbeitsweise der Europäischen Union (AEUV)[456] enthält den Begriff ‚hoheitlich'. Allerdings beinhaltet letzterer Vertrag zumindest vergleichbare Formulierungen, aus denen sich möglicherweise Rückschlüsse auf die Bestimmung dieses Begriffs ziehen lassen können.

(1) Art. 51 AEUV (ex-Art. 45 EG) - Niederlassungsfreiheit

Der AEUV enthält im Zusammenhang mit den Regelungen über die Niederlassungsfreiheit in Art. 51 die folgende Formulierung:

„Auf Tätigkeiten, die in einem Mitgliedstaat dauernd oder zeitweise mit der Ausübung öffentlicher Gewalt verbunden sind, findet dieses Kapitel in dem betreffenden Mitgliedstaat keine Anwendung."

Anerkannt ist, dass der Begriff ‚Ausübung öffentlicher Gewalt' eng verstanden wird. So hat der EuGH unter Bezugnahme auf die Ausführungen des Generalanwalts Mayras erklärt, dass die öffentliche Gewalt der staatlichen Herrschaftsmacht entspringe und die Möglichkeit beinhalte, dem Bürger gegenüber von Sonderrechten, Hoheitsprivilegien und Zwangsbefugnissen Gebrauch zu machen.[457] Öffentliche Gewalt kann dabei zwar grundsätzlich sowohl durch Träger öffentlicher Gewalt als auch durch Private ausgeübt werden, etwa in Form des Beliehenen.[458] Die Ausübung öffentlicher Gewalt erfordert im Rahmen von Art. 51 AEUV aber insgesamt immer ein Subordina-

456 Aufgrund des Vertrages von Lissabon, der am 1.12.2009 in Kraft getreten ist, wurde unter anderem der Vertrag zur Gründung der Europäischen Gemeinschaft (EG-Vertrag) in den Vertrag über die Arbeitsweise der Europäischen Union (AEU-Vertrag) umgeändert. Da bisher noch keine Entscheidungen des EuGH zu den neuen Normen ergangen sind und die entsprechenden Kommentierungen noch nicht aktualisiert sind, wird im Folgenden auf die EuGH-Rechtsprechung und die Kommentierungen zu den Vorschriften des EG-Vertrags zurückgegriffen, soweit die Normen in den relevanten Passagen wortgleich sind.

457 EuGH Rs. 2/74 (Reyners), Slg. 1974, 631, 665, siehe ausführlich dazu HENSSLER/KILIAN, EuR 2005, 192.

458 FRENZ, Handbuch Europarecht, Band 1, Rn. 1980.

tionsverhältnis zwischen Staat und Bürger bzw. die Möglichkeit gegenüber dem Bürger Zwang auszuüben.

Die Gründe für dieses enge Verständnis des Begriffs ‚Ausübung öffentlicher Gewalt' ergeben sich aus dem Zweck von Art. 51 AEUV.

Funktion des Art. 51 Abs. 1 AEUV ist es, eine Ausnahme vom sachlichen Geltungsbereich der Niederlassungsfreiheit zu machen: die Vorschrift ermöglicht es den Mitgliedstaaten zu vermeiden, dass Teile der öffentlichen Gewalt, die auf ihren Hoheitsgebieten Privaten überlassen worden sind, in die Hände zuziehender ausländischer Erwerbstätiger übergehen.[459] Der Zweck des Art. 51 Abs. 1 AEUV liegt also darin, den Mitgliedstaaten trotz der Vorgaben der Niederlassungsfreiheit die Möglichkeit zu geben, die privatrechtliche Ausübung von Hoheitsgewalt ihren eigenen Staatsangehörigen vorzubehalten.[460]

Art. 51 Abs. 1 AEUV stellt also eine Ausnahmeregelung dar und ist damit möglichst eng auszulegen,[461] damit das Ziel der Verwirklichung des gemeinsamen Marktes nicht gefährdet wird. Dies wird durch das Merkmal des Subordinationsverhältnisses und der damit einhergehenden Möglichkeit zur Ausübung von Zwang gewährleistet.

Es stellt sich jedoch die Frage, inwieweit zwischen der Zwecksetzung des Art. 51 AEUV und der der Immunität von Staatsunternehmen überhaupt inhaltliche Parallelen bestehen, sodass die Kriterien des Begriffs ‚Ausübung öffentlicher Gewalt' als Anhaltspunkte für eine Konkretisierung des Begriffs ‚hoheitlich' im Zusammenhang mit der Immunitätsproblematik herangezogen werden können.

Art. 51 AEUV betrifft, wie gerade dargestellt, die Thematik der Ausübung von Hoheitsgewalt durch Private. Auch bei der Immunität von Staatsunternehmen kommt die Frage auf, inwieweit privatrechtlich organisierte Rechtssubjekte Hoheitsgewalt ausüben und dann Immunität beanspruchen können. Insoweit könnte man von gewissen Parallelen zwischen beiden Themengebieten ausgehen.

Allerdings regelt Art. 51 AEUV inhaltlich nicht, unter welchen Voraussetzungen Staaten die Ausübung öffentlicher Gewalt übertragen dürfen oder welche Konsequenzen sich daraus ergeben. Sinn der Vorschrift ist es viel-

459 TIEDJE/TROBERG in VON DER GROEBEN/SCHWARZE, Art. 45 Rn. 1, 4.

460 RANDELZHOFER/FORSTHOFF in GRABITZ/HILF, Art. 45 Rn. 1, TIEDJE/TROBERG in VON DER GROEBEN/SCHWARZE, Art. 45 Rn. 10.

461 FRENZ, Handbuch Europarecht, Band 1, Rn. 1986; RANDELZHOFER/FORSTHOFF in GRABITZ/HILF, Art. 45 EG Rn. 8.

mehr, diesen Bereich aus dem Regelungsbereich der Niederlassungsfreiheit auszunehmen, um zu verhindern, dass Teile der öffentlichen Gewalt in die Hände ausländischer Erwerbstätiger übergehen.

Demgegenüber liegt der Zweck des Merkmals ‚hoheitlich' im Rahmen der funktionalen Betrachtungsweise bei der Immunitätsproblematik darin, zu gewährleisten, dass sich Staatsunternehmen nur dann auf das Privileg der Immunität berufen können, wenn sie sich durch ihre hoheitliche Tätigkeit von den anderen Unternehmen am Markt unterscheiden - ansonsten sind sie wie alle anderen Unternehmen zu behandeln.

Beiden Fällen liegen also vollkommen unterschiedliche Zwecksetzungen zugrunde. Es lassen sich daher keine Anhaltspunkte aus Art. 51 AEUV zur Konkretisierung des Begriffes ‚hoheitlich' ableiten.

(2) Wettbewerbsrecht

Möglicherweise könnten sich aus den Vorschriften des europäischen Wettbewerbsrechts Anhaltspunkte zur Konkretisierung des Begriffs ‚hoheitlich' ergeben. Diese beinhalten zwar weder den Begriff ‚hoheitlich' noch ähnliche, sinnverwandte Ausdrücke. Dennoch ist im europäischen Wettbewerbsrecht die Abgrenzung zwischen wirtschaftlicher und hoheitlicher Unternehmenstätigkeit von grundlegender Bedeutung: Die Art. 101, 102 und 106 AEUV (ex-Art 81, 82 und 86 EG) basieren auf dem Grundsatz der Gleichbehandlung der privaten und öffentlichen Unternehmen.[462] Das bedeutet, dass für Privatunternehmen und für erwerbswirtschaftlich tätige, öffentliche Unternehmen die Wettbewerbsbedingungen grundsätzlich gleich sein sollen.[463]
Etwas anderes gilt nur, wenn öffentliche Unternehmen hoheitlich tätig sind, denn die Ausübung von Hoheitsgewalt stellt nach allgemeiner Auffassung keine wirtschaftliche Tätigkeit in diesem Sinne dar.[464]

Fraglich ist also, auf welche Abgrenzungskriterien in diesem Zusammenhang abgestellt wird.

Nach ständiger Rechtsprechung des EuGH ist eine wirtschaftliche Tätigkeit jede Tätigkeit, die darin besteht, Güter oder Dienstleistungen auf einem be-

---

462 PERNICE/WERNIKE in GRABITZ/HILF, Art. 86 Rn. 5.

463 KILIAN, Rn. 423.

464 JUNG in CALLIESS/RUFFERT, Art. 86 EG Rn. 11; HOCHBAUM/KLOTZ in V. D. GROEBEN/SCHWARZE, Art. 86 EG Rn. 16; EHRICKE in LÖWENHEIM/MEESSEN/ RIESENKAMPFF, Art. 86 EG, Rn. 23; MESTMÄCKER/SCHWEITZER in IMMENGA/ MESTMÄCKER, EG Wettbewerbsrecht, C. Art. 86 Abs.1 Rn. 15.

stimmten Markt anzubieten.[465] Ferner ist anerkannt, dass eine wirtschaftliche Tätigkeit dann vorliegt, wenn sie zumindest im Grundsatz von einem Privaten mit der Absicht der Gewinnerzielung ausgeübt werden kann, auch wenn ein tatsächliches Gewinnstreben der betroffenen Einrichtung nicht gegeben ist.[466] Als Indiz für das Vorliegen einer wirtschaftlichen Tätigkeit wird vorgebracht, dass darauf abzustellen ist, ob die Tätigkeit ohne weiteres, insbesondere ohne wesentliche Änderung ihrer rechtlichen Rahmenbedingungen einem potentiellen Wettbewerb zwischen mehreren Teilnehmern ausgesetzt werden kann oder bereits in einem anderen Mitgliedstaat bereits von (privaten) Wirtschaftsunternehmen ausgeübt wird.[467]

Ausübung von Hoheitsgewalt wird demgegenüber von Literatur und Rechtsprechung angenommen, wenn die betreffende Einheit im öffentlichen Interesse und nicht zu Erwerbszwecken tätig wird.[468]

Eine Handlung weist ferner dann einen rein hoheitlichen Bezug auf, wenn eine im Allgemeininteresse liegende Aufgabe erfüllt wird, die zu den wesentlichen Staatsaufgaben gehört[469] oder wenn die Einheit mit ihrem Handeln solidarischen Zwecken dient bzw. ausschließlich sozialen Charakter hat.[470]

Für das Vorliegen einer hoheitlichen Tätigkeit spricht außerdem der Umstand, dass die Finanzierung der Einrichtung aus dem Staatshaushalt erfolgt.[471]

Grundsätzlich irrelevant ist die Rechtsform der handelnden Einrichtung: so hat der EuGH beispielsweise entschieden, dass eine Überwachungstätigkeit zur Bekämpfung von Umweltverschmutzung durch eine privatrechtliche Ein-

---

465 Vgl. EuGH Rs C 218/00 Cisal Slg. 2002 I 691 unter Verweis auf Rs. C-180/98 bis C-184/98, Pavlov u. a., Slg. 2000 I 6451.

466 So die Schlussanträge des Generalanwaltes zu den Entscheidungen verb Rs C 159, 160/91, Poucet/Pistre Slg. 1993 I 637 und Rs C 364/92 Eurocontrol, Slg. 1994 I 43.

467 EHRICKE in LÖWENHEIM/MEESSEN/RIESENKAMPFF, Art. 86 EG, Rn. 25 bzw. PERNICE/WERNICKE in GRABITZ/HILF Art 86 EG Rn. 19 jeweils mit weiteren Nachweisen.

468 EHRICKE in LÖWENHEIM/MEESSEN/RIESENKAMPFF, Art. 86 EG, Rn. 23; HOCHBAUM/KLOTZ in V. D. GROEBEN/SCHWARZE, Art. 86 EG Rn. 16 Fn. 35; EuGH Rs. 94/74, IGAV/ENCC, Slg. 1975, 699

469 EuGH Rs C 343/95 Diego Cali, Slg. 1997 I 1547; PERNICE/WERNICKE in GRABITZ/HILF Art. 86 EG Rn. 16.

470 EHRICKE in LÖWENHEIM/MEESSEN/RIESENKAMPFF, Art. 86 EG, Rn. 23 mit weiteren Nachweisen. EuGH verb Rs C 159, 160/91, Poucet/Pistre 1993 I 637.

471 MESTMÄCKER/SCHWEITZER in IMMENGA/MESTMÄCKER, EG Wettbewerbsrecht, C. Art. 86 Abs.1 Rn. 18; PERNICE/WERNICKE in GRABITZ/HILF Art. 86 EG Rn. 19.

richtung[472] keine wirtschaftliche sondern eine hoheitliche Tätigkeit darstellt. Arbeitsvermittlung stellt nach Auffassung des Gerichthofs hingegen, auch wenn sie öffentlich-rechtlichen Anstalten übertragen ist, eine wirtschaftliche Tätigkeit dar.[473]

Ebenso unerheblich wie die Rechtsform ist die Handlungsart - es kommt für die Zuordnung der Tätigkeit nicht auf ein etwaiges öffentlich-rechtliches oder privatrechtliches Handeln an.[474]

Festzuhalten ist also, dass nach den Vorgaben des europäischen Wettbewerbsrechts für das Vorliegen einer hoheitlichen Tätigkeit maßgeblich ist, ob die jeweilige Einrichtung nicht zu Erwerbszwecken, sondern im öffentlichen Interesse tätig wird, wesentliche Staatsaufgaben erfüllt, die Tätigkeit einen rein sozialen Charakter hat und aus dem Staatshaushalt finanziert wird.

Wiederum ist nun zu klären, ob die Zielsetzung dieses Rechtsgebiets eine inhaltliche Orientierung zur Konkretisierung des Begriffes ‚hoheitlich' im Rahmen der Immunitätsproblematik zulässt.

Wie dargestellt liegt dem europäischen Wettbewerbsrecht der Gedanke zugrunde, dass für privatrechtliche und erwerbswirtschaftliche öffentliche Unternehmen grundsätzlich die gleichen Wettbewerbsbedingungen gelten sollen, wenn sich beide auf der Ebene der wirtschaftlichen Betätigung und damit des Wettbewerbs treffen. Die öffentlichen Unternehmen werden nur dann von den Vorschriften des Wettbewerbsrechts ausgenommen, wenn sie nicht wie die übrigen Unternehmen, also nicht wirtschaftlich sondern spezifisch hoheitlich tätig sind.

Auch bei der Immunitätsproblematik geht es darum, Staatsunternehmen generell wie andere Unternehmen zu behandeln und ihnen nur dann das Privileg der Immunität zukommen zu lassen, wenn sie sich auf dem Wirtschaftsmarkt nicht wie andere Wirtschaftsunternehmen engagieren sondern eben hoheitlich handeln.

Die Zielsetzung des Wettbewerbsrechts weist folglich inhaltliche Parallelen mit der der Immunität von Staatsunternehmen auf. Das europäische Wettbewerbsrecht kann damit grundsätzlich zur Ableitung von Anhaltspunkten für eine Konkretisierung des Begriffs ‚hoheitlich' herangezogen werden.

---

472 EuGH Rs C 343/95 Diego Cali, Slg. 1997 I 1547.

473 EuGH Rs C 55/96 Jobcentre Slg. 1997 I 7119.

474 PERNICE/WERNICKE in GRABITZ/HILF Art. 86 EG Rn. 14.

bbb.) Sekundärrecht: europäisches Prozessrecht

Im europäischen Sekundärrecht findet sich in Art. 2 Abs. 1 der Verordnung (EG) Nr. 805/2004 des Europäischen Parlaments und des Rates vom 21. April 2004 zur Einführung eines europäischen Vollstreckungstitels für unbestrittene Forderungen[475] (im Folgenden EuVTVO), in Art. 2 Abs. 1 der Verordnung (EG) Nr. 1896/2006 des Europäischen Parlaments und des Rates vom 12. Dezember 2006 zur Einführung eines Europäischen Mahnverfahrens[476] (im Folgenden MahnVO) und Art. 2 Abs. 1 der Verordnung (EG) Nr. 861/2007 des Europäischen Parlaments und des Rates vom 11. Juli 2007 zur Einführung eines europäischen Verfahrens für geringfügige Forderungen[477] (im Folgenden BagatellVO) jeweils die Regelung, dass der Anwendungsbereich der Verordnung nicht *„die Haftung des Staates für Handlungen oder Unterlassungen im Rahmen der Ausübung hoheitlicher Rechte (acta iure imperii)*" erfasst. Es stellt sich daher die Frage, was im europäischen Prozessrecht unter dem Begriff „Ausübung hoheitlicher Rechte (*acta iure imperii*)" verstanden wird.

Anerkannt ist zunächst, dass der Anwendungsbereich dieser Normen inhaltlich dem Art. 1 der Verordnung (EG) Nr. 44/2001 des Rates vom 22. Dezember 2000 über die gerichtliche Zuständigkeit und die Anerkennung und Vollstreckung von Entscheidungen in Zivil- und Handelssachen[478] (im Folgenden EuGVVO) entspricht, obgleich der Wortlaut von Art. 1 EuGVVO die hier relevante Formulierung hinsichtlich der Ausübung hoheitlicher Befugnisse nicht enthält.[479] Daher kann auf die Literatur und Rechtsprechung zu dieser Vorschrift zurückgegriffen werden.

---

475 Amtsblatt Nr. L 143 vom 30/04/2004 S. 0015 – 0039.

476 Amtsblatt Nr. L 399 vom 30/12/2006 S. 0001 – 0032.

477 Amtsblatt Nr. L 199 vom 31/07/2007 S. 0001 – 0022.

478 Amtsblatt Nr. L 012 vom 16/01/2001 S. 0001 – 0023.

479 LACKMANN in MUSIELAK, VO EG 805/2004 Art. 2 Rn. 1; SCHLOSSER Art. 2 EuVTVO; KROPHOLLER, Art. 2 EuVTVO Rn. 1; KREUZER/WAGNER in DAUSES, Q. Europäisches Internationales Zivilverfahrensrecht, Rn. 271; RAUSCHER in Münchener Kommentar ZPO, II. EG-BagatellVO, Rn. 11.

Grundlegend hat der EuGH festgestellt, dass unter den Anwendungsbereich der EuGVVO zwar solche Entscheidungen fallen können, die in Verfahren ergehen, in denen sich eine Behörde und eine Privatperson gegenüberstehen, dass es sich jedoch anders verhalte, wenn die Behörde einen Rechtsstreit im Zusammenhang mit der Ausübung hoheitlicher Befugnisse führt.[480]

Insoweit ist zu überprüfen, ob die jeweilige Rechtsbeziehung durch eine Wahrnehmung hoheitlicher Befugnisse durch den Gläubigerstaat insofern geprägt ist, als es sich um solche Befugnisse handelt, die von den im Verhältnis zwischen Privatpersonen geltenden Regeln abweichen.[481] Entscheidend ist also, ob der öffentlichen Stelle eine von den allgemein geltenden Vorschriften abweichende Rechtsstellung eingeräumt wird, da in einer solchen Situation die jeweilige öffentliche Stelle kraft einer eigenen, besonderen Befugnis handelt, die ihr vom Gesetzgeber speziell verliehen wurde.[482] Ein Merkmal dafür ist der Umstand, ob die Rechtsbeziehung, wegen der gerichtlich vorgegangen wird, von beiden Seiten freiwillig eingegangen[483] oder von den zuständigen staatlichen Stellen einseitig und zwingend beschlossen wurde[484]. Ferner wird eine hoheitliche Tätigkeit bejaht, wenn es um die Erfüllung von Pflichten geht, die durch einen völkerrechtlichen Vertrag begründet werden.[485]

Demgegenüber ist es nicht entscheidend, ob ein Beamter handelt, denn selbst wenn ein Beamter für den Staat handelt, übt dieser nicht immer hoheitliche Befugnisse aus.[486] Das Handeln eines Beamten ist nur dann hoheitlich, wenn es Private typischerweise nicht vornehmen können.[487] Deswegen war beispielsweise nach Auffassung des EuGH in der Rs. Sonntag eine Schadensersatzklage gegen einen Lehrer wegen der Verletzung seiner Aufsichtspflicht als Zivil- und Handelssache einzustufen.[488]

Es wird also deutlich, dass nach europäischem Zivilprozessrecht der Begriff der Zivil- und Handelssache eher weit verstanden wird und dass nicht

480 EuGH Rs29/76 Eurocontrol, Slg 1976,1541; EuGH Rs C 914/79 Rüffer, Slg. 1980, 3807; EuGH Rs C 271/00 Baten, Slg. 2002 I 10489.

481 EuGH Rs C 266/01 TIARD Slg. 2003 I 04867.

482 EuGH Rs C 271/00 Baten, Slg. 2002 I 10489.

483 EuGH Rs C 266/01 TIARD Slg. 2003 I 04867.

484 EuGH Rs C 292/05 Lechouritou u.a. Slg. 2007 I 01519.

485 EuGH Rs C 914/79 Rüffer, Slg. 1980, 3807.

486 EuGH Rs C 172/91 Sonntag Slg. 1993 I 01963.

487 GEIMER in GEIMER/SCHÜTZE, Europäisches Zivilverfahrensrecht, A 1 Art. 1 EuGVVO Rn 16.

488 EuGH Rs C 172/91 Sonntag Slg. 1993 I 01963.

primär auf formale Kriterien wie den rechtlichen Status des Handelnden abgestellt wird. Für von dem Bereich der dargestellten Verordnungen ausgenommene, hoheitliche Tätigkeiten verbleibt folglich nur ein geringer Raum.

Fraglich ist, inwieweit das europäische Prozessrecht inhaltlich mit der Immunität von Staatsunternehmen in Einklang steht, sodass es für eine Orientierung herangezogen werden kann ist.

Zunächst spricht für eine solche Orientierung der Umstand, dass die untersuchten Verordnungen denselben Begriff beinhalten wie derjenige, der hier konkretisiert werden soll, und nicht lediglich einen sinnverwandten Ausdruck. Dies wird insbesondere dadurch deutlich, dass in den Verordnungen ebenfalls der Nachsatz ‚*acta iure imperii*' verwendet wird.

Ferner ist hervorzuheben, dass die Normen, wie erwähnt, aus dem europäischen Prozessrecht stammen. Die dargestellten Verordnungen schließen in den relevanten Artikeln jeweils Verfahren, die „die Haftung des Staates für Handlungen oder Unterlassungen im Rahmen der Ausübung hoheitlicher Rechte (*acta iure imperii*)" betreffen, von ihrem Anwendungsbereich aus. Es handelt sich nicht um eine materiell-rechtliche Regelung eines Rechtsgebiets, die von einer übergeordneten Zielsetzung bestimmt wird. Es ist daher vielmehr davon auszugehen, dass den Normen ein umfassendes, objektives Begriffsverständnis zugrunde liegt.

Eine Orientierung an den Begriffsmerkmalen der dargestellten Verordnungen ist daher sachgerecht.

ccc.) Zwischenergebnis

Anhand der untersuchten Bereiche aus dem Europarecht wird deutlich, dass innerhalb dieses Rechtsgebiets kein Konsens hinsichtlich des Begriffes ‚hoheitlich' bzw. des ähnlichen Ausdrucks ‚Ausübung öffentlicher Gewalt' existiert. So setzt Art. 51 AEUV zwingend ein Subordinationsverhältnis bzw. die Möglichkeit der Ausübung von Zwangsbefugnissen voraus, während dieses Merkmal im Rahmen der prozessrechtlichen Verordnungen nur als ein Indiz gewertet werden kann und im Wettbewerbsrecht nur einen Teilbereich hoheitlichen Verhaltens darstellt.

Da jedoch, wie oben untersucht, die Zwecksetzung des Art. 51 AEUV mit der der Immunitätsproblematik keine hinreichenden, inhaltlichen Übereinstimmungspunkte aufweist, kommt diese Vorschrift zur Ableitung von Anhaltspunkten für eine Konkretisierung des Begriffes ‚hoheitlich' nicht in Betracht. Geeignet sind nur die Regelungen aus dem Wettbewerbsrecht und Prozessrecht.

bb.) Konkretisierung durch das Grundgesetz

aaa.) Der Begriff ‚hoheitlich' in Art. 12a Abs. 3 GG

Im Grundgesetz findet sich das vom Bundesverfassungsgericht im Zusammenhang mit der Immunität verwendete Adjektiv „hoheitlich" in Art. 12a Abs. 3 GG. Die Vorschrift enthält die verfassungsrechtliche Grundlage, Wehrpflichtige im Verteidigungsfalle durch Gesetz oder aufgrund Gesetzes für Zwecke der Verteidigung in Arbeitsverhältnisse zu verpflichten.[489] Ausgeführt wird:

> „*Verpflichtungen in öffentlich-rechtliche Dienstverhältnisse sind nur zur Wahrnehmung polizeilicher Aufgaben oder solcher hoheitlichen Aufgaben der öffentlichen Verwaltung, die nur in einem öffentlich-rechtlichen Dienstverhältnis erfüllt werden können, zulässig.*"

Dieser Wortlaut wird allgemein als unpräzise angesehen.[490] Anerkannt ist, dass hoheitliche Aufgaben trotz des irreführenden Wortlauts auch in privatrechtlichen Arbeitsverhältnissen durchgeführt werden können.[491] Weitergehende, konkretere Informationen zur Auslegung des Begriffes ‚hoheitlich' in Art. 12a Abs. 3 GG etwa bezüglich der Frage, welche Tätigkeiten im Einzelnen darunter fallen, finden sich jedoch nicht.

Aus der Verwendung des Begriffes ‚hoheitlich' in Art. 12a Abs. 3 GG ergibt sich demnach, dass es für den Regelungsbereich dieses Artikels unerheblich ist, in welcher Rechtsform das Verhältnis ausgestaltet ist, im Rahmen dessen eine hoheitliche Tätigkeit ausgeübt werden soll. Im Übrigen hilft diese Vorschrift des Grundgesetzes nicht weiter, um den Begriff ‚hoheitlich' für die Rechtsanwendung im Zusammenhang mit der Immunitätsproblematik zu

---

489 GUBELT in VON MÜNCH/KUNIG, Band 1, Art. 12a GG Rn. 12.

490 So etwa GORNIG in v. MANGOLDT/KLEIN/STARCK, Band 1, Art. 12a GG, Rn. 130; HEUN in DREIER, Band 1, Art. 12a, Rn. 34; GUBELT in VON MÜNCH/KUNIG, Band 1, Art. 12a GG Rn. 16.

491 GORNIG in v. MANGOLDT/KLEIN/STARCK, Band 1, Art. 12a GG, Rn. 130; HEUN in DREIER, Band 1, Art. 12a Rn. 34; GUBELT in VON MÜNCH/KUNIG, Band 1, Art. 12a GG Rn. 16; SCHOLZ in MAUNZ/DÜRIG, Band II, Art. 12a GG Rn. 165.

konkretisieren. Da auch die Zwecksetzung der Vorschrift keinerlei inhaltliche Parallelen mit der Immunitätsproblematik aufweist, kann sie in der weiteren Bearbeitung außer acht bleiben.

bbb.) Mit dem Begriff ‚hoheitlich' vergleichbare Begriffe im Grundgesetz

Das GG enthält jedoch andere, in der Bedeutung dem Begriff ‚hoheitlich' sehr nahe stehende Formulierungen, die zur Herleitung eines Konkretisierungsvorschlags herangezogen werden können.

(1) Art. 23 Abs. 1 Satz 2 GG und Art. 24 Abs. 1 GG

Sowohl Art. 23 Abs. 1 Satz 2 als auch Art. 24 Abs. 1 GG enthält den Ausdruck ‚Hoheitsrechte'. In den Vorschriften heißt es:

„Der Bund kann hierzu [zur Verwirklichung eines vereinten Europas] durch Gesetz mit Zustimmung des Bundesrates Hoheitsrechte übertragen.“
(Art. 23 Abs. 1 Satz 2 GG)

„Der Bund kann durch Gesetz Hoheitsrechte auf zwischenstaatliche Einrichtungen übertragen.“
(Art. 24 Abs. 1 GG)

Da anerkannt ist, dass der Begriff ‚Hoheitsrechte' in Art. 23 Abs. 1 Satz 2 GG dem in Art. 24 Abs. 1 GG entspricht,[492] kann die Untersuchung der Bedeutung dieses Begriffes einheitlich erfolgen.

Art. 23 und 24 GG betreffen die (partielle) Übertragung von Hoheitsrechten und damit von Teilen staatlicher Souveränität auf zwischenstaatliche Organisationen. Diesen soll ermöglicht werden, in bestimmten Bereichen unmittelbar Geschehnisse in den Mitgliedstaaten zu regeln, ohne dass eine Mitwirkung des Staates erforderlich ist. Die zwischenstaatliche Organisation kann dadurch effektiver handeln, was wiederum zu einer verstärkten Integration der Bundesrepublik Deutschland in die jeweilige Organisation führt.

Um diesem Ziel möglichst nahe zu kommen, ist zunächst anerkannt, dass der Begriff „Hoheitsrechte“ alle Befugnisse zum Erlass von Rechtssätzen und

---

492 SCHOLZ in MAUNZ/ DÜRIG, Band IV Art. 23 GG Rn. 65; STREINZ in SACHS, Art. 24 Rn. 12.

Einzelfallregelungen umfasst, deren Adressaten unmittelbar die Rechtssubjekte und Rechtsanwendungsorgane der staatlichen Rechtsordnung sind.[493] Dies verlangt zum einen die Ausübung öffentlicher Gewalt durch alle drei Staatsgewalten.[494] Daneben wird allgemein der Durchgriff in den innerstaatlichen Bereich als maßgebliches Merkmal angesehen, was damit begründet wird, dass sich dadurch supranationale von ‚herkömmlichen' internationalen Organisationen unterscheiden.[495] Ferner wird der Begriff ‚Hoheitsrechte' zum Teil dahingehend ausgelegt, dass ein Über-/ Unterordnungsverhältnis zwischen öffentlicher Gewalt und Privaten erforderlich ist.[496] Für unerheblich wird es hingegen gehalten, ob es sich im Rahmen der Exekutive um Eingriffs- oder Leistungsverwaltung handelt.[497] Ob auch schlicht-hoheitliches Verhalten unter den Begriff der Hoheitsrechte zu fassen ist, wird schließlich unterschiedlich beurteilt.[498]

Nun ist zu klären, inwieweit die Regelungszwecke von Art. 23 und 24 GG mit dem der Immunität korrelieren, damit sich eine Heranziehung dieser Normen zur Ableitung von Anhaltspunkten für die Konkretisierung des Begriffes ‚hoheitlich' inhaltlich überhaupt anbietet.

Art. 23 und 24 GG betreffen die (partielle) Übertragung von Hoheitsrechten und damit von Teilen staatlicher Souveränität auf zwischenstaatliche Organisationen.

---

493 SCHOLZ in MAUNZ/ DÜRIG, Band IV Art. 23 GG Rn. 65.

494 SCHOLZ in MAUNZ/ DÜRIG, Band IV Art. 23 GG Rn. 65; STREINZ in SACHS, Art. 23 Rn. 53 bzw. Art. 24 Rn. 12; JARASS in JARASS /PIEROTH, Art. 23 GG Rn. 24; HOBE in Berliner Kommentar, Band 2, Art. 24 GG Rn. 11; CLASSEN in V. MANGOLDT/KLEIN/STARCK, Band 2, Art. 24 Rn. 4; ROJAHN in VON MÜNCH/KUNIG, Band 2, Art. 24 Rn. 19.

495 STREINZ in SACHS, Art. 23 Rn. 54; PERNICE in DREIER, Band 2, Art. 23 Rn. 81; HOBE in Berliner Kommentar, Band 2, Art. 24 GG Rn. 9; RANDELZHOFER in MAUNZ/ DÜRIG, Band IV Art. 24 Rn. 30; CLASSEN in V. MANGOLDT/KLEIN/STARCK, Band 2, Art. 24 GG Rn. 5f.; ROJAHN in VON MÜNCH/KUNIG, Band 2, Art. 24 Rn. 20f.

496 RANDELZHOFER in MAUNZ/ DÜRIG, Band IV Art. 24 Rn. 29; ROJAHN in VON MÜNCH/KUNIG, Band 2, Art. 24 Rn. 19.

497 RANDELZHOFER in MAUNZ/ DÜRIG, Band IV Art. 24 Rn. 33; ROJAHN in VON MÜNCH/KUNIG, Band 2, Art. 24 Rn. 18.

498 So bejaht HOBE in Berliner Kommentar, Band 2, Art. 24 GG Rn. 9 die Einbeziehung von schlicht-hoheitlichem Verhalten unter Bezugnahme auf BVerfGE 68, 1. RANDELZHOFER in MAUNZ/ DÜRIG, Band IV Art. 24 Rn. 33 lässt diese Frage offen. Demgegenüber lehnt CLASSEN in V. MANGOLDT/KLEIN/STARCK, Band 2, Art. 24 GG Rn. 6 die Einbeziehung ab.

Wichtiger Gesichtspunkt des Immunitätsgrundsatzes ist ebenfalls die Souveränität des Staates. Die Immunität soll verhindern, dass die staatliche Souveränität dadurch geschmälert wird, dass ein anderer, gleichgeordneter Staat über hoheitliches Verhalten des anderen Staats Gerichtsbarkeit ausübt. Es bestehen somit Überschneidungspunkte, die grundsätzlich eine Orientierung an den Kriterien zu Art. 23 und 24 GG rechtfertigen könnten.

Einen Bezug von Art. 24 GG zum Immunitätsgrundsatz stellt auch *Classen* her.[499] Er nimmt zur Klärung der Begrifflichkeit ‚Hoheitsrechte' aus Art. 24 GG ausdrücklich Bezug auf die Prinzipien zur relativen Immunität und erklärt, dass bezüglich des Begriffs der Hoheitlichkeit neben den Abgrenzungskriterien von öffentlichem und privatem Recht aus dem nationalen Bereich auch diejenigen, die auf völkerrechtlicher Ebene zur restriktiven Staatenimmunität entwickelt wurden, maßgeblich seien.

Aufgrund dieser inhaltlichen Berührungspunkte kommen die Vorschriften zur Ableitung von Anhaltspunkten zur Begriffsbestimmung in Betracht.

(2) Art. 30 GG

In Art. 30 GG ist zwar ebenfalls nicht von ‚hoheitlich' die Rede. Die Vorschrift enthält aber folgende Formulierung:

„*Die Ausübung der staatlichen Befugnisse und die Erfüllung der staatlichen Aufgaben ist Sache der Länder, soweit dieses Grundgesetz keine andere Regelung trifft oder zulässt.*"

Möglicherweise können aber anhand des Ausdruckes „die Ausübung der staatlichen Befugnisse und die Erfüllung der staatlichen Aufgaben" dennoch Rückschlüsse gezogen werden, die für die Begriffsbestimmung im Zusammenhang mit der Immunitätsproblematik hilfreich sind.

Anerkannt ist, dass der genannte Ausdruck weit zu verstehen ist: Mit „Ausübung der staatlichen Befugnisse und der Erfüllung der staatlichen Aufgaben" bezeichnet Art. 30 GG den gesamten Kreis möglicher staatlicher Betätigung.[500] Es wird insoweit auch als grundsätzlich unerheblich angesehen, ob

---

499 CLASSEN in V. MANGOLDT/KLEIN/STARCK, Band 2, Art. 24 GG Rn. 4.

500 KORIOTH in MAUNZ/ DÜRIG, Band IV Art. 30 Rn. 19; SANNWALD in SCHMIDT-BLEIBTREU/KLEIN, Art. 30 Rn. 15; GUBELT in VON MÜNCH/KUNIG, Band 2, Art. 30

der Staat in Form des öffentlichen Rechts oder des Privatrechts handelt.[501] Allerdings ist im Rahmen privatrechtlicher Verwaltungstätigkeit umstritten, ob auch erwerbswirtschaftliche bzw. fiskalische Tätigkeit zu dem Begriff „die Ausübung der staatlichen Befugnisse und die Erfüllung der staatlichen Aufgaben" zu zählen ist.

Teilweise wird argumentiert, dass unter „staatliche Aufgaben" nur solche zu fassen sind, die dem Staat eigentümlich sind, während demgegenüber die fiskalische Tätigkeit dadurch gekennzeichnet ist, dass sie auch jeder Bürger ausüben kann. Nur wenn dadurch ausnahmsweise staatliche Zwecke verfolgt werden, soll Art 30 Anwendung finden.[502] Bezüglich erwerbswirtschaftlicher Tätigkeit wird dies abgelehnt, soweit jedenfalls keine öffentliche Aufgabe dadurch erfüllt wird.[503] Überwiegend wird aber mittlerweile erwerbswirtschaftliche und fiskalische Tätigkeit als von Art. 30 GG erfasst angesehen.[504] So soll von Art. 30 GG beispielsweise auch das privatrechtliche Staatshandeln in Form von Auslandsaktivitäten öffentlicher Unternehmungen erfasst sein.[505]

Deutlich wird also, dass der Begriff „die Ausübung der staatlichen Befugnisse und die Erfüllung der staatlichen Aufgaben" sehr weit verstanden wird. Der Grund dafür ergibt sich aus folgender Überlegung: Art 30 GG regelt die Verteilung von Kompetenzen zwischen Bund und Ländern, wobei eine Zuständigkeitsvermutung zugunsten der Länder begründet wird. Insoweit macht es Sinn, dass der Begriff umfassend verstanden werden muss, um die Effektivität dieser Vermutung zu gewährleisten. Folglich ist es auch schlüssig, dass die Rechtsform unerheblich ist. Denn ansonsten könnte der Bund durch Aktionen in privatrechtlicher Rechtsform diese Zuständigkeitsvermutung umgehen.

Rn. 7; Pernice in Dreier, Band 2, Art. 30 Rn. 25.

501 März in v. Mangoldt/Klein/Starck, Band 2, Art. 30 Rn. 42; Erbguth in Sachs, Art. 30 Rn. 32; Sannwald in Schmidt-Bleibtreu/Klein, Art. 30 Rn. 16; Gubelt in Von Münch/Kunig, Band 2, Art. 30 Rn. 8; Pieroth in Jarass /Pieroth, Art. 30 Rn. 3.

502 Gubelt in Von Münch/Kunig, Band 2, Art. 30 Rn. 8.

503 Sannwald in Schmidt-Bleibtreu/Klein, Art. 30 Rn. 19.

504 Pieroth in Jarass /Pieroth, Art. 30 Rn. 3; Korioth in Maunz/ Dürig, Band IV Art. 30 Rn. 19; März in v. Mangoldt/Klein/Starck, Band 2, Art. 30 Rn. 42, 45; Erbguth in Sachs, Art. 30 Rn. 32.

505 Pieroth in Jarass /Pieroth, Art. 30 Rn. 3.

Fraglich ist aber, ob Art. 30 GG zur Ableitung von inhaltlichen Anhaltspunkten für die Bestimmung des Begriffes ‚hoheitlich' im Rahmen der Immunitätsproblematik überhaupt herangezogen werden kann.

Aus der dargestellten Zwecksetzung der Vorschrift ergibt sich bereits das erste Argument gegen eine Orientierung an den Kriterien des Art. 30 GG: Thematisch sind keine Parallelen zur Zweckrichtung der Immunität ersichtlich.

Gegen eine solche Orientierung spricht ferner folgender Aspekt: So erklärt *Erbguth* in der Kommentierung zu Art. 30 GG, dass vom Wortlaut der Norm „sämtliche drei Bereiche der Staatsgewalt, im Bereich der Exekutive die gesetzesakzessorische wie die gesetzesfreie staatliche Gewalt, die hoheitliche Tätigkeit, aber auch die sonstige Erfüllung öffentlicher Aufgaben, unabhängig davon, ob dies mit Mitteln bzw. in Form des öffentlichen Rechts oder des Privatrechts erfolgt" umfasst sind.[506] Somit setzt auch er den Begriff ‚hoheitlich' nicht mit der ‚Ausübung der staatlichen Befugnisse und die Erfüllung der staatlichen Aufgaben' gleich, sondern sieht es als einen Teil davon.

Schließlich spricht auch ein ergebnisbezogenes Argument gegen ein solch umfassendes Begriffsverständnis wie das des Art. 30 GG: Im Rahmen der relativen Immunität und der funktionalen Betrachtungsweise ist wie oben ausführlich erläutert[507] allgemein anerkannt, dass bestimmte, jedenfalls rein privatwirtschaftliche Tätigkeiten nicht dem Immunitätsschutz unterfallen. Deswegen kann der Begriff ‚hoheitlich' in diesem Zusammenhang schon nicht ganz umfassend als jede staatliche Tätigkeit verstanden werden, denn dann würde für jedes Verhalten der Staatsunternehmen Immunität beansprucht werden können, was letztlich einen Rückschritt zur absoluten Immunität bedeuten würde.

Eine inhaltliche Orientierung an der Auslegung des Begriffs „die Ausübung der staatlichen Befugnisse und die Erfüllung der staatlichen Aufgaben" aus Art. 30 GG ist somit nicht sachgemäß.

(3) Art. 33 Abs. 4 GG

Auch Art 33 Abs. 4 GG behandelt nicht unmittelbar den Begriff ‚hoheitlich', aber den Ausdruck ‚Ausübung hoheitsrechtlicher Befugnisse':

---

506 ERBGUTH in SACHS, Art. 30 Rn. 32.

507 Siehe dazu oben unter B, I, 3.) und C, II, 3.).

„Die Ausübung hoheitsrechtlicher Befugnisse ist als ständige Aufgabe in der Regel Angehörigen des öffentlichen Dienstes zu übertragen, die in einem öffentlich-rechtlichen Dienst- und Treueverhältnis stehen.“

Da anerkannt ist, dass der Begriff ‚hoheitsrechtlich' mit dem allgemein gebräuchlichen Begriff ‚hoheitlich' gleichzusetzen ist,[508] ist eine Untersuchung dieser Begrifflichkeit dennoch nahe liegend. Fraglich ist also, wie der Begriff ‚Ausübung hoheitsrechtlicher Befugnisse' verstanden wird.

Unstreitig ist, dass die Ausübung von Eingriffsbefugnissen unter den Begriff ‚hoheitsrechtlich' fällt.[509] Auch ist anerkannt, dass demgegenüber fiskalische Hilfsgeschäfte sowie die erwerbswirtschaftliche Betätigung des Staates nicht zu den hoheitsrechtlichen Befugnissen zu zählen sind.[510]

Zwischen diesen beiden Bereichen, also zwischen dem eindeutig hoheitlichen Ausüben von Zwang und der eindeutig nicht hoheitlichen rein wirtschaftlichen Tätigkeit, bleibt jedoch eine ‚Grauzone', die Leistungsverwaltung und Daseinsvorsorge.

Ob auch diese Tätigkeitsbereiche zu Art. 33 Abs. 4 GG zu zählen sind oder ob ein eingreifender Charakter der staatlichen Tätigkeit zu fordern ist, wird uneinheitlich bewertet.

Überwiegend wird immer mehr dazu übergegangen, die (daseinsvorsorgende) Leistungsverwaltung als von dem Begriff der ‚Ausübung hoheitsrechtlicher Befugnisse' Art. 33 Abs. 4 GG erfasst anzusehen.[511] Auch die Rechtsform soll in diesem Zusammenhang nicht mehr (allein) entscheidend sein.[512] So erklärt *Isensee*, dass die Rechtsform der Verwaltungstätigkeit nicht ausschlaggebend, sondern die Substanz der Staatsfunktion maßgeblich sei. Zwar sei das generelle Mittel zur Erfüllung staatlicher Aufgaben die obrigkeitliche Gewalt. Die besondere Qualität des Staatlichen könne eine Staatsfunktion, die

---

508 BATTIS in SACHS, Art. 33 Rn. 55.

509 JACHMANN in v. MANGOLDT/KLEIN/STARCK, Band 2, Art. 33 Rn. 31; PIEPER in SCHMIDT-BLEIBTREU/KLEIN, Art. 33 Rn. 81; BATTIS in SACHS, Art. 33, Rn. 57, MASING in DREIER, Band 2, Art. 33 Rn. 64.

510 JACHMANN in v. MANGOLDT/KLEIN/STARCK, Band 2, Art. 33 Rn. 32ff.; MASING in DREIER, Band 2, Art. 33 Rn. 65; LECHELER in Berliner Kommentar, Band 2, Art. 33 Rn. 49.

511 LECHELER in Berliner Kommentar, Band 2, Art. 33 Rn. 41; BATTIS in SACHS, Art. 33, Rn. 57.

512 BATTIS in SACHS, Art. 33, Rn. 57; ISENSEE in Handbuch des Verfassungsrechts, §32 Rn. 57.

sich nicht auf solche hoheitliche Eingriffsmacht stützt, aber auch aufgrund ihres Inhalts, Zwecks und ihrer Legitimation erlangen.[513]

Teilweise werden daher auch Aufgaben der Daseinsvorsorge in privatrechtlicher Form als von Art. 33 Abs. 4 GG erfasst angesehen.[514]

Die Gründe für dieses Begriffsverständnis liegen im Regelungszweck des Art. 33 Abs. 4 GG. So wird zum einen argumentiert, dass dieser in der Sicherung des Berufsbeamtentums zu sehen ist und deswegen der Umfang des Art. 33 Abs. 4 GG auf die wesentlichen Kernfunktionen staatlicher Aufgabenerfüllung im Sinne der die typischerweise die Staatlichkeit ausmachenden Funktionen zu beschränken ist.[515] Außerdem wird angebracht, dass nur ein Mindest-Einsatzbereich des Berufsbeamtentums gewährleistet werden soll und nicht ein Maximaler.[516]

Zum anderen wird der Sinn und Zweck der Norm darin gesehen, staatspolitisch wichtige und insbesondere grundrechtsrelevante Befugnisse Berufsbeamten zu übertragen, weil so beispielsweise aufgrund der Verfassungstreue und des Streikverbots der Beamten gewährleistet ist, dass diese Aufgaben kontinuierlich und zuverlässig erfüllt werden.[517]

Es stellt sich nun die Frage, inwieweit diese Zweckrichtung des Art. 33 Abs. 4 GG und die der Immunität inhaltlich in Einklang stehen, sodass die Vorschrift zur begrifflichen Orientierung herangezogen werden kann.

Eine Parallele zwischen dem Ziel der Immunitätsproblematik und dem des Art. 33 Abs. 4 GG kann darin gesehen werden, dass beide sich auf die Kernfunktionen staatlicher Aufgabenerfüllung, also die typischerweise die Staatlichkeit ausmachenden Funktionen, beschränken: Art. 33 Abs. 4 GG bezweckt, dass die Aufgabenerfüllung durch Berufsbeamte nur auf die grundlegenden Aufgaben beschränkt sein soll; das Privileg der Immunität soll nur solchen Unternehmen zukommen, die wie ein Staat hoheitlich tätig werden, also ebenfalls grundlegende staatliche Aufgaben wahrnehmen und nicht wie jeder andere Teilnehmer auf dem Wirtschaftsmarkt aktiv sind.

Insoweit ist es jedenfalls vertretbar, die Norm für eine Konkretisierung des Begriffes ‚hoheitlich' heranzuziehen.

---

513 ISENSEE in Handbuch des Verfassungsrechts, §32 Rn. 57.

514 ISENSEE in Handbuch des Verfassungsrechts, §32 Rn. 57.

515 JACHMANN in v. MANGOLDT/KLEIN/STARCK, Band 2 Art. 33 Rn. 32ff.

516 MASING in DREIER, Band 2, Art. 33 Rn. 65.

517 LECHELER in Berliner Kommentar , Band 2, Art. 33 Rn. 49 unter Bezugnahme auf BAG, Urteil vom 11.8. 1998, Az. 9AZR 155/97.

(4) Art. 87f Abs. 2 Satz 2 GG

Eine weitere Norm aus dem Grundgesetz, die helfen könnte, den vom Bundesverfassungsgericht verwendeten Begriff ‚Hoheitlich' zu konkretisieren, ist schließlich Art. 87f Abs. 2 Satz 2 GG. Dort findet sich im Zusammenhang mit der Privatisierung des Post- und Telekommunikationswesens folgende Regelung:

„*Hoheitsaufgaben im Bereich des Postwesens und der Telekommunikation werden in bundeseigener Verwaltung ausgeführt.*"

Fraglich ist also, was unter ‚Ausführung von Hoheitsaufgaben' im Kontext von Art 87f Abs. 2 Satz 2 GG verstanden wird. Einigkeit besteht insoweit, als dieser Begriff zwei Komponenten aufweist: Er erfordert eine staatliche Aufgabe, die hoheitlich wahrgenommen wird.[518]

Staatliche Aufgaben können dabei dem Staat von der Verfassung vorgegeben werden, er kann sie sich aber auch selbst setzen.[519] Unter hoheitlicher Wahrnehmung wird nicht die Organisationsform sondern die Handlungsform verstanden, erforderlich ist also eine öffentlich-rechtliche Handlungsform - eine in privatrechtlicher Form erfolgte Tätigkeit eines Hoheitsträgers ist von dem Begriff nicht umfasst.[520] Dies wird damit begründet, dass ansonsten in Art 87f Abs. 2 Satz 2 GG von Staatsaufgaben und nicht von Hoheitsaufgaben die Rede wäre.[521]

Gerade dieses Merkmal führt schon dazu, dass eine Orientierung an dieser Vorschrift nicht in Betracht kommt. Zwar behandelt Art. 87f Abs. 2 Satz 2 GG in Bezug auf die aus dem Sondervermögen Deutsche Bundespost hervorgegangenen Unternehmen das Verhältnis zwischen privatwirtschaftlicher Unternehmenstätigkeit und der Ausführung von Hoheitsaufgaben, sodass an sich inhaltliche Parallelen zu der hier zu klärenden Frage bestehen. Allerdings wurde bereits oben ausführlich erklärt, dass das Kriterium der öffentlich-rechtlichen Handlungsform im Zusammenhang mit der Immunitätsproblema-

518 LERCHE in MAUNZ/ DÜRIG, Band VI Art. 87f Rn. 89; GERSDORF in V. MANGOLDT/KLEIN/STARCK, Band 3, Art. 87f Rn. 72; RUGE in SCHMIDT-BLEIBTREU/KLEIN, Art. 87f GG Rn. 4a; WINDHORST in SACHS, Art. 87f Rn. 30.

519 LERCHE in MAUNZ/ DÜRIG, Band VI Art. 87f Rn. 90.

520 LERCHE in MAUNZ/ DÜRIG, Band VI Art. 87f Rn. 91; GERSDORF in V. MANGOLDT/KLEIN/STARCK, Band 3, Art. 87f Rn. 74.

521 LERCHE in MAUNZ/ DÜRIG, Band VI Art. 87f Rn. 91.

tik und der funktionalen Betrachtungsweise keine sachgerechte Lösung bietet.[522]

ccc.) Zwischenergebnis

Anhand der vorausgehenden Ausführungen wird deutlich, dass auch im Grundgesetz die untersuchten, mit dem Begriff ‚hoheitlich' vergleichbaren Ausdrücke jeweils einen unterschiedlichen Inhalt aufweisen.

Von diesen kommen aus den dargestellten Gründen zur Orientierung nur die Merkmale aus Art. 23 Abs. 1 Satz 2 bzw. Art. 24 Abs. 1 und Art. 33 Abs. 4 GG in Betracht.

cc.) Konkretisierung durch einfachgesetzliche Regelungen

Möglicherweise ergeben sich aus einfachgesetzlichen Regelungen einheitlichere Anhaltspunkte zur Bestimmung des Begriffs ‚hoheitlich'.

aaa.) §4 Abs. 5 Körperschaftsteuergesetz

Zunächst ist das Körperschaftsteuergesetz zu untersuchen. Dort findet sich zwar nicht der Begriff ‚hoheitlich'. Allerdings beinhaltet §4 Abs. 5 KStG den Ausdruck ‚Hoheitsbetrieb', welcher im Hinblick auf die Untersuchung der Immunität von Staatsunternehmen jedenfalls aufgrund der Begrifflichkeiten durchaus passend scheint. So heißt es:

„*Zu den Betrieben gewerblicher Art gehören nicht Betriebe, die überwiegend der Ausübung der öffentlichen Gewalt dienen (Hoheitsbetriebe). Für die Annahme eines Hoheitsbetriebs reichen Zwangs- und Monopolrechte nicht aus.*"

Um die Bedeutung dieses Begriffes erfassen zu können, ist zunächst der Kontext, in den die Norm eingebettet ist, zu klären.

§1 Abs. 1 Nr. 6 KStG legt fest, dass Betriebe gewerblicher Art von juristischen Personen des öffentlichen Rechts unbeschränkt körperschaftssteuerpflichtig sind. Damit werden diese öffentlich-rechtlichen Betriebe mit juristischen Personen des Privatrechts hinsichtlich ihrer Steuerpflicht gleichgestellt.

522 Siehe dazu oben bei den Ausführungen zu den Gründen für eine weitergehende Untersuchung der neuen Tendenz in der Rechtsprechung, unter C, IV 1.).

§4 KStG konkretisiert dies: er legt die Voraussetzungen für ‚Betriebe gewerblicher Art' fest und nimmt davon nur solche aus, die überwiegend der Ausübung der öffentlichen Gewalt dienen, nämlich Hoheitsbetriebe.

Sinn und Zweck dieser Regelung ist die Vermeidung von Wettbewerbsverzerrungen. Diese könnten eintreten, wenn die öffentliche Hand mit Privatbetrieben in Wettbewerb treten würde, ohne einer gleichen steuerlichen Belastung zu unterliegen.[523]

Wenn die juristische Person des öffentlichen Rechts selbst wie eine Privatperson am gewerblichen Wettbewerb teilnimmt, soll sie auch wie diese steuerpflichtig sein.[524]

Aufgrund des dargestellten Zwecks der Norm ist bei der Abgrenzung zwischen Hoheitsbetrieb und Betrieb gewerblicher Art entscheidend, ob die Wettbewerbsneutralität des Steuerrechts betroffen ist: bei hoheitlichem Handeln steht die öffentliche Hand nicht im Wettbewerb mit privaten Unternehmen, so dass eine Besteuerung aus Gründen der Wettbewerbsneutralität nicht erforderlich ist; ein potenzieller Wettbewerb besteht hingegen dann, wenn die Tätigkeit auch von privaten Rechtssubjekten ausgeübt werden kann.[525]

Nach der Legaldefinition in §4 Abs. 5 KStG sind Hoheitsbetriebe solche Betriebe, die überwiegend der Ausübung der öffentlichen Gewalt dienen. Darunter fallen nach der ständigen Rechtsprechung des Bundesfinanzhofs solche Tätigkeiten, die der juristischen Person des öffentlichen Rechts eigentümlich und vorbehalten sind: Kennzeichnend dafür ist die Erfüllung spezifisch öffentlich-rechtlicher Aufgaben, die aus der Staatsgewalt abgeleitet sind, staatlichen Zwecken dienen und zu deren Annahme der Leistungsempfänger aufgrund gesetzlicher oder behördlicher Anordnung verpflichtet ist. Eine Ausübung öffentlicher Gewalt ist allerdings insoweit ausgeschlossen, als sich die Körperschaft durch ihre Einrichtungen in den allgemeinen wirtschaftlichen Verkehr einschaltet und eine Tätigkeit entfaltet, die sich ihrem Inhalt nach von der Tätigkeit eines privaten gewerblichen Unternehmens nicht wesentlich unterscheidet. Dann bewegt sich auch die juristische Person des öffentlichen Rechts in Bereichen der privatunternehmerischen Berufs- und Gewerbeausübung, in denen private Unternehmer durch den Wettbewerb mit grundsätzlich nicht steuerpflichtigen Körperschaften des öffentlichen Rechts nicht be-

523 FROTSCHER, §4 Rn. 65; SAUTER in ERLE/SAUTER, §4 KStG Rn. 5.

524 ALVERMANN in STRECK, §4 KStG Rn. 1.

525 HEGER in GOSCH, §4 Rn. 109; FROTSCHER, §4 Rn. 67.

nachteiligt werden dürfen.[526]

Maßgeblich ist ferner, ob die öffentliche Hand ihre Tätigkeit aufgrund einer für sie geltenden öffentlich-rechtlichen Sonderregelung oder unter den gleichen rechtlichen Bedingungen wie private Wirtschaftsteilnehmer ausübt.

Dies richtet sich nach den im nationalen Recht vorgesehenen Ausübungsmodalitäten, wobei das Gebrauchmachen hoheitlicher Befugnisse für eine einer öffentlich-rechtlichen Sonderregelung unterliegenden Tätigkeit spricht.[527]

Anerkannt ist schließlich, dass die juristische Person des öffentlichen Rechts sich zur Erfüllung ihrer Aufgaben hoheitlicher Mittel bedienen muss, die einem Privatunternehmer nicht zur Verfügung stehen und nicht in Formen des Privatrechts erfüllt werden können.[528]

Es stellt sich nun die Frage, inwieweit diese Aspekte bei der Bestimmung des Begriffs 'hoheitlich' einen Anhaltspunkt bieten können. Generell ist insoweit festzustellen, dass durchaus inhaltliche Parallel bestehen, die eine Orientierung an dieser Begriffsbestimmung legitimieren könnten: §4 Abs. 5 KStG regelt die Befreiung von Hoheitsbetrieben im Hinblick auf die Körperschaftssteuer. Nur Hoheitsbetriebe sollen diese steuerliche Befreiung genießen, die gewerblichen Betriebe der öffentlichen Hand sollen hingegen derselben steuerlichen Belastung unterliegen wie Privatbetriebe. Erzielt werden soll also eine Gleichbehandlung von gewerblich tätigen Einrichtungen der öffentlichen Hand mit anderen privatrechtlichen Wirtschaftsteilnehmern.

Auch bei der Immunität von Staatsunternehmen geht es um eine Form von Gleichbehandlung der Unternehmen auf dem Wirtschaftsmarkt: Ein Staatsunternehmen soll sich nur dann auf das (eigentlich staatliche) Privileg der Immunität berufen können, wenn es nicht wie jedes andere Unternehmen tätig wird, sondern sich durch eine staatliche bzw. hoheitliche Tätigkeit auszeichnet. Im Übrigen soll es genau wie andere Unternehmen behandelt werden.

Zu beachten ist aber, dass §4 KStG nur für Betriebe in öffentlichrechtlicher Rechtsform gilt.

---

526 Ständige Rechtsprechung des BFH zB. Urteil vom 29.10. 2008, Az. IR 51/07, Urteil vom 7.11.2007, Az. I R 52/06, Urteil vom 25.01.2005, Az. I R 63/03 (zitiert aus juris).

527 BFH, Urteil vom 15.4. 2010, Az. V R 10/09 (zitiert aus juris).

528 Frotscher, §4 Rn. 67; Sauter in Erle/Sauter, §4 KStG Rn. 50.

Bedient sich die juristische Person des öffentlichen Rechts für ihre Aktivitäten einer Einrichtung in privatrechtlicher Rechtsform, z.B. in Form einer GmbH oder AG, dann gelten für die Besteuerung nicht die Regeln über die Betriebe gewerblicher Art sondern die für Kapitalgesellschaften.[529]

Insoweit können die oben dargestellten Kriterien zum Begriff ‚Hoheitsbetrieb' nur Geltung für die Beurteilung öffentlich-rechtlicher Einrichtungen beanspruchen, geben aber nicht umfassend darüber Auskunft, wann ein Verhalten hoheitlich ist, bzw. ob auch ein das Verhalten einer privatrechtlichen Einrichtung hoheitlich zu bewerten sein könnte.

Schließlich ist zu berücksichtigen, dass ein Kriterium für das Vorliegen eines Hoheitsbetriebs wie dargestellt darin liegt, dass die Aufgabe nicht in Formen des Privatrechts erfüllt werden kann. Dass das Abstellen auf die Rechtsform der Handlung aber im Rahmen der Immunität und der funktionalen Betrachtungsweise keine sachgerechte Vorgehensweise darstellt, wurde bereits gezeigt.[530]

Damit kommen die Vorgaben zu §4 Abs. 5 KStG für die weitere Bearbeitung nicht in Betracht.

bbb.) §130 GWB

Es könnten sich aber aus dem Gesetz gegen Wettbewerbsbeschränkungen (GWB) möglicherweise Hinweise zur Konkretisierung der Begriffe ‚Hoheitsgewalt' und ‚hoheitlich' herleiten lassen. Der Wortlaut der Norm enthält zwar weder einen der hier zu konkretisierenden Begriffe noch eine ähnliche, sinnverwandte Formulierung. Er regelt aber, dass das Gesetz auch Anwendung findet in Bezug auf Unternehmen, die ganz oder teilweise im Eigentum der öffentlichen Hand stehen. Es stellt sich daher die Frage, welche Anforderungen ein solches öffentliches Unternehmen erfüllen muss, damit es vom Anwendungsbereich der Norm erfasst ist.

Es fällt auf, dass der Wortlaut des §130 GWB keine Differenzierung zwischen verschiedenen Tätigkeitsformen vornimmt. Eine Unterscheidung erfolgt vielmehr auf der Ebene des Unternehmensbegriffes: nur solche öffentlichen Institutionen sind vom Regelungsbereich des §130 Abs. 1 GWB erfasst,

529 FROTSCHER, §4 Rn. 65.

530 Siehe dazu oben im Einzelnen bei den Gründen für eine weitergehende Untersuchung der neuen Tendenz unter C, IV, 1.).

die ein Unternehmen darstellen. Daher ist zu untersuchen, wann eine öffentliche Institution im Rahmen dieser Vorschrift als Unternehmen verstanden wird.

Ausgangspunkt ist dabei die Erkenntnis, dass allein eine öffentlich-rechtliche Organisationsform kein Argument darstellt, um die Unternehmenseigenschaft zu verneinen.[531] Anerkannt ist, dass Träger hoheitlicher Gewalt dem Unternehmensbegriff des §130 GWB unterfallen, wenn sie sich wirtschaftlich betätigen. [532] Eine wirtschaftliche Betätigung wird dann angenommen, wenn die öffentliche Hand sich durch das Angebot von wirtschaftlichen Leistungen oder durch die Nachfrage von solchen Leistungen am wirtschaftlichen Verkehr im Wettbewerb mit anderen privaten Anbietern oder Nachfragern betätigt.[533] Dabei spielt es keine Rolle, ob sich die Nachfrage auf Gegenstände richtet, die in unmittelbarem Zusammenhang mit der hoheitlichen Tätigkeit stehen.[534]

Unbeachtlich ist auch, ob eine Gewinnerzielungsabsicht vorliegt und in welcher Rechtsform die jeweilige Einrichtung ihre Leistungen erbringt.[535]

Nach allgemeiner Auffassung ist der Anwendungsbereich des §130 GWB hingegen dann nicht betroffen, wenn es sich um eine hoheitliche Tätigkeit handelt, da diese nicht wirtschaftlicher und damit nicht unternehmerischer Natur ist.[536]

Anders als bei der dieser Arbeit zugrunde liegenden Definition eines Unternehmens kann ein Unternehmen nach §130 GWB also nur unternehmerisch, nicht aber hoheitlich tätig sein.

Dies ist jedoch nicht bereits dann der Fall, wenn der Staat beliebige öffentliche Zwecke verfolgt.[537] Allein die Wahrnehmung öffentlicher Aufgaben

531 STADLER in LANGEN/BUNTE, §130 GWB Rn. 17; BGH, Beschluss vom 9. 3. 1999, Az. KVR 20–97.

532 BGH, Urteil vom 12. 11. 2002, Az. KZR 11/01.

533 EMMERICH/REHBINDER/MARKERT in IMMENGA/MESTMÄCKER, GWB Wettbewerbsrecht, §130 GWB Rn. 44; STOCKMANN in LOEWENHEIM/MEESSEN/RIESENKAMPFF, §130 GWB Rn. 24; STADLER in LANGEN/BUNTE, §130 GWB Rn. 12.

534 BGH, Urteil vom 12. 11. 2002, Az. KZR 11/01.

535 EMMERICH/REHBINDER/MARKERT in IMMENGA/MESTMÄCKER, GWB Wettbewerbsrecht, §130 GWB Rn 44; STOCKMANN in LOEWENHEIM/MEESSEN/RIESENKAMPFF, §130 GWB Rn. 23; STADLER in LANGEN/BUNTE, §130 GWB Rn. 13.

536 SÄCKER in Münchener Kommentar Wettbewerbsrecht, §130 GWB Rn. 2; STADLER in LANGEN/BUNTE, §130 GWB Rn. 16.

537 EMMERICH/REHBINDER/MARKERT in IMMENGA/MESTMÄCKER, GWB Wettbewerbs-

rechtfertigt keine Ausnahme von der generellen Geltung der kartellrechtlichen Vorschriften für öffentliche Unternehmen.[538]

Zusammenfassend ist festzuhalten, dass die öffentliche Hand dem GWB unterliegt, wenn sie, egal in welcher Rechtsform, am wirtschaftlichen Verkehr teilnimmt, unabhängig davon, ob eine Gewinnerzielungsabsicht vorliegt und ob mit der Tätigkeit öffentliche Zwecke verfolgt werden. Der Begriff des Unternehmens wird also im Rahmen des §130 GWB sehr weit verstanden[539]. Systembedingt bedeutet das, dass sich der in Abgrenzung dazu verbleibende hoheitliche Bereich sehr eng darstellt.

Der Grund für dieses Begriffsverständnis liegt in der Zielrichtung des §130 GWB. Diese stellt darauf ab, ob und inwieweit sich Staatsunternehmen und ‚normale' Wirtschaftsunternehmen auf Augenhöhe auf dem Wirtschaftsmarkt gegenüberstehen.[540] Dabei sollen zur Wahrung der Chancengleichheit ausgeglichene Kräfteverhältnisse geschaffen werden.

Der Staat soll dort, wo er sich unternehmerisch betätigt, den gleichen Regeln unterliegen wie ein Privatunternehmen.[541]

Da also auch §130 GWB der Gedanke zugrunde liegt, dass ein Staatsunternehmen, sofern es wie ein ‚gewöhnliches' Wirtschaftsunternehmen tätig wird, auch wie ein solches zu behandeln und nicht zu privilegieren ist, weist die Vorschrift inhaltliche Parallelen zur Immunität auf. Folglich können die Abgrenzungsprinzipien, die im Zusammenhang mit §130 GWB entwickelt wurden, auch bei der Beurteilung der Immunität von Staatsunternehmen hilfreich sein.

ccc.) Bundes- bzw. Landeshaushaltsordnungen

In §65 BHO wird geregelt, unter welchen Voraussetzungen die Gründung von privatrechtlichen Unternehmen bzw. die Beteiligung des Bundes an solchen Unternehmen zulässig ist. Für die Rechtsverhältnisse bezüglich Unternehmen in öffentlich-rechtlichen Rechtsformen finden sich entsprechende Regelungen in §112 Abs. 2 BHO.

---

recht, §130 GWB Rn. 49.

538 Stadler in Langen/Bunte, §130 GWB Rn. 33.

539 Emmerich/Rehbinder/Markert in Immenga/Mestmäcker, GWB Wettbewerbsrecht, §130 GWB Rn 43; Stockmann in Loewenheim/Meessen/Riesenkampff, §130 GWB Rn. 23.

540 BGH, Urteil vom 12. 11. 2002 , Az. KZR 11/01.

541 Stockmann in Loewenheim/Meessen/Riesenkampff, §130 GWB Rn. 1.

Der Wortlaut dieser Normen beinhaltet den hier in Rede stehenden Begriff ‚hoheitlich' allerdings nicht. Ferner finden sich weder in der Rechtsprechung zu diesen Normen noch in der Literatur Informationen darüber, wie die Tätigkeit dieser Unternehmen zu charakterisieren ist und ob sie gegebenenfalls hoheitlich handeln.

Auch die Verwaltungsvorschrift zur Bundeshaushaltsordnung und die vom Bund herausgegebenen „Hinweise für gute Beteiligungsführung bei Bundesunternehmen"[542] liefern keine Anhaltspunkte für die Konkretisierung.

Aus der Bundeshaushaltsordnung lassen sich folglich keine Informationen zur Begriffsbestimmung gewinnen.

Auch aus den Haushaltsordnungen der Länder, die im Wesentlichen gleich lautende Vorschriften wie die Bundeshaushaltsordnung enthalten, ergeben sich keine weiteren Hinweise.[543]

ddd.) Zwischenergebnis

Die Untersuchung der einfachgesetzlichen Regelungen ergibt, dass auch in diesen Bereichen keine einheitlichen Anhaltspunkte zur Konkretisierung des Begriffes ‚hoheitlich' zu finden sind: Die Normen, die unmittelbar öffentliche Unternehmen betreffen, wie die der Haushaltsordnungen, beinhalten keine Regelungen über die rechtliche Qualifizierung der Unternehmenstätigkeit. Die untersuchten Vorschriften aus dem Körperschaftssteuergesetz stellen unter anderem auf die Rechtsform der Tätigkeit ab und scheiden deswegen aus. Interessant für die weitere Bearbeitung aus dem einfachen Recht sind damit lediglich die Kriterien zu §130 des Gesetzes gegen Wettbewerbsbeschränkungen.

c.) Untersuchung der gefundenen Kriterien im Hinblick auf ihre Geeignetheit für den Konkretisierungsvorschlag

Soeben wurde analysiert, welche Bedeutung dem Begriff ‚hoheitlich' bzw. ‚Hoheitsgewalt' sowie den untersuchten sinnverwandten Ausdrücken in der

---

542 Siehe unter: http://www.bundesfinanzministerium.de/nn_53524/DE/BMF__Startseite/Service/Downloads/Abt__VIII/Hinweise_20f_C3_BCr_20gute_20Beteiligungsf_C3_BChrung_20kle,templateId=raw,property=publicationFile.pdf (Stand April 2012).

543 Vgl. beispielsweise jeweils §65 und §112 Abs. der LHO NRW, LHO Berlin, LHO Niedersachsen

deutschen Gesetzgebung generell beigegeben wird. Deutlich wird, wie unterschiedlich die Bedeutungsmöglichkeiten und Anforderungen je nach Verwendungszweck ausfallen. Es ergibt sich also ein heterogenes Bild an Definitionsansätzen und damit potentiellen Merkmalen für die hier relevante Begriffsbestimmung.

Um anhand dieser Vorgaben eine für die Immunitätsproblematik sachgerechte Begriffsbestimmung zu erarbeiten und den zweiten Arbeitsschritt, d.h. die Transformation für den hier relevanten Verwendungszweck einzuleiten, sind die verschiedenen Vorschriften entsprechend ihrer jeweiligen Merkmale zu sortieren.

Von den untersuchten Vorschriften lassen sich zunächst diejenigen zusammenfassen und von der weiteren Untersuchung ausklammern, die für die vorliegende Problematik wie oben gezeigt entweder mangels weitergehender Informationen nicht hilfreich sind oder aufgrund ihrer Zwecksetzung und Voraussetzungen inhaltlich für eine Orientierung nicht in Betracht kommen: also Art. 51 AEUV, Art. 12 a GG, Art. 30 GG, Art. 87f Abs. 2 Satz 2 GG sowie §4 Abs. 5 KStG und die Haushaltsordnungen.

Die übrigen untersuchten Normen lassen sich anhand ihrer Kriterien in zwei Gruppen einordnen: Zum einen in Art. 23 und 24 GG, wonach ein Subordinationsverhältnis bzw. das Vorliegen von Zwangsbefugnissen erforderlich ist. Zum anderen bilden die untersuchten europäischen Wettbewerbs- und Prozessrechtsvorschriften sowie Art. 33 Abs. 4 GG und §130 GWB eine Gruppe, da diese Normen nicht auf formale Aspekte wie etwa die Handlungsform bzw. die Möglichkeit zur Zwangsausübung sondern auf materielle Gesichtspunkte abstellen.

Ob bzw. welche dieser Merkmale einen zweckdienlichen Orientierungspunkt für die Konkretisierung des Begriffes ‚hoheitlich' im Rahmen der Immunität von Staatsunternehmen bieten, wird im Folgenden untersucht.

aa.) Bewertung des Kriteriums des Über-/Unterordnungsverhältnisses bzw. der Möglichkeit der Ausübung von Zwangsbefugnissen

Zu überprüfen ist nun, ob das Vorliegen eines Über-/ Unterordnungsverhältnisses bzw. die Möglichkeit der Ausübung von Zwangsbefugnissen, wie dies Art. 23 und 24 GG verlangen, taugliche Kriterien für die Beurteilung der Immunität darstellen würden.

Eine Beurteilung dieses Kriteriums hängt davon ab, welcher der Theorien über das Vorliegen einer öffentlich-rechtlichen Streitigkeit gefolgt wird.

Im Rahmen der so genannten Subordinationstheorie wird auf das Verhältnis der Beteiligten abgestellt: Ist es durch ein Über-/ Unterordnungsverhältnis geprägt, handelt es sich um ein öffentlich-rechtliches Rechtsverhältnis, ist es durch Gleichordnung gekennzeichnet, ist es dem Privatrecht zuzuordnen.[544] Folgt man also dieser Theorie, dann liegt bei einem Über-/ Unterordnungsverhältnis auch immer eine öffentlich-rechtliche Beziehung zwischen den Beteiligten vor.[545] Das Merkmal des Über-/ Unterordnungsverhältnisses ist insoweit deckungsgleich mit dem der Öffentlichrechtlichkeit, sodass insoweit auf die obigen Ausführungen[546] verwiesen werden und dieses Merkmal aus denselben Gründen abgelehnt werden kann.

Nach anderer, überwiegender Ansicht führt die Subordinationstheorie jedoch nicht immer zu richtigen Ergebnissen, da es auch, so beispielsweise im Bereich des Kindschafts- oder Arbeitsrechts, privatrechtliche Über-/ Unterordnungsverhältnisse gibt und öffentlich-rechtliche Gleichordnungsverhältnisse.[547] Da somit das Vorliegen eines solchen Subordinationsverhältnisses nicht in jedem Fall mit einer öffentlich-rechtlichen Beziehung gleichzusetzen ist, ist hier also zu untersuchen, ob in diesen Fällen das Merkmal der Subordination und die Möglichkeit zur Ausübung von Zwangsbefugnissen als Kriterien zur Qualifizierung des jeweiligen Verhaltens als hoheitlich oder nicht hoheitlich im Rahmen der Immunitätsproblematik geeignet wären.

aaa.) Problem: formale Ausrichtung der Kriterien

Generell gilt, dass nur der Staat in der Lage ist, einseitig verbindliche Regelungen und Anordnungen zu treffen und sie erforderlichenfalls zwangsweise durchzusetzen – nur der Staat darf zur Erfüllung seiner Aufgaben Gewalt einsetzen, das sog. Gewaltmonopol des Staats.[548] Insoweit lässt sich durch ein Abstellen auf die Möglichkeit zu einseitigen, unterordnenden Maßnahmen gut ermitteln, ob die jeweilige Tätigkeit die besondere, sich von anderen Akteuren unterscheidende und damit für die Gewährung von Immunität erforderliche

---

544 MAURER, Allg. VerwR, §3 Rn. 16.

545 Siehe dazu etwa bei EHLERS in SCHOCH/SCHMIDT-AßMANN/PIETZNER, §40 Rn. 223 mit weiteren Nachweisen.

546 Siehe dazu die Argumente gegen das Kriterium der Rechtsform oben bei den Gründen für eine weitergehende Untersuchung der neuen Tendenz, C, IV, 1.).

547 PAPIER in MAUNZ/ DÜRIG, Band IV Art. 34 Rn. 129; MAURER, Allg. VerwR, §3 Rn. 12; EHLERS in SCHOCH/SCHMIDT-AßMANN/PIETZNER, §40 Rn. 223.

548 MAURER, Staatsrecht I, §1 Rn. 14.

Staatlichkeit aufweist. Liegt also die Befugnis zu solch einseitigen (Zwangs-)Maßnahmen vor, ist regelmäßig von hoheitlichem Verhalten auszugehen und Immunität zu gewähren.

Fraglich ist aber, ob dieses Merkmal bezüglich der Gewährung von Immunität für ein Staatsunternehmen zwingende Voraussetzung sein kann.

Zu beachten ist, dass sobald sich der Staat auf die Ebene des Privatrechts begibt, er die Möglichkeiten zur einseitigen Gewaltausübung verliert: mit der Privatisierung einer öffentlichen Stelle verschwinden ihre Zwangsbefugnisse, denn Zivilrechtssubjekte können nur in Gleichordnung zu anderen, nicht aber mit Zwangsrecht handeln.[549] Kraft ihrer privatrechtlichen Organisationsform ist deswegen die formell privatisierte Gesellschaft zur Ausübung von Rechten nur in dem Ausmaß befugt, wie dies anderen Gesellschaften gleichen Typs unabhängig von den hinter diesen stehenden Gesellschaftern zusteht.[550]

Demnach können Staatsunternehmen in privatrechtlichen Rechtsformen, jedenfalls sofern sie nicht beliehen sind, keine entsprechenden einseitigen, unterordnenden Maßnahmen vornehmen und nach diesem Maßstab nicht hoheitlich handeln.

Setzt man also für die Bejahung der Hoheitlichkeit voraus, dass die Einrichtung entsprechende Zwangsbefugnisse und eine übergeordnete rechtliche Stellung besitzt, so hätte dies zur Folge, dass letztlich wieder nur die Organisationsform des Unternehmens nicht aber die jeweilige Tätigkeit zum zentralen Merkmal bei der Gewährung von Immunität wird. Damit würde jedoch ausschließlich anhand von formalen Gesichtspunkten über die Immunitätsproblematik entschieden, was im Hinblick auf die Entwicklung der funktionalen Betrachtungsweise, wie bereits oben argumentiert,[551] abzulehnen ist.

bbb.) Problem: thematische Diskrepanzen

Ferner ist folgende Überlegung zu berücksichtigen. Es wurde oben zwar gezeigt, dass Art. 23 und 24 GG insoweit mit der Immunitätsproblematik Berührungspunkte aufweisen, als beide Gebiete inhaltlich die staatliche Souveränität betreffen. Zusätzlich zu diesen inhaltlichen Berührungspunkten ist aber der genaue Zweck dieser Vorschriften des Grundgesetzes mit dem der Immunität zu vergleichen.

549 KIRCHHOF in MAUNZ/ DÜRIG, Band V, Art. 83 Rn. 101.
550 KÄMMERER, S. 28f
551 Siehe zu diesem Aspekt oben unter C, IV, 1.).

Dadurch dass die Art. 23 und 24 GG die Übertragung von Hoheitsrechten und damit von Teilen der Souveränität für zulässig erklären, soll es zwischenstaatlichen Organisationen ermöglicht werden, in bestimmten Bereichen unmittelbar und ohne eine Mitwirkung des jeweiligen Staates Geschehnisse in den Mitgliedstaaten zu regeln. Die zwischenstaatliche Organisation soll dadurch effektiver handeln können, was wiederum zu einer verstärkten Integration der Bundesrepublik Deutschland in die jeweilige Organisation führt.[552] Deshalb ist es erforderlich, dass der Begriff der zu übertragenden Hoheitsrechte die Möglichkeit zur einseitigen verbindlichen Regelung umfasst.

Bei der Immunitätsproblematik liegt das Ziel demgegenüber darin, Staatsunternehmen nur dann durch das Prinzip der Immunität zu privilegieren, wenn sie wie ein Staat (also hoheitlich) handeln und nicht wie jeder beliebige andere Akteur auf dem Wirtschaftsmarkt. Es gilt also zu ermitteln, wann eine solche besondere hoheitliche, d.h. sich vom gewöhnlichen Marktverhalten anderer Teilnehmer abgrenzende Tätigkeit vorliegt.

Dazu kann zwar darauf abgestellt werden, dass nur der Staat im Rahmen eines Über-/ Unterordnungsverhältnisses Zwangsmittel einsetzen kann und sich insoweit von der Tätigkeit anderer Akteure abhebt. Daneben sind aber auch andere Merkmale denkbar, durch die sich die Tätigkeit eines Staats bzw. Staatsunternehmens von anderen unterscheidet. So übernimmt ein Staat beispielsweise Tätigkeiten im Interesse der Gesellschaft, die ein Privatunternehmer nicht vornehmen würde: er fördert bestimmte Wirtschaftszweige durch Subventionen oder erbringt Leistungen, die keinen Gewinn bringen bzw. noch nicht einmal die entstehenden Kosten decken, sondern von vorneherein auf Verlust ausgerichtet sind.

ccc.) Folge: Ungeeignetheit dieser Kriterien für eine Begriffsbestimmung im Rahmen der Immunitätsproblematik

Insgesamt ist es aus letztgenannten Aspekten und wegen der bereits zu Beginn dieses Abschnitts aufgezeigten Schwierigkeiten nicht sachgemäß, die Bestimmung des Begriffs ‚hoheitlich' im Zusammenhang mit der Immunität von Staatsunternehmen an den Merkmalen des Über-/Unterordnungsverhältnisses bzw. des Vorliegens von Zwangsbefugnissen auszurichten.

552 Siehe dazu ausführlich oben unter C, IV, 2 b,bb,bbb,(1).

bb.) Bewertung der weiter gefassten, materiellen Kriterien

Es stellt sich daher die Frage, ob die verbleibenden, weiter gefassten Merkmale der übrigen untersuchten Normen für die Ableitung eines Konkretisierungsvorschlags in Bezug auf den Begriff ‚hoheitlich' geeignet wären.

Zunächst einmal haben die Regeln des europäischen Wettbewerbs- und Prozessrechts, Art. 33 Abs. 4 GG und §130 GWB gemeinsam, dass die Rechtsform für die Annahme des Begriffs ‚hoheitlich' bzw. der ähnlichen, sinnverwandten Ausdrücke nicht das ausschlaggebende Kriterium darstellt, sondern die genannten anderen Aspekte entscheidend sind. Insoweit stehen diese Definitionsformen grundsätzlich im Einklang mit den Ansätzen, die die neue Tendenz in der Rechtsprechung ausmachen. Vor allem aber entsprechen sie der funktionalen Betrachtungsweise, da sie genau wie diese nicht auf förmliche Kriterien abstellen, sondern die Eigenart der jeweiligen Tätigkeit in den Vordergrund rücken. Dass eine solche Vorgehensweise in Bezug auf die Behandlung der Immunitätsfrage vorzugswürdig ist, weil nur so sachgerechte Ergebnisse erzielt werden können, wurde bereits erklärt.[553]

Die genannten Vorschriften bieten damit einen guten Ausgangspunkt für die Herleitung eines Konkretisierungsvorschlages.

aaa.) Bewertung der einzelnen Merkmale

Daher sind nun die einzelnen Kriterien, die in diesen Vorschriften anstatt des Merkmals der Rechtsform verwendet werden, dahingehend zu untersuchen, inwieweit sie im Bereich der Immunität von Staatsunternehmen für die Bestimmung einer hoheitlichen Tätigkeit Verwendung finden könnten.

Dabei werden im Wesentlichen folgende Gesichtspunkte genannt: das öffentliche Interesse an der Tätigkeit, die Finanzierung aus dem Staatshaushalt, fehlende Gewinnerzielungsabsicht/ -möglichkeit, keine Wettbewerbssituation zu Privatunternehmen.

(1) Der Aspekt des öffentlichen Interesses

Zunächst ist zu untersuchen, ob der Aspekt des öffentlichen Interesses für die Einstufung als hoheitliche Tätigkeit in Bezug auf die Immunität geeignet ist. Insoweit kann direkt festgestellt werden, dass dieses Kriterium für sich ge-

553 Siehe dazu oben unter C, IV, 1.) bei den Gründen für eine weitergehende Untersuchung der neuen Tendenz.

nommen zu weit reicht. Zwar wird durch eine hoheitliche Tätigkeit in der Regel ein öffentliches Interesse erfüllt. Ein Rückschluss vom öffentlichen Interesse auf eine hoheitliche Tätigkeit lässt sich aber nicht ohne weiteres vornehmen, denn auch die Tätigkeit gewöhnlicher Wirtschaftsunternehmen dient regelmäßig dem öffentlichen Interesse: Die Motivation bzw. der Grund für ihre Tätigkeit liegt zwar originär in der Verfolgung eigener Interessen, nämlich um Gewinne zu erzielen. Letzten Endes steht aber die Mehrheit der im eigenen Interesse vorgenommenen Tätigkeiten zumindest auch im öffentlichen Interesse, weil dadurch Leistungen angeboten oder Güter produziert werden, die für das Funktionieren und den Erhalt einer Gesellschaft notwendig sind.

Dem ließe sich entgegenhalten, dass das Kriterium des öffentlichen Interesses insofern enger zu fassen ist, dass nur solche Tätigkeiten davon erfasst werden sollen, die unmittelbar darauf ausgerichtet sind ein öffentliches Interesse zu erfüllen und dies nicht nur als Nebeneffekt eintritt. Doch auch in diesem Fall ergibt sich kein Aufschluss über eine staatliche Besonderheit der Tätigkeit, die die Gewährung von Immunität begründen könnte. Öffentliche Aufgaben können auch unmittelbar von Privaten wahrgenommen werden. So dienen nicht selten Private beispielsweise durch ehrenamtlich und sozial agierende Hilfsorganisationen dem öffentlichen Interesse. Es kann daher nicht allein von der primär öffentlichen Zielsetzung auf die öffentlich-rechtliche oder hoheitliche Erledigung geschlossen werden.[554]

Deswegen sagt das öffentliche Interesse an einer Tätigkeit über den Charakter der Tätigkeit und damit über ihre Einstufung als ‚hoheitlich‘ nichts aus sondern nur über ihre gesellschaftliche Bedeutung.

Diesem Kriterium kann daher in Bezug auf die Immunitätsfrage allenfalls eine Indizwirkung zugesprochen werden.

(2) Der Aspekt der (fehlenden) Gewinnerzielungsabsicht/ -möglichkeit

Nun stellt sich die Frage, ob der ebenfalls vorgebrachte Aspekt der Gewinnerzielungsabsicht/ -möglichkeit für die Einstufung als hoheitliche Tätigkeit sachgerecht ist, d.h. ob eine hoheitliche Tätigkeit im Hinblick auf die Immunität dann zu bejahen ist, wenn die Tätigkeit nicht mit der Absicht oder Mög-

554 BVerwG, Beschluss vom 07.06.1984, Az. 7 B 153/83 (zitiert aus juris); STOBER, NJW 2008, 2301, 2303.

lichkeit der Gewinnerzielung betrieben wird bzw. werden kann.[555] Für die Anwendung dieses Kriteriums spricht der in dieser Arbeit bereits mehrfach dargestellte Gedanke, Staatsunternehmen nur dann Immunität zukommen zu lassen, wenn sie sich von anderen, ‚gewöhnlichen' Unternehmen unterscheiden. Im Gegensatz zu Staatsunternehmen, die zumeist durch den Staat finanziert werden, müssen sich private Unternehmen finanziell selbst tragen bzw. dienen regelmäßig als Einkommensquelle. Ihr Inhaber oder die Inhaber der Unternehmensanteile sind daran interessiert, dass das Unternehmen Gewinne erwirtschaftet. Dies hat zur Folge, dass solch private Unternehmen regelmäßig nur Tätigkeiten aufnehmen, die sich kommerzialisieren lassen.

Demgegenüber haben Staatsunternehmen, weil sie regelmäßig nicht auf Gewinnerzielung angewiesen sind, die Möglichkeit auch solche Tätigkeiten wahrzunehmen, die private Unternehmen nicht ausüben würden, weil sich diese finanziell betrachtet nicht lohnen. Auf diese Weise nimmt der Staat mithilfe seiner Staatsunternehmen auch solche Aufgaben wahr, die ein „Minus-Geschäft" bedeuten, die er aber als gesellschaftlich oder politisch erforderlich erachtet. Zu denken wäre insoweit an die Bereiche der Entwicklungshilfe oder die Grundlagenforschung, also an Tätigkeiten, bei denen Geld ausgegeben aber keines oder jedenfalls nicht genug zur Kostendeckung erwirtschaftet wird.

Folglich werden bei einem Abstellen auf die Gewinnerzielung alle Staatsunternehmen aus dem Bereich des Hoheitlichen ausgenommen, die sich selbst tragen und Gewinne erwirtschaften.

Ergebnisbezogen ist dies zunächst sachgerecht: Im Rahmen der erwerbswirtschaftlichen Betätigung nimmt der Staat lediglich als Unternehmer am Wirtschaftsleben teil.[556] Er übt damit keine Tätigkeit aus, die einem Staat eigentümlich ist und unterscheidet sich nicht von anderen, privaten Akteuren auf dem Wirtschaftsmarkt. Folglich verdient eine solche Aktivität nicht das originär staatliche Privileg der Immunität.

Stellt man also auf diesen Aspekt der Gewinnerzielung ab, so lässt sich gut herausfinden, ob ein genereller Unterschied zu der Tätigkeit privater Akteure besteht, der die Gewährung von Immunität rechtfertigt. Für den hoheitlichen Bereich verbleiben dann solche Unternehmen, die nicht kostendeckend agie-

---

555 Ob es auf die Absicht oder tatsächliche Möglichkeit der Gewinnerzielung ankommt, kann an dieser Stelle offen gelassen werden.

556 Vgl. MAURER, Allg VerwR, §3 Rn. 20, 24.

ren, deren Tätigkeit vom Staat aber dennoch aus übergeordneten, politischen oder gesellschaftlichen Gründen für erforderlich gehalten wird.

Allerdings existieren auch private, nicht staatliche Einrichtungen, die nicht mit Gewinnerzielungsabsicht sondern oft ausschließlich gemeinnützig handeln und auch tatsächlich keinen Gewinnüberschuss erwirtschaften, so beispielsweise Stiftungen oder eingetragene Vereine. Hier entscheiden sich Private dazu mit Teilen ihres Vermögens bestimmte, von ihnen für wichtig gehaltene Ziele zu verfolgen. Oft handelt es sich dabei um dieselben Zielsetzungen, die auch staatlichen gemeinnützigen Einrichtungen zugrunde liegen: So engagiert sich beispielsweise die „BILL and MELINDA GATES foundation" vorwiegend im Bereich der Entwicklungshilfe[557], die „EVA LUISE und HORST KÖHLER Stiftung" unterstützt die Erforschung seltener Krankheiten, eine Tätigkeit, die sich für ein wirtschaftlich orientiertes Unternehmen nicht lohnen würde.[558]

Nur anhand der fehlenden Gewinnerzielungsabsicht und -möglichkeit kann jedenfalls nicht zwischen der ‚besonderen' Tätigkeit eines Staatsunternehmens und der ‚gewöhnlicher' privater Einrichtungen differenziert werden und damit die Gewährung von Immunität begründet werden. Dieser Aspekt lässt sich ebenfalls lediglich als Indiz heranziehen.

(3) Der Aspekt der Finanzierung aus dem Staatshaushalt

Entsprechendes lässt sich auch auf das vorgebrachte Argument der Finanzierung aus dem Staatshaushalt übertragen.

Unabhängig von ihrer konkreten Ausgestaltung bedeutet die staatliche Finanzierung eines Unternehmens, dass dieses nicht darauf angewiesen ist, Gewinne zu erwirtschaften, um sich selbst zu tragen. Der Bestand eines solchen Unternehmens ist gesichert unabhängig davon, ob es Gewinne erzielt oder nicht. Durch ein staatlich finanziertes Unternehmen können daher auch solche Tätigkeiten ausgeübt werden, die ausschließlich Kosten verursachen. Insoweit ist der Aspekt der staatlichen Finanzierung deckungsgleich mit dem gerade untersuchten Kriterium der Gewinnerzielung und es kann auf obige Argumentation verwiesen werden.

---

557 Vgl. http://www.gatesfoundation.org/about/Pages/foundation-fact-sheet.aspx (Stand April 2012)

558 http://www.evaluiseundhorstkoehlerstiftung.de/?id=2 (Stand April 2012)

Mithilfe des Kriteriums der staatlichen Finanzierung kann folglich nur eine Zugehörigkeit zum Staat und eine Freiheit von dem ansonsten bestehenden Zwang zu wirtschaftlich orientiertem Handeln festgestellt werden. Durch diese Zugehörigkeit unterscheidet sich das jeweilige Unternehmen zwar von anderen privaten Unternehmen. Ob die jeweilige Tätigkeit aber einen besonderen staatlichen bzw. hoheitlichen Charakter aufweist und „immunitätswürdig" ist, lässt sich mithilfe dieses Kriteriums nicht ermitteln.

(4) Der Aspekt der (fehlenden) Wettbewerbssituation zu Privatunternehmen

Möglicherweise eignet sich das letzte der vorgebrachten Kriterien für die Bestimmung der Hoheitlichkeit einer Tätigkeit im Zusammenhang mit der Immunität von Staatsunternehmen. Hiernach ist zu fragen, ob die Tätigkeit in einem potentiellen Wettbewerb zwischen mehreren Unternehmen ausgeübt wird, also ob es sich um solche Leistungen handelt, die auch andere private Unternehmen anbieten oder nachfragen. Ist dies zu bejahen, also wird diese Tätigkeit ebenfalls durch Private ausgeübt, dann hebt sich die Unternehmenstätigkeit nicht von dem Verhalten anderer Unternehmen ab. Das Staatsunternehmen nimmt damit keine Sonderstellung ein, welche die Gewährung von Immunität rechtfertigen könnte. Wird die Tätigkeit demgegenüber ausschließlich durch das jeweilige Staatsunternehmen ausgeübt, so zeigt dies, dass die Tätigkeit einen besonderen staatlichen Charakter aufweist.

Eine solche Situation mangelnden Wettbewerbs kann auf zwei Wegen entstehen. Zum einen kann sie sich aus rechtlichen Gründen ergeben, etwa weil der Staat mithilfe von Gesetzen reguliert, dass nur er allein diese Tätigkeit ausüben darf und sich auf diesem Wege eine Art Monopol zuweist. Wählt der Staat diesen Weg einer normierten Alleinzuständigkeit, so befindet sich die Tätigkeit vollumfänglich in der Hand und Verantwortung des Staates und ist aufgrund dessen – unabhängig von der im Einzelfall gewählten Organisationsstruktur – als hoheitlich zu bewerten.

Zum anderen kann die fehlende Wettbewerbssituation aus tatsächlichen Gründen eintreten, zumeist aufgrund der Unwirtschaftlichkeit der Tätigkeit. Ist eine Tätigkeit mit hohen Kosten verbunden und ohne Aussicht auf realistische Gewinnerzielung, so ist sie für profitorientierte Wirtschaftsunternehmen nicht von Interesse. Wenn auch ansonsten keine Bereitschaft Dritter vorliegt, sich gemeinnützig auf diesem Tätigkeitsfeld zu engagieren, entsteht de facto eine Sonderstellung des Staates. Die Gesellschaft zeigt durch ihr fehlendes Engagement, dass diese Tätigkeit für den außerstaatlichen Bereich nicht in

Frage kommt. In dieser Situation fehlt zwar der formale Akt eines normativen Bekenntnisses zu der staatlichen Wahrnehmung der Aufgabe. Dadurch dass der Staat bzw. das Staatsunternehmen diese Tätigkeit im Gegensatz zu Privaten aber dennoch wahrnimmt, wird ihr eine besondere (gesellschaftliche) Bedeutung beigemessen. Diese rechtfertigt es, die Tätigkeit als hoheitlich einzustufen.

Es ist daher insgesamt folgerichtig, nicht nur bei der fehlenden rechtlichen Möglichkeit der Ausübung der Tätigkeit durch Privatunternehmen sondern auch bei schlicht fehlendem Interesse an der Wahrnehmung der Tätigkeit seitens privater Einrichtungen die Tätigkeit als eine Hoheitliche zu bewerten und damit die fehlende Wettbewerbssituation zu Privatunternehmen als das für die Bestimmung der Hoheitlichkeit entscheidende Merkmal anzusehen.

Ferner ist dieses Kriterium frei von den den anderen untersuchten Merkmalen anhaftenden Schwächen. Das Kriterium der Wettbewerbssituation gibt wie gerade gezeigt umfassend Auskunft über die Besonderheiten der Tätigkeit. Es zeichnet sich durch seine Unabhängigkeit von der jeweiligen Rechtsform des Unternehmens aus, denn untersucht wird ausschließlich die konkrete Tätigkeit. Ihm liegt damit keine förmliche sondern eine inhaltliche, funktionale Betrachtungsweise zugrunde. Indem also eine hoheitliche Tätigkeit angenommen wird, wenn nicht auch andere Einrichtungen diese Tätigkeit ausüben, wird sichergestellt, dass nur dann Immunität zu gewähren ist, wenn die Tätigkeit eine besondere Staatlichkeit aufweist. In Bezug auf alle anderen Aufgaben, die durch staatliche Einrichtungen wahrgenommen werden, kann hingegen durch den Forumstaat Gerichtsbarkeit ausgeübt werden – Staatsunternehmen und gleich agierende Privatunternehmen werden dann konsequent gleichbehandelt.

Das Abstellen auf die Wettbewerbssituation bildet insgesamt also ein sachgerechtes Kriterium für die Einstufung als hoheitliche Tätigkeit im Zusammenhang mit der Frage nach der Immunität.

bbb.) Folge: Geeignetheit des Aspekts der Wettbewerbssituation als zentrales Kriterium für eine Begriffsbestimmung im Rahmen der Immunitätsproblematik

Anhand der vorausgehenden Ausführungen wird also deutlich, dass nur der Aspekt der Wettbewerbssituation als zentrales Kriterium einer Einstufung als hoheitliche Tätigkeit im Rahmen der Immunitätsproblematik zugrundegelegt werden kann. Die übrigen untersuchten Aspekte des öffentlichen Interesses, der Gewinnerzielungsabsicht sowie der Finanzierung aus dem Staatshaushalt können lediglich ergänzend als Indiz herangezogen werden.

d.) Formulierung des Konkretisierungsvorschlags

Damit ergibt sich als Konkretisierungsvorschlag für eine sachgerechte und zeitgemäße Bestimmung des Begriffs ‚hoheitlich' im Zusammenhang mit der Immunität von Staatsunternehmen: Eine hoheitliche Tätigkeit liegt dann vor, wenn die Unternehmenstätigkeit nicht im Wettbewerb mit privaten Unternehmen, d.h. nicht von mindestens einem weiteren Unternehmen, ausgeübt wird. Als Indizien kann auf die übrigen untersuchten Aspekte des öffentlichen Interesses, der Gewinnerzielungsabsicht sowie der Finanzierung aus dem Staatshaushalt abgestellt werden.

Ist dies zu bejahen, so nimmt das Unternehmen besondere staatliche Funktionen wahr und unterscheidet sich dadurch von anderen, gewöhnlichen Unternehmen. Seine Tätigkeit lässt sich mithin als hoheitlich in dem für die Immunitätsproblematik spezifischen Sinne bezeichnen, sodass sich das Unternehmen demnach systembedingt auch auf das Immunitätsprivileg berufen kann.

e.) Erläuterung des Konkretisierungsvorschlags

Der soeben formulierte Konkretisierungsvorschlag ist nun hinsichtlich einzelner, zentraler Aspekte eingehender zu erläutern.

Es stellt sich zunächst die Frage, welcher Maßstab bei dem entscheidenden Merkmal des Wettbewerbs anzulegen ist. Zur Ermittlung der geforderten Wettbewerbssituation kann zum einen auf die Situation im Heimatstaat des beklagten Staatsunternehmens abgestellt werden. Ferner kann die jeweilige Lage im Gerichtsstaat untersucht werden. Möglich ist aber auch ein internationaler Maßstab.

Wie schon mehrfach erwähnt, ist es im Völkerrecht generell, insbesondere aber auch im Immunitätsrecht wünschenswert einen möglichst internationalen Standard zu erzielen. Von dieser Motivation ist auch die vorliegende Erarbeitung getragen – das Ziel liegt schließlich darin, einen Konkretisierungsvorschlag zu entwickeln, der dazu geeignet ist, eine einheitliche moderne Bestimmung des Begriffs ‚hoheitlich' zu ermöglichen und damit langfristig die Entwicklung einer einheitlichen Immunitätspraxis in Bezug auf Staatsunternehmen zu unterstützen. Dies spräche dafür, bezüglich des Kriteriums der Wirtschaftlichkeit einen internationalen Maßstab anzulegen, was etwa dergestalt geschehen könnte, dass darauf abgestellt wird, ob entweder irgendwo auf der Welt oder in der Mehrheit der Staaten die Tätigkeit des in Rede stehenden Staatsunternehmens von privaten Unternehmen ausführt wird. Wäre dies der Fall, so wäre die Tätigkeit nicht als hoheitlich zu bewerten.

Eine solche Vorgehensweise berücksichtigt aber nicht die verschiedenen politischen Systeme, Wertentscheidungen und jeweiligen staatlichen Gegebenheiten. Es ist nicht sachgerecht, einer Tätigkeit die Hoheitlichkeit abzusprechen, weil diese von Privatunternehmen in einem dritten Staat mit einer unter Umständen vollkommen anderen politischen oder wirtschaftlichen Struktur ausgeübt wird.

Die Frage nach dem Vorliegen einer Wettbewerbssituation lässt sich nur auf einem einheitlichen Markt und unter einheitlichen Bedingungen zutreffend ermitteln.

Deswegen muss das Umfeld, das auf das Vorliegen einer Wettbewerbssituation hin zu untersuchen ist, national bestimmt sein. Nur innerhalb eines staatlichen Systems und damit innerhalb derselben politischen und wirtschaftlichen Bedingungen ist es sachgerecht zu untersuchen, ob auch ein Privatunternehmen eine entsprechende Tätigkeit ausübt.

In Betracht kommt dafür zunächst eine Beurteilung nach Maßgabe der Wettbewerbssituation im Heimatstaat des beklagten Staatsunternehmens. Dafür spricht, dass es Ausfluss der staatlichen Souveränität ist, dass jeder Staat das Recht hat, nach seinen politischen Vorstellungen sein Wirtschaftssystem zu regeln und damit auch darüber zu entscheiden, inwiefern Leistungen im Wettbewerb mit anderen erbracht werden können.[559] Diese jeweiligen staatlichen Wertungen würden umgangen, wenn man darauf abstellt, wie in anderen Staaten oder gar einem anderen Staat die fragliche Tätigkeit ausgeübt wird.

Allerdings ist dem entgegenzuhalten, dass sich die Situation im Heimatstaat des Staatsunternehmens von der des Gerichtsstaates in ihren wirtschaftlichen, politischen oder auch schlicht natürlichen Gegebenheiten grundlegend unterscheiden kann. Diese Umstände dürfen aber bei der Bewertung als ‚hoheitlich' nicht unberücksichtigt bleiben. Sonst besteht wiederum die Gefahr, dass ganz banale Tätigkeiten, nur weil für diese beispielsweise im Heimatstaat keine Nachfrage besteht und sie deshalb dort nicht von anderen Unternehmen ausgeübt werden, als hoheitliche Tätigkeiten eingestuft werden (müs-

559 Vgl DAHM/DELBRÜCK/WOLFRUM, Bd. I/3, S. 785.

sen). Dies wird anhand folgenden fiktiven Falles deutlich: Würde ein niederländisches Staatsunternehmen in der Schweiz einen Skilift betreiben, so gäbe es naturgemäß mangels eines entsprechenden Interesses an Skiliften in den Niederlanden, d.h. im Heimatstaat des Unternehmens, kein anderes Unternehmen, das eine solche Tätigkeit ausübt. Würde aber bezüglich der Untersuchung der Wettbewerbssituation auf die Lage im Heimatstaat abgestellt, so könnte folglich kein Wettbewerb festgestellt werden und es wäre mithin der Betrieb eines Skilifts als hoheitlich und damit ‚immunitätswürdig' einzustufen. Dass dies kein wünschenswertes Ergebnis wäre, sondern vielmehr alle bisher getroffenen Erwägungen konterkarieren würde, liegt auf der Hand.

Folglich lässt sich das Vorliegen der Wettbewerbssituation nur nach Maßgabe der Lage im Gerichtsstaat auf sachgerechte Weise beurteilen.

Dagegen könnte eingewandt werden, dass dann der Forumstaat (theoretisch) durch die individuelle Ausgestaltung seines Wettbewerbsrechts Einfluss nehmen könnte auf den Umfang der Immunität des Staatsunternehmens und damit auch auf den Umfang des Schutzes der vom Staat abgeleiteten Souveränität und dass folglich das Staatsunternehmen entsprechend zu schützen wäre.

Dieses Argument greift aber im Ergebnis nicht durch: Wägt man die Schutzbedürftigkeit des Unternehmens mit dem Rechtsschutzbedürfnis des Klägers ab, so haben die Interessen des Staatsunternehmens zurückzutreten. Denn das Staatsunternehmen, das sich auf den fremden Markt begibt, weiß vorher, welchen Bedingungen es sich dort aussetzt bzw. kann sich informieren, inwieweit seine Tätigkeit dort auch von privaten Unternehmen angeboten wird. Aufgrund dieser Kenntnis hält sich seine Schutzbedürftigkeit in Grenzen, sodass sich dieser Aspekt nicht gegen das Abstellen auf die Wettbewerbssituation im Gerichtsstaat anführen lässt.

Zwar könnte man argumentieren, dass diese aufgrund der Kenntnis der Wettbewerbssituation privilegierte und damit entsprechend weniger schutzwürdige Position des Staatsunternehmens dann entfällt, wenn sich die Lage im Gerichtsstaat nachträglich verändert, etwa weil der Gerichtsstaat, nachdem das Staatsunternehmen die Tätigkeit dort aufgenommen hat, diese Tätigkeit dem allgemeinen Wettbewerb zugänglich macht. Dies spricht aber nicht gegen die Geeignetheit des Abstellens auf die Situation im Gerichtsstaat: Auch bei anderen Kriterien besteht immer die Möglichkeit, dass sich diese und dementsprechend die daran geknüpften Rechtsfolgen im Laufe der Zeit verändern. Das Recht unterliegt stets einem Wandel – auch in Bezug auf die

Immunität. Es passt sich den äußeren gesellschaftlichen und politischen Umständen an. Vor solchen natürlichen Entwicklungen kann sich das Staatsunternehmen aber nicht verschließen, indem es etwa im Falle von Veränderungen der Rechtslage in Bezug auf den Erhalt seiner Immunität eine Form von Vertrauensschutz beansprucht.

Wenn im Laufe der Zeit andere, private Unternehmen dieselbe Tätigkeit wie das Staatsunternehmen ausüben (können), aus welchem Grund auch immer, dann bedeutet das, dass diese Tätigkeit im Zuge der allgemeinen Entwicklungen ihren ursprünglich besonderen, staatlichen Charakter verloren hat. Damit entfällt auf natürlichem Wege der Anknüpfungspunkt für die Gewährung von Immunität. Diese Veränderlichkeit der Wettbewerbssituation im Gerichtsstaat spricht damit aber nicht gegen das Abstellen auf dieses Kriterium, sondern gibt lediglich die jeweiligen gesellschaftspolitischen Veränderungen wieder.

Nicht zu verachten ist zuletzt der praktische Vorteil, den das Abstellen auf die Wettbewerbssituation im Gerichtsstaat bietet: der Umstand, dass die Rechtslage im Gerichtsstaat dem jeweiligen Richter vertraut ist. Dies ist sowohl der Qualität der Entscheidung als auch der Anwendung dieses Konkretisierungsvorschlags und damit der Fortentwicklung der funktionalen Betrachtungsweise zuträglich.

Anzumerken ist abschließend, dass auch wenn nach dem hier entwickelten Konkretisierungsvorschlag zur Beurteilung der Wettbewerbssituation letztlich auf nationale Gegebenheiten abgestellt wird, diese Vorgehensweise vorzugswürdiger und fortschrittlicher ist als die momentan in manchen Staaten ausgeübte Praxis, bei der Bestimmung des Merkmals ‚hoheitlich' unmittelbar auf nationales Recht abzustellen: Zum einen deswegen, weil durch das Kriterium der Wettbewerbssituation das für die Immunität zentrale Merkmal ‚hoheitlich' zunächst einheitlich definiert wird und erst auf einer nächsten, späteren Ebene die nationalen Gegebenheiten auf die Entscheidung über Immunität Einfluss nehmen nicht aber unmittelbar bei der Bestimmung des Begriffs hoheitlich. Zum anderen ist der Umstand von Vorteil, dass der Wettbewerb in den meisten Staaten ähnlicher verstanden wird und damit ein schärferes Abgrenzungsmerkmal bedeutet als das jeweilige Verständnis hinsichtlich des Begriffs ‚hoheitlich'. Zwar variieren die Wettbewerbsregelungen und -bedingungen im Einzelnen von Staat zu Staat, es handelt sich dabei aber, jedenfalls in den westlich orientierten Industriestaaten, nur um einzelne Ausprägungen.

Dass demgegenüber der Begriff ‚hoheitlich‘ selbst eine besonders große Bandbreite möglicher Bedeutungsmöglichkeiten aufweist, wird schon an der oben vorgenommenen Untersuchung der deutschen Definitionsformen deutlich.

Der Konkretisierungsvorschlag ist damit sowohl in wissenschaftlicher als auch praktischer Hinsicht sachgerecht: Er weist einerseits die nötige Präzision auf, um als eine Konkretisierung zu dienen, die in der Praxis möglichst einwandfrei angewendet werden kann, da nur so langfristig eine Etablierung in der Rechtspraxis und damit eine völkergewohnheitsrechtliche Verankerung möglich ist. Andererseits verfügt er über ein hinreichendes Maß an Abstraktheit und berücksichtigt damit die Vielfalt staatlicher Tätigkeit und insbesondere auch neue Betätigungsformen, sodass er damit langfristige Geltung beanspruchen kann.

Zu beachten ist, dass mithilfe des erarbeiteten Vorschlages eine Tätigkeit als hoheitlich oder nicht hoheitlich eingestuft werden kann. Selbst wenn man aber den jeweiligen Tätigkeitsbereich des Unternehmens (abstrakt) als hoheitlich bezeichnet, so gilt auch hier immer noch der Grundsatz, dass für die Frage der Immunität – wie oben dargestellt – nicht lediglich der Zweck der Tätigkeit maßgeblich ist sondern ihre Natur.[560] Deswegen sind Handlungen, die nur zum Zwecke dieser hoheitlichen Themenfelder erfolgen, weiterhin nicht als hoheitlich zu bewerten. Nur für solche Handlungen, die in unmittelbarer Ausführung der hoheitlichen Tätigkeit erfolgen, ist Immunität zu gewähren. Somit wird regelmäßig etwa im Falle von Kauf-, Miet- oder Arbeitsverträgen, die lediglich zum Zwecke der hoheitlichen Unternehmenstätigkeit geschlossen werden, keine Immunität beansprucht werden können.

Insgesamt kommt es also zu einer doppelten Prüfung: Zunächst ist zu fragen, ob die jeweilige Tätigkeit in einer Wettbewerbssituation mit anderen (privaten) Unternehmen ausgeübt wird. Ist dies nicht der Fall, so liegt generell eine hoheitliche Tätigkeit vor. Im nächsten Schritt ist dann zu untersuchen, ob es sich bei der fraglichen Handlung, die in dem jeweiligen gerichtlichen Verfahren relevant ist, um die unmittelbare Ausführung dieser hoheitlichen Tätigkeit handelt. Nur wenn dies bejaht werden kann, greift schließlich die Immunität ein.

---

560 Siehe oben unter B, II, 1. a.).

3.) Überprüfung des Konkretisierungsvorschlags im Hinblick auf allgemeine immunitätsrechtliche Entwicklungen und völkerrechtliche Grundsätze

Wie schon erwähnt ist das Ziel für die Entwicklung dieses Konkretisierungsvorschlags die Präzisierung des neuen Ansatzes der deutschen Rechtsprechung zur Bestimmung des Merkmals ‚hoheitlich'. Orientieren sich mehr und mehr Staaten an dem nun konkretisierten neuen Ansatz und lösen sich damit von dem traditionellen Kriterium der Rechtsform zur Bestimmung des Merkmals ‚hoheitlich', kann dieser Ansatz zu einer völkergewohnheitsrechtlichen Regel erstarken.

Dass der hier entwickelte Konkretisierungsvorschlag eine sachgerechte, zeitgemäße Bestimmung des Begriffs ‚hoheitlich' im Zusammenhang mit der Immunität von Staatsunternehmen ermöglicht, wurde ausführlich erläutert. Insbesondere aufgrund des Umstands, dass der Konkretisierungsvorschlag ausgehend vom deutschen Recht entwickelt wurde, soll im Folgenden gezeigt werden, dass er auch aus allgemein immunitäts- und völkerrechtlicher Perspektive überzeugt. Dazu wird ein Abgleich mit allgemeinen Entwicklungen des Rechts der Immunität und traditionellen Grundsätzen des Völkerrechts vorgenommen.

a.) Entwicklungen im allgemeinen Immunitätsrecht

Wie im vorausgehenden Abschnitt erläutert, wird bei dem hier erarbeiteten Konkretisierungsvorschlag darauf abgestellt, ob auch ein Privatunternehmen wie das jeweilige Staatsunternehmen handelt. Der Gedanke, dass Hoheitlichkeit dann nicht gegeben ist, wenn der Staat wie ein Privater handelt, findet sich in der Immunitätsrechtsprechung schon seit langem wieder, lediglich nicht in so konsequenter und materiell betrachteter Form wie im Rahmen des hier entwickelten Vorschlags. So hat etwa das Bundesverfassungsgericht im Jahre 1964 auf das Handeln „wie eine Privatperson" abgestellt,[561] die französische Cour de Cassation hat den Vergleich „comme pourrait le faire un particulier"[562] gezogen. Die Cour de Travail Brüssel erklärte ferner „l'Etat étranger fais ce que les particuliers peuvent faire"[563] und das schweizerische Bun-

561 BVerfGE 16, 17 (62).

562 Cour de cassation chambre civile 1, 19. Dezember 1961 (zitiert aus dem französischen Rechtsportal http://www.easydroit.fr/jurisprudence/).

563 Cour du Travail Brüssel 6.11.89 (zitiert aus dem belgischen Rechtsportal http://jure.juridat.just.fgov.be/).

desgericht verneinte Immunität, „wenn der Staat gleich einem Privaten auftritt“[564]. Bisher wurde dieser Aspekt allerdings immer an die privatrechtliche Handlungsform geknüpft. Dass die Handlungsform aber nicht in jedem Fall aussagekräftig ist, wurde in der vorliegenden Untersuchung mehrfach gezeigt. Deswegen bedeutet der hier vertretene Konkretisierungsvorschlag die konsequente Weiterentwicklung dieser nahezu traditionellen Abgrenzung zwischen hoheitlichem und nicht hoheitlichem Verhalten im Rahmen der allgemeinen Immunitätsdiskussion.

Daneben steht der erarbeitete Konkretisierungsvorschlag im Einklang mit der fortschreitenden Tendenz, die Immunität immer weiter einzuschränken. Die völkerrechtliche Regel der Immunität befindet sich seit längerem in einer Rückzugsbewegung.[565] Seitdem die Staaten begannen vermehrt im Bereich des Handelsverkehrs mitzuwirken, wurde mehr und mehr von der ursprünglich absoluten Immunität abstandgenommen.[566] Da sich die von den Staaten ausgeübten Tätigkeiten im Laufe der Zeit verändern, muss die Immunität entsprechend angepasst werden.

Moderne Staaten geben bis dato als klassische Hoheitsaufgaben betriebene Tätigkeiten auf. Ein Beispiel ist der Wechsel der deutschen Post vom staatlichen Sondervermögen hin zu einem börsennotierten Unternehmen. Andererseits werden die Staaten auch auf völlig neuen Betätigungsfeldern aktiv, so etwa durch finanzielle Beteiligung bei Unternehmen, durch finanzielle Absicherung mittels Staatsbürgschaften oder durch Gründung neuer staatlicher Einrichtungen wie Staatsfonds.

Alle diese Aktivitäten werden aus nachvollziehbaren staatlichen Interessen gestartet und können für den jeweiligen Staat und seine Gesellschaft große, wenn nicht sogar existentielle Bedeutung haben.

Dieser Aspekt allein kann aber die Annahme von hoheitlicher Tätigkeit und die Gewährung von Immunität nicht begründen. Vielmehr ist gerade auch bezüglich der Aktivitäten von Staatsunternehmen zu beachten, dass das Privileg der Immunität nur besonderen, den Staaten eigentümlichen Tätigkeiten vorbehalten bleiben soll, da der Hintergrund darin besteht, mithilfe der Immunität die Souveränität des beklagten Staates vor Eingriffen zu schützen. Ein solcher Eingriff liegt vor, wenn ein gleichgeordneter anderer Staat durch seine

564 BGE 106 Ia 142 (147) (zitiert aus der Internet-Datenbank des schweizerischen Bundesgerichts unter http://www.bger.ch/index.htm).

565 DÖRR, AVR 41 (2003) 201, 218.

566 Siehe dazu etwa bei VERDROSS/SIMMA, §1169.

Gerichte über den beklagten Staat urteilt und sich damit gleichsam über ihn stellt. Kommt es aus diesem Grunde zur Gewährung von Immunität, so hat dies immer zur Folge, dass der beklagte Staat in der jeweiligen Konfliktsituation begünstigt und der Kläger benachteiligt wird, da dieser dadurch seine eigentlich bestehenden Ansprüche nicht realisieren kann. Ferner kann der Gerichtsstaat in einer solchen Situation seine ihm zustehende Gerichtsbarkeit nicht ausüben und wird insoweit in seiner Staatsgewalt beschränkt. Jedem Sachverhalt, in dem die Immunität relevant wird, liegt also eine Interessenkollision zugrunde. Um diesen Konflikt zu lösen und sachgerechte Ergebnisse zu erzielen, darf dieser nur dann zu Gunsten der Immunität entschieden werden, wenn deren ursprünglicher Zweck, den Staat in seinem hoheitlichen Betätigungsfeld zu schützen, auch wirklich gegeben ist.

Indem das Merkmal ‚hoheitlich' wie hier vorgeschlagen bejaht wird, wenn die Tätigkeit nicht im Wettbewerb zu anderen Unternehmen ausgeübt wird, verbleiben als hoheitliche Tätigkeiten solche, die ausschließlich dem Staat vorbehalten, also regelmäßig dem originär staatlichen Kernbereich zuzuordnen sind, wie beispielsweise die diplomatische Repräsentation des Staates oder seine Verteidigung. Der Bereich an Tätigkeitsformen, für die Immunität gewährt wird, ist damit denkbar klein. Durch das Abstellen auf die Wettbewerbssituation lässt sich ein großer Bereich an ‚gewöhnlicher' Unternehmenstätigkeit aus dem Bereich der Hoheitlichkeit und damit von der Immunität ausschließen. Damit steht der erarbeitete Konkretisierungsvorschlag im Einklang mit den Entwicklungen im allgemeinen Immunitätsrecht, die Immunität immer restriktiver zu handhaben.

b.) Das Territorialitätsprinzip und der Grundsatz der Gebietsausschließlichkeit

Zu untersuchen ist nun, ob der oben entwickelte Ansatz mit dem Territorialitätsprinzip und dem Grundsatz der Gebietsausschließlichkeit in Einklang steht. Ein Abgleich mit diesen Prinzipien drängt sich im Zusammenhang mit der hier vorgenommenen Auseinandersetzung mit dem Begriff ‚hoheitlich' auf, da im Rahmen des Territorialitätsprinzips und des Grundsatzes der Gebietsausschließlichkeit das Merkmal ‚Hoheitsgewalt' von zentraler Bedeutung ist.

Diese beiden völkerrechtlichen Grundprinzipien[567] besagen, dass Staaten nur auf dem eigenen Staatsgebiet Hoheitsakte vornehmen und Rechte und Pflichten für die sich darauf befindenden Personen und Sachen begründen dürfen.[568] Alle anderen Staaten sind hiervon generell ausgeschlossen. Jede Setzung eines Hoheitsakts auf fremdem Staatsgebiet ist, wenn nicht eine Ausnahme einschlägig ist, grundsätzlich völkerrechtswidrig.[569] Geschützt wird die Gebietshoheit und damit die Souveränität des anderen Staates.[570]

Auch bei der Immunitätsproblematik geht es um die Vornahme hoheitlicher Tätigkeiten außerhalb des eigenen Staatsgebiets. Nur wenn Staaten bzw. Staatsunternehmen auf fremdem Territorium tätig sind bzw. Handlungen ausüben, die sich auf fremdes Territorium auswirken, entstehen Konflikte, in denen die Immunität relevant wird. Die Immunität dient gerade dazu, die Funktionsfähigkeit staatlichen Handelns nach außen zu schützen,[571] denn sie basiert auf dem Gedanken, dass kein Staat über einen anderen urteilen soll. Insoweit kann denknotwendigerweise hoheitliches Handeln im Zusammenhang mit der Immunitätsproblematik nicht auf den staatsinternen Bereich beschränkt sein, sondern kann unter Umständen auch außerhalb des eigenen Territoriums erfolgen.

Dies widerspricht aber nicht den Vorgaben des Territorialitätsprinzips und des Grundsatzes der Gebietsausschließlichkeit. Nach diesen Prinzipien dürfen Staaten zwar nicht ohne besonderen Rechtfertigungsgrund außerhalb ihres Staatsgebiets handeln,[572] sie können es faktisch aber sehr wohl. Die Konsequenz ist lediglich, dass das Verhalten dann gegebenenfalls völkerrechtswidrig ist, was aber an der Qualifikation als ‚hoheitlich' nichts ändert.

---

567 Diese beiden Prinzipien lassen sich auf die sog. Lotus-Entscheidung des Ständigen Internationalen Gerichtshofs aus dem Jahre 1927 zurückführen lassen, in der sich der Gerichtshof grundlegend mit der staatlichen Souveränität auseinandersetzte. Siehe PCIJ Series A, No. 10 (1927)

568 IPSEN, §23 Rn. 69, 71; HOBE, S. 96.

569 Vgl. HOBE, S. 96.

570 HERDEGEN, §28 Rn. 8.

571 BGH, Beschluss vom 1.10.2009, Az. VII ZB 37/08 (zitiert aus juris).

572 Vgl. HOBE, S. 96.

Dies wurde auch im Bereich der Immunitätsproblematik festgestellt. So hat zum Beispiel das Bundesverfassungsgericht im sog. Distomo-Fall, in dem eine deutsche SS-Einheit in Griechenland an den Kämpfen unbeteiligte Bürger getötet hat, ausdrücklich erklärt, dass die Übergriffe, unabhängig von der Frage ihrer Völkerrechtswidrigkeit, als Hoheitsakte einzuordnen seien.[573]

Der Grundsatz der Gebietsausschließlichkeit und das Territorialitätsprinzip stehen wie die Entwicklungen im allgemeinen Immunitätsrecht dem hier entwickelten Konkretisierungsvorschlag hinsichtlich des Begriffes ‚hoheitlich' folglich nicht entgegen.

4.) Ergebnis

Die obigen Ausführungen zeigen, dass der in der vorliegenden Arbeit entwickelte Konkretisierungsvorschlag sowohl mit den allgemeinen Entwicklungen im Bereich der Immunität als auch mit traditionellen Grundsätzen des Völkerrechts in Einklang steht. Er bildet damit insgesamt eine geeignete, moderne Begriffsbestimmung des für die Immunitätsproblematik relevanten Merkmals ‚hoheitlich'.

Mithilfe dieses Konkretisierungsvorschlages wird die bisherige Tendenz in der vorwiegend deutschen Rechtsprechung sachgerecht konkretisiert und kann damit einen zeitgemäßen ersten ‚Baustein' für ein neues Völkergewohnheitsrecht bilden. Auf diese Weise kann die bei der Immunität von Staatsunternehmen überwiegend anerkannte, funktionale Betrachtungsweise konsequent fortgeführt werden. Diese entwickelte sich, weil durch das Abstellen auf die jeweils wahrgenommenen Funktionen des Staatsunternehmens über dessen Immunität mittels objektiver und beständiger Kriterien entschieden werden kann. Im Zuge dessen wurde auf das formale Kriterium der rechtlichen Selbstständigkeit verzichtet, da dieses Merkmal gerade nicht die gewünschte Beständigkeit aufweist, sondern der möglichen Einflussnahme durch den jeweiligen Staat unterliegt.

Um diesen Entwicklungen Rechnung zu tragen, kann zur Konkretisierung des Begriffes ‚hoheitlich' wie soeben gezeigt[574] nicht auf die dargestellten formalen Kriterien der öffentlich-rechtlichen Handlungsform oder des Subordinationsverhältnisses abgestellt werden. Sachgerechte Ergebnisse sind nur zu erzielen, wenn der Begriff ‚hoheitlich' im Sinne des hier erarbeiteten Konkre-

573 Beschluss des BVerfG vom 15.2. 2006, Az. 2 BvR 1476/03 (zitiert aus juris).

574 Siehe dazu oben unter C IV 2 c.).

tisierungsvorschlages verstanden wird. Danach steht im Mittelpunkt der Entscheidung über die Gewährung von Immunität allein die Tatsache, ob sich die Unternehmenstätigkeit von der Tätigkeit anderer ‚gewöhnlicher' Unternehmen unterscheidet.

Maßgeblich ist damit entsprechend der funktionalen Betrachtungsweise die jeweilige Funktion des Unternehmens.

Verglichen mit den Ergebnissen, die bei einer Anwendung der Immunitätsübereinkommen eintreten, führt die Anwendung des Konkretisierungsvorschlags in einigen (wesentlichen) Punkten zu einer restriktiveren Form von Immunität. Diesbezüglich ist anzumerken, dass sich nur die Ergebnisse hinsichtlich der Gewährung von Immunität miteinander vergleichen lassen, zu denen es bei Anwendung des oben entwickelten Ansatzes und nach Maßgabe der Übereinkommen kommen würde. Dies liegt daran, dass die Immunitätsübereinkommen keine ausdrückliche Definition des Begriffs ‚hoheitlich' enthalten. Anders als nach der im westeuropäischen Rechtskreis vorwiegend praktizierten abstrakten Entscheidung zwischen hoheitlichem und nicht hoheitlichem Verhalten werden in den Übereinkommen ausschließlich bestimmte Verhaltensweisen konkret aufgelistet, für die keine Immunität gewährt wird. Das Eingreifen einer solchen Immunitätsausnahme besagt aber nicht unmittelbar etwas über die Einstufung der jeweiligen Handlung als hoheitlich oder nicht hoheitlich, sondern führt nur zu der Erkenntnis, ob Immunität zu gewähren ist oder nicht.

Dies wird beispielweise anhand der in Bezug auf die Tätigkeit von Staatsunternehmen besonders relevanten Fallgruppen der Artikel 6, 7 und 8 EuÜSI sowie Art. 10, 14 und 15 UnÜSI deutlich. Diese betreffen Verfahren im Zusammenhang mit gewerblicher, kaufmännischer, finanzieller und kommerzieller Tätigkeit, geistigem Eigentum und Urheberrechten sowie der Beteiligung an Gesellschaften. Die Vorschriften behandeln damit solche Tätigkeiten, bei denen es sich gerade um die Standardfälle von unternehmerischer Tätigkeit handelt, und klammern sie aus dem Bereich der Immunität aus.

Auch bei einer Anwendung des Konkretisierungsvorschlages auf diese Tätigkeiten wäre keine Immunität zu gewähren: Die Normen beschreiben Tätigkeitsformen, die regelmäßig von Privaten konkurrierend ausgeübt werden. Besonders deutlich wird dies in Art. 10 UnÜSI. Dort ist von ‚commercial' und damit implizit von Gewinnstreben die Rede. Gerade die kommerzielle Ausrichtung zeichnet eine gewöhnliche, von Privaten ausgeübte Tätigkeit aus.

Allerdings sind die Anwendung der Übereinkommen und die des Konkretisierungsvorschlages im Ergebnis nicht vollkommen deckungsgleich. Von den in den Übereinkommen genannten Fallgruppen, für die keine Immunität gewährt wird, sind solche Tätigkeiten nicht erfasst, die zwar nicht kommerziell ausgerichtet sind, aber dennoch auch durch Private ausgeübt werden. Für diese Tätigkeiten könnten Staatsunternehmen nach den Übereinkommen regelmäßig Immunität beanspruchen, nach Maßgabe des Konkretisierungsvorschlages hingegen nicht. Wie oben ausführlich dargelegt, stellt der Aspekt der Kommerzialisierbarkeit der Tätigkeit bzw. der Gewinnerzielungsabsicht kein überzeugendes Kriterium zur Entscheidung über die Gewährung von Immunität dar.[575] Im Gegensatz dazu wird es hier als entscheidungsrelevant gesehen und daher zum zentralen Merkmal des entwickelten Konkretisierungsvorschlages erklärt, ob die jeweilige Tätigkeit auch von anderen Unternehmen ausgeübt wird, also eine Wettbewerbssituation erkennbar ist.

Das hat zur Folge, dass nach dem entwickelten Konkretisierungsvorschlag der Umfang der Immunität geringer ausfällt als nach Maßgabe der Übereinkommen. Der Konkretisierungsvorschlag weicht also in Teilen von den Vorgaben der Übereinkommen ab.

Auf den ersten Blick erscheint dies insofern nicht unbedenklich, als das Europäische Übereinkommen für seine acht Mitgliedstaaten Bindungswirkung entfaltet und das UN-Übereinkommen in seinem momentanen unverbindlichen Rahmen jedenfalls einen Konsens zwischen den verschiedenen Staaten darstellt. Folglich müssten die Gerichte bei der Anwendung des Konkretisierungsvorschlages in den genannten Fällen entgegen der Vorgaben der Übereinkommen entscheiden.

Dies kann aber dem Konkretisierungsvorschlag nicht entgegengehalten werden. Dass eine Fortentwicklung und damit auch ein entsprechender Vorschlag wie der hier Entwickelte vom *status quo* abweichen (müssen), liegt in der Natur der Sache. Anderenfalls bliebe es lediglich bei einer Form der Auslegung des bestehenden Rechts, welche die Entwicklung der Immunität letztlich nicht weiterbringen würde.

Langfristig kann diese Situation voneinander abweichender Vorgehensweisen dadurch aufgehoben werden, dass die neue Tendenz in der Rechtsprechung mithilfe des Konkretisierungsvorschlages zu Völkergewohnheitsrecht erstarkt. Ist dies der Fall, so würde sie das bestehende Völkervertragsrecht derogieren, denn auch im Völkerrecht gilt der Grundsatz „*lex posterior dero-*

575 Siehe oben unter C, IV, 2c, bb, aa, (2).

gat legi priori".[576] Dass es bis dahin im Einzelfall aufgrund der parallel existierenden Vorgehensweisen zu Konfliktsituationen kommen kann, liegt wie schon oben erklärt in der Natur und der Entstehung von Völkergewohnheitsrecht.[577]

Insgesamt ist es folglich nur konsequent, dass der Konkretisierungsvorschlag im Ergebnis mit den Immunitätsübereinkommen teilweise nicht in Einklang steht und eine restriktivere Handhabung der Immunität bedeutet als von diesen vorgegeben. Denn wie gezeigt, stehen der erarbeitete Vorschlag und die Tendenz in der Rechtsprechung im Einklang mit den allgemeinen Entwicklungen und Prinzipien im Immunitäts- und Völkerrecht und haben damit gegenüber der aktuellen Rechtslage die überzeugenderen Argumente auf ihrer Seite.

V.) Die aktuelle Rechtslage zur Immunität von Staatsunternehmen im Vollstreckungsverfahren

Schon die Erhebung einer Klage in einem Staat gegen ein Staatsunternehmen eines anderen Staats wird als Eingriff in dessen Souveränität angesehen und daher nur unter den oben dargestellten Bedingungen als zulässig angesehen. Bei einem solchen Eingriff handelt es sich primär um einen symbolischen bzw. ideellen Eingriff, eine tatsächliche Beeinträchtigung der Staatstätigkeit erfolgt durch einen solchen im Erkenntnisverfahren erstrittenen Titel regelmäßig noch nicht. Konkrete und damit auch für die Allgemeinheit sichtbare Beeinträchtigungen drohen erst im Vollstreckungsverfahren.

Die Immunität im Erkenntnisverfahren stellt zwar eine Hürde dar, die einen bestimmten Teil der Ansprüche gegenüber dem Staat bzw. Staatsunternehmen abwehren kann. Zu beachten ist aber, dass nicht alle gegen einen Staat bzw. gegen ein Staatsunternehmen erlangten Titel aus einem Erkenntnisverfahren resultieren, in dem die Grundsätze der Staatsimmunität für das erkennende Gerichts relevant und von diesem beachtet werden müssen. Der Fall „Sedelmayer gegen Russland" zeigt, dass beispielsweise auch der Weg über ein Schiedsgericht möglich ist. Hier gelten andere Regeln.

Folglich ist die Frage zu klären, inwieweit aus einem Titel in Vermögenswerte eines Staatsunternehmens vollstreckt werden kann oder ob sich ein Staatsunternehmen in einem solchen Vollstreckungsverfahren auf Immunität

---

576 Hobe, S. 182; Schweisfurth, Rn. 134; Ipsen, §15 Rn. 111.

577 Siehe oben unter C, III, 3c.).

berufen kann. Als Grundlage dafür kommen wiederum das Völkervertrags- und -gewohnheitsrecht in Betracht.

1.) Die Immunität von Staatsunternehmen im Völkervertragsrecht

Das UN-Übereinkommen über Staatenimmunität regelt wie oben erwähnt die Vollstreckungsimmunität im Wesentlichen in Art. 19.[578] In dieser Vorschrift wird neben zwei Varianten von Verzicht auf Vollstreckungsimmunität die Vollstreckung für den Fall gestattet, dass das jeweilige Objekt anderen als staatlichen, nicht kommerziellen Zwecken dient. In Art. 21[579] werden dann Beispiele für solche Vermögenswerte genannt, die nicht kommerziellen Zwecken dienen und folglich von der Vollstreckung ausgenommen sind: Eigen-

---

578 Art. 19 UnÜSI: No post-judgment measures of constraint, such as attachment, arrest or execution, against property of a State may be taken in connection with a proceeding before a court of another State unless and except to the extent that: (a) the State has expressly consented to the taking of such measures as indicated: (i) by international agreement; (ii) by an arbitration agreement or in a written contract; or (iii) by a declaration before the court or by a written communication after a dispute between the parties has arisen; or (b) the State has allocated or earmarked property for the satisfaction of the claim which is the object of that proceeding; or (c) it has been established that the property is specifically in use or intended for use by the State for other than government non-commercial purposes and is in the territory of the State of the forum, provided that postjudgment measures of constraint may only be taken against property that has a connection with the entity against which the proceeding was directed.

579 Art. 21 UnÜSI: 1. The following categories, in particular, of property of a State shall not be considered as property specifically in use or intended for use by the State for other than government non-commercial purposes under article 19, subparagraph (c): (a) property, including any bank account, which is used or intended for use in the performance of the functions of the diplomatic mission of the State or its consular posts, special missions, missions to international organizations or delegations to organs of international organizations or to international conferences; (b) property of a military character or used or intended for use in the performance of military functions; (c) property of the central bank or other monetary authority of the State; (d) property forming part of the cultural heritage of the State or part of its archives and not placed or intended to be placed on sale; (e) property forming part of an exhibition of objects of scientific, cultural or historical interest and not placed or intended to be placed on sale. 2. Paragraph 1 is without prejudice to article 18 and article 19, subparagraphs (a) and (b).

tum, das der diplomatischen Mission oder militärischen Zwecken dient, solches, das der Zentralbank zusteht, Kulturgüter sowie Teile einer Ausstellung von wissenschaftlichem, kulturellem oder historischem Interesse, die nicht zum Verkauf bereit stehen.

Das Übereinkommen beinhaltet mit Ausnahme der Regelung über das Vermögen von Zentralbanken keine Sonderregeln für Staatsunternehmen.

Es ist daher davon auszugehen, dass für Staatsunternehmen, soweit sie nach Art. 2 Abs. 1 b, iii.) UnÜSI bei hoheitlicher Tätigkeit mit dem dahinterstehenden Staat gleichgesetzt werden, diese Regeln ebenfalls gelten.

Dafür spricht auch der Wortlaut von Art. 19 (c) UnÜSI: „*...provided that postjudgment measures of constraint may only be taken against property that has a connection with the entity against which the proceeding was directed*". Anhand des umfassenden Ausdrucks '*entity*' ergibt sich, dass von dieser Regel auch sonstige staatliche Einrichtungen umfasst sind.

Demnach gilt auch für Staatsunternehmen eine restriktive Vollstreckungsimmunität in der Form, dass sich Zentralbanken immer auf Vollstreckungsimmunität berufen können und alle hoheitlich tätigen Staatsunternehmen jedenfalls dann, wenn keine der in Art. 19 UnÜSI genannten Ausnahmen eingreift.

Zu beachten ist aber auch an dieser Stelle, dass das UN-Übereinkommen noch nicht in Kraft getreten ist und daher nur Rückschlüsse auf die Rechtsauffassung der Signatarstaaten aber keine vertraglich-verbindlichen Vorgaben bietet.

Die Regeln des Europäischen Übereinkommens zur Vollstreckungsimmunität sind nicht so ergiebig. Das Übereinkommen enthält allgemeine Angaben zur rechtlichen Behandlung von staatlichen Rechtsträgern lediglich in seinem Art. 27. Dort wird wie oben dargestellt zwischen rechtlich selbstständigen und rechtlich unselbstständigen Unternehmen differenziert: Unternehmen ohne eigene Rechtspersönlichkeit werden vollkommen mit dem Staat gleichgestellt, solchen mit eigener Rechtspersönlichkeit wird zumindest bei hoheitlichem Verhalten nach Art. 27 Nr. 2 EuÜSI Immunität gewährt.

Problematisch ist, dass der Wortlaut der Vorschrift unklar gefasst ist. So ist von „*vor den Gerichten eines anderen Vertragsstaats wie eine Privatperson in Anspruch genommen werden*" die Rede. Es finden sich aber keine klaren Äußerungen dazu, ob davon lediglich das Erkenntnisverfahren betroffen ist oder auch das Vollstreckungsverfahren.

Dadurch, dass sich aber im Anschluss die Formulierung „*die Gerichte können ... entscheiden*" findet, spricht einiges dafür, dass lediglich die Immunität im Erkenntnisverfahren angesprochen ist.

Dies lässt sich mit den Erläuterungen des Explanatory Reports untermauern.[580] Dort heißt es in Randnummer 107: "*As an important consequence of paragraph 1 provisions of the Convention which lay down special rules for proceedings to which one of the parties is a State (Articles 16-19), those dealing with the obligation to comply with a judgment or a settlement (Articles 20-22), and those prohibiting execution in the territory of the State of the forum (Article 23), do not apply to such entities [legal entity established under the authority of the State and exercising public functions].*" Demnach finden die Regeln zur Vollstreckungsimmunität keine Anwendung auf rechtlich selbstständige Staatsunternehmen, nur rechtlich unselbstständige Unternehmen können sich wie die Staaten auf die im Europäischen Übereinkommen über Staatenimmunität geregelte Vollstreckungsimmunität berufen.

Da das Übereinkommen also bezüglich der Vollstreckungsimmunität von rechtlich selbstständigen Einrichtungen keine Regelungen beinhaltet, muss insoweit auf das Völkergewohnheitsrecht zurückgegriffen werden.[581]

2.) Die Immunität von Staatsunternehmen im Völkergewohnheitsrecht

Zu untersuchen ist nun, wie in verschiedenen Staaten die Vollstreckungsimmunität von Staatsunternehmen praktiziert wird, also ob sich auch rechtlich selbstständige, hoheitlich tätige Unternehmen unter bestimmten Voraussetzungen auf den Grundsatz der Vollstreckungsimmunität berufen können, wie es das neuere UN-Übereinkommen zulässt.

Für den Nachweis einer entsprechenden völkergewohnheitsrechtlichen Regel ist wiederum entscheidend, wie die Vollstreckungsimmunität von Staatsunternehmen in verschiedenen Staaten praktiziert wird.

---

580 http://conventions.coe.int/treaty/en/Reports/Html/074.htm

581 So auch KARCZEWSKI, RabelsZ 54 (1990) 533, 542, 547 mit kritischen Anmerkungen.

a.) Das Recht der Vollstreckungsimmunität von Staatsunternehmen in der Bundesrepublik Deutschland

Zunächst wird die deutsche Rechtspraxis analysiert.

aa.) Die Trendtex-Entscheidung des LG Frankfurt aus dem Jahre 1975

In der schon oben bezüglich der Immunität im Erkenntnisverfahren untersuchten Entscheidung des LG Frankfurt aus dem Jahre 1975[582] im sog. Trendtex-Fall ging es unter anderem um die Anordnung eines dinglichen Arrests gegenüber der Central Bank of Nigeria zur Sicherung der Durchsetzung der geltend gemachten Forderung sowie um die Vollstreckung dieser Anordnung.

Das Gericht stellte fest, dass der Zwangsvollstreckung aus einem Arrest lediglich diejenigen Sachen entzogen seien, welche als solche dem öffentlichen Dienst des Staates gewidmet sind. Das Arrestbegehren der Antragstellerin richte sich aber gegen inländische Geld- und Wertpapierkonten der Zentralbank, und damit auf Gegenstände, die nicht „im öffentlichen Dienst" standen.[583] Deswegen sah das LG Frankfurt seine Gerichtsbarkeit als gegeben an.

Aus der Vorgehensweise des Gerichts ergibt sich, dass das Gericht hier zwar keine klare Position zum Umfang der Vollstreckungsimmunität eines Staatsunternehmens getroffen hat. Es hat aber im konkreten Fall die Zweckbestimmung des Vollstreckungsobjekts untersucht und die Frage der Immunität davon abhängig gemacht. Nicht unmittelbar in seine Erwägungen einbezogen hat es hingegen die Eigenschaft als Staatsunternehmen bzw. -bank. Damit wird deutlich, dass das LG Frankfurt jedenfalls nicht von vorneherein ausschließt, dass ein staatliches Unternehmen Vollstreckungsimmunität beanspruchen kann.

bb.) Entscheidungen zur National Iranian Oil Company in den 80er Jahren

Mit der Vollstreckungsimmunität eines anderen Staatsunternehmens, nämlich der National Iranian Oil Company, beschäftigten sich deutsche Gerichte in den 80er Jahren.

582 LG Frankfurt, Urteil vom 2. 12. 1975, Az. 3/8 O 186/75, NJW 1976, 1044ff, siehe oben unter C, II, 2a, aa.).

583 LG Frankfurt, 2. 12. 1975, NJW 1976, 1044, 1045.

Im Jahr 1981 entschied das OLG Frankfurt darüber, ob Forderungen, die die National Iranian Oil Company gegen Banken in Deutschland hatte, gepfändet werden durften oder ob sich das Unternehmen insoweit auf Immunität berufen konnte.[584] Wie schon oben bei den Ausführungen zur Immunität im Erkenntnisverfahren dargestellt, erklärte das Gericht zunächst abstrakt, dass wirtschaftliche Unternehmen eines ausländischen Staates, denen dieser die Stellung einer selbständigen juristischen Person verliehen hat, wie in der deutschen Rechtsprechung und Rechtslehre seit jeher anerkannt sei, keine Immunität genössen. Im Anschluss daran führte es aus, dass sofern die gepfändeten Forderungen der Arrestschuldnerin zuständen, diese folglich nicht der Immunität unterlägen.

Entscheidendes Kriterium ist für das Gericht also auch hier, wie zu der damaligen Zeit bezüglich des Erkenntnisverfahrens üblich, die rechtliche Selbstständigkeit des (wirtschaftlichen) Unternehmens.

Auch im Folgejahr wurde das OLG Frankfurt in einem Verfahren betreffend die National Iranian Oil Company aktiv.[585] Neben den ausführlichen Erläuterungen zur Immunität im Erkenntnisverfahren[586] finden sich in der Entscheidung aber kaum Hinweise auf die Position des Gerichts zur Vollstreckungsimmunität. Es erklärte insoweit lediglich, dass der Senat Zweifel daran habe, ob diese zu bejahen sei, ließ die Entscheidung aber im Hinblick auf die von dem beklagten Unternehmen eingelegte Verfassungsbeschwerde offen.

Folglich ist zu untersuchen, was das Bundesverfassungsgericht zu dieser Problematik entschieden hat.

Gegenstand dieser Entscheidung aus dem Jahre 1983 war wiederum die Frage, ob Forderungen der im Eigentum der Republik Iran stehenden Aktiengesellschaft bei deutschen Banken gepfändet werden durften.[587]

In diesem Zusammenhang hat das Gericht erklärt, dass der Gerichtsstaat nicht daran gehindert sei, das betreffende Unternehmen als Forderungsberechtigten anzusehen und aufgrund eines gegen dieses Unternehmen gerichteten Vollstreckungstitels, der in einem vorläufigen Rechtsschutzverfahren über ein nichthoheitliches Verhalten des Unternehmens ergangen ist, zur Sicherung des titulierten Anspruchs die betreffenden Forderungen zu pfänden.

---

584 OLG Frankfurt, 11.5.1981, Az. 20 W 422/80, NJW 1981, 2650ff.

585 OLG Frankfurt, 4.5.1982, IPRax 1983, 68ff.

586 Siehe dazu oben unter C, II, 2a, bb.).

587 BVerfGE 64,1.

Ob rechtsfähige Unternehmen eines fremden Staates Träger eines völkergewohnheitsrechtlichen Anspruchs auf Befreiung von nationaler Gerichtsbarkeit sein können oder ihrem "Mutterstaat" insoweit gänzlich oder in bestimmten Hinsichten völkerrechtlich gleichgestellt sind, hat das Bundesverfassungsgericht jedoch ausdrücklich offengelassen. Der Grund dafür lag nach Auffassung des Gerichts darin, dass im konkreten Fall auch ein Staat sich nicht auf den Grundsatz der Vollstreckungsimmunität hätte berufen können, da das Gericht die Forderungen als nicht hoheitlichen Zwecken dienend und damit als nicht immunitätsfähig einstufte.[588]

Zu beachten ist aber, dass, wie aus der Entscheidung des Bundesverfassungsgerichts hervorgeht, mehrere zuvor mit der Sache befasste Gerichte die Immunität der National Iranian Oil Company unter Verweis auf ihre rechtliche Selbstständigkeit ablehnten. Das Bundesverfassungsgericht hätte folglich auch dieser (einfacheren) Vorgehensweise folgen können und die Vollstreckungsimmunität aus diesem Grunde ablehnen können. In der Tatsache, dass es aber geprüft hat, ob sich ein Staat in derselben Situation auf Vollstreckungsimmunität hätte berufen können, kann eine Tendenz dahingehend gesehen werden, dass das Gericht einer immunitätsrechtlichen Gleichstellung von Staatsunternehmen und Staat im Rahmen der Vollstreckungsimmunität zumindest offen gegenüber steht.[589]

cc.) Seit 2008 ergangene Entscheidungen in Bezug auf ein russisches Staatsunternehmen

Soweit ersichtlich ergingen erst im Jahre 2008 erneut Entscheidungen, die die Vollstreckungsimmunität im Hinblick auf Staatsunternehmen betrafen. So befasste sich das OLG Köln zweimal als Berufungsinstanz jedenfalls mittelbar mit der Zulässigkeit von Vollstreckungsmaßnahmen gegen ein als juristische Person nach russischem Recht in Deutschland agierendes Staatsunternehmen.[590]

Das OLG Köln äußerte sich jedoch in beiden Fällen nicht ausdrücklich zu der Frage, ob und inwieweit sich ein Staatsunternehmen auf Vollstreckungs-

588 BVerfGE 64, 1, 23,42.

589 So im Ergebnis auch KRAUSKOPF/STEVEN, WM 2000, 269, 271.

590 OLG Köln, Urteil vom 18.03.2008, Az. 22 U 98/07 und OLG Köln, 18.03.2008, Az. 22 U 99/07 (jeweils zitiert aus juris).

immunität berufen könne. Dies lag daran, dass in der den Fällen zugrunde liegenden Sachverhaltskonstellation ein Deutscher gegen den Staat Russland einen Titel erwirkt hatte und nun versuchte, aus diesem die Zwangsvollstreckung zu betreiben.[591] Es ging also nicht um die Durchsetzung von Ansprüchen gegen das Staatsunternehmen sondern gegen den Staat Russland selbst. Das Unternehmen war in den Rechtsstreit nur deswegen (mittelbar) involviert, weil es Rechte an dem Grundstück geltend machte, in das der Kläger vollstrecken wollte. Insoweit lässt sich den Urteilen kein eindeutiger Hinweis auf die Position des OLG Köln bezüglich der Immunität von Staatsunternehmen entnehmen.

Lediglich in einem der Urteile prüfte das OLG, welchen Zwecken das von der Vollstreckung betroffene Grundstück diente und kam zu dem Ergebnis, dass es keinem öffentlichen Zweck gewidmet sei, sodass folglich auch die von dem Staatsunternehmen erzielten Erträge keinen hoheitlichen Zwecken im Sinne der Vollstreckungsimmunität dienten.[592] Diese Schlussfolgerung in Bezug auf das Staatsunternehmen kann allenfalls als eine Tendenz dahingehend gewertet werden, dass das Gericht eine Vollstreckungsimmunität des Unternehmens nicht vollständig ausschließt, da ansonsten diese Ausführungen überflüssig wären.

Mit diesem letzteren Urteil des OLG Köln hatte sich der Bundesgerichtshof im Rahmen einer Beschwerde gegen die Nichtzulassung der Revision zu befassen.[593] Im Ergebnis wies der BGH die Beschwerde zurück, er hat jedoch in Bezug auf die Vollstreckungsimmunität zwei wesentliche Dinge festgestellt: Zunächst erklärte er, dass die erhobene Drittwiderspruchsklage nach §771 ZPO grundsätzlich nur mit dem materiellen Recht des Klägers begründet und nicht auf die Verletzung vollstreckungsrechtlicher Verfahrensvorschriften wie den Grundsatz der Vollstreckungsimmunität gestützt werden könne.[594] Nach Auffassung des BGH stellt damit die Vollstreckungsimmunität kein die Veräußerung hinderndes Recht im Sinne des §771 ZPO dar mit der Folge, dass sich fremde Staaten oder Staatsunternehmen mithilfe der Vollstreckungsimmunität jedenfalls nicht im Rahmen einer Drittwiderspruchsklage vor einem Zugriff auf hoheitlichen Zwecken dienende Objekte schützen können.

---

591 Zum Hintergrund der Fälle siehe beispielsweise den Artikel aus der Süddeutschen Zeitung vom 20.3.2008: http://www.sueddeutsche.de/politik/40/436785/text/.

592 OLG Köln, Urteil vom 18.03.2008, Az. 22 U 98/07 (zitiert aus juris).

593 BGH, Beschluss vom 6.11. 2008, Az. IX ZR 64/08 (zitiert aus juris).

594 BGH, Beschluss vom 6.11. 2008, Az. IX ZR 64/08, Rn. 2 (zitiert aus juris).

Ob dies der bestehenden Völkerrechtslage entspricht oder der Souveränität des fremden Staates widerspricht, kann hier dahin stehen. Für die hier in Rede stehende Frage, ob und unter welchen Voraussetzungen sich ein Staatsunternehmen überhaupt auf den Grundsatz der Vollstreckungsimmunität berufen kann, sind diese Aspekte unbedeutend.

Der Bundesgerichtshof hat aber daneben angemerkt, dass es durch die Rechtsprechung des Bundesverfassungsgerichts geklärt sei, dass unter Berücksichtigung des Völkerrechts Vermögen eines fremden Staates, welches nicht hoheitlichen Zwecken des fremden Staates diene, dem Vollstreckungszugriff aus einem Vollstreckungstitel gegen den fremden Staat, der über ein nicht-hoheitliches Verhalten dieses Staates ergangen ist, offen stehe. Was für den fremden Staat selbst gelte, habe auch gegenüber dem rechtsfähigen Unternehmen des fremden Staates Gültigkeit, dem jedenfalls keine weitergehende Immunität zukommen könne.[595]

Zunächst ist diesbezüglich anzumerken, dass die Bezugnahme des BGH auf die Rechtsprechung des Bundesverfassungsgerichts problematisch ist. Denn wie bereits oben dargestellt hat das Bundesverfassungsgericht in diesem Fall die Frage nach der Immunität von Staatsunternehmen ausdrücklich offen gelassen.[596] Insbesondere hat es den Rückschluss, den der BGH von der Staatenimmunität auf die Immunität des Staatsunternehmens gezogen hat, nur rein hypothetisch für den immunitätsfreundlichsten Fall vorgenommen. Sachlich entschieden hat das Bundesverfassungsgericht den Fall also nicht.

Insoweit ist die Argumentation des BGH dogmatisch unsauber. Allenfalls die Aussage, dass die Immunität des Unternehmens nicht weitergehen könne als die des Staates, kann aus der hypothetischen Vorgehensweise des Bundesverfassungsgerichts entnommen werden.

Wenn auch die Bezugnahme auf die Rechtsprechung des Bundesverfassungsgerichts dogmatische Bedenken hervorruft, so bleibt aber festzustellen, dass der BGH jedenfalls eine eindeutige eigene Position zur Immunität von Staatsunternehmen eingenommen hat, indem er diese der allgemeinen Staatenimmunität gleichstellt.

595 BGH, Beschluss vom 6.11. 2008, Az. IX ZR 64/08, Rn. 12 (zitiert aus juris).
596 Siehe oben unter C, V, 2a,bb.).

Im Jahr 2008 hatte sich außerdem das Bundesverfassungsgericht mit der dargestellten Fallkonstellation zu befassen, weil das russische Staatsunternehmen eine Verletzung seiner grundrechtsgleichen Rechte aus Art. 101 Abs. 1 Satz 2 und Art. 103 Abs. 1 GG rügte.[597]

Im Ergebnis hat es die Verfassungsbeschwerde nicht zur Entscheidung angenommen, da sie keine grundsätzliche Bedeutung habe und ihre Annahme zur Entscheidung auch nicht zur Durchsetzung der in §90 Abs. 1 BVerfGG bezeichneten Rechte angezeigt sei, da sie keine Aussicht auf Erfolg habe. Die Verfassungsbeschwerde sei außerdem unzulässig, weil sie nicht in hinreichend substantiierter Weise begründet sei.

Das Bundesverfassungsgericht hat also die Sache aus formellen Gründen abgelehnt und inhaltlich die aufgeworfenen Fragen nicht entschieden.

Es hat sich aber dennoch zu der Vollstreckungsimmunität eines Staatsunternehmens geäußert. Das Gericht erklärte:

„Darüber hinaus ist die aus der Staatenimmunität abgeleitete Vollstreckungsimmunität ein Schutzrecht zugunsten der Staaten. [...]Hier geht es indes um eine Drittwiderspruchsklage des Staatsunternehmens, das sich auf den Grundsatz der Vollstreckungsimmunität beruft. Dieser Grundsatz müsste also nicht nur zugunsten des Staates, sondern auch zugunsten einer mit dem Staat nicht identischen juristischen Person herangezogen werden können. Dies ist auch das Anliegen der Beschwerdeführerin, die sich nicht für die Russische Föderation auf die Vollstreckungsimmunität beruft, sondern der Auffassung ist, ihr eigenes Recht zur Wirtschaftsführung über das Grundstück, welches von dem staatlichen Eigentum gerade zu unterscheiden sei, werde durch die Vollstreckung in völkerrechtswidriger Weise betroffen. Die Anwendung staatengerichteter Grundsätze auf natürliche oder juristische Personen ist aber dem Völkerrecht grundsätzlich fremd; um so mehr hätte es einer näheren Erörterung dieser Frage durch die Beschwerdeführerin bedurft, an der es weitgehend fehlt.“

Das Bundesverfassungsgericht führte ferner aus:

„Demgegenüber hätte es einer nachvollziehbaren Auseinandersetzung mit der Frage bedurft, inwiefern und aus welchen Gründen der staatengerichtete Grundsatz der Vollstreckungsimmunität nicht nur im Rahmen der vollstreckungsrechtlichen Rechtsbehelfe der Russischen Föderation als Grundstücks-

597 Bundesverfassungsgericht, Beschluss vom 15.12.2008, Az. 2 BvR 2495/08 (zitiert aus juris).

eigentümerin, sondern auch im Rahmen der Drittwiderspruchsklage der Beschwerdeführerin zu berücksichtigen sein soll. Warum die Beschwerdeführerin zu ihren eigenen Gunsten den Grundsatz der Vollstreckungsimmunität anführen können soll, wird nicht überzeugend erörtert. Die nachvollziehbare Argumentation von Oberlandesgericht und Bundesgerichtshof dazu, dass das Recht der Beschwerdeführerin zur Wirtschaftsführung nach Maßgabe des einfachen Rechts kein die Veräußerung hinderndes Recht im Sinne von § 771 ZPO darstellt, müsste die Beschwerdeführerin unmittelbar unter Rückgriff auf den Grundsatz der Vollstreckungsimmunität zu erschüttern suchen.“

Das Bundesverfassungsgericht wirft also zum einen die Frage auf, ob der Grundsatz der Vollstreckungsimmunität als an sich originär staatliches Schutzrecht auch zugunsten eines Staatsunternehmens herangezogen werden kann. In der Sache dazu geäußert hat das Gericht sich aber nicht. Die Tatsache, dass es angemerkt hat, dass diese Problematik einer näheren Erörterung durch die Beschwerdeführerin bedurft hätte, spricht dafür, dass das Bundesverfassungsgericht dem nicht unkritisch gegenübersteht. Allerdings kann das insoweit einzige Argument des Gerichts, nämlich dass die Anwendung staatengerichteter Grundsätze auf natürliche oder juristische Personen dem Völkerrecht grundsätzlich fremd sei, in dieser Knappheit nicht überzeugen. Wie oben gezeigt, besteht gerade im Bereich der Immunität im Erkenntnisverfahren die Tendenz, Staaten und staatliche Unternehmen bei hoheitlicher Tätigkeit gleich zu behandeln und damit an sich staatliche Prinzipien auch auf selbstständige Unternehmen anzuwenden. Deswegen wären weitere Ausführungen im Hinblick auf die gerichtlichen Bedenken bezüglich der Vollstreckungsimmunität von Staatsunternehmen wünschenswert gewesen.

Ungeklärt bleibt außerdem die Frage, wieso das Bundesverfassungsgericht nun Zweifel an der Vollstreckungsimmunität von Staatsunternehmen äußert, dieses Problem aber im Jahre 1983 in Bezug auf die National Iranian Oil Company bewusst offen gelassen hat und die Immunität nur deswegen abgelehnt hat, weil auch ein Staat sich in dieser Konstellation nicht auf Immunität hätte berufen können. Dies erscheint gerade im Hinblick auf die sich mehr und mehr durchsetzende Entwicklung einer funktionalen Handhabung der Immunität von Staatsunternehmen nicht nachvollziehbar.

Die andere Hauptproblematik der Entscheidung lag in der Frage, ob sich das russische Unternehmen im Rahmen der Drittwiderspruchsklage nach §771 ZPO auf die Vollstreckungsimmunität berufen kann, um das ihm übertragene Recht der wirtschaftlichen Verwaltung zu schützen. Dieses Problem hat das Bundesverfassungsgericht ebenfalls nicht sachlich entschieden, sondern insoweit auf die ‚nachvollziehbare Argumentation des Oberlandesgerichts und des Bundesgerichtshofs' verwiesen. Auch dies spricht für eine diesbezüglich grundsätzliche kritische Position des Gerichts. Die an dieser Stelle wieder auftretende Frage, ob eine solche Sichtweise der aktuellen Völkerrechtslage entspricht, kann aber auch hier offen bleiben, da sie für die hier zu untersuchende Problematik, ob und unter welchen Voraussetzungen sich ein Staatsunternehmen überhaupt auf den Grundsatz der Vollstreckungsimmunität berufen kann, unbedeutend ist.

Festzuhalten ist jedenfalls, dass das Bundesverfassungsgericht keine eindeutige Position zur Frage der Vollstreckungsimmunität eingenommen hat, sondern lediglich seine Bedenken aufgezeigt hat.

Im Jahr 2009 hatte sich der BGH erneut mit der dargestellten Sachverhaltskonstellation in Bezug auf den Staat Russland zu befassen.

Diesmal in der Form, dass der Kläger in diesem Verfahren versuchte, seine Ansprüche durch Pfändung und Überweisung einer Mietzinsforderung der Russischen Föderation aus einer im Inland gelegenen Kultureinrichtung, dem sog. Russischen Haus der Wissenschaft und Kultur, zu befriedigen.[598]

Verfahrensgegner und Schuldnerin war hier der russische Staat selbst, auch wenn der BGH offen gelassen hat, wem die Forderungen letztlich zustehen, also dem Staat Russland oder der russischen Kultureinrichtung. Dennoch lassen sich der Entscheidung Informationen in Bezug auf die Vollstreckungsimmunität von staatlichen Einrichtungen entnehmen.

Zunächst hat der Bundesgerichtshof erklärt, dass das Russische Haus als ausländische Vertretung des Russischen Zentrums für internationale, wissenschaftliche und kulturelle Zusammenarbeit eine Kultureinrichtung der Schuldnerin sei, deren hoheitliche Vermögenswerte von der Vollstreckungsimmunität umfasst würden.

Daraus ergibt sich, dass die Vermögenswerte der Kultureinrichtung von der Vollstreckungsimmunität geschützt werden. Unklar ist aber, ob sich die Kultureinrichtung selbst auf Vollstreckungsimmunität berufen kann oder ob der dahinter stehende Staat diese geltend machen muss. Für letztere Variante könnte der dieser Aussage vorausgehende Satz sprechen, in dem der BGH feststellt: *„Mit der Pfändung der angeblichen Ansprüche der Schuldnerin gegen die Drittschuldnerin aus dem Mietverhältnis ist jedoch die allgemeine*

---

598 BGH, Beschluss vom 1.10.2009, Az. VII ZB 37/08 (zitiert aus juris).

Staatenimmunität der Schuldnerin verletzt" und damit nur auf den Staat Russland Bezug nimmt.

Später merkt der Gerichtshof aber an, dass die Staatenimmunität die Funktionsfähigkeit staatlichen Handelns nach außen schütze, wozu auch das Handeln selbstständiger Dienststellen gehöre, soweit die eingeleiteten Verfahren sich auf von diesen ausgeübte hoheitliche Funktionen bezögen. Die Staatenimmunität stehe damit nicht nur dem Staat selbst, sondern auch Untergliederungen des Staates zu, durch die dieser handelt.

Dies könnte dafür sprechen, dass die Immunität durchaus auch der Kultureinrichtung als solchen und damit möglicherweise auch staatlichen Einrichtungen generell zustehen kann ohne Rückgriff auf den dahinter stehenden Staat.

Der Bundesgerichtshof stellt hier zwar nicht klar, von welcher Immunität er hier spricht, also von der Immunität im Erkenntnis- oder Vollstreckungsverfahren oder beiden. Dadurch dass die Äußerung im Zusammenhang mit der Einordnung der Vermögenswerte als hoheitlich erfolgt, ist es aber zumindest nicht abwegig, davon auszugehen, dass von dieser pauschalen Aussage auch die Vollstreckungsimmunität umfasst ist - dies umso mehr, als die Funktionsfähigkeit staatlicher Stellen besonders durch Zwangsvollstreckungsmaßnahmen beeinträchtigt wird.

Zum Schluss der Entscheidung merkt der BGH schließlich an, dass die Frage, ob das Russische Haus rechtlich selbstständig mit einer eigenen Rechtspersönlichkeit sei, dahingestellt bleiben könne, da es nicht auf die austauschbare Rechtsform, sondern auf die Funktion ankomme, die das Russische Haus erfüllt. Diese Feststellung erfolgt relativ zusammenhangslos und ohne weitere Erläuterung, kann aber zumindest dahingehend verstanden werden, dass für den BGH das Kriterium der rechtlichen Selbstständigkeit in Bezug auf die Immunitätsproblematik irrelevant ist.

dd.) Entscheidung des KG Berlin aus dem Jahre 2010

Die jüngste Entscheidung in Deutschland, die Hinweise zur Rechtspraxis in Bezug auf die Vollstreckungsimmunität eines Staatsunternehmens enthält, erging im März 2010 durch das KG Berlin.[599] Es betraf zwar unmittelbar nur die Möglichkeit eines Arrestverfahrens zur Sicherung von Ansprüchen gegen den Staat Syrien. Dennoch nahm das Kammergericht ausdrücklich Bezug auf

599 KG Berlin, Beschluss vom 5.3.2010, Az. 18 W 2/10 (zitiert aus juris).

die gerade besprochene Entscheidung des Bundesgerichtshofs und dessen Aussage, wonach die Staatenimmunität nicht nur dem Staat selbst zustehe sondern auch Untergliederungen des Staates, durch die dieser handelt. Mit den entsprechenden oben erläuterten Vorbehalten kann daraus geschlossen werden, dass sich nach Auffassung des Gerichts auch staatliche Untergliederungen auf Vollstreckungsimmunität berufen können.

ee.) Zwischenergebnis

Festzuhalten ist insgesamt, dass in den letzten rund 40 Jahren nur wenige Entscheidungen in der deutschen Rechtsprechung ergangen sind, die die Vollstreckungsimmunität von Staatunternehmen betreffen. Die obige Auswertung dieser Entscheidungen zeigt, dass keine einheitliche Vorgehensweise der Gerichte existiert. Es lässt sich jedoch trotz der vom Bundesverfassungsgericht geltend gemachten Bedenken zumindest eine Tendenz dahingehend erkennen, dass Staatsunternehmen auch bezüglich der Vollstreckungsimmunität entsprechend dem dahinter stehenden Staat behandelt werden und sich dann auf Vollstreckungsimmunität berufen können, wenn die jeweiligen Objekte hoheitlichen Zwecken dienen.

b.) Das Recht der Vollstreckungsimmunität von Staatsunternehmen in anderen Staaten

Zu untersuchen ist nun, ob und wie in anderen Staaten Vollstreckungsmaßnahmen gegen Vermögenswerte von Staatsunternehmen zugelassen werden.

aa.) Europäische Staaten

aaa.) Belgien

Auch in der belgischen Rechtsprechung finden sich, soweit ersichtlich, nur wenige Entscheidungen, die unmittelbar die Vollstreckungsimmunität von Staatsunternehmen betreffen.
Im Jahre 1991 äußerte sich das Tribunal de première instance Brüssel zu dieser Problematik[600]:

---

600 Tribunal de première instance, Bruxelles 24/10/1991 (zitiert aus dem belgischen

« Sauf convention extraordinaire, une entreprise étrangère ne peut avoir plus de droit que l'Etat étranger qui l'a créée ou qui en a la maîtrise. [...]. La personnalité d'une entreprise publique est distincte du pouvoir public qui l'a créée mais l'Etat qui en est le maître peut lui avoir conféré une mission de service public, ce qui lui confère, alors, les mêmes immunités que celles dont jouirait pareil Etat. ».

Damit erklärte das Gericht zwar nicht unmittelbar, dass nach seiner Auffassung sich auch Staatsunternehmen auf Vollstreckungsimmunität berufen können. Es stellte sie aber mit dem dahinter stehenden Staat gleich.

Eine eindeutigere Position nahm die Cour d'appel Brüssel im Jahre 1999 ein.[601] In einer Entscheidung betreffend die GECAMINES, ein nach dem Recht des ehemaligen Zaire gegründetes Staatsunternehmen, erklärte das Gericht:

« Qu'il convient à cet égard de limiter le privilège de l'immunité d'exécution aux seuls biens nécessaires à la souveraineté de l'Etat, le critère d'identification en matière d'immunité d'exécution n'étant pas la nature de l'acte, comme dans le cas de l'immunité de juridiction, mais bien l'affectation du bien saisi. [...] Attendu que l'immunité d'exécution dont la GECAMINES entend bénéficier en Belgique ne saurait en tout état de cause, et pour les motifs précédemment exposés, être absolue.[...] Qu'il appartient à la GECAMINES de rapporter la preuve de l'affectation des biens saisis à des activités de souveraineté. Qu'en l'espèce, la GECAMINES n'établit pas devant la cour que les capitaux qu'elle a choisi d'exporter en Belgique sont affectés à une activité souveraine. »

Demnach gewährte das Gericht Staatsunternehmen keine absolute Vollstreckungsimmunität, sondern stellt darauf ab, ob das jeweilige Vollstreckungsobjekt für hoheitliche Zwecke verwendet wird.

Weitere Hinweise auf die Handhabung der Vollstreckungsimmunität in Belgien lassen sich dem belgischen *code judiciaire* entnehmen. Dort finden sich in Art. 1408 bis 1412quater Vorschriften über unpfändbare Güter. Art. 1412ter und Art. 1412quater betreffen dabei die Unpfändbarkeit im Zusammenhang mit der Vollstreckungsimmunität.

Rechtsportal http://jure.juridat.just.fgov.be/).

601 Cour d'appel, Bruxelles 16/03/1999, numéro de rôle 98/AR/3089 (zitiert aus dem belgischen Rechtsportal http://jure.juridat.just.fgov.be/).

Art. 1412ter betrifft die Pfändbarkeit von ausländischen Kulturgütern.[602] Nach dieser Vorschrift sind ausländische Kulturgüter grundsätzlich unpfändbar, außer sie dienen einer wirtschaftlichen oder kommerziellen Tätigkeit. Nach §3 des Art. 1412ter entfaltet diese Regel auch Geltung für Kulturgüter eines ‚*démembrement*‘, d.h. eines ‚*organisme qui agit pour compte d'une puissance étrangère ou d'une des ses entités fédérées à la condition que cet organisme dispose d'une parcelle de souveraineté*‘. Damit sind auch Kulturgüter von Staatsunternehmen im Sinne des dieser Arbeit zugrundeliegenden Begriffsverständnisses regelmäßig durch Vollstreckungsimmunität geschützt.

Art. 1412quater regelt das Vermögen von ausländischen Zentralbanken und Währungsbehörden.[603] Deren in Belgien belegenes Vermögen ist nach dieser

---

602 Art. 1412ter.
§ 1er. Sous réserve de l'application des dispositions impératives d'un instrument supranational, les biens culturels qui sont la propriété de puissances étrangères sont insaisissables lorsque ces biens se trouvent sur le territoire du Royaume en vue d'y être exposés publiquement et temporairement.
§ 2. Pour l'application de cet article, sont considérés comme des biens culturels les objets qui présentent un intérêt artistique, scientifique, culturel ou historique. Les biens culturels qui sont affectés à une activité économique ou commerciale de droit privé ne bénéficient pas de l'immunité visée au § 1er.
§ 3. L'immunité visée au § 1er s'applique également aux biens culturels qui sont propriété d'une entité fédérée d'une puissance étrangère, même si cette entité ne dispose pas de la personnalité juridique internationale. Elle s'applique également aux biens culturels qui sont propriété d'un démembrement d'une puissance étrangere. Par démembrement d'une puissance étrangère, il faut entendre un organisme qui agit pour compte d'une puissance étrangère ou d'une des ses entités fédérées à la condition que cet organisme dispose d'une parcelle de souveraineté. L'immunité visée au § 1er s'applique également aux biens culturels qui sont propriété des collectivités territoriales décentralisées ou d'autres divisions politiques d'une puissance étrangère. L'immunité visée au § 1er s'applique également aux biens culturels qui sont propriété d'une organisation internationale de droit public.

603 Art. 1412quater. § 1er. Sous réserve de l'application des dispositions impératives d'un instrument supranational, les avoirs de toute nature, dont les réserves de change, que des banques centrales étrangères ou des autorités monétaires internationales détiennent ou gèrent en Belgique pour leur propre compte ou pour compte de tiers sont insaisissables.
§ 2. Par dérogation au § 1er, le créancier muni d'un titre exécutoire peut introduire une requête auprès du juge des saisies afin de demander l'autorisation de saisir les avoirs visés au § 1er à condition qu'il démontre que ceux-ci sont exclusivement affectés à une activité économique ou commerciale de droit privé.

Vorschrift grundsätzlich unpfändbar. Beweist der Gläubiger allerdings, dass das Vermögen ausschließlich wirtschaftlichen oder kommerziellen Zwecken dient, kann er beantragen, dass der Richter die Pfändung gestattet.

Festgehalten werden kann damit, dass in Belgien für Staatsunternehmen eine restriktive Vollstreckungsimmunität gilt.

bbb.) Frankreich

Erste Hinweise bezüglich der französischen Rechtspraxis lassen sich einer Entscheidung der Cour de Cassation, Chambre commerciale, aus dem Jahre 1979 entnehmen.[604] Das Gericht erklärte:

« La Cour d'appel a retenu à juste titre, sans se contredire et en répondant aux conclusions invoquées, que, devant une juridiction française, la S.N.T.R. ne pouvait prétendre, ni exploiter des biens appartenant à l'Etat algérien, ni, à supposer qu'il en fût autrement, agir en vertu d'un acte de puissance publique ou dans l'intérêt d'un service public, de sorte qu'elle ne pouvait bénéficier d'aucune des immunités de juridiction ou d'exécution »

Die Cour de Cassation hat damit das vorausgehende Urteil der Cour d'Appel bestätigt, die wiederum darauf abgestellt hatte, dass das Unternehmen nicht hoheitlich bzw. im öffentlichen Interesse gehandelt hat und sich deswegen weder auf Immunität im Erkenntnis- noch im Vollstreckungsverfahren berufen kann. Daraus ergibt sich, dass Staatsunternehmen sich grundsätzlich unter bestimmten Voraussetzungen auf Immunität berufen können.

Im Jahr 1985 befasste sich die Cour de cassation, Chambre civile 1, genauer mit dieser Problematik.[605] In Bezug auf die Vollstreckungsimmunität eines algerischen Staatsunternehmens, der SONATRACH, argumentierte das Gericht wie folgt:

« A la différence des biens de l'Etat étranger, qui sont en principe insaisissables, sauf exceptions, notamment quand ils ont été affectés à l'activité économique ou commerciale de droit privé qui est à l'origine du titre du créancier saisissant, les biens des organismes publics, personnalisés ou non, dis-

604 Cour de Cassation Chambre commerciale du 19 mars 1979 77-13.943 (zitiert aus dem französischen Rechtsportal http://www.easydroit.fr/jurisprudence/).

605 Cour de cassation Chambre civile 1 du 1 octobre 1985 84-13.605 (zitiert aus dem französischen Rechtsportal http://www.easydroit.fr/jurisprudence/).

tincts de l'Etat étranger, lors-qu'ils font partie d'un patrimoine que celui-ci a affecté à une activité principale relevant du droit privé, peuvent être saisis par tous les créanciers, quels qu'ils soient de cet organisme, sauf à cet organisme à établir le caractère public de ces biens »

Danach können die Güter einer öffentlichen Einrichtung, unabhängig davon, ob diese eine eigene Rechtspersönlichkeit hat oder nicht, soweit sie Teil einer Vermögensmasse sind, die einer hauptsächlich privatrechtlichen Aktivität gewidmet ist, von den Gläubigern der Einrichtung gepfändet werden, es sei denn, dass die Einrichtung den öffentlich-rechtlichen Charakter der Güter beweist.

Der Begriff der öffentlichen Einrichtung (‚organisme public‘) ist zwar recht offen gefasst. Dadurch dass das Verfahren aber die SONATRACH, also die „société nationale algérienne de transport et de commercialisation des hydrocarbures“ und damit eine algerische Gesellschaft zum Vertrieb von Kohlenwasserstoff betraf, wird deutlich, dass von der Aussage der Cour de cassation auch Staatsunternehmen umfasst sind.

Damit kann sich auch ein Staatsunternehmen auf Vollstreckungsimmunität berufen, wenn es beweist, dass die Güter, in die vollstreckt werden soll, öffentlichen Zwecken dienen. Dadurch, dass das Unternehmen die Beweislast für diese Tatsachen trägt, sind die Anforderungen für Staatsunternehmen höher als für Staaten und somit mit denen für Staaten zwar nicht vollständig gleichzusetzen. Festzuhalten ist aber, dass in Frankreich für Staatsunternehmen unabhängig von ihrer rechtlichen Selbstständigkeit eine restriktive Vollstreckungsimmunität gilt.

ccc.) Schweiz

Die schweizerische Rechtsprechung hat sich soweit ersichtlich bisher nicht unmittelbar zu der Vollstreckungsimmunität von Staatsunternehmen geäußert. Es findet sich lediglich die schon oben bei der Immunität im Erkenntnisverfahren behandelte abstrakte Äußerung des schweizerischen Bundesgerichts, in der es erklärte, dass es aufgrund der Entwicklungen in der schweizerischen und ausländischen Rechtspraxis Zweifel daran habe, dass an der Rechtsprechung des schweizerischen Bundesgerichts, nach der Staatsunternehmen mit eigener Rechtspersönlichkeit keine Immunität gewährt wurde, weiter festzuhalten sei.[606] In einer später ergangenen, oben ebenfalls thematisierten Entscheidung erklärte das Gericht, dass Organismen mit eigener Rechtspersönlichkeit grundsätzlich keine staatliche Immunität beanspruchen könnten und dass Ausnahmen nur denkbar seien, soweit die Unternehmen mit staatlicher Hoheitsgewalt gehandelt haben.[607] Daraus lassen sich aber keine Hinweise bezüglich der Vollstreckungsimmunität ableiten.

Eindeutigere Informationen ergeben sich aber anhand der schweizerischen Position zum Übereinkommen der Vereinten Nationen über Staatenimmunität, das wie oben bei den Ausführungen zur Immunität im Erkenntnisverfahren erwähnt von der Schweiz ratifiziert wurde. Diesbezüglich wurde seitens des schweizerischen Bundesrates in der „Botschaft über die Genehmigung und die Umsetzung des UNO-Übereinkommens über die Immunität der Staaten und ihres Vermögens von der Gerichtsbarkeit vom 25. Februar 2009“[608] erklärt, dass sich die Regelungen des UN-Übereinkommens zur Vollstreckungsimmunität mit den vom schweizerischen Bundesgericht angewendeten Grundsätzen decken.[609] Zwar widerspreche das in dem Übereinkommen aufgestellte Verbot das Vermögen einer Zentralbank zu pfänden der schweizerischen Praxis, nach eingehender Prüfung dieser Frage und einer Abwägung aller beteiligten Interessen befürwortete der Bundesrat die im Übereinkommen enthaltene Regelung dennoch.[610]

Deutlich wird also, dass die Schweiz den Regelungen des UN-Übereinkommens und damit einer restriktiven Vollstreckungsimmunität folgt.

ddd.) Weitere europäische Staaten

In der österreichischen Rechtsprechung finden sich soweit ersichtlich ebenfalls keine Entscheidungen, die sich unmittelbar mit der Vollstreckungsimmunität von Staatsunternehmen befassen. Allerdings hat auch Österreich das UN-Übereinkommen über Staatenimmunität ratifiziert und damit gemäß Art. 2 Abs. 1b der Wiener Vertragsrechtskonvention erklärt, dass der Vertrag von ihm als bindend angesehen wird. Folglich kann die Ratifikation des UN-

606 BGE 104 Ia 367 S. 373 (zitiert aus der Internet-Datenbank des schweizerischen Bundesgerichts unter http://www.bger.ch/index.htm).

607 BGE 110 Ia 43 S. 46 (zitiert aus der Internet-Datenbank des schweizerischen Bundesgerichts unter http://www.bger.ch/index.htm).

608 Abgedruckt in Schweiz. Bundesblatt 2009, 1721ff.

609 Schweiz. BBl. 2009, 1746.

610 Schweiz. BBl. 2009, 1747.

Übereinkommens als Zeichen für eine entsprechende Rechtsauffassung Österreichs angesehen werden.

Diese Argumentation lässt sich auch auf die übrigen europäischen Staaten, die das Übereinkommen ratifiziert haben, übertragen, also auf Norwegen, Portugal, Rumänien und Schweden.

Von Dänemark, Estland, Finnland, Island, der Slowakei sowie der Tschechischen Republik wurde das Übereinkommen unterzeichnet. Wie schon erklärt, unterliegt ein Staat dadurch, dass er einen völkerrechtlichen Vertrag unterzeichnet hat, der Verpflichtung, durch sein weiteres Tun nicht den Sinn und Zweck des Vertrages zu gefährden (vgl. Art. 18 Wiener Vertragsrechtkonvention[611]). Daher kann die Unterzeichnung des UN-Übereinkommens jedenfalls als ein Indiz für eine entsprechende Rechtsauffassung hinsichtlich der restriktiven Vollstreckungsimmunität auch für Staatsunternehmen gewertet werden.

bb.) Common Law Staaten mit Immunitätsgesetzen

Zu untersuchen ist nun, wie die Vollstreckungsimmunität von Staatsunternehmen in Common Law Staaten gehandhabt wird.

aaa.) USA

Im US-amerikanischen FSIA ist die Vollstreckungsimmunität in den §§1609 ff. FSIA geregelt. §1609 FSIA legt hier den Grundsatz der Vollstreckungsimmunität fest, in §§1610 und 1611 FSIA befinden sich die Immunitätsausnahmen.

Vorgaben für die Behandlung der Immunität von kommerziell tätigen Staatsunternehmen finden sich in §1610 (b) FSIA. Neben den allgemeinen, in §1610 (a) FSIA aufgezählten Ausnahmen von der Vollstreckungsimmunität,[612] kann sich ein solches Staatsunternehmen nach §1610 (b) (1) FSIA nicht

611 Es ist anerkannt, dass die Wiener Vertragsrechtskonvention im Wesentlichen das bestehende Gewohnheitsrecht kodifiziert hat, sodass sie auch dann herangezogen werden kann, wenn ein Staat sie noch nicht ratifiziert hat [vgl HOBE, S. 215].

612 §1610 (a) FSIA : The property in the United States of a foreign state, as defined in section 1603 (a) of this chapter, used for a commercial activity in the United States, shall not be immune from attachment in aid of execution, or from execution, upon a judgment entered by a court of the United States or of a State after the effective date of this Act, if (1) the foreign state has waived its immunity from attachment in aid of execution or from execution either explicitly or by implication, notwithstanding any

auf Immunität berufen, wenn es auf diese verzichtet hat, und nach §1610 (b) (2) FSIA, wenn das Urteil, aus dem vollstreckt werden soll, auf die Immunitätsausnahmen in §§1605 (a)(2), (3), oder (5), 1605 (b) oder 1605A[613] FSIA zurückzuführen ist.[614]

Dies gilt unabhängig davon, ob das Vollstreckungsobjekt mit diesem Verfahren zusammenhängt.[615]

Da Staatsunternehmen nach §1603 (a) FSIA generell unter den Staatsbe-

---

withdrawal of the waiver the foreign state may purport to effect except in accordance with the terms of the waiver, or (2) the property is or was used for the commercial activity upon which the claim is based, or (3) the execution relates to a judgment establishing rights in property which has been taken in violation of international law or which has been exchanged for property taken in violation of international law, or (4) the execution relates to a judgment establishing rights in property—(A) which is acquired by succession or gift, or (B) which is immovable and situated in the United States: Provided, That such property is not used for purposes of maintaining a diplomatic or consular mission or the residence of the Chief of such mission, or (5) the property consists of any contractual obligation or any proceeds from such a contractual obligation to indemnify or hold harmless the foreign state or its employees under a policy of automobile or other liability or casualty insurance covering the claim which merged into the judgment, or (6) the judgment is based on an order confirming an arbitral award rendered against the foreign state, provided that attachment in aid of execution, or execution, would not be inconsistent with any provision in the arbitral agreement, or (7) the judgment relates to a claim for which the foreign state is not immune under section 1605A, regardless of whether the property is or was involved with the act upon which the claim is based.

613 Siehe dazu bei der vorausgehenden Fußnote.

614 §1610 (b) FSIA : In addition to subsection (a), any property in the United States of an agency or instrumentality of a foreign state engaged in commercial activity in the United States shall not be immune from attachment in aid of execution, or from execution, upon a judgment entered by a court of the United States or of a State after the effective date of this Act, if—(1) the agency or instrumentality has waived its immunity from attachment in aid of execution or from execution either explicitly or implicitly, notwithstanding any withdrawal of the waiver the agency or instrumentality may purport to effect except in accordance with the terms of the waiver, or(2) the judgment relates to a claim for which the agency or instrumentality is not immune by virtue of section 1605 (a)(2), (3), or (5), 1605 (b), or 1605A of this chapter, regardless of whether the property is or was involved in the act upon which the claim is based.

615 Zu beachten ist, dass das oben angesprochenen Konnexitätserfordernis bei einem Verfahren gegen den Staat als solchen für ‚state agencies' entfällt, vgl. §1610b (2) FSIA.

griff subsumiert werden, gelten für nicht kommerziell tätige Staatsunternehmen die allgemeinen Ausnahmen von der Vollstreckungsimmunität, d.h. vor allem §1610 (a) FSIA.

Nach §1611 (b) (1) FSIA schließlich ist das Vermögen einer Zentralbank oder anderen Währungsbehörde generell immun, außer dass diese oder der dahinterstehende Staat auf die Vollstreckungsimmunität verzichtet hat, nach §1611 (b) (2) außerdem solches, das militärischen Aktivitäten dient.

Für alle anderen, nicht in §§1610, 1611 FSIA aufgezählten Fälle greift §1609 FSIA, sodass es bei dem Grundsatz der Vollstreckungsimmunität bleibt. Demnach wäre Vollstreckungsimmunität beispielsweise bei nicht kommerziell genutzten Gegenständen eines Staatsunternehmens möglich.

Folglich gilt nach US-amerikanischem Recht auch für Staatsunternehmen eine restriktive Vollstreckungsimmunität.

bbb.) Das Vereinigte Königreich, Singapur und Pakistan

Im State Immunity Act (SIA) des Vereinigten Königreichs finden sich Regelungen über die Immunität von 'separate entities' in sect. 14 SIA. Gemäß sect. 14 (3) gelten für ‚separate entities' und damit auch Staatsunternehmen (außer Zentralbanken und Währungsbehörden) die Regeln aus sect. 13, wenn diese sich bei Verfahren, in denen sie eigentlich aufgrund ihres hoheitlichen Handelns nach sect. 14 (2) SIA Immunität beanspruchen könnten, der Jurisdiktion unterwerfen.[616] Nach sect. 13 (2b) SIA gilt eine generelle Vollstreckungsimmunität,[617] von der die Ausnahmen in sect. 13 (3) und (4) SIA aufgelistet sind: bei Einwilligung des Staates in die Vollstreckung, d.h. Immunitätsverzicht, sect. 13 (3), und bei kommerziellen Zwecken dienendem Vermögen, sect. 13 (4), sind Vollstreckungsmaßnahmen möglich.

Sect. 14 (4) SIA bestimmt schließlich, dass Vermögen von Staatsbanken und Währungsbehörden nicht als im Sinne von sect. 13 (4) SIA kommerziellen Zwecken dienend gilt, und dass für Staatsbanken und Währungsbehörden,

---

616 Sect. 14 (3) SIA: If a separate entity (not being a State's central bank or other monetary authority) submits to the jurisdiction in respect of proceedings in the case of which it is entitled to immunity by virtue of subsection (2) above, subsections (1) to (4) of section 13 above shall apply to it in respect of those proceedings as if references to a State were references to that entity.

617 Sect. 13(2) SIA: Subject to subsections (3) and (4) below (b) the property of a State shall not be subject to any process for the enforcement of a judgment or arbitration award or, in an action in rem, for its arrest, detention or sale.

wenn diese als rechtlich selbstständige Einrichtungen organisiert sind, sect 13 (1) bis (3) Anwendung finden sollen.[618]

Festzuhalten ist damit, dass gegenüber Staatsunternehmen Vollstreckungsmaßnahmen dann möglich sind, wenn diese im Erkenntnisverfahren auf ihre Immunität verzichtet haben und entweder auch auf ihre Vollstreckungsimmunität verzichten oder das in Rede stehende Vermögen kommerziellen Zwecken dient. Es handelt sich damit ebenfalls um eine restriktive Vollstreckungsimmunität, wenn auch in weniger beschränkter Form als im amerikanischen FSIA.

Wie schon im Rahmen der Immunität von Staatsunternehmen im Erkenntnisverfahren festgestellt, weist der State Immunity Act Singapore in den hier entscheidenden Normen denselben Wortlaut auf – die obigen Ausführungen lassen sich damit auf sect. 15 und 16 des SIA Singapore übertragen.

Vergleichbare Regelungen enthält auch die State Immunity Ordinance Pakistan in ihrer sect. 14 und 15 sowie der südafrikanische Foreign States Immunities Act in sect. 15 (2).

ccc.) Australien

Eine ähnliche Systematik liegt dem australischen Immunitätsgesetz zugrunde. Im australischen Foreign States Immunities Act (austr.FSIA) finden sich die Regeln zur Vollstreckungsimmunität in sect. 30ff: sect. 30 austr.FSIA legt den Grundsatz der Vollstreckungsimmunität fest, die sect. 31ff. austr.FSIA beinhalten die Ausnahmen, d.h. Fälle des Verzichts (sect. 31 austr.FSIA) sowie im Falle von kommerziellen Zwecken dienendem (sect. 32 austr.FSIA) und unbeweglichem Vermögen (sect. 33 austr.FSIA).

Sect. 35 austr.FSIA regelt die Anwendung dieser Vorschriften auf ‚separate entities' und damit auf Staatsunternehmen.[619] Unmittelbare Anwendung fin-

618 Sect. 14 (4) SIA: Property of a State's central bank or other monetary authority shall not be regarded for the purposes of subsection (4) of section 13 above as in use or intended for use for commercial purposes; and where any such bank or authority is a separate entity subsections (1) to (3) of that section shall apply to it as if references to a State were references to the bank or authority.

619 Sect. 35 austr.FSIA : (1) This Part applies in relation to a separate entity of a foreign State that is the central bank or monetary authority of the foreign State as it applies in relation to the foreign State. (2) Subject to subsection (1), this Part applies in relation to a separate entity of the foreign State as it applies in relation to the foreign State if, in the proceeding concerned: (a) the separate entity would, apart from the operation

den sie nach sect. 35 (1) für Zentralbanken und Währungsbehörden. Für alle anderen ‚separate entities' ist nach sect. 35 (2) erforderlich, dass diese eigentlich Jurisdiktionsimmunität genießen würden, sich aber der Jurisdiktion unterworfen haben. Nur ein auf einem solchen Wege erlangter Titel gegenüber einem Staatsunternehmen kann dann nach Maßgabe der sect. 31 ff austr.FSIA vollstreckt werden.

ddd.) Kanada

Im kanadischen State Immunity Act ist die Vollstreckungsimmunität in sect 12 geregelt. In sect. 12 (1) canSIA findet sich die Grundregel bezüglich der Vollstreckungsimmunität von Staaten. Sect. 12 (2) canSIA regelt die Vollstreckungsimmunität von ‚state agencies' und damit Staatsunternehmen. Nach dieser Vorschrift genießt das Vermögen eines fremden Staatsunternehmens unbeschadet der Regelung in sect. 12 (3) keine Immunität von Vollstreckungsmaßnahmen zum Zwecke der Erfüllung eines Urteils aus einem Verfahren, in dem das Unternehmen nach den Vorschriften des SIA keine Jurisdiktionsimmunität genoss.[620]
Das bedeutet, dass also Staatsunternehmen generell keine Vollstreckungsimmunität beanspruchen können.

Ausnahmen dazu finden sich in sect. 12 (3) und (4): gemäß sect. 12 (3) canSIA[621] ist Vermögen des Staates, das militärischen Zwecken dient, von der Vollstreckung ausgenommen, entsprechendes gilt gemäß sect. 12 (4)[622] für das Vermögen einer ausländischen Zentralbank oder Währungsbehörde, wel-

---

of section 10, have been immune from the jurisdiction; and (b) it has submitted to the jurisdiction.

620 Sect. 12 (2) canSIA: Subject to subsection (3), property of an agency of a foreign state is not im-mune from attachment and execution and, in the case of an action in rem, from arrest, detention, seizure and forfeiture, for the purpose of satisfying a judgment of a court in any proceedings in respect of which the agency is not immune from the jurisdiction of the court by reason of any provision of this Act.

621 Sect. 12 (3) canSIA: Property of a foreign state (a) that is used or is intended to be used in connection with a military activity, and (b) that is military in nature or is under the control of a military authority or de-fence agency is immune from attachment and execution and, in the case of an action in rem, from arrest, detention, seizure and forfeiture.

622 Sect. 12 (4) canSIA: Subject to subsection (5), property of a foreign central bank or monetary authority that is held for its own account and is not used or intended for a commercial activity is immune from attachment and execution.

ches nicht kommerziellen Zwecken dient. Eine generelle Vollstreckungsimmunität für solche Vermögenswerte, die nicht-kommerziellen Zwecken dienen, wie etwa im US-amerikanischen FSIA besteht für Staatsunternehmen damit nicht.

In Kanada wird damit verglichen mit den anderen untersuchten Common-Law-Staaten die eingeschränkteste Form von restriktiver Vollstreckungsimmunität für Staatsunternehmen praktiziert.

cc.) Weitere außereuropäische Staaten

Nun ist die Rechtslage in anderen Staaten mit eigenem Immunitätsgesetz zu untersuchen.

In Japan wurde wie bereits erwähnt im April 2009 der sog. „Act on the Civil Jurisdiction of Japan over Foreign States" (24/2009) im Einklang mit dem UN-Übereinkommen über Staatenimmunität erlassen.[623] Es kann somit im Einzelnen auf die obigen Ausführungen verwiesen werden.

Festzuhalten ist, dass in Japan demnach für Staatsunternehmen mit Ausnahme von Staatsbanken eine restriktive Vollstreckungsimmunität gilt.

Die Volksrepublik China hat zwar kein umfassendes Immunitätsgesetz erlassen aber jedenfalls eines, in dem die Vollstreckungsimmunität von Zentralbanken behandelt wird. Die Kernvorschrift dieses Gesetzes lautet: „ *The People's Republic of China will grant to foreign central banks the immunity of judicial compulsory measures of preservation and execution to their properties of foreign central banks, unless the foreign central banks or the governments of the countries to which the foreign central banks belong abandon this immunity in written form, or those properties are specially used for preservation and execution..*"[624] Das bedeutet, dass Zentralbankvermögen grundsätzlich umfassend von der Vollstreckung ausgenommen wird, d.h. unabhängig von der konkreten Einstufung als hoheitlichen oder nicht-hoheitlichen Zwecken dienend.

---

623 So die Auskunft der japanischen Botschaft in Berlin. Erläuterungen finden sich in dem Aufsatz von Naoki Iguchi, Aoi Inoue, Maki Kadonaga, New Act Sets Out Terms of Jurisdictional Immunity for Foreign States, unter http://www.amt-law.com/ res/news_ 2009en_pdf/090828_1357.pdf. Siehe schon oben unter C, II, 2b, cc.).

624 So die nicht amtliche Übersetzung des Gesetzes auf http://www.lawinfochina.com/law/display. asp?db =1 &id=4659&keyword=.

In diesem Zusammenhang ist zu beachten, dass China das UN-Übereinkommen unterzeichnet hat. Wie erwähnt darf ein Staat, der einen völkerrechtlichen Vertrag unterzeichnet hat, nach Art. 18 WVRK dessen Zweck nicht gefährden. Da das chinesische Immunitätsgesetz diese grundsätzlich absolute Vollstreckungsimmunität nur Zentralbanken zuweist, liegt eine solche Gefährdung nicht vor: Auch das UN-Übereinkommen nimmt, in Art. 21 Nr. 1c) Vermögenswerte einer Zentralbank umfassend von der Vollstreckung aus.

Im Übrigen gibt das Gesetz keine Hinweise auf die Position der Volksrepublik China hinsichtlich der Vollstreckungsimmunität von Staatsunternehmen. Lediglich die Unterzeichnung des UN-Übereinkommens lässt sich als Indiz für eine mögliche Bereitschaft zu einer entsprechenden, restriktiven Vollstreckungsimmunität für alle anderen Staatsunternehmen auslegen.

Wie die Volksrepublik China so haben auch Indien, Madagaskar, Mexiko, Marokko, Paraguay, Russland, Senegal, Sierra Leone und Timor-Leste das UN-Übereinkommen unterzeichnet. Dadurch sind auch sie dazu verpflichtet, sich aller Handlungen zu enthalten, die Ziel und Zweck des Vertrages vereiteln würden. Folglich kann auch für diese Staaten vermutet werden, dass sie einer wie im UN-Übereinkommen niedergelegten restriktiven Vollstreckungsimmunität auch für Staatsunternehmen zumindest offen gegenüber stehen.

Iran, Japan, Kasachstan, Libanon und Saudi-Arabien haben das UN-Übereinkommen über Staatenimmunität ratifiziert und damit gemäß Art. 2 Abs. 1 b der Wiener Vertragsrechtskonvention erklärt, dass der Vertrag von ihm als bindend angesehen wird. Diese Tatsache kann jedenfalls als Hinweis auf eine entsprechende Rechtsüberzeugung dieser Staaten verwendet werden.

Anzumerken ist schließlich, dass das oben im Rahmen der Immunität im Erkenntnisverfahren erwähnte argentinische Gesetz über die Immunität von Staaten vor argentinischen Gerichten keine Aussage zur Vollstreckungsimmunität trifft.[625]

c.) Ergebnis

Festzuhalten ist, dass im Völkergewohnheitsrecht keine einheitliche Regel hinsichtlich der Vollstreckungsimmunität von Staatsunternehmen erkennbar ist.[626] Zwar ist mehrheitlich anerkannt, dass Staatsunternehmen keine absolute

625 Zuppi, RIW 2007, 340, 347.

626 So auch Lijiang Zhu, CJIL, 2007, 67 (73) in Bezug auf die Immunität von Zentralbanken.

Vollstreckungsimmunität beanspruchen können, und auch gestehen die meisten Staaten ausländischen Staatsunternehmen unter bestimmten Voraussetzungen die Möglichkeit der Vollstreckungsimmunität zu. Die Bedingungen und damit die Bandbreite, unter denen Immunität gewährt wird, variieren aber von Staat zu Staat und dies zum Teil erheblich. So wird etwa in Kanada die Vollstreckungsimmunität besonders restriktiv praktiziert in der Form, dass sich ein Staatsunternehmen in den seltensten Fällen auf Vollstreckungsimmunität berufen kann, während demgegenüber die meisten europäischen Staaten (jedenfalls hoheitlich tätige) Staatsunternehmen mit Staaten gleichsetzen und ihnen bezüglich hoheitlichen bzw. nicht kommerziellen Zwecken dienender Vermögenswerte Immunität gewähren.

Damit lässt sich als Ergebnis lediglich feststellen, dass für Staatsunternehmen eine restriktive Vollstreckungsimmunität gilt und es dafür (wie auch auf der Ebene des Erkenntnisverfahrens) unbeachtlich ist, ob das Unternehmen rechtlich selbstständig organisiert ist.

VI.) Übertragung des Konkretisierungsvorschlages auf das Recht der Vollstreckungsimmunität

Im Anschluss an diese Erkenntnis stellt sich die Frage, ob der hier erarbeitete Konkretisierungsvorschlag bezüglich des Merkmals ‚hoheitlich' auch auf der Ebene der Vollstreckungsimmunität Anwendung findet. Dieser wurde ausgehend von der gefundenen neuen Tendenz in der Rechtsprechung entwickelt, um die im Bereich der Immunität von Staatsunternehmen im Erkenntnisverfahren überwiegend anerkannte funktionale Betrachtungsweise zumindest für den Kreis der westeuropäischen Staaten ohne Immunitätsgesetz fortzuentwickeln. Kern dieses Konkretisierungsvorschlages zur Bestimmung der Hoheitlichkeit ist die Frage, ob die entsprechende Tätigkeit nicht im Wettbewerb mit anderen Unternehmen ausgeübt wird.

Soeben wurde festgestellt, dass sich aufgrund der im Einzelnen unterschiedlichen Staatenpraxis in Bezug auf die Vollstreckungsimmunität von Staatsunternehmen keine hinreichend konkrete und gleichzeitig universelle Regel formulieren lässt. Für den westeuropäischen Rechtskreis der Staaten ohne Immunitätsgesetz kann jedoch zumindest festgehalten werden, dass diese ausländischen (hoheitlich tätigen) Staatsunternehmen überwiegend dann Vollstreckungsimmunität gewähren, wenn die fraglichen Vermögenswerte nicht kommerziellen bzw. hoheitlichen Zwecken dienen. Auch hier kommt es wiederum auf die genaue Bedeutung des Merkmals ‚hoheitlich' an. Es kann also jedenfalls hinsichtlich der Rechtslage in diesem regionalen Rechtskreis untersucht werden, ob sich auch auf der Ebene der Vollstreckungsimmunität der Begriff ‚hoheitlich' durch den oben entwickelten Konkretisierungsvorschlag ausfüllen lässt.

1.) Übertragbarkeit des Konkretisierungsvorschlags auf die Vollstreckungsimmunität

Zunächst stellt sich die Frage, inwieweit eine Übertragung des Konkretisierungsvorschlages überhaupt möglich ist.

Zur Feststellung, ob ein bestimmter Vermögenswert hoheitlichen Zwecken dient, wird in der Staatenpraxis darauf abgestellt, ob dieser für eine hoheitliche Tätigkeit verwendet werden soll.[627] Überträgt man den oben entwickelten Konkretisierungsvorschlag auf die Ebene der Vollstreckungsimmunität, so ist zu fragen, ob das jeweilige Vollstreckungsobjekt für eine Tätigkeit verwendet werden soll, die nicht im Wettbewerb mit privaten Unternehmen ausgeübt wird. Ist dies zu bejahen, so würde das Objekt hoheitlichen Zwecken dienen und wäre demnach gegenüber Vollstreckungsmaßnahmen grundsätzlich immun.

Eine Übertragung des Konkretisierungsvorschlags ist damit dem Grunde nach möglich. Zu klären ist, ob sie auch sachgerecht ist.

Dabei ist anzumerken, dass der Konkretisierungsvorschlag erarbeitet wurde, um eine primär in Deutschland zu erkennende Tendenz der Rechtspraxis zu konkretisieren und die vor allem in Westeuropa überwiegend anerkannte funktionale Betrachtungsweise fortzuführen. Die völkergewohnheitsrechtliche Regel, auf die der Konkretisierungsvorschlag gerade übertragen worden ist, ist demselben Rechtkreis zuzuordnen.

Der räumliche Anwendungsbereich ist also im Erkenntnis- und Vollstreckungsverfahren identisch und damit auch der rechtliche und politische Hin-

627 So beispielsweise in der deutschen Rechtspraxis jüngst das KG Berlin, Beschluss vom 5.3.2010, Az. 18 W 2/10; BGH, Beschluss vom 1. 10. 2009, Az. VII ZB 37/08 und Beschluss vom 4.10.2005, Az. VII ZB 9/05 (jeweils zitiert aus juris); für die belgische Rechtspraxis siehe etwa Cour d'appel, Brüssel Entscheidung vom 16.3.1999, numéro de rôle 98/AR/3089 (zitiert aus dem belgischen Rechtsportal http://jure.juridat.just.fgov.be/) oder für die französische Rechtspraxis die Entscheidungen der Cour de cassation Chambre civile 1 vom 1.10.1985, 84-13.605 sowie vom 25.1. 2005, 03-18.176 (jeweils zitiert aus dem französischen Rechtsportal http://www.easydroit.fr/jurisprudence/).

tergrund, was die Übertragung des Konkretisierungsvorschlags grundsätzlich legitimiert.

Auch unter inhaltlichen Gesichtspunkten ist die Übertragung des Konkretisierungsvorschlags auf die Ebene des Vollstreckungsrechts sachgerecht. In Bezug auf das Erkenntnisverfahren ist mittlerweile anerkannt, dass Staaten und Staatsunternehmen nur für besonderes staatliches (also hoheitliches) Verhalten das Privileg der Immunität genießen, und dass nur in diesen besonderen Fällen die Rechtsschutzmöglichkeiten des Klägers eingeschränkt werden dürfen.[628] Es ist daher nur konsequent, dieselbe Wertung auf die Ebene des Vollstreckungsrechts zu übertragen. Das hat zur Folge, dass dann nur solchen Objekten, die für entsprechende staatliche Tätigkeiten verwendet werden, dieser besondere Schutz zukommt und dass damit auch nur in diesen Fällen dem Vollstreckungsgläubiger die zwangsweise Durchsetzung seines Titels verwehrt wird.

Zwar bilden das Erkenntnis- und das Vollstreckungsverfahren kein in sich geschlossenes System, sodass sie in jeder Beziehung gleich zu setzen wären - dennoch ist anerkannt, dass das Tätigwerden der Gerichte im Vollstreckungsverfahren im Hinblick auf die Immunität jedenfalls im Wesentlichen genauso behandelt werden muss wie im Erkenntnisverfahren.[629] Dafür ist es erforderlich, dass, soweit sich die Begriffsbestimmung auf der Ebene des Erkenntnisverfahrens verändert, dies auch auf die Ebene des Vollstreckungsverfahrens durchschlägt. Ist dies nicht der Fall, so bliebe die Fortentwicklung und Modernisierung des Begriffs ‚hoheitlich' letztlich wirkungslos, denn ein Urteil auf der Basis des modernen Begriffs ‚hoheitlich' ohne entsprechend angepasste Vollstreckungsmöglichkeiten ist nicht mehr als eine „bloße Rechtsansicht"[630].

Bei dieser Argumentation unter Bezugnahme auf die Fortentwicklung der Immunität im Erkenntnisverfahren ist aber zu beachten, dass die Vollstreckung einen weitaus deutlicheren, weil (finanziell) spürbaren Eingriff in die Souveränität des Staates bzw. Staatsunternehmens darstellt als die bloße Verurteilung durch die Gerichte eines anderen Staates. Aufgrund des unmittelbaren Zugriffs auf die jeweiligen Vermögenswerte wird die Vollstreckung des-

---

628 Siehe dazu im Einzelnen oben unter C, II, 3.).

629 So schon SCHAUMANN in SCHAUMANN/HABSCHEID, S. 134, 136 in Bezug auf die allgemeine Staatenimmunität.

630 Siehe zu der Begrifflichkeit BGE 82 I 75 S. 89 (zitiert aus der Internet-Datenbank des schweizerischen Bundesgerichts unter http://www.bger.ch/index.htm).

wegen auch als „die *ultima ratio* im zwischenstaatlichen Bereich" angesehen.[631]

Diese mit der Vollstreckung verbundene besondere Härte muss folglich bei der Untersuchung und Anwendung der Vollstreckungsimmunität besonders berücksichtigt werden.

Ein Ausgleich wird aber dadurch geschaffen, dass es bei der Entscheidung über die Vollstreckungsimmunität stets auf den Zweck des Objekts ankommt[632] und nicht wie im Erkenntnisverfahren auf die Natur. Dadurch wird der Kreis der von der Vollstreckungsimmunität geschützten Güter von vorneherein weiter gezogen.

Das wird beispielsweise deutlich anhand der schon erwähnten Entscheidung des Bundesgerichtshofs aus dem Jahre 2009.[633] Der BGH erklärte hier, dass Forderungen aus der Vermietung eines im Inland gelegenen Objekts, die ausschließlich für den Erhalt einer kulturellen Einrichtung dieses Staates verwendet werden, hoheitlichen Zwecken dienen könnten und dann der Vollstreckungsimmunität unterlägen. Würde in solchen Konstellationen wie im Erkenntnisverfahren auf die Natur des Vollstreckungsobjekts, hier der Forderung, abgestellt, so könnte argumentiert werden, dass die Forderung nicht hoheitlich einzustufen sei, da sie aus der Vermietung resultiert und damit einer privatrechtlichen Tätigkeit, die so auch von anderen ausgeübt wird. Durch das von der Mehrheit der Staaten praktizierte Abstellen auf den Verwendungszweck hingegen erhält das Objekt eine hoheitliche Einstufung und kann damit unter die Vollstreckungsimmunität fallen. Das Kriterium des Zweckes reicht damit weiter als das der Natur und führt zu einem von vorneherein größeren Kreis an geschützten Gütern auf der Ebene der Vollstreckungsimmunität.

Dadurch wird letztlich der größeren Intensität eines Eingriffs in die Souveränität durch die Zwangsmaßnahmen verglichen mit der Beeinträchtigung der Souveränität durch die gerichtliche Beurteilung im Rahmen eines Erkenntnisverfahrens Rechnung getragen.

Festzuhalten ist damit, dass die Übertragung des Konkretisierungsvorschlags auf die Ebene der Vollstreckungsimmunität sowohl sprachlich möglich als auch inhaltlich sachgerecht ist. Vermögenswerte eines Staatsunternehmens sind demnach gegenüber Vollstreckungsmaßnahmen immun, wenn

631 BIEHLER, S. 302.

632 Siehe dazu oben unter B, II, 2a.)

633 BGH, Beschluss vom 1.10.2009, Az. VII ZB 37/08 (zitiert aus juris) siehe dazu ausführlich oben unter C,V, 2,a, cc.).

sie für eine Tätigkeit verwendet werden sollen, die nicht im Wettbewerb mit privaten Unternehmen ausgeübt wird.

2.) Inhaltliche Überprüfung der Übertragung des Konkretisierungsvorschlags im Hinblick auf die Entwicklungen im allgemeinen Immunitäts- und Völkerrecht

Wie schon oben im Rahmen der Ausführungen zum Erkenntnisverfahren erklärt[634] dient die Entwicklung des Konkretisierungsvorschlages der Präzisierung des neuen Ansatzes in der Rechtsprechung zur Bestimmung des Merkmals ‚hoheitlich'. Ziel ist, dass sich dieser Vorgehensweise mehr und mehr Staaten anschließen, dieser Ansatz zu einer völkergewohnheitsrechtlichen Regel erstarkt und damit letztlich die funktionale Betrachtungsweise zeitgemäß gefestigt und fortentwickelt wird.

Um zu zeigen, dass diese Entwicklung auch auf der Ebene der Vollstreckungsimmunität wünschenswert und sachgerecht wäre, wird im Folgenden abgeglichen, ob sie mit den allgemeinen Entwicklungen im Immunitäts- und Völkerrecht in Einklang steht.

Im allgemeinen Völkerrecht lässt sich die klare Entwicklung feststellen, dass die Rechtsposition des Einzelnen mit der Zeit mehr und mehr gestärkt wurde.[635] Während in der klassischen Völkerrechtslehre die völkerrechtliche Rechtsträgerschaft von Einzelpersonen noch abgelehnt wurde, werden dem Einzelnen zunehmend insbesondere etwa durch die Menschenrechtskonventionen Rechte eingeräumt.[636] Aufgrund dieser Entfaltung der Menschenrechte kam es zu Einbußen bei allen Elementen der Staatlichkeit, auch im Bereich der Souveränität.[637]

Eine entsprechende Entwicklung hat sich im Recht der Staatenimmunität vollzogen. Die Regel der Staatenimmunität befindet sich seit Jahren in einer Rückzugsbewegung.[638] Sie entwickelte sich von der absoluten hin zur restriktiven Immunität und damit weg von dem umfassenden Schutz der staatlichen Souveränität und hin zu einer Verbesserung der Rechte des individuellen Klägers.[639]

---

634 Siehe oben unter C, IV, 1.).

635 Hobe S. 169.

636 Heilbronner/Kau in Graf Vitzthum, S. 158.

637 Ress, ZaöRV 64 (2004) 621, 623.

638 Siehe dazu etwa bei etwa Dörr, AVR 41 (2003) 201, 218.

639 Siehe dazu schon oben unter B, I.).

Um die Rechte des Einzelnen auch gegenüber der Immunität von Staatsunternehmen zu stärken, reicht es nicht aus, den Begriff ‚hoheitlich' nur für das Erkenntnisverfahren in diesem Sinne fortzuentwickeln und die Rechtsschutzmöglichkeiten des Einzelnen zu verbessern. Eine entsprechende Fortentwicklung des Begriffs ‚hoheitlich' ist auch im Bereich der Vollstreckungsimmunität erforderlich. Die Position des Einzelnen, der gerichtlich gegen das jeweilige Staatsunternehmen vorgeht, wird durch die bloße Erlangung eines Titels nicht zwingend verbessert, solange er diesen nicht auch durchsetzen kann. Dementsprechend muss auch die Vollstreckungsimmunität sukzessive auf die wesentlichen Fälle reduziert werden – zugunsten des Rechtsschutzes des Einzelnen und zulasten der staatlichen Souveränität.

Im Lichte dieser Entwicklungen des allgemeinen Immunitäts- und Völkerrecht betrachtet ist die Übertragung des Konkretisierungsvorschlages auf die Vollstreckungsimmunität somit sachgerecht.

3.) Ergebnis

Die obigen Ausführungen zeigen, dass der in der vorliegenden Arbeit entwickelte Konkretisierungsvorschlag geeignet ist, auch für die Vollstreckungsimmunität das Merkmal ‚hoheitlich' auf sachgerechte und zeitgemäße Weise näher zu bestimmen. Die dargestellten Entwicklungen im Völkerrecht hin zu einem immer restriktiveren Verständnis von Immunität fordern eine entsprechende Fortentwicklung gerade auf der Ebene des Vollstreckungsrechts.

Anzumerken ist an dieser Stelle wiederum, dass auch eine Entscheidung über Vollstreckungsimmunität nach den Vorgaben des Konkretisierungsvorschlages nicht vollständig mit den entsprechenden Regelungen der Immunitätsübereinkommen in Einklag steht.

Zwar kann bezogen auf die Vollstreckungsimmunität ein Vergleich nur mit dem bislang unverbindlichen UN-Übereinkommen angestellt werden, da wie schon oben erklärt[640] die im Europäischen Übereinkommen enthaltenen Regeln über das Vollstreckungsverfahren für rechtlich selbstständige Staatsunternehmen keine Anwendung finden. Dennoch wird auch hier deutlich, dass in einigen zentralen Aspekten im Ergebnis Diskrepanzen auftreten. Relevant sind insoweit Art. 19c und Art. 21 UnÜSI. Nach Art. 19c UnÜSI dürfen Vollstreckungsmaßnahmen eingeleitet werden, wenn die jeweiligen Vermögenswerte unter anderem für andere als staatliche, nicht kommerzielle Zwecke

640 Siehe oben unter C, V, 1.).

verwendet werden bzw. werden sollen.[641] Zwar wäre für die meisten Fälle, die von der Immunitätsausnahme in Art. 19c erfasst sind, auch nach dem hier erarbeiteten Konkretisierungsvorschlag keine Vollstreckungsimmunität zu gewähren. Der Konkretisierungsvorschlag nimmt aber zusätzlich weitere Vermögenswerte, die anderen, nicht kommerziell betriebenen Tätigkeiten dienen, von der Immunität aus und gewährt damit letztlich in geringerem Umfang Vollstreckungsimmunität als vom UN-Übereinkommen vorgesehen. Hinzukommt, dass auch die in Art. 21 UnÜSI[642] genannten Beispiele für Vermögenswerte, [643] für die Vollstreckungsimmunität eingreift, ebenfalls nicht durchgängig mit dem Konkretisierungsvorschlag in Einklang stehen.

So werden beispielsweise Vermögenspositionen von Zentralbanken nach Art. 21c UnÜSI umfassend durch Vollstreckungsimmunität geschützt, unabhängig davon für welche Zwecke diese im konkreten Fall verwendet werden. Zentralbanken handeln aber in den verschiedensten Formen: So wird die Ausgabe von Banknoten sowie das Handeln aus währungspolitischen Gründen, also z.B. das Halten und Regulieren von Währungsreserven im Ausland,

---

641 Art. 19 (c) UnÜSI: No post-judgment measures of constraint, such as attachment, arrest or execution, against property of a State may be taken in connection with a proceeding before a court of another State unless and except to the extent that [...] it has been established that the property is specifically in use or intended for use by the State for other than government non-commercial purposes and is in the territory of the State of the forum, provided that postjudgment measures of constraint may only be taken against property that has a connection with the entity against which the proceeding was directed.

642 Art. 21UnÜSI: 1. The following categories, in particular, of property of a State shall not be considered as property specifically in use or intended for use by the State for other than government non-commercial purposes under article 19, subparagraph (c):(a) property, including any bank account, which is used or intended for use in the performance of the functions of the diplomatic mission of the State or its consular posts, special missions, missions to international organizations or delegations to organs of international organizations or tointernational conferences;(b) property of a military character or used or intended for use in the performance of military functions;(c) property of the central bank or other monetary authority of the State;(d) property forming part of the cultural heritage of the State or part of its archives and not placed or intended to be placed on sale;(e) property forming part of an exhibition of objects of scientific, cultural or historical interest and not placed or intended to be placed on sale.

643 Dies ergibt sich aus dem Wortlaut der Vorschrift anhand der Verwendung des Ausdrucks ‚in particular‘, siehe dazu die folgende Fußnote.

als hoheitliche Tätigkeit angesehen.[644] Für Vermögen, das solchen Tätigkeiten dient, steht also die Anwendung des Konkretisierungsvorschlags mit Art. 21c UnÜSI in Einklang. Zentralbanken verkaufen aber beispielsweise auch Wertpapiere bzw. kaufen diese an.[645] Damit nehmen die Banken eine Tätigkeit wahr und dienen diese Wertpapiere dann einer Tätigkeit, die auch von privaten Banken ausgeübt wird. Nach Maßgabe des Konkretisierungsvorschlages wäre eine solche Tätigkeit und somit Vermögenswerte, die für diese Tätigkeit verwendet werden, nicht als hoheitlich einzustufen und folglich nicht durch Immunität geschützt.

Trotz dieser Unstimmigkeiten verglichen mit den Vorgaben des UN-Übereinkommens ist aber an dem Konkretisierungsvorschlag in Bezug auf das Vollstreckungsverfahren festzuhalten. Wie schon bei den Ausführungen zum Erkenntnisverfahren erklärt,[646] stellen diese Unstimmigkeiten ein ‚Problem' dar, das bei einem Vorschlag, der auf die zukünftige Verwendung und die Fortentwicklung des Völkergewohnheitsrechts ausgelegt ist, naturgemäß auftreten kann. Eine Fortentwicklung erfordert regelmäßig das Abweichen vom status quo. Da diese restriktivere Handhabung der Vollstreckungsimmunität des Konkretisierungsvorschlags aber, wie oben deutlich wurde, mit den allgemeinen Entwicklungen im Immunitäts- und Völkerrecht in Einklang steht und somit insgesamt überzeugender ist als die momentane Rechtslage, muss diese zum Teil widersprüchliche Situation bis zu der erhofften Etablierung als neues Völkergewohnheitsrecht in Kauf genommen werden.

---

644 So KRAUSKOPF/STEVEN, WM 2000, 269, 272 mit weiteren Nachweisen; Obiter dictum des Bundesverfassungsgerichts in BVerfGE 64, 1, 45f.; SZODRUCH, S. 390; FOX, S. 467.

645 Siehe für die Deutsche Bundesbank etwa in: Die Deutsche Bundesbank, Aufgabenfelder, Rechtlicher Rahmen, Geschichte, Sonderveröffentlichung der Deutschen Bundesbank, April 2006, S. 204, http://www.bundesbank.de/download/presse/publikationen/buchbundesbank.pdf.

646 Siehe oben unter C, IV, 4.).

D.) Das Recht der Immunität im Fall von Menschenrechtsverletzungen

Die bisherigen Untersuchungen haben gezeigt, dass nach dem einzig in Kraft getretenen völkerrechtlichen Vertrag über Immunität, also dem Europäischen Übereinkommen über Staatenimmunität, nach dem Vertragstext des UN-Übereinkommens sowie nach partikulärem Völkergewohnheitsrecht auch für Staatsunternehmen eine restriktive Immunität gilt. Überwiegend wird eine funktionale Betrachtungsweise praktiziert, nach der für die Frage nach der Immunität nicht die Organisationsstruktur und rechtliche Selbstständigkeit des Staatsunternehmens maßgeblich ist sondern die wahrgenommenen Aufgaben. Regelmäßig kann bei hoheitlichem Verhalten und für hoheitlichen Zwecken dienende Gegenstände Immunität beansprucht werden, sodass in diesem Falle die Rechtsschutzmöglichkeiten des privaten Klägers gegenüber der staatlichen Souveränität zurückstehen müssen: Der Kläger kann an sich bestehende Ansprüche aus Gründen der Immunität nicht geltend machen. Staatsunternehmen und Staaten werden insoweit gleichgestellt.

Regelmäßig führt diese Vorgehensweise zu gerechten Ergebnissen, vor allem da in der Mehrzahl der Sachverhaltskonstellationen die Tätigkeit von Staatsunternehmen ohnehin als nicht hoheitlich einzustufen ist. In den verbleibenden Fällen hoheitlichen Verhaltens ist es dann zumeist sachgemäß, aus Gründen der staatlichen Souveränität und Gleichheit eine Einschränkung der Rechtsschutzmöglichkeiten des Einzelnen in Kauf zu nehmen.

Allerdings existieren auch Varianten von hoheitlichem Verhalten, die den Einzelnen derart schädigen, dass es untragbar scheint, ihm die Geltendmachung seiner Ersatzansprüchen zu verwehren: im Falle von völkerrechtswidrigem Verhalten durch schwerwiegende Menschenrechtsverletzungen.

Besondere Brisanz und mediale Aufmerksamkeit kommt dabei den Fällen zu, die die Aufarbeitung und Entschädigung von Kriegsverbrechen aus dem zweiten Weltkrieg behandeln, wie etwa die Prozesse um das Massaker in Distomo[647]. Bekanntheit erlangt haben aber auch jüngere Fälle von Folter, wie in der Sache Al-Adsani.[648]

Alle diese Fälle sind Beispiele für unerträgliche Menschenrechtsverletzungen. Sie führten dazu, dass seit einigen Jahren in Rechtsprechung und Literatur heftig diskutiert wird, ob im Falle schwerwiegender Menschenrechtsver-

---

647 Siehe etwa der Artikel aus der Welt vom 13.1.2011 unter http://www.welt.de/politik /ausland/article12140825/Westerwelle-empoert-ueber-griechische-Klage.html

648 EGMR, Urteil vom 21.11.2001, Rs. 35763/97; EuGRZ 2002, 403 ff.

letzungen vom Grundsatz der Staatenimmunität ausnahmsweise abzuweichen ist und die Gerichte anderer Staaten trotz hoheitlichen Verhaltens des Staates gegenüber diesem Gerichtsbarkeit ausüben dürfen.[649]

In diesem Zusammenhang drängt sich die Frage auf, ob diese Erwägungen auch auf die rechtliche Behandlung von Staatsunternehmen übertragen werden müssen, wenn diese an Menschenrechtsverletzungen mitgewirkt oder verursacht haben. Es könnte geboten sein, auch die Immunität von Staatsunternehmen aufgrund ihrer Zuordnung zum Staat und der immunitätsrechtlichen Gleichstellung mit Staaten entsprechend einzuschränken.

Andererseits könnten jedenfalls Staatsunternehmen in privatrechtlicher Organisationsform wie gewöhnliche Privatunternehmen behandelt werden, sodass für diese der für Rechtssubjekte dieser Organisationsstruktur geltende Pflichtenkreis gilt und damit eine eingeschränktere Bindungswirkung der Menschenrechte. Auf dieser Basis könnte eine Übertragung der menschenrechtsspezifischen Immunitätsausnahme für Staatsunternehmen schwer zu begründen sein.

Bevor diese Aspekte im Folgenden eingehend untersucht werden, sollen zunächst der aktuelle Meinungsstand hinsichtlich der allgemeinen Menschenrechtsdiskussion sowie die verschiedenen Ansätze zur Herleitung einer menschenrechtsspezifischen Immunitätsbeschränkung überblicksartig vorgestellt werden.

I.) Überblick über die allgemeine Problematik

1.) Überblick über das Recht der Menschenrechte

Menschenrechte bilden einen zentralen Bestandteil des Völkerrechts, sie sind in zahlreichen völkerrechtlichen Verträgen und Erklärungen niedergelegt und haben auf die Entwicklung des Völkerrechts generell und insbesondere auf die Rechtsstellung des Individuums im Völkerrecht maßgeblich Einfluss genommen.[650] Völkervertragsrechtlich sind sie auf universeller sowie auf regionaler Ebene geregelt. Als Beispiel für universelle Vertragswerke können die beiden im Jahre 1976 in Kraft getretenen Menschenrechtspakte „Internationa-

---

649 Siehe dazu etwa die ausführlichen Darstellungen bei APPELBAUM, Einschränkungen der Staatenimmunität in Fällen schwerer Menschenrechtsverletzungen, 2007; PAECH, AVR 47 (2009) 36; CREMER, AVR 41 (2003) 137; DÖRR, AVR 41 (2003) 201; CAPLAN, AJIL 97 (2003) 741; FOLZ, ZÖR 61 (2006) 477.

650 Vgl. HEILBRONNER in GRAF VITZTHUM, S. 228f.

ler Pakt über bürgerliche und politische Rechte" (IPbpR)[651] und „Internationaler Pakt über wirtschaftliche, soziale und kulturelle Rechte" (IPwskR)[652] herangezogen werden. Daneben existieren regionale Menschenrechtsübereinkommen wie etwa die Europäische Menschenrechtskonvention. Außerdem befassen sich spezielle Konventionen mit einzelnen Rechten, so etwa die UN-Anti-Folterkonvention[653].

Auch im Völkergewohnheitsrecht ist der Bestand jedenfalls elementarer Menschenrechte anerkannt.[654]

Menschenrechte werden in drei Dimensionen bzw. Generationen unterteilt: Die Menschenrechte erster Generation umfassen die bürgerlichen und politischen Freiheits- und Abwehrrechte, die der Zweiten wirtschaftliche, soziale und kulturelle Rechte und die dritte und jüngste Gruppe der Menschenrechte betrifft kollektiv geltend zu machende Rechte wie das Recht auf Entwicklung oder saubere Umwelt.[655]

Ferner ist allgemein anerkannt, dass bestimmten Menschenrechten aufgrund ihrer elementaren Bedeutung der Status als so genannte *ius-cogens*-Norm zukommt, beispielsweise das Recht auf Leben, körperliche Unversehrtheit sowie Schutz vor unmenschlicher Behandlung bzw. Folter.[656] Konsequenz dieser Einstufung ist zum einen das Verbot von den Vorgaben dieser Normen abzuweichen und zum anderen eine sog. *erga-omnes*-Wirkung, d.h. dass die Staaten gegenüber allen anderen Staaten zur Achtung dieser Normen verpflichtet sind und folglich alle Staaten bei einem Verstoß gegen diese als verletzt angesehen werden.[657]

Diese Entwicklung und die immer weiter gehende Akzeptanz grundlegender Menschenrechte hat zur Folge, dass die Theorie der Mediatisierung des Einzelnen im Völkerrecht, wonach der Einzelne ihn begünstigende völkerrechtliche Positionen nur mithilfe seines Staates geltend machen kann, mit und mit relativiert wurde.[658] Die Position des Einzelnen wurde bedingt durch

---

651 http://www2.ohchr.org/english/law/ccpr.htm.

652 http://www2.ohchr.org/english/law/cescr.htm.

653 http://www2.ohchr.org/english/law/cat.htm.

654 DOEHRING, Völkerrecht, Rn. 974, 981; SCHMALENBACH, AVR 39 (2001) 57, 62.

655 FRITZSCHE, S. 24f.; KÄLIN/ KÜNZLI, S. 38; HEILBRONNER in GRAF VITZTHUM, S. 230; *Hobe*, S. 421f.

656 HERDEGEN, § 16, Rn. 14; *Hobe*, S. 180; IPSEN, §15, Rn. 59; DOEHRING, Völkerrecht, Rn. 986.

657 DOEHRING, Völkerrecht, Rn. 988; HOBE, S. 181.

658 HEILBRONNER in GRAF VITZTHUM, S. 218; SCHWEISFURTH, Rn. 138f.;

die Entfaltung der Menschenrechte derart verbessert, dass mittlerweile die Staatlichkeit in vielen Aspekten Einbußen aufweist, insbesondere im Bereich der Souveränität.[659]

2.) Diskussion einer menschenrechtsspezifischen Immunitätsbeschränkung

Im Hinblick auf diese Entwicklungen und die gesteigerte Bedeutung der Menschenrechte im modernen Völkerrecht wird zunehmend hinterfragt, ob im Falle der Verletzung grundlegender Menschenrechte durch hoheitliches Verhalten der Staat tatsächlich weiter auf dem Schutz seiner Souveränität bestehen und Immunität beanspruchen kann oder ob der private Kläger vor den Gerichten eines fremden Staates seine möglichen Ansprüche geltend machen kann. Diese Frage ist auch deswegen von besonderer Bedeutung, da auf internationaler Ebene nur sehr begrenzte Möglichkeiten zur Durchsetzung individueller Wiedergutmachungsansprüche bestehen[660] oder die Staaten das entstandene Unrecht im zwischenstaatlichen Bereich bereits abgegolten haben.[661]

Entscheidend dafür ist die rechtliche Qualifizierung der jeweiligen Handlung: Nach geltendem Recht können sich Staaten regelmäßig bei hoheitlichem Verhalten auf das Immunitätsprivileg berufen.[662] Ob ein Verhalten als hoheitlich oder nicht hoheitlich einzustufen ist, mag sich nach unterschiedlichen Kriterien richten.[663] Die Völkerrechtswidrigkeit einer Tätigkeit nimmt auf die Einstufung als hoheitliche Tätigkeit jedenfalls keinen Einfluss. Dies ergibt sich schon aus Art. 1 Abs.1 der UN-Folterkonvention: *„the term ‚torture' means any act [...] when pain or suffering is inflicted by [...] a public official or other person acting in an official capacity"*. Folter, eine der schwerwiegendsten Menschenrechtsverletzungen, wird hier eindeutig als eine amtliche, hoheitliche Handlung definiert.

Deswegen ist nach der geltenden Rechtslage grundsätzlich auch für durch hoheitliches Verhalten begangene Menschenrechtsverletzungen Immunität zu gewähren.

DAHM/DELBRÜCK/WOLFRUM, Bd. I/2, S. 259, 262.

659 RESS, ZaöRV 64 (2004) 621, 623; KÄLIN/ KÜNZLI, S. 19

660 SEEGERS, S. 234, zu den Wiedergutmachungsmöglichkeiten des Individuums siehe im Einzelnen bei SEEGERS S. 197ff.

661 FRENZEL/WIEDEMANN, NVwZ 2008, 1088, 1090.

662 Siehe oben unter B, IV.)

663 Siehe zum Kriterium der Hoheitlichkeit oben unter C, III und IV.).

Da es nur schwer nachvollziehbar ist, dass ein Staat einerseits gegen das Völkerrecht verstößt, sich aber andererseits unter dessen formalen Schutz begeben und Immunität beanspruchen kann, wurden in Literatur und Rechtsprechung verschiedene Ansätze entwickelt, um zu verhindern, dass sich Staaten in solchen Fallkonstellationen auf den Grundsatz der Immunität berufen können.

a.) Impliziter Immunitätsverzicht

Eine Methode basiert auf der allgemein anerkannten Immunitätsausnahme des Verzichts auf Immunität. Wie bereits dargestellt,[664] können Staaten auf das ihnen zustehende Recht der Immunität verzichten - sowohl explizit als auch implizit. Daher wird teilweise in der Verletzung von Menschenrechten ein impliziter Verzicht gesehen, sodass folglich keine Immunität gewährt werden muss. Als Beispiel dafür kann der so genannte Princz-Case aus den USA herangezogen werden. Dieser Fall betraf eine Schadensersatzklage vor einem amerikanischen Bezirksgericht gegen die Bundesrepublik Deutschland wegen Zwangsarbeit und Misshandlungen, die der Kläger als Jude im Nationalsozialismus erlitten hatte. Während das Bezirksgericht der Klage noch stattgab, hob sie das Berufungsgericht mit Mehrheit auf unter Verweis auf die Immunität Deutschlands. Die abweichende Meinung innerhalb des Berufungsgerichts lehnte jedoch die Gewährung von Immunität ab mit der Begründung, dass Deutschland durch die Verletzung der *ius-cogens*-Normen, die Sklaverei und Völkermord verurteilen, implizit auf seine Immunität verzichtet habe.[665]

Dieser Versuch einer Subsumption unter die bestehende Ausnahme des Immunitätsverzichts kann argumentativ und dogmatisch nicht überzeugen. Ein Verzicht bedeutet immer einen in der Regel erheblichen Rechtsverlust; beim Immunitätsverzicht ist dieses besonders evident, denn er führt dazu, dass sich ein Staat bzw. ein Staatsunternehmen einer fremden Rechtsmacht unterwirft. Daher sind die Anforderungen an einen wirksamen Immunitätsverzicht hoch – der Wille, sich der fremden Gerichtsbarkeit zu unterwerfen, muss stets klar und eindeutig zum Ausdruck kommen und darf nicht vermutet werden.[666] Einem Staat, der grundlegende Menschenrechte verletzt, zu unter-

---

664 Siehe oben unter B, III.).

665 Siehe dazu 813 F.Supp. 22 bzw. ILM 33 (1994) 1483 sowie die ausführliche Urteilsanalyse bei BRÖHMER, S. 78 ff.

666 DAHM/DELBRÜCK/WOLFRUM, *Bd. I/1*, S. 470; IPSEN, § 18, Rn. 16 unter Verweis auf

stellen, dass er dadurch seine Bereitschaft bekundet, sich im Rahmen eines Prozesses auf Schadensersatz verklagen zu lassen, geht daher offensichtlich zu weit. Für diese Bereitschaft gibt es keine erkennbaren Ansatzpunkte, eine Anknüpfung an die Tathandlung allein reicht nicht aus. Vorstellbar ist, dass sich der entsprechend handelnde Staat keinerlei Gedanken darüber gemacht hat, ob sein Verhalten von anderen als Menschenrechtsverletzung gewertet wird; vielleicht ist es ihm sogar völlig gleichgültig. Aus einer solchen Haltung kann kein Ansatzpunkt für eine positiv zu deutende Verzichtserklärung abgeleitet werden. Vielmehr wird jeder Täter und damit auch der jeweilige Staat es gerade vermeiden wollen, dass es zu einem Prozess kommt und er sich ersatzpflichtig macht.[667]

Die Herleitung einer Immunitätsbeschränkung im Falle von schweren Menschenrechtsverletzungen mithilfe des Verzichts kann folglich nicht überzeugen.

b.) Gebietsbezogene Deliktsausnahme

Als andere Möglichkeit für eine Immunitätsausnahme im Falle schwerster Menschenrechtsverletzungen wird die so genannte gebietsbezogene Deliktsausnahme[668] herangezogen. Danach ist keine Immunität zu gewähren, wenn der beklagte Staat auf dem Gebiet des Forumstaats eine Handlung vorgenommen hat, die zu Sach- oder Personenschäden führte. Auf eine Unterscheidung zwischen hoheitlichem und nicht hoheitlichen Verhalten kommt es dabei nicht an.

Um den Konflikt zwischen staatlicher Souveränität und individuellem Bedürfnis nach Wiedergutmachung für erlittenes Unrecht rechtsverbindlich aufzulösen, müsste die gebietsbezogene Deliktsausnahme allerdings bereits völkerrechtlich verankert sein.

Die Deliktsausnahme ist völkervertragsrechtlich in Art. 11 EuÜSI und Art. 12 UnÜSI niedergelegt. Auf nationaler Ebene finden sich entsprechende Regelungen in diversen Immunitätsgesetzen.[669] Auch wurde in verschiedenen gerichtlichen Verfahren auf die gebietsbezogene Deliktsausnahme Bezug ge-

---

die Entscheidung des IGH im Norwegischen-Anleihen-Fall,ICJ Reports 1957, 9.

667 Vgl. BRÖHMER, S. 191; CREMER, AVR 41 (2003) 137, 143.

668 Zum Begriff der gebietsbezogenen Deliktsausnahme siehe bei DÖRR, AVR 41 (2003) 201, 207ff.

669 So etwa in §1605 a (5) FSIA, sect. 5 SIA, sect. 6 SIA Canada, sect. 7 SIA Singapore. Siehe dazu ferner die Nachweise bei CREMER, AVR 41 (2003) 137, 147.

nommen. So hat beispielsweise der griechische Areopag im Jahre 2000 argumentiert, als er im so genannten Distomo-Fall den Schadensersatzklagen griechischer Privatpersonen gegen die Bundesrepublik Deutschland wegen eines Massakers der Waffen-SS stattgab.[670] Ähnlich ging der Beschwerdeführer im Fall McElhinney[671] vor, um für psychische Schäden, die er wegen eines Zwischenfalls an einem Grenzkontrollpunkt zwischen Nord-Irland und der Republik Irland erlitten hatte, von Großbritannien Schadensersatz zu erstreiten.

Allerdings hat der EGMR bezüglich beider Fälle festgestellt, dass die Gewährung von Immunität keine unzulässige Beschränkung des Rechts auf Zugang zu Gericht sei.[672] Ferner existiert entgegenstehende Rechtsprechung jüngeren Datums, in der das Eingreifen der Deliktsausnahme für Schadensersatzansprüche aufgrund von Verbrechen während des 2. Weltkriegs abgelehnt wird – so etwa seitens des Bundesgerichtshofs[673] oder seitens des Obersten Gerichtshofs der Republik Polen.[674]

Insgesamt ist aufgrund der dargestellten nationalen Immunitätsgesetze und gerichtlichen Verfahren zwar durchaus eine staatenübergeifende Tendenz zu erkennen, nach der bei Menschenrechtsverletzungen, die im Forumstaat erfolgten, die Immunität beschränkt wird. Eine hinreichend allgemeine Staatenpraxis und damit tragfähige, völkergewohnheitsrechtliche Verankerung der gebietsbezogenen Deliktsausnahme kann aber aktuell wohl noch nicht nachgewiesen werden.[675]

---

670 Zu den griechischen Verfahren siehe etwa bei BARTSCH/ELBERLING, GLJ 4 (2003) 477,479.

671 EGMR Rs. McElhinney, Urteil v. 21.11.2001, vgl. EuGRZ 2002, 415, 416.

672 EGMR Rs. McElhinney, Urteil v. 21.11.2001, vgl. EuGRZ 2002, 415, sowie Rs. Kalogeropoulou ua. Urteil v. 12.12.2002. Siehe dazu: http://www.coe.int/t/d/menschenrechtsgerichtshof/dokumente_auf_deutsch/volltext/entscheidungen/20021212_Kalogeropoulou%20u.a.%20_E.asp#TopOfPage

673 BGH, Urteil vom 26.6.2003, Az. III ZR 245/98 (zitiert aus juris).

674 Siehe dazu bei ausführlich bei STÜRNER, IPRax 2011, 600.

675 Vgl. jüngst der polnische Oberste Gerichtshof, Nachweise bei STÜRNER, IPRax 2011, 600, 601; EuGH, Rs. McElhinney, Urteil v. 21.11.2001, EuGRZ 2002, 415, 418; CREMER, AVR 41 (2003) 137, 150; DÖRR, AVR 41 (2003), 201, 209 f.; KEMPEN, FS Steinberger, S.185; HOBE, IPRax 2001, 368, 371.

c.) Untergang von Völkergewohnheitsrecht, welches die Ausübung der Gerichtsbarkeit bei Forumstaatsdelikten verbietet

Ein anderer Ansatz zur Herleitung einer menschenrechtsspezifischen Immunitätsbeschränkung versucht die soeben aufgezeigten Schwierigkeiten des Nachweises einer entsprechenden völkergewohnheitsrechtlichen Verankerung zu umgehen. Er basiert auf dem Gedanken, dass es nicht darauf ankomme, ob im Völkergewohnheitsrecht ein entsprechender Rechtssatz existiert, der die Ausübung von Gerichtsbarkeit bei Menschenrechtsverletzungen trotz hoheitlichen Verhaltens gebietet. Entscheidend sei vielmehr, ob ein Satz des Gewohnheitsrechts, der die Ausübung der Gerichtsbarkeit verbietet, seine Geltung verloren habe.[676] Durch einen „partiellen Geltungsverlust" des bestehenden Völkergewohnheitsrechts, so die Argumentation, könne dem Forumstaat seine jeweilige Regelungsbefugnis zurückgegeben werden.[677] Dies sei der Fall, wenn die nationalen Rechtsordnungen und internationalen Verträge, die sich zu der relevanten Rechtsfrage äußern, eine vom bestehenden Völkergewohnheitsrecht abweichende Regelung beinhalten.[678] Auf dieser Basis wird argumentiert, dass der völkergewohnheitsrechtliche Satz, nach dem Staaten für *acta iure imperii* vor den Zivilgerichten anderer Staaten Immunität genießen, für Forumsstaatsdelikte keine Geltung mehr habe.[679] Insgesamt sei daher die Gewährung von Staatenimmunität durch das Völkergewohnheitsrecht in diesen Fällen weder ge- noch verboten.[680]

Diese Argumentation anhand des Geltungsverlusts entgegenstehender Vorgaben ist dogmatisch schlüssig und mag in einigen Bereichen des Völkerrechts durchaus überzeugen. Ob sie aber eine Beschränkung der Immunität legitimieren kann, erscheint zweifelhaft. Denn es stellt sich in dieser Situation die Frage, wie der partielle Wegfall des Verbots, Gerichtsbarkeit über fremde Staaten auszuüben, den Staaten eine entsprechende Regelungsbefugnis zurückgeben kann. Dies kann nur dann angenommen werden, wenn den Staaten ursprünglich eine solche Befugnis zustand, d.h. also sie ursprünglich das Recht hatten, über andere Staaten gerichtlich zu urteilen.

676 So CREMER, AVR 41 (2003) 137, 150 ff.
677 CREMER, AVR 41 (2003) 137, 151.
678 CREMER, AVR 41 (2003) 137, 154.
679 CREMER, AVR 41 (2003) 137, 154.
680 CREMER, AVR 41 (2003) 137, 154.

Dies erscheint aber insoweit fragwürdig, als die Ausgangssituation hinsichtlich des Rechts über die Immunität eine absolute Form war, die im Laufe der Zeit immer weiter eingeschränkt wurde.[681]

d.) Anknüpfung an die *ius cogens* Qualität der Menschenrechte

Eine andere Vorgehensweise knüpft an die Tatsache an, dass die Pflicht der Staaten zur Achtung elementarer Menschenrechte *ius-cogens*-Qualität aufweist.[682] Von solchen Normen darf wegen ihrer grundlegenden Bedeutung für die gesamte Staatengemeinschaft nicht abgewichen werden - jede allgemeine völkerrechtliche Norm ist rechtlich unwirksam, wenn sie mit dem höherrangigen *ius cogens* kollidiert.[683] Kollidiert also der Grundsatz der Staatenimmunität als allgemeine Norm des Völkerrechts mit den Menschenrechten, wäre er folglich unanwendbar.

Eine solche Kollision liegt vor, wenn schon aus der *ius-cogens*-Norm, d.h. der Achtung der Menschenrechte, folgt, dass zur Gewährleistung eines wirksamen Menschenrechtschutzes eine Verletzung der Menschenrechte gerichtlich überprüfbar und entsprechende Schadensersatzansprüche zwangsweise durchsetzbar sein müssen.[684] Ist eine solche Schlussfolgerung den Menschenrechten immanent, dann dürften sich Staaten nicht auf Immunität berufen, weil diese als niederrangige Norm der *ius-cogens*-Norm widerspricht.

Auf dieser Basis argumentierte die abweichende Meinung des EGMR im sog. AL-ADSANI-Fall.

---

681 Siehe dazu oben, B, I, 2. und 3.).

682 Zwar ist immer noch nicht vollständig geklärt, welche Normen im Einzelnen *ius-cogens*-Qualität besitzen. Es gilt aber mittlerweile als gesicherte Regel des Völkerrechts, dass unter anderem die Achtung der grundlegenden Menschenrechte völkerrechtlich unabdingbar ist, vgl. IPSEN, §15 Rn. 59, HERDEGEN, § 16, Rn. 14; HOBE, S. 180, KEMPEN/HILLGRUBER, § 10, Rn. 2; BANKAS, S. 266; SHAW, S. 720, zum Teil unter Verweis auf das obiter dictum des IGH im sog. Barcelona-Traction-Fall, Urteil vom 5.2. 1970, ICJ-Reports 1970, 3: *„... in view of the importance of the rights involved, all states can be held to have a legal interest in their protection [...] for example [...] the principle and rules concerning the basic rights of the human person...“.*

683 HOBE, S. 180; IPSEN, §15 Rn. 36; BROWNLIE, S. 510; BANKAS, S. 266; HERDEGEN, § 16 Rn. 15; ORAKHELASHVILI, GYIL 45 (2002) 227, 255.

684 Vgl. VOYIAKIS, ICLQ 52 (2003), 297, 320.

Hier klagte ein Kampfpilot mit britisch-kuwaitischer Staatsangehörigkeit vor britischen Gerichten gegen den Staat Kuwait auf Schadensersatz für in einem kuwaitischen Gefängnis erlittene Misshandlungen.[685]

Allerdings werden diesem Ansatz dogmatische Schwächen vorgehalten. Es wird argumentiert, dass sich die Rechtsfolgen, im konkreten Fall also die Durchbrechung des Immunitätsprivilegs, die sich aus der Verletzung einer *ius-cogens*-Norm ergeben, als eigenständige Normen des Völkergewohnheitsrechts nachweisen lassen müssten.[686] Materielle Völkerrechtsnormen allein, also auch die Menschenrechte, könnten ihre gerichtliche Durchsetzbarkeit nie garantieren.[687] Sie legen zwar eine bestimmte zu beachtende Regel fest, aber nicht unmittelbar auch die Rechtsfolgen, die sich für den Fall eines Bruchs dieser Regel ergeben. Wenn demnach die Staatenimmunität bei schweren Menschenrechtsverletzungen keine Anwendung finden soll, müsste dies völkergewohnheitsrechtlich nachgewiesen werden, was momentan, wie bereits erwähnt, noch nicht möglich ist.

Deswegen ist es überzeugend, dass die Mehrheit des EGMR in der Rechtssache AL-ADSANI letztlich an der Immunität festgehalten hat.[688]

Auch die Herleitung einer Immunitätsbeschränkung anknüpfend an die *ius-cogens*-Qualität der Menschenrechte ist damit frei von Bedenken.

e.) Anknüpfung an den *lex-specialis*-Grundsatz

Nach allgemeinem Völkerecht ist eine Norm im Kollisionsfalle nicht nur dann vorrangig, wenn sie einen höheren Rang besitzt, sondern auch, wenn sie spezieller als eine andere Norm ist – es gilt der Grundsatz: *lex specialis derogat legi generali.*[689] Daran knüpft eine andere rechtliche Konstruktion zur Begründung einer Immunitätsbeschränkung an.

Gäbe es also im Völkerrecht eine spezielle Norm, die dem Einzelnen im Falle schwerster Menschenrechtsverletzungen einen vor gegenüber dem Verursacherstaat fremden Gerichten durchsetzbaren Schadensersatzanspruch verschafft und damit die Ausübung von Gerichtsbarkeit gebietet, dann müsste

685 EGMR, Urteil vom 21.11.2001, Rs. 35763/97; EuGRZ 2002, 403 ff. Siehe auch bei *Tams*, AVR 40 (2002) 331.

686 Vgl. FOLZ, ZÖR 2006, 447, 486.

687 So MAIERHÖFER, EuGRZ 2002, 391, 397.

688 Siehe dazu EuGRZ 2002, 403, 408.

689 Vgl. KOKOTT/DOEHRING/BUERGENTHAL, Rn. 51; AKEHURST'S, S. 56.

konsequenterweise die allgemeine Regel der Staatenimmunität dahinter zurückstehen.[690]

Eine taugliche Norm wird dafür in Art. 14 Abs. 1 S. 1 der UN-Anti-Folterkonvention[691] gesehen.[692] Dort heißt es: *"Each State Party shall ensure in its legal system that the victim of an act of torture obtains redress and has an enforceable right to fair and adequate compensation, including the means for as full rehabilitation as possible."* Danach sind die Vertragsparteien verpflichtet, sicherzustellen, dass Opfer einer Folterhandlung Wiedergutmachungen erhalten. Aufgrund des Wortlauts „ensure" bzw. „sicherstellen", so wird argumentiert, sei davon auszugehen, dass dies auch Ansprüche gegenüber dem verantwortlichen Staat beinhalte, da bei Ansprüchen gegenüber den verantwortlichen Personen keine Wiedergutmachung sichergestellt sei.[693] Es wird ferner erklärt, dass diese Auslegung der Vorschrift gleichsam bedeutet, dass die Staaten dies auch dann gewährleisten müssen, wenn es nicht um ihr eigenes Verhalten sondern um das eines anderen Staats geht. Die Konvention verlange, dass jedes Folteropfer eine effektive Klagemöglichkeit und damit einen sicheren Anspruch auf Entschädigung haben müsse. Wenn der Verursacherstaat sich weigere, das Opfer zu entschädigen, so müsse eine Verurteilung in anderen Staaten möglich sein.[694] In diesem Fall wäre eine Zurückweisung der Klage aus Gründen der Immunität unzulässig.

Die Herleitung einer Immunitätsbeschränkung ist aber auch auf diesem Wege nicht völlig frei von dogmatischen Bedenken. Insbesondere stellt sich die Frage, ob eine derart weitreichende Auslegung der Vorschrift zulässig ist. Gerade wenn die Souveränitätsrechte der Staaten beschnitten werden sollen, ist eher davon auszugehen, dass die Vertragsstaaten eine klarere Regelung in Form einer eindeutigen Immunitätsausnahme in den Vertragstext aufgenommen hätten.[695] Dies zeigt sich auch daran, dass die Staaten in entsprechenden

690 Vgl. CREMER, AVR 41 (2003) 137, 163. Die Frage, ob und unter welchen Voraussetzungen sich für ein Individuum aus einem völkerrechtlichen Vertrag Ansprüche ergeben, ist für die Beurteilung der Staatenimmunität unerheblich. Die Staatenimmunität wird bei der Zulässigkeit geprüft, das tatsächliche Bestehen eines Anspruchs hingegen bei der Begründetheit der Klage. Daher wird auf letzteres im Rahmen dieser Arbeit nicht näher eingegangen.

691 UN Doc. A/Res/39/46.

692 Vgl. CREMER, AVR 41 (2003) 137, 163 ff. und DÖRR, AVR 41 (2003) 201, 216.

693 CREMER, AVR 41 (2003) 137, 164.

694 CREMER, AVR 41 (2003) 137, 165.

695 GÄRDITZ, S. 438.

gerichtlichen Verfahren sich bislang regelmäßig weigern, vom Grundsatz der Immunität abzurücken.[696]

Als Indiz für diese Bedenken lässt sich außerdem das von den USA bei der Ratifizierung erklärte „understanding“[697] heranziehen: „*That it is the understanding of the United States that Article 14 requires a State Party to provide a private right of action for damages only for acts of torture committed in territory under the jurisdiction of that State Party.*“. Nach diesem Verständnis der Norm fordert Art. 14 Abs. 1 S. 1 der UN-Anti-Folterkonvention von einem Vertragsstaat lediglich, private Klagemöglichkeiten nur für Fälle von Folter im Hoheitsgebiet dieses Vertragsstaates zu gewährleisten, nicht aber umfassend für andere Fälle von Folter.

Bedenken hinsichtlich dieser Herleitung einer Immunitätsbeschränkung mittels Art. 14 Abs. 1 S. 1 der UN-Anti-Folterkonvention bleiben also durchaus bestehen. Dennoch vermag die *lex-specialis*-Regel grundsätzlich einen verfolgungswerten Ausgangspunkt für eine menschenrechtsbezogene Immunitätsausnahme darstellen, sofern sich eine taugliche Anspruchsgrundlage für den Einzelnen findet.

f.) Ausübung von Gerichtsbarkeit als Repressalie

Vertreten wird auch die Auffassung, dass die Ausübung von Gerichtsbarkeit gegenüber fremden Staaten bei schweren Menschenrechtsverletzungen in Form einer Repressalie sachgerecht sei.[698]

Repressalien sind Gegenmaßnahmen, die an sich völkerrechtswidrig sind, aber dadurch gerechtfertigt werden, dass sie als Reaktion auf einen vorausgegangenen Völkerrechtsbruch erfolgen. Sie dienen dazu, den anderen Staat zur Einstellung des rechtswidrigen Verhaltens zu bewegen und um Wiedergutmachung zu erlangen.[699]

---

696 So etwa jüngst das Oberste Gericht der Republik Polen [Sąd Najwyższy] vom 29.10.2010 – IV CSK 465/09, siehe bei STÜRNER, IPRax 2011, 600, aber auch EGMR Rs. Al-Adsani, Urteil v. 21.11.2001, EuGRZ 2002, 403, 408; EGMR Rs. McElhinney, Urteil v. 21.11.2001, EuGRZ 2002, 415, 418.

697 Siehe unter: http://treaties.un.org/pages/ViewDetails.aspx?src=TREATY&mtdsg_no=IV-9&chapter=4&lang=en

698 Dieser Gedanke entstand bei Diskussionen der International Law Association zur Staatenimmunität, vgl. BRÖHMER, S. 192.

699 HERDEGEN, § 59, Rn. 6; IPSEN, § 59, Rn. 45; HOBE, S. 244f.; KEMPEN/HILLGRUBER, § 31, Rn. 71; SHAW, S. 1023.

Übertragen auf die Problematik der Ausübung von Gerichtsbarkeit gegenüber anderen Staaten im Falle schwerer Menschenrechtsverletzungen bedeutet dies: Dadurch dass der Staat eine Menschenrechtsverletzung und somit einen Völkerrechtsbruch begangen hat, könnte die an sich ebenfalls rechtswidrige Ausübung von Gerichtsbarkeit über diesen Staat seitens des Forumstaats ausnahmsweise gerechtfertigt sein. Dadurch entsteht zwar keine originäre Immunitätsbeschränkung aber jedenfalls eine Rechtfertigungsmöglichkeit.

Allerdings ist die Legitimierung der Ausübung von Gerichtsbarkeit durch die Einstufung als Repressalie nicht unproblematisch. Eine erste Schwäche ist darin zu sehen, dass die Ausübung von Gerichtsbarkeit im Falle der Menschenrechtsverletzungen nicht als Immunitätsausnahme konzipiert ist, sondern als grundsätzlich völkerrechtswidrige Handlung eingestuft wird, die lediglich gerechtfertigt wird.[700] Denn stellt sich während des Prozesses heraus, dass das vorausgehende Verhalten des Staates tatsächlich nicht wie angenommen völkerrechts- bzw. menschenrechtswidrig war, dann würde deshalb der Rechtfertigungsgrund entfallen und der Forumstaat hätte seinerseits ein völkerrechtliches Delikt begangen, für das er zur Rechenschaft gezogen werden könnte. Dieses Risiko, das systembedingt jedem Rechtfertigungsgrund innewohnt, führt zu einer erheblichen Rechtsunsicherheit und macht diesen Konstruktionsansatz somit wenig attraktiv.

Hinzukommen die Folgeprobleme, die sich aus der Natur der Repressalie ergeben.[701] Es stellt sich etwa die Frage, welche Staaten berechtigt sein sollen, diese Repressalie zu ergreifen. Soll es der unmittelbar betroffene Staat sein, d.h. wenn seine Staatsangehörigen geschädigt wurden oder die Menschenrechtsverletzung auf seinem Staatsgebiet erfolgte? Oder auch Drittstaaten, was sich aus einer möglichen *erga-omnes*-Wirkung[702] der Menschenrechte ergeben könnte?

Insgesamt ist daher die Qualifikation der Ausübung von Gerichtsbarkeit als Repressalie als eher unsicheren Lösungsvorschlag einzustufen.

g.) Verwirkung von Immunität

Eine weitere Möglichkeit, die entwickelt wurde, um die Gewährung von Immunität bei schweren Menschenrechtsverletzungen zu verhindern, ist die

700 Vgl. BRÖHMER, S. 193.

701 Vgl. BRÖHMER, S. 193.

702 Siehe dazu oben unter D, I, 1.).

Verwirkung: Dem Staat soll die Berufung auf Souveränitätsrechte wie das der Immunität unter bestimmten missbrauchsbezogenen Umständen versagt werden.[703] Rechtsgrundlage dieses Prinzips sind die allgemeinen Rechtsgrundsätze des Völkerrechts. Diese sollen berichtigend herangezogen werden, um die nach Rückgriff auf Völkervertrags- und -gewohnheitsrecht verbleibenden Lücken, auch Wertungslücken, zu schließen.[704] Bezogen auf die Problematik der Staatenimmunität soll eine solche Wertungslücke bestehen, da weder Völkervertrags- noch -gewohnheitsrecht eine Möglichkeit vorsehen, im Falle schwerster Menschenrechtsverletzungen die jeweiligen Urheberstaaten zu verklagen und Schadensersatzansprüche durchzusetzen. Den allgemeinen Rechtsgrundsätzen soll somit auch eine „Berichtigungsfunktion“ zukommen – sie sollen dann anwendet werden können, wenn sich Vertrags- und Gewohnheitsrecht zu zwingenden Grundsätzen des Rechts und zu elementaren Forderungen der Gerechtigkeit in Widerspruch setzen.[705] Auf diese Weise bleibt nach Auffassung der Vertreter dieser Ansicht bei der Immunitätsproblematik Raum für die allgemeinen Rechtsgrundsätze und damit das Institut der Verwirkung.

Unabhängig von der Frage, ob der Gedanke der Verwirkung als solcher überhaupt als allgemeiner Rechtsgrundsatz im Völkerrecht verankert ist,[706] ist jedenfalls das Anknüpfen an die sog. Wertungslücken problematisch. Es eröffnet den Anwendungsbereich der allgemeinen Rechtsgrundsätze für subjektive Einschätzungen, denn die Beurteilung, wann eine solche Wertungslücke besteht ist abhängig von der individuellen Perspektive und dem jeweiligen Moralempfinden. Das Bestehen einer Regelungslücke hingegen lässt sich zumindest an objektiven Merkmalen feststellen, was gerade im Völkerrecht, welches auf einem Konsens der Staatengemeinschaft basiert, von großer Bedeutung ist.

Hinzu kommt, dass durch die Berücksichtigung von subjektiven Wertungslücken der Anwendungsbereich der allgemeinen Rechtsgrundsätze erweitert wird. Diese sind nicht mehr nur dann anzuwenden, wenn Völkervertrags- und -gewohnheitsrecht keine Regelungen beinhalten, sondern auch, wenn zwar

---

703 KOKOTT, FS Bernhard, S. 139.

704 KOKOTT, FS Bernhard, S. 144, 151.

705 So DAHM/DELBRÜCK/WOLFRUM, Bd I/1, S. 69.

706 Siehe zu dieser Problematik in Ansätzen KOKOTT, FS Bernhard, S. 140 f. sowie weitergehend *K.* DOEHRING, Zum Rechtsinstitut der Verwirkung im Völkerrecht, FS Ignaz Seidl-Hohenfeldern, 1988, 51 ff.

Regelungen bestehen, diese aber zu „falschen“ Ergebnissen führen.[707] Dadurch besteht die Gefahr, dass die allgemeinen Rechtsgrundsätze als an sich subsidiäre Quelle das vorrangige Recht unterlaufen. Von einem Vorrang des Völkervertrags- und -gewohnheitsrechts kann dann keine Rede mehr sein.[708]

Der Gedanke der Verwirkung der Immunität ist damit zwar durchaus moralisch überzeugend, steht aber auf einem dogmatisch unsicheren Fundament.

h.) Analogie zur individuellen strafrechtlichen Verantwortlichkeit staatlicher Funktionsträger

Im FERRINI-Urteil[709] des italienischen Kassationsgerichts wurde eine weitere Methode zur Begründung einer Immunitätsbeschränkung im Falle schwerster Menschenrechtsverletzungen entwickelt. In diesem Fall klagte der Italiener LUIGI FERRINI gegen die Bundesrepublik Deutschland auf Schadensersatz für Deportation und Zwangsarbeit, die er während des 2. Weltkrieg erlitten hatte. Während die Vorinstanzen die Immunität Deutschlands bejahten, lehnte das Kassationsgericht diese ab und hielt die Klage für zulässig.[710] Dies begründete das Gericht unter anderem damit, dass das Verhalten Deutschlands derart gravierend gewesen sei, dass es ein internationales Verbrechen im Sinne des Völkerstrafrechts darstelle.[711] Wegen solcher Verbrechen könnten staatliche Funktionsträger ihre funktionelle Immunität[712] verlieren, wie dies in der Sache PINOCHET der Fall war. Da diese funktionelle Immunität lediglich von der allgemeinen Staatenimmunität abgeleitet sei, mache es keinen Sinn, die allgemeine Staatenimmunität in solchen Fällen aufrecht zu erhalten, in

707 Vgl. CREMER, AVR 41 (2003) 137, 156.

708 Vgl. CREMER, AVR 41 (2003) 137, 156, 157.

709 Veröffentlicht wurde das Urteil in 87 Rivista di Dirrito Internazionale 539 (2004); eine englisch-sprachige Zusammenfassung des Urteils findet sich bei BIANCHI, AJIL 99 (2005) 242 und DE SENA/DE VITTOR, EJIL 16 (2005) 89.

710 Vgl. BIANCHI, AJIL 99 (2005) 242.

711 Vgl. DE SENA/DE VITTOR, EJIL 16 (2005) 89, 99.

712 Amtierende Staatsoberhäupter genießen Immunität für jegliches Verhalten. Nach Ablauf der Amtszeit können sie jedoch auch rückwirkend für private Handlungen sowohl strafrechtlich als auch zivilrechtlich belangt werden. Handlungen, die in der Eigenschaft als Staatsoberhaupt erfolgten, bleiben jedoch weiterhin immun (sog. funktionelle Immunität). Siehe dazu ausführlich IPSEN, § 26, Rn. 35.

denen die Immunität ihrer Organe abgelehnt wird.[713] Das Gericht wendete damit die Regeln der funktionellen Immunität analog auf die allgemeine Staatenimmunität an.

Die Zulässigkeit dieser Analogie wird damit begründet, dass sowohl die funktionelle als auch die allgemeine Immunität Ausdruck der völkerrechtlichen Pflicht seien, es zu unterlassen, über andere Staaten Gerichtsbarkeit auszuüben. Da beide Immunitätsformen den gleichen Geltungsgrund haben, könne aus der Ausnahme der funktionellen Immunität der staatlichen Funktionsträger eine entsprechende Beschränkung für die Staatenimmunität abgeleitet werden.[714]

Diese Ableitung einer solchen Immunitätsausnahme ist aber nicht unproblematisch. Die Tatsache, dass Deportation und Zwangsarbeit individuelle völkerrechtliche Verbrechen sind, bedeutet nicht automatisch, dass sie auch ein Verbrechen des Staats als Ganzes darstellen.[715] Vielmehr ist es als eine elementare Notwendigkeit anzusehen, zwischen Einzelpersonen und dem Staatsverband zu unterscheiden.[716] Einen Einzelnen für seine Verbrechen zu Rechenschaft zu ziehen, ist etwas anderes als einen Staat als Ganzes haftbar zu machen, denn dabei wird das ganze Kollektiv zur Verantwortung gezogen, d.h. auch Personen, die mit dem verwerflichen Verhalten nichts zu tun haben.[717] Daher stellen die allgemeine Staatenimmunität und die Immunität staatlicher Funktionsträger zwei verschiedene Bereiche des Völkerrechts dar.[718]

Ein Rückschluss von der individuellen strafrechtlichen Verantwortlichkeit zur Herleitung einer Beschränkung der Staatenimmunität kann insoweit nur schwer überzeugen.

i.) Anknüpfung an den Grundsatz der Verhältnismäßigkeit

Ein letzter Ansatz zur Konstruierung einer Immunitätsbeschränkung im Falle schwerer Menschenrechtsverletzungen knüpft schließlich an den Grundsatz der Verhältnismäßigkeit an. Dahinter steht der Gedanke, dass dieses Prinzip sowohl im nationalen Recht als auch im Völkerrecht, in dem es jedenfalls in

713 Vgl. BIANCHI, AJIL 99 (2005) 242, 245.
714 Vgl. DE SENA/DE VITTOR, EJIL 16 (2005) 89, 104.
715 Vgl. BIANCHI, AJIL 99 (2005) 242, 245.
716 So TOMUSCHAT, S. 3.
717 So TOMUSCHAT, S. 3.
718 Vgl. DE SENA/DE VITTOR, EJIL 16 (2005) 89, 105, NEDJAR, JDI 1997, 60.

rudimentärer Form als allgemeiner Rechtsgrundsatz niedergelegt sei, dazu diene, zwei widerstreitende Interessen einem Ausgleich zuzuführen.[719] Eine solche Kollisionslage wird in dem Konflikt zwischen den Grundsätzen der Immunität und einem Widergutmachungsanspruch aufgrund von Menschenrechtsverletzungen gesehen. Mithilfe des Verhältnismäßigkeitsprinzips soll diesem Problem begegnet werden: Staaten könnten sich, so wird argumentiert, in Verfahren vor nationalen Gerichten weiterhin dann auf ihre Immunität berufen, wenn dies im Hinblick auf die Durchsetzung des menschenrechtlichen Wiedergutmachungsanspruchs verhältnismäßig ist. Hingegen sei die Immunität zu verweigern, wenn eine Immunitätsgewährung gegenüber der Geltendmachung menschenrechtlicher Wiedergutmachungsansprüche vor nationalen Gerichten unverhältnismäßig sei.[720] Als Aspekte, die in diese Verhältnismäßigkeitsprüfung einfließen, werden beispielhaft, die Qualität des verletzten Menschenrechts, die Möglichkeit anderweitigen Rechtschutzes, die Situation der Verletzungshandlung sowie bereits vom Schädigerstaat vorgenommene Entschädigungsregelungen bzw. –maßnahmen genannt.[721]

Es wird also differenziert zwischen Menschenrechtsverletzungen, die im Zusammenhang mit kriegerischen Auseinandersetzungen gegenüber einer Vielzahl von Personen erfolgen und die Gegenstand von Reparationsverträgen sind, wie beispielsweise den Menschenrechtsverletzungen im Rahmen des zweiten Weltkriegs und solchen die konkret gegen einzelne Personen gerichtet sind, wie etwa im Al-Adsani-Fall.

Deutlich wird, dass das Abstellen auf das Verhältnismäßigkeitsprinzip ergebnisorientiert erfolgt und demnach grundsätzlich zu überzeugenden Resultaten führt. Es bietet die Möglichkeit, zwar generell die staatliche Souveränität zu achten, jedoch in unerträglichen Fallkonstellationen die Interessen des geschädigten Individuums hinreichend zu würdigen. Der entscheidende Vorteil besteht folglich in der Gewährleistung von Einzelfallgerechtigkeit.

Schwächen weist aber auch diese Form der Herleitung einer Immunitätsbeschränkung auf. Wie die Vertreterin dieses Ansatzes selber zugesteht, tritt der Verhältnismäßigkeitsgrundsatz im Völkerrecht nur vereinzelt und rudimentär auf.[722] Sein Inhalt ist im Einzelnen ungeklärt. Er stellt eher eine grobe Messlatte dar und ist nur schwer zu präzisieren – die Frage, ob eine Maßnahme

719 Real, S. 220.
720 Real, S. 221, 239.
721 Real, S. 225, 226, 229.
722 Real, S. 217.

verhältnismäßig ist, führt daher oft zu unterschiedlichen Einschätzungen der Beteiligten.[723] Der Ansatz basiert daher jedenfalls momentan auf einem recht unsicheren Fundament, von Nöten wäre in jedem Fall eine weitergehende Konkretisierung der einzelnen Merkmale, die die Verhältnismäßigkeit ausmachen.

Ferner besteht folgendes Problem: Der Ansatz geht zwar richtigerweise von der (mittels des Verhältnismäßigkeitsgrundsatzes zu lösenden) Kollision zwischen menschenrechtlichen Wiedergutmachungsansprüchen und den Regeln der Staatenimmunität aus und knüpft nicht wie der *ius-cogens*-Ansatz an die dogmatisch nur schwer zu begründende Kollision von Immunität und den Menschenrechten als solchen an.[724] Gerade der Nachweis dieser erforderlichen Wiedergutmachungsansprüche bereitet aber Schwierigkeiten. So räumt die Vertreterin dieses Ansatzes ein, dass die Frage, ob der Einzelne überhaupt Inhaber sekundärrechtlicher Wiedergutmachungsansprüche sein kann, nicht eindeutig zu beantworten ist.[725] Aus den Menschenrechten sei ein entsprechender Anspruch auf Schadensersatz nicht abzuleiten.[726]

Damit hat auch der Ansatz zur Herleitung einer Immunitätsbeschränkung mithilfe des Verhältnismäßigkeitsprinzips seine Schwächen; im Kontext aller vertretenen Ansätze ist er aber durchaus beachtenswert.

j.) Zwischenergebnis

Mithilfe der dargestellten Ansätze wird in Literatur und Rechtsprechung auf unterschiedliche Art und Weise versucht, eine menschenrechtsspezifische Immunitätsbeschränkung herzuleiten. Ob die verschiedenen Ansätze dogmatisch überzeugen oder auf einer eher unsicheren Basis beruhen und ihnen gegenüber folglich Skepsis angezeigt ist, ist im Einzelnen nicht Gegenstand der vorliegenden Arbeit. Zentrale Kritikpunkte wurden soeben aufgezeigt. Im Übrigen wird auf die einschlägige Literatur verwiesen.[727] Erforderlich ist in je-

---

723 SCHWEISFURTH, Rn. 156.

724 Siehe dazu oben unter D, I, 2d.)

725 REAL, S. 57.

726 REAL, S. 42. Die Vertreterin dieses Ansatzes versucht diesem Problem zu begegnen, indem sie solche Ansprüche mittels einer entsprechenden Anwendung der Regeln von der Staatenverantwortlichkeit auf die Menschenrechte herleitet, vgl. S. 47ff.

727 Siehe etwa bei APPELBAUM, Einschränkungen der Staatenimmunität in Fällen schwerer Menschenrechtsverletzungen, 2007; PAECH, AVR 47 (2009) 36; CREMER, AVR 41 (2003) 137; DÖRR, AVR 41 (2003) 201; CAPLAN, AJIL 97 (2003) 741; FOLZ,

dem Fall aber, dass sich die Staaten diesen Ansätzen anschließen, sei es in der Gesetzgebung oder in der Rechtsprechung, und sie langfristig völkerrechtlich verankern.

Festgehalten werden kann an dieser Stelle jedenfalls, dass aufgrund der Vielzahl der verschiedenen Ansätze, der juristischen Diskussionen und der diversen, in den vergangenen Jahren zu dieser Problematik ergangenen gerichtlichen Entscheidungen[728] eine eindeutige Tendenz erkennbar ist, dass das Bedürfnis besteht, die Immunität im Falle schwerer Menschenrechtsverletzungen einzuschränken – von einer schon jetzt völkerrechtlich verbindlichen Regel kann insoweit aber wohl noch nicht gesprochen werden.[729] Entscheidenden, richtungsweisenden Einfluss auf diese Entwicklung wird möglicherweise die Entscheidung des Internationalen Gerichtshofs in der Sache Deutschland gegen Italien nehmen.[730] In diesem Verfahren macht die Bundesrepublik Deutschland eine Verletzung ihrer Immunität durch die Republik Italien geltend aufgrund deren Rechtspraxis im Zusammenhang mit zahlreichen Schadensersatzklagen wegen Kriegsverbrechen im 2. Weltkrieg.[731] Da in den zugrundeliegenden Entscheidungen von den italienischen Gerichten eine Ausnahme von der Immunität wegen der Kriegsverbrechen angenommen wurde, ist davon auszugehen, dass sich der IGH zu dieser Problematik, also zum Bestehen einer entsprechenden Immunitätsbeschränkung, äußern wird.

ZÖR 61 (2006) 477. Entsprechendes gilt für die Frage der extraterritorialen Wirkung von Menschenrechten, siehe dazu etwa bei JANKOWSKA-GILBER, Extraterritorialität der Menschenrechte, Der Begriff der Jurisdiktion im Sinne von Art. 1 EMRK, Diss. 2007.

728 Neben den oben im Rahmen der verschiedenen Ansätze für die Konstruktion einer menschenrechtsspezifischen Immunitätsausnahme genannten Entscheidungen hat der Corte di Cassazione in Italien beispielsweise auch noch im Jahre 2008 der Bundesrepublik Deutschland wegen Deportationen und Zwangsarbeit die Immunität aberkannt, vgl. FOCARELLI, AJIL 103 (2009)122.

729 Siehe etwa bei FOCARELLI, AJIL 103 (2009)122, 124; FORCESE, McGill Law Journal 52 (2007) 127, 163; HUMES-SCHULZ, HarvHRJ 21 (2008) 106, 132.

730 Nach Einreichung der vorliegenden Arbeit zum Zwecke des Promotionsverfahrens hat der IGH am 3.2.2012 die Sache entschieden. Siehe dazu die Erläuterungen im Anhang.

731 http://www.icj-cij.org/docket/index.php?p1=3&p2=1&code=ai&case=143&k=60

II. Untersuchung im Hinblick auf die Immunität von Staatsunternehmen

Die Aktualität dieser Kollisionsproblematik zwischen Immunitätsprivileg und schwerer Menschenrechtsverletzung erschöpft sich aber nicht nur im Verhältnis zwischen dem beklagten Staat und dem geschädigtem Einzelnen. Auch Staatsunternehmen verursachen Menschenrechtsverletzungen. Dies verdeutlicht das Beispiel der Deutschen Reichsbahn: Da die Deutsche Reichsbahn während des 2. Weltkriegs bei der Abwicklung der Transporte in Konzentrationslager und Deportationen mitgewirkt und sogar daran verdient hat,[732] kamen Diskussionen auf, inwieweit wegen einer Beteiligung der Reichsbahn am Holocaust die überlebenden Opfer Entschädigung verlangen können.[733]

In solchen Fällen werden die unterschiedlichsten Rechtsfragen aufgeworfen. Im Zentrum stehen dabei vor allem Beweis- und Kausalitätsprobleme sowie die Frage der Rechtsnachfolge. Zu klären ist aber auch, wenn es zu Prozessen in anderen Staaten als dem Heimatstaat des jeweiligen Unternehmens kommt, ob sich ein solches Staatsunternehmen auf Immunität berufen kann oder, ob die bislang für die allgemeine Staatenimmunität diskutierten Ansätze für eine menschenrechtsspezifische Immunitätsbeschränkung auch auf die Immunität von Staatsunternehmen übertragen werden können.

Wie im Rahmen dieser Arbeit gezeigt, ist nach der überwiegend anerkannten funktionalen Betrachtungsweise für die Frage der Immunität die jeweilige durch das Unternehmen ausgeübte Tätigkeit und nicht länger die rechtliche Selbstständigkeit entscheidend.[734] Staatliche Einrichtungen, auch organisatorisch Atypische, können damit das Immunitätsprivileg immer dann beanspruchen, wenn sie eine entsprechende immunitätsfähige Tätigkeit ausüben.

---

732 Laut einem 2009 veröffentlichten Gutachten des eingetragenen und gemeinnützigen Verein „Zug der Erinnerung“ erhob die Reichsbahn für die von ihr durchgeführten Transporte in Konzentrationslager Beförderungsentgelte. Als minimalen Einnahmebetrag, der über die Reichsbahn-Konten dem Reichsverkehrsministerium und damit dem deutschen Staat zufloss, nennt das Gutachten 445 Millionen Euro heutiger Währung. Siehe unter http://www.zugdererinnerung.de/download/gutachten/Gutachten_Vorwort_DE.pdf

733 Siehe dazu etwa den Artikel im Focus vom 18.1.2010 unter http://www.focus.de/politik/ausland/globus-ns-opfer-wollen-entschaedigung-von-der-deutschen-bahn_aid_471416.html

734 Siehe dazu oben unter C, II ,3.).

Staatsunternehmen werden mit dem abstrakten Begriff „Staat", der sozusagen *pars pro toto* die traditionellen staatlichen organisatorischen Untergliederungen umfasst,[735] nun gleichgestellt.

Sinn und Zweck dieses Abstellens auf die jeweilige Tätigkeit ist es, dem jeweiligen Staatsunternehmen das Privileg der Immunität in einem identischen Umfang wie dem Staat zukommen zu lassen. Erzielt werden soll also eine tätigkeitsspezifische Gleichbehandlung aber keine Besserstellung des Unternehmens gegenüber dem jeweiligen, dahinterstehenden Staat. Staatsunternehmen partizipieren lediglich an der allgemeinen Staatenimmunität. Es soll ihnen keine weitergehende Immunität zukommen.[736]

Setzt sich also einer der oben beschriebenen Ansätze für eine menschenrechtsspezifische Immunitätsbeschränkung durch, sodass sich der Staat selber im Falle schwerer Menschenrechtsverletzungen nicht mehr auf Immunität berufen kann, so muss dies erst recht auch für Staatsunternehmen gelten. Anderenfalls könnten sich die Unternehmen auch weiterhin bei hoheitlichen Menschenrechtsverletzungen auf Immunität berufen und hätten damit gegenüber den Staaten in weitergehendem Maße Anspruch auf Immunität. Aus diesem Blickwinkel ist also eine Übertragung der Ansätze auf die rechtliche Behandlung von Staatsunternehmen nicht nur folgerichtig, sondern sogar zwingend.

Dieses Ergebnis wird auch durch die folgende Überlegung untermauert: Würde nur für Staaten nicht aber für Staatsunternehmen eine entsprechende Immunitätsbeschränkung gelten, so würde dies ein Missbrauchsrisiko geradezu herausfordern. Den Staaten böte sich dann die Möglichkeit, die Ausführung hoheitlicher Aufgaben quasi „immunitätsspezifisch" zu verteilen. Für Tätigkeitsbereiche, bei denen es den Staaten möglicherweise schwierig erscheint Menschenrechte zu achten bzw. bei denen eine absichtliche Verletzung von Menschenrechten Vorteile bringen würde, würde es sich anbieten, diese Aufgaben nicht traditionellen, behördlichen Einrichtungen zu übertragen sondern eigens dafür organisatorisch selbstständige „Staatsunternehmen" zu gründen und diese mit der Wahrnehmung solch „riskanter", als hoheitlich zu bewertenden Tätigkeiten zu beauftragen. Diese Einrichtungen könnten sich dann weiterhin auf Immunität berufen und sich damit eine Form von „brauchbarer Illegalität"[737] ermöglichen. Denkbar wäre dies beispielweise im Bereich des staatlichen Geheim- bzw. Nachrichtendienstes, wenn dort ähnlich dem

735 Vgl. DAMIAN, S. 21.

736 BGH, Beschluss vom 6. November 2008, Az. IX ZR 64/08 (zitiert aus juris).

737 FRENZEL/WIEDEMANN, NVwZ 2008, 1088.

genannten AL-ADSANI-Fall zur Informationsbeschaffung das Mittel der Folter verwendet wird. Auf diese Weise könnte der Staat seine Verpflichtungen, die sich für ihn aus den Menschenrechten ergeben, durch die Umverteilung staatlicher Aufgaben umgehen, wenn für entsprechende Staatsunternehmen nicht auch die menschenrechtsspezifische Immunitätsbeschränkung gelten würde. Auch aus diesem Grunde muss daher, sofern sich eine Ausnahme von der Immunität im Falle schwerer Menschenrechtsverletzungen völkerrechtlich etabliert, diese auch für die Immunität von Staatsunternehmen gelten.

Schließlich ist zu fragen, was überhaupt gegen die Übertragung der menschenrechtsspezifischen Immunitätsbeschränkung auf Staatsunternehmen angeführt werden könnte. Anknüpfungspunkt könnte hierfür primär die rechtliche Selbstständigkeit und jedenfalls hinsichtlich privatrechtlich organisierter Staatsunternehmen die Ähnlichkeit zu „gewöhnlichen" Unternehmen sein.

Dass die rechtliche Selbstständigkeit für die Frage der Immunität nicht mehr relevant ist, wurde bereits gezeigt.[738] Konsequenterweise kann auf diese dann auch nicht mehr im Zusammenhang mit einer Ausnahme von der Immunität abgestellt werden.

Hinsichtlich der Ähnlichkeit zu „gewöhnlichen" Privatunternehmen ist Folgendes festzustellen: Dieses Argument lässt sich nur dann gegen eine Übertragung der menschenrechtsspezifischen Immunitätsbeschränkung heranziehen, wenn für diese Unternehmensformen die Menschenrechte keine unmittelbare Bindungswirkung entfalten, da dann für eine solche Immunitätsbeschränkung der Anknüpfungspunkt fehlen könnte.

Aufgrund ihrer Bedeutung und Wirtschaftskraft haben transnationale Unternehmen und andere Wirtschaftsunternehmen erhebliche Einflussmöglichkeiten auf die Regierungen der Staaten, in denen sie sich engagieren und investieren. Sie beeinflussen die dortigen Arbeitsbedingungen und damit einhergehend auch die Beachtung und Einhaltung von Menschenrechten.

Deswegen kam es zu Bemühungen, internationale Regelungen für das Verhalten dieser Unternehmen zu treffen. Der Abschluss eines entsprechenden verbindlichen Verhaltenskodexes ist bislang allerdings nicht erreicht worden.[739] Auch ist nicht von einer entsprechenden völkergewohnheitsrechtlichen Bindung der Unternehmen auszugehen.[740] Transnationalen Unternehmen wird damit noch keine volle Völkerrechtssubjektivität zugesprochen, lediglich für

---

738 Siehe dazu oben unter C, II, 3.).

739 DAHM/DELBRÜCK/WOLFRUM, Bd I/2, S. 254f.

740 HOBE, S. 164.

den Einzelfall wird eine partielle Völkerrechtsubjektivität angenommen.[741] Auch die Normen der Vereinten Nationen für die Verantwortlichkeiten transnationaler Unternehmen und anderer Wirtschaftsunternehmen im Hinblick auf die Menschenrechte[742] sind bislang lediglich unverbindliche Empfehlungen.

Völkerrechtsverstöße generell und folglich auch Verletzungen der Menschenrechte seitens solcher Unternehmen müssen daher über den jeweiligen Staat geltend gemacht werden.[743] Es ist primär die Aufgabe der Staaten und ihrer Organe, die Voraussetzungen für die Wahrung der Menschenrechte auf ihren Hoheitsgebieten zu schaffen.[744] Die Unternehmen sind damit selbst nicht unmittelbar dazu verpflichtet, die Menschenrechte zu achten.[745]

Stellt man also auf die Ähnlichkeit zu diesen Unternehmen und deren fehlende Menschenrechtsbindung ab, so könnte argumentiert werden, dass folglich für die Übertragung der Immunitätsbeschränkung auf (jedenfalls privatrechtlich organisierte) Staatsunternehmen der entsprechende „menschenrechtsspezifische Anknüpfungspunkt" fehlt.

Dieses Argument kann jedoch im Kontext der Immunitätsproblematik nicht überzeugen.

Private Unternehmen mögen zwar nicht an die Menschenrechte gebunden sein. Sie sind aber, auch auf dem Gebiet anderer Staaten, wie alle anderen natürlichen und juristischen Personen an das geltende Recht gebunden.[746] Dementsprechend können sie auch vor den Gerichten eines ausländischen Staates im Falle von schweren Menschenrechtsverletzungen verklagt werden, da regelmäßig solche Menschenrechtsverletzungen wie Misshandlung oder Tötung ein deliktisches Verhalten darstellen, das in dem jeweiligen Staat auf dem entsprechenden Rechtsweg verfolgt werden kann. Die fehlende Menschenrechtsbindung von privaten (transnationalen) Unternehmen kann also nicht als Argument für einen Ausschluss von der Gerichtsbarkeit herangezogen werden.

Zudem ist Folgendes zu berücksichtigen: Im Rahmen dieser Arbeit wurde erläutert, dass es bei der Beurteilung der Immunität von Staatsunternehmen

---

741 KRAJEWSKI, Rn. 61f.; HAILBRONNER/KAU in GRAF VITZHTHUM, S. 166; HOBE, S. 164.

742 UN Doc. E/CN.4/Sub.2/2003/38/Rev.2

743 HOBE, S. 164; KÄLIN/ KÜNZLI, S. 90.

744 SCHMALENBACH, AVR 39 (2001) 57, 58, 61.

745 SCHMALENBACH, AVR 39 (2001) 57, 62.

746 HERDEGEN, §23 Rn. 5.

nicht auf die Rechtsform des Unternehmens und seiner Handlungen ankommen kann, sondern dass allein das Abstellen auf die jeweils wahrgenommene Tätigkeit zu sachgerechten Ergebnissen führt. Entscheidend ist nach hier vertretener Ansicht, dass diese nicht im Wettbewerb mit anderen Privatunternehmen angeboten wird, sondern eine besondere Staatlichkeit aufweist.[747] Ist diese gegeben, so sind auch privatrechtlich organisierte Staatsunternehmen mit dem Staat hinsichtlich der Immunität gleich zu behandeln. Verfolgt man diesen Weg, so muss dies aber umfassend geschehen. Es kann nicht einerseits eine solche Gleichstellung von (privatrechtlichen) Staatsunternehmen mit Staaten in Bezug auf das Immunitätsprivileg gefordert werden und andererseits eine Gleichstellung von diesen mit „gewöhnlichen" Privatunternehmen, um die Übertragung der diskutierten menschenrechtsspezifischen Immunitätsausnahme abzulehnen. Ein solches Abstellen auf die jeweils günstigere Situation ist nicht sachgerecht. Es können nicht die „immunitätsrechtlichen Rosinen" herausgepickt werden, sodass sich das Unternehmen zur Begründung der Immunität auf die Ähnlichkeit mit dem Staat beruft und zur Ablehnung der Immunitätsausnahme auf die Ähnlichkeit zu Privatunternehmen.

Da die soeben genannten Aspekte, d.h. die rechtliche Selbstständigkeit und die Ähnlichkeit zu Privatunternehmen, also nicht gegen die Übertragung der Immunitätsausnahme angeführt werden können, wurde deutlich, dass es insgesamt, vor allem aber im Hinblick auf die funktionale Betrachtungsweise, sachgerecht ist, Staatsunternehmen wie Staaten im Falle von schwerwiegenden Menschenrechtsverletzungen die Berufung auf Immunität zu verwehren. Es wird sich zeigen, ob die Staaten diesem Argumentationsansatz folgen und sie diese Auffassung dann sogar völkerrechtlich verbindlich verankern werden.

747 Siehe dazu oben unter C, IV, 2d. und e.)

E.) Ergebnisse der Arbeit und Ausblick

I.) Ergebnisse der Arbeit

Die vorliegende Arbeit zeigt, dass die Immunität von Staatsunternehmen sich parallel zur allgemeinen Staatenimmunität weiterentwickelt hat: Während noch bis zum Ende des 20. Jahrhunderts die Gewährung von Immunität dem damaligen Zeitgeist entsprechend sehr formaljuristisch anhand der rechtlichen Selbstständigkeit des Unternehmens entschieden wurde, wird nun zu Beginn des 21. Jahrhunderts überwiegend eine sog. funktionale Betrachtungsweise praktiziert, nach der nicht mehr die rechtliche Organisation des Unternehmens sondern die wahrgenommene Tätigkeit das Maß der Dinge ist. Danach können sich Staatsunternehmen im Erkenntnisverfahren nur noch dann auf Immunität berufen, wenn es sich bei der jeweiligen Tätigkeit um eine hoheitliche Tätigkeit handelt.[748] Diese Feststellung muss für den jeweiligen Einzelfall getroffen werden. Dabei kann es wegen der notwendigen Abwägung naturgemäß zu oft schwierigen Bewertungsprozessen kommen - gerade dann, wenn Staaten sich neuen Geschäftsfeldern zuwenden oder wenn unterschiedliche kulturelle und gesellschaftliche Hintergründe im konkreten Fall aufeinandertreffen.

Für das Vollstreckungsverfahren hat sich bislang keine derart klare völkerrechtliche Regel etabliert. Festhalten lässt sich hierzu aber zumindest, dass es auch hinsichtlich der Vollstreckungsimmunität von Staatsunternehmen nicht auf Formaspekte ankommt und es deshalb unbeachtlich ist, ob und wie das Unternehmen rechtlich selbstständig organisiert ist. In der Regel kann sich ein Staatsunternehmen im Vollstreckungsverfahren auf Immunität berufen, wenn die in Rede stehenden Vermögenswerte hoheitlichen Zwecken dienen.[749]

Das zentrale Kriterium für die Immunitätsfrage ist damit sowohl für das Erkenntnis- als auch für das Vollstreckungsverfahren das der Hoheitlichkeit.

Es wurde festgestellt, dass im west-europäischen Rechtskreis darüber anhand der Rechtsform der jeweiligen Handlung entschieden wird. Handlungen in der Form des Privatrechts gelten als nicht hoheitlich – es wird nur für diejenigen Tätigkeiten Immunität gewährt, die nicht in privatrechtlicher Rechtsform erfolgen.[750]

---

748 Siehe dazu ausführlich oben unter C, II, 3.).

749 Siehe dazu ausführlich oben unter C, V, 2.c.).

750 Siehe dazu ausführlich oben unter C, III, 5.).

Da aber privatrechtlich organisierte Unternehmen generell nicht öffentlich-rechtlich handeln können, hat die Anwendung dieses Kriteriums zur Folge, dass solche Unternehmen auch grundsätzlich nie hoheitlich handeln können. Die Beurteilung der Immunität von Staatsunternehmen reduziert sich damit auf die rein formale Prüfung der Frage, in welcher Rechtsform, privatrechtlich oder öffentlich-rechtlich, das Unternehmen organisiert ist. Dies bedeutet letztlich eine formale Handhabung der Immunität und läuft damit der anerkannten funktionalen Betrachtungsweise zuwider.

Deswegen ist es vorzuziehen, einer neuen, neben dieser bestehenden Vorgehensweise entdeckten Tendenz zu folgen, die sich in den vergangenen Jahren mehr und mehr in der Rechtsprechung entwickelt hat. Diese stellt nämlich nicht auf den traditionellen Formalaspekt sondern auf materiell ausgerichtete Kriterien ab und steht folglich mit den Wertungen der modernen funktionalen Betrachtungsweise in Einklang.[751]

Angesichts der aufgezeigten Vorteile dieser neuen Tendenz[752] ist es ausgesprochen lohnenswert, diese argumentativ auszubauen und bisherige Schwachpunkte zu glätten. Nur wenn die Tendenz auf diese Weise eingängiger und überzeugender gestaltet ist, ist der Weg dafür geebnet, dass sie seitens der Praxis möglichst vieler Staaten akzeptiert wird und dadurch Schritt für Schritt zu einer Regel des Völkergewohnheitsrechts erstarken kann.

Entscheidende Voraussetzung dafür war, ihre im Einzelnen bislang unbestimmten Merkmale zu konkretisieren. Dazu wurde ausgehend von verschiedenen Normen des deutschen Rechts folgender Konkretisierungsvorschlag erarbeitet: Eine hoheitliche Tätigkeit liegt dann vor, wenn die Unternehmenstätigkeit im Forumstaat nicht im Wettbewerb mit privaten Unternehmen, d.h. nicht von mindestens einem weiteren Unternehmen, ausgeübt wird.[753] Entscheidendes Abgrenzungsmerkmal ist demnach die Konkurrenzsituation am Markt, also im Bereich des wirtschaftlichen Geschäftslebens.

Wird das Merkmal ‚hoheitlich' anhand dieses Wettbewerbsaspekts ausgerichtet, kommt es im Sinne der neuen Tendenz in der Rechtsprechung und damit im Einklang mit der funktionalen Betrachtungsweise ausschließlich auf die von dem Staatsunternehmen wahrgenommene Tätigkeit an. Damit kann der Staat für seine Tätigkeiten zwar beliebige, für den jeweiligen Zweck vorteilhafte Handlungs- und Organisationsformen wählen, ohne das Recht auf

751 Siehe dazu ausführlich oben unter C, III, 5.) und C, IV, 1.).

752 Siehe dazu ausführlich oben unter C, IV, 1.).

753 Siehe dazu ausführlich oben unter C, IV, 2.).

Immunität damit von vorneherein auszuschließen. Es bietet ihm also die nötige Flexibilität, auf aktuelle Entwicklungen zu reagieren.

Gleichzeitig wird aber sichergestellt, dass das Privileg der Immunität nur speziellen, den Staaten eigentümlichen Tätigkeiten vorbehalten bleibt. Bei der Auseinandersetzung mit der Immunität darf nämlich ihr ursprünglicher Ansatz nicht in Vergessenheit geraten: Dieser besteht darin, die Souveränität des beklagten Staates vor Eingriffen zu schützen, die dadurch eintreten, dass ein anderer, gleichgeordneter Staat über diesen urteilt und sich damit über diesen erhebt. Diese traditionelle Souveränität im Sinne territorialer, unangefochtener Staatsmacht hat aber in den letzten Jahrzehnten sukzessive an Bedeutung verloren.[754] Das belegen eindrucksvoll etwa die folgenden Beispiele: Der ansteigende grenzüberschreitende Personen-, Waren- und Datenverkehr zeigt, dass nationale Grenzen für das tägliche Leben immer bedeutungsloser werden. Traditionelle Staatsaufgaben werden vermehrt auch durch private oder internationale Einrichtungen ausgeübt. Kommt es also zu einem solch stetigen Entsouveränisierungsprozess,[755] so muss auch der Immunitätsanspruch entsprechend eingeschränkt und auf die zum Schutze der eigentlichen Souveränität und Staatlichkeit verbleibenden, notwendigen Bereiche reduziert werden.

Eine Etablierung der neuen Tendenz in der Rechtsprechung mithilfe des in der vorliegenden Arbeit entwickelten Konkretisierungsvorschlages hätte also insgesamt zur Folge, dass die Position des privaten Einzelnen, insbesondere seine Rechtsschutzmöglichkeiten, entsprechend der allgemeinen Entwicklungen im Völkerrecht verbessert wird. Denn es ist allgemein bekannt: Wird Immunität gewährt, so bedeutet dies immer auch, dass der beklagte Staat bzw. das Staatsunternehmen in der jeweiligen Konfliktsituation begünstigt und der Kläger benachteiligt wird, da dieser dadurch seine eigentlich bestehenden Ansprüche nicht realisieren kann. Diese Interessenkollision darf aber nur dann zugunsten der Immunität entschieden werden, wenn deren ursprünglicher Zweck, den Staat in seinem hoheitlichen Betätigungsfeld zu schützen, auch wirklich gegeben ist. In allen anderen Fällen ist die Verweigerung des Rechtsschutzes dem privaten Kläger gegenüber und die Privilegierung von Staatsunternehmen gegenüber anderen, gewöhnlichen Unternehmen nicht mehr tragbar.

Im Hinblick auf diese Entwicklungen und die fortschreitenden Stärkung der Position des Einzelnen im Völkerrecht ist es dann nur folgerichtig, die Frage

---

754 KOKOTT, ZaöRV 64 (2004) 517, 522.
755 PAECH, AVR 47 (2009) 36, 53.

aufzugreifen, ob das Immunitätsprivileg zu verweigern ist, wenn es im Rahmen von hoheitlichem Verhalten zu schwersten Menschenrechtsverletzungen gekommen ist.[756] Bislang hat sich zwar noch keine entsprechende völkerrechtlich verbindliche Regel herausgebildet. Es ist aber eine eindeutige Tendenz in Literatur und Rechtsprechung zu erkennen, nach der Staaten bei hoheitlich begangenen Menschenrechtsverletzungen die Berufung auf Immunität verwehrt wird.[757] Für den Fall, dass sich diese langfristig durchsetzt, haben die obigen Untersuchungen gezeigt, dass es dem Sinn und Zweck der funktionalen Betrachtungsweise und der damit einhergehenden immunitätsrechtlichen Gleichstellung von Staaten und Staatsunternehmen entspricht, wenn auch die Immunität von Staatsunternehmen entsprechend eingeschränkt wird.[758]

II.) Ausblick

Angesichts dieser fortschreitenden Beschränkung der Immunität stellt sich abschließend die Frage, ob das Recht auf Immunität zugunsten der individuellen Rechtsschutzmöglichkeiten und einer Gleichbehandlung der Teilnehmer auf dem (internationalen) Wirtschaftsmarkt langfristig derart schrumpfen wird, dass es vollkommen an praktischer Bedeutung verliert und lediglich Gegenstand wissenschaftlicher Diskussionen bleibt.

Insofern ist zu berücksichtigen, dass es sich bei der Immunitätsdiskussion um ein vielschichtiges Problem handelt, das von unterschiedlichen, zum Teil gegenläufigen Aspekten bestimmt wird: Einerseits streben die Staaten seit jeher danach, ihre Autonomie und Souveränität möglichst weitreichend aufrechtzuerhalten – andererseits kann in einer globalisierten Welt kein Staat mehr alleine erfolgreich bestehen, er ist auf die internationale Zusammenarbeit angewiesen und muss dafür bestimmte Kompetenzen abgeben. Im Zuge dessen treten die Staaten politischen Bündnissen bei, zeigen aber dennoch häufig keine Ambitionen, die in diesem Rahmen über lange Zeit ausgehandelten Vertragstexte zu ratifizieren und damit den Verträgen zum Inkrafttreten zu verhelfen. Als Beispiel kann das UN-Übereinkommen über Staatenimmunität[759] herangezogen werden, dessen Text über Jahrzehnte hinweg ausgearbei-

---

756 Zu den einzelnen Ansätzen siehe oben unter D,I, 2.).

757 Siehe dazu oben unter D, I, 2j.).

758 Siehe dazu oben unter D, II.).

759 http://untreaty.un.org/ilc/texts/instruments/english/conventions/4_1_2004.pdf.

tet wurde,[760] das aber mangels hinreichender Anzahl an Ratifikationen – jedenfalls soweit es nicht lediglich bestehendes Völkergewohnheitsrecht wiedergibt – bislang keine eigene Bindungswirkung entfaltet.

Die Gesamtheit dieser unterschiedlichen Bedingungen wirkt auf die Entwicklung des Rechts der Immunität und seine Verankerung im Völkerrecht ein. Es ist nicht absehbar, dass sich diese Situation widerstreitender Interessen und Verhaltensweisen in naher Zukunft harmonisiert.

Hinzukommt die Debatte um die Einschränkung der Immunität im Falle schwerwiegender Menschenrechtsverletzungen. Wie dargestellt gewinnen die Menschenrechte mehr und mehr an Bedeutung und haben im Zuge dessen die Entwicklung des Völkerrechts maßgeblich beeinflusst. Auch in dieser Hinsicht wird die Immunität künftig weiter einem Wandel unterworfen sein.

Schließlich wirkt die kontinuierliche Veränderung von Staatsaufgaben und die zurzeit zu beobachtende Tendenz zur Privatisierung[761] auf die Immunitätsdebatte ein: Gibt der Staat etwa Aufgaben, die er bis dato selbst und damit in der Regel auch hoheitlich ausgeführt hat, im Rahmen der Aufgabenprivatisierung vollständig an den allgemeinen Wettbewerb ab, kommt das Immunitätsprivileg insoweit nicht mehr zur Anwendung. Steigende Privatisierung bedeutet in diesen Fällen daher regelmäßig eine Reduzierung der Bereiche, für die Immunität zu gewähren ist. Andererseits werden sich den Staaten in Zukunft neue Herausforderungen stellen, denen möglicherweise nicht länger mithilfe von klassischen staatlichen Stellen und Mitteln begegnet werden kann, sondern für die moderne Handlungsformen gefunden werden müssen. Denkbar ist dies beispielsweise für den Bereich der Sicherung der Währungsstabilität. Auch solche Entwicklungen werden die Immunitätsdebatte nicht unberührt lassen.

Angesichts all dieser Umstände ist davon auszugehen, dass die Diskussion über Inhalt und Grenzen des Immunitätsprivilegs nicht an Aktualität und Bedeutung verlieren wird.

---

760 Siehe dazu etwa bei HAFNER, ZÖR 61 (2006) 381, 382ff.

761 Sei es in Form der Organisationsprivatisierung, bei der der Staat zur Wahrnehmung bestimmter Aufgaben privatrechtliche Organisationen, insbesondere Kapitalgesellschaften errichtet, oder mittels der Aufgabenprivatisierung, bei der sich der Staat vollständig aus einem bestimmten Tätigkeitsfeld zurückzieht und dieses dem privaten Sektor und entsprechendem Wettbewerb überlässt. Vgl. MAURER, Allg VerwR, §23, Rn. 61,63.

Im Hinblick auf die also auch in Zukunft immer wieder auftretenden, die Immunität betreffenden Streitigkeiten wäre es daher hilfreich, wenn die Fragen bezüglich der Immunität verbindlich durch bi- oder multilaterale völkerrechtliche Verträge geregelt würden. Dies böte den Vorteil einer realistischen und belastbaren Risikoanalyse hinsichtlich der Tätigkeit von Staaten und ihrer Staatsunternehmen – alle Betroffenen hätten so schon im Vorhinein die Möglichkeit besser abzuschätzen, inwieweit etwaige gerichtliche Auseinandersetzungen und Vollstreckungshandlungen durch die Immunität beeinflusst werden können.

Auf diese Weise können für einzelne Problemfelder aktuell pragmatische Lösungen gefunden werden. Schon für einen mittelfristigen Zeitrahmen ist es aber fraglich, ob solche Lösungsmodelle den Anforderungen der sich rasant weiter entwickelnden Welt noch genügen können.

Die Immunität wird weiterhin im Wandel bleiben, sich aktuellen Entwicklungen anpassen und neue Themenschwerpunkte bilden. Dem kann ein völkerrechtlicher Vertrag auf Dauer nicht gerecht werden. Er kann immer nur den zu der Zeit des Vertragsschluss herrschenden Konsens wiedergeben und bietet nicht die dem Völkergewohnheitsrecht innewohnende Anpassungsfähigkeit. Trotz aller Vorteile, die völkerrechtliche Verträge bieten, werden aktuelle Entwicklungen der Immunitätsproblematik also nur im Völkergewohnheitsrecht zu finden sein. Die vorliegende Arbeit hat das Ziel, dies aufzuarbeiten und ein Stück weiter zu bringen.

Anhang A.

Die Immunität von Staatsunternehmen in der praktischen Anwendung

Im Folgenden wird aufgezeigt, welche Bedeutung die gefundenen Ergebnisse für die praktische Anwendung haben.

I.) Leitfaden für die Praxis für Staaten ohne Immunitätsgesetz wie die Bundesrepublik Deutschland

Zunächst werden die wesentlichen Ergebnisse der Arbeit in der Form eines Leitfadens für die Praxis zusammengefasst. Da nicht allen Regeln hinsichtlich der Immunität von Staatsunternehmen eine universelle Geltung im Völkerrecht zukommt, basiert der folgende Leitfaden ausschließlich auf den Erkenntnissen über die Rechtslage in den überwiegend westlichen, der funktionalen Betrachtungsweise folgenden Staaten, die kein eigenes Immunitätsgesetz erlassen haben. Hinsichtlich der Staaten mit nationalen Immunitätsgesetzen sind die Vorgaben des jeweiligen Gesetzes anzuwenden – auf die abstrakte Unterscheidung anhand des Merkmals „hoheitlich" kommt es dann nicht an.

1. Vorfrage: Liegt dem Sachverhalt ein ‚grenzüberschreitendes Element' zugrunde, sodass sich die Immunitätsproblematik überhaupt stellt?

Die Frage der Immunität wird nur dann relevant, wenn ein Staat über einen anderen Staat bzw. dessen Staatsunternehmen zu Gericht sitzt. Das ist beispielsweise dann nicht der Fall, wenn Kläger A aus Staat A gegen das Staatsunternehmen B aus Staat B vor einem Gericht in B klagt. Dann würden nämlich Gerichte aus B über das Verhalten des Staatsunternehmen B entscheiden.

2. Handelt es sich um ein (rechtlich selbstständiges) Staatsunternehmen?

Da keine allgemeingültige immunitätsrechtliche Definition des Begriffs ‚Staatsunternehmen' existiert, wird auf die in der vorliegenden Arbeit für sachgerecht gehaltenen Kriterien abgestellt: Ein Staatsunternehmen liegt danach vor, wenn es sich um eine parteifähige Einrichtung handelt, die unabhängig von der Art ihrer Tätigkeit und ihrer Rechtsform aufgrund der Inhaberschaft oder entsprechenden, erkennbaren Kontrollbefugnissen dem Staat oder einer staatlichen Gebietskörperschaft zuzuordnen ist. (vgl. Kapitel C, I, 2.)

Anmerkung:
-> Mangelt es an der Parteifähigkeit, so kann die Immunitätsproblematik nur im Rahmen eines Verfahrens gegen den fremden Staat selbst relevant werden.

-> Mangelt es an der Zuordnung zum Staat, so handelt es sich um ein gewöhnliches Unternehmen, nicht aber um ein Staatsunternehmen, sodass die Immunität schon deswegen nicht in Betracht kommt.

3. Kann sich das Staatsunternehmen auf Immunität im Erkenntnisverfahren berufen?

Variante 1: Die beteiligten Staaten, also der Gerichtsstaat und der hinter dem beklagten Staatsunternehmen stehende Staat, sind Mitgliedstaaten des Europäischen Übereinkommens über Staatenimmunität.

-> Ist dies zu bejahen, so gelten in dem Verfahren die Vorgaben des Europäischen Übereinkommens. Danach wird den hier behandelten Staatsunternehmen mit eigener Rechtspersönlichkeit grundsätzlich bei hoheitlichem Verhalten Immunität gewährt. Sie können sich hingegen nicht auf Immunität berufen, wenn sie eine andere, also eine nicht hoheitliche Tätigkeit ausüben bzw. wenn eine der in dem Übereinkommen aufgelisteten Immunitätsausnahmen einschlägig ist. (vgl. Kapitel C, II, 1a.)

Variante 2: Mindestens einer der beteiligten Staaten ist nicht Mitgliedstaat des Europäischen Übereinkommens über Staatenimmunität

-> Die rechtliche Behandlung erfolgt nach den Vorgaben des Völkergewohnheitsrechts. Danach kann sich ein Staatsunternehmen auf Immunität im Erkenntnisverfahren berufen, wenn es eine hoheitliche Tätigkeit ausübt. Es kann sich nicht auf Immunität im Erkenntnisverfahren berufen, wenn es nicht hoheitlich tätig ist oder auf seine Immunität verzichtet hat. (vgl. Kapitel C, II, 3.)

Anmerkung:
-> Nach der wohl herrschenden Vorgehensweise im westeuropäischen Rechtskreis wird das Merkmal ‚hoheitlich' mit ‚nicht privatrechtlich' gleich-

gesetzt, sodass nur für solche Tätigkeiten Immunität gewährt wird, die nicht in privatrechtlicher Rechtsform erfolgen. (vgl. Kapitel C, III, 5.)
-> Sachgerechter wäre es, mit der neuen Tendenz in der Rechtspraxis das Merkmal ‚hoheitlich' weniger formal zu bestimmen und wie hier vorgeschlagen eine hoheitliche Tätigkeit dann zu anzunehmen, wenn die jeweilige Tätigkeit im Forumstaat nicht im Wettbewerb mit privaten Unternehmen, d.h. nicht von mindestens einem weiteren Unternehmen, ausgeübt wird. (vgl. Kapitel C, IV.)

4. Kann sich das Staatsunternehmen auf Immunität im Vollstreckungsverfahren berufen?

Die Frage der Vollstreckungsimmunität richtet sich stets nach Maßgabe des Völkergewohnheitsrechts, da das Europäische Übereinkommen über Staatenimmunität bezüglich der Vollstreckungsimmunität von rechtlich selbstständigen Einrichtungen keine Regelungen beinhaltet (vgl. Kapitel C, V, 1). Für die Vollstreckungsimmunität lässt sich im Gegensatz zu der Immunität im Erkenntnisverfahren keine eindeutige völkergewohnheitsrechtliche Regel nachweisen. Ein Staatsunternehmen kann sich aber in der Regel dann im Vollstreckungsverfahren auf Immunität berufen, wenn die in Rede stehenden Vermögenswerte hoheitlichen Zwecken dienen. Es kann sich nicht auf Vollstreckungsimmunität berufen, wenn die Objekte keinen hoheitlichen Zwecken dienen oder wenn es auf die Vollstreckungsimmunität verzichtet hat. (vgl. Kapitel C, V, 2c.)

Anmerkung:
Zur Feststellung, ob ein bestimmter Vermögenswert hoheitlichen Zwecken dient, wird in der Staatenpraxis darauf abgestellt, ob dieser für eine hoheitliche Tätigkeit verwendet werden soll. Dies kann dann auch auf dieser Ebene entweder nach der wohl herrschenden Vorgehensweise oder der neuen, vorzugswürdigeren Tendenz in der Rechtsprechung bestimmt werden. (siehe dazu ausführlich in Kapitel C, VI.)

II.) Anwendungsbeispiel: Goethe-Institut

Nun wird am Beispiel des Goethe-Instituts untersucht, zu welchen Ergebnissen die Anwendung des in der vorliegenden Arbeit entwickelten Konkretisierungsvorschlages führt. Das Goethe-Institut ist hierfür aufgrund seines Engagements und seiner zahlreichen Niederlassungen im Ausland besonders interessant. Ferner fällt es nicht in den Anwendungsbereich des Wiener Übereinkommens über diplomatische bzw. konsularische Beziehungen, noch ist der Aspekt der Immunität in Abkommen mit den Empfangsstaaten vertraglich niedergelegt.[762] Maßgeblich für die Frage der Immunität sind damit die Vorgaben des allgemeinen Immunitätsrechts. Deswegen gilt es zu untersuchen, ob das Goethe-Institut ein Staatsunternehmen darstellt und ob für dieses im gedachten Falle eines grenzüberschreitenden Rechtsstreits der Grundsatz der Immunität eingreifen würde.

1.) Eigenschaft als Staatsunternehmen

Zunächst ist also zu erläutern, inwiefern es sich bei dieser Einrichtung um ein Staatsunternehmen im Sinne der vorliegenden Arbeit handelt. Anhaltspunkte zu dieser Frage ergeben sich aus der Satzung des Goethe-Instituts[763] sowie aus dem zwischen dem Goethe-Institut und der Bundesrepublik Deutschland geschlossenem Rahmenvertrag.[764] Nach dem hier vertretenen Begriff von einem Staatsunternehmen, ist ein solches anzunehmen, wenn es sich um eine parteifähige Einrichtung handelt, die unabhängig von der Art ihrer Tätigkeit und ihrer Rechtsform aufgrund der Inhaberschaft oder entsprechenden, erkennbaren Kontrollbefugnissen dem Staat oder einer staatlichen Gebietskörperschaft zuzuordnen ist.

Das Goethe-Institut ist gemäß §1 Abs. 4 seiner Satzung ein eingetragener Verein und damit (nach deutschem Recht, vgl. §§21 BGB; 50 Abs. 1 ZPO) eine parteifähige Einrichtung.

Es ist ferner dem deutschen Staat hinreichend zuzuordnen, um es als Staatsunternehmen zu bezeichnen. Dies ergibt sich zum einen aus §3 Abs. 3 der Satzung, nach dem die Bundesrepublik Deutschland eines der 30 ordentli-

---

762 Siehe dazu im Einzelnen bei SCHULZ, S. 381f. Dort findet sich auch eine ausführliche Analyse der Immunität des Goethe-Instituts basierend auf der Rechtslage bis zum Jahr 2000.

763 http://www.goethe.de/mmo/priv/1223959-STANDARD.pdf

764 http://www.goethe.de/mmo/priv/1527476-STANDARD.pdf

chen Mitglieder des Vereins darstellt, und aus Abs. 4, wonach außerordentliche Mitglieder je ein Abgeordneter der Fraktionen des Deutschen Bundestages und zwei Vertreter von Länderregierungen sind. Aufgrund dieser personellen Komponente kann die Bundesrepublik Deutschland über die Mitgliederversammlung auf zentrale Angelegenheiten des Goethe-Instituts Einfluss nehmen. Dies ergibt sich beispielsweise aus §6 Abs. 8 der Satzung: Alle Beschlüsse der Mitgliederversammlungen werden, soweit die Satzung nichts anderes bestimmt, mit einfacher Stimmenmehrheit der anwesenden Mitglieder gefasst. Ferner verdeutlicht dies §10 Abs. 1, wonach die Mitgliederversammlung durch Beschluss über die Auflösung des Goethe-Instituts entscheidet.

Die Zuordnung des Goethe-Instituts zum deutschen Staat wird zum anderen auch über den Rahmenvertrag begründet. Nach dessen §1 betraut das Auswärtige Amt das Goethe-Institut mit seinen Aufgaben. §6 Abs. 1 des Vertrages bestimmt, dass das Goethe-Institut zur Durchführung dieser Aufgaben Haushaltsmittel erhält, über deren Höhe das Auswärtige Amt im Rahmen der im Haushaltsplan zur Verfügung stehenden Mittel jeweils durch Zuwendungsbescheid entscheidet. Außerdem regelt §7 Abs. 1, dass das Goethe-Institut dem Auswärtigen Amt nach Ablauf jedes Haushaltsjahres einen Tätigkeitsbericht und den Prüfungsbericht eines Wirtschaftsprüfers vorlegt. Auch hierüber hat die Bundesrepublik Deutschland also umfassende Einwirkungsmöglichkeiten auf die Tätigkeit des Goethe-Instituts.

Dadurch, dass die dargestellten Kontrollbefugnisse in der Satzung und dem Rahmenvertrag niedergelegt sind, ist auch das nach hier vertretener Auffassung geforderte Publizitätselement gegeben. Insgesamt kann die Bundesrepublik Deutschland die Tätigkeiten des Goethe-Instituts ausreichend auf erkennbare Weise kontrollieren. Eine Zuordnung des Goethe-Instituts zum deutschen Staat im Sinne der Immunitätsproblematik ist damit sachgerecht: Das Goethe-Institut stellt damit ein Staatsunternehmen im Sinne dieser Arbeit dar.

2.) Möglichkeit der Immunität im Erkenntnisverfahren

Nun ist zu untersuchen, ob sich das Goethe-Institut im Falle eines Prozesses auf Immunität berufen könnte. Ein Staatsunternehmen kann sich auf Immunität im Erkenntnisverfahren berufen, wenn es eine hoheitliche Tätigkeit ausübt.[765]

765 Siehe dazu oben unter C, II, 3.).

Gemäß §2 der Satzung liegt der Vereinszweck des Goethe-Instituts in der Förderung der Kenntnis deutscher Sprache im Ausland, der Pflege der internationalen kulturellen Zusammenarbeit und der Vermittlung eines umfassenden Deutschlandbildes durch Informationen über das kulturelle, gesellschaftliche und politische Leben.

Es stellt sich die Frage, ob die Wahrnehmung dieser Aufgaben als hoheitlich einzustufen ist.

Da nach der funktionalen Betrachtungsweise immer die jeweils wahrgenommene, für das konkrete Verfahren relevante Tätigkeit entscheidend ist, kann die rechtliche Beurteilung der Immunität der Unternehmen von Fall zu Fall variieren. Eine abstrakte Aussage über die Immunität des Unternehmens im Erkenntnisverfahren lässt sich daher nicht treffen. Im Folgenden werden deswegen nur einzelne ausgewählte Tätigkeiten aus dem Bereich der Kernaufgaben des Unternehmens dahingehend analysiert, ob sie als eine hoheitliche oder eine nicht hoheitliche Tätigkeit einzustufen sind.

Eine der zentralen Tätigkeiten des Goethe-Instituts ist die Durchführung von Sprachkursen.[766]

Folgt man dem hier erarbeiteten Konkretisierungsvorschlag, nach dem eine hoheitliche Tätigkeit dann angenommen, wenn sie nicht im Wettbewerb mit privaten Unternehmen ausgeübt wird, so wird folgendes Ergebnis erzielt: Es wird sich regelmäßig in dem jeweiligen Gerichtsstaat auch eine private Sprachschule oder ein privater Sprachlehrer finden lassen, der die deutsche Sprache unterrichtet. Damit wird der allgemeine Sprachunterricht bzw. das Anbieten von Sprachkursen im Wettbewerb mit anderen, d.h. nicht hoheitlich, ausgeübt. Dies wird im Übrigen durch die Tatsache unterstrichen, dass sich die Preise für die Sprachkurse des Goethe-Instituts am ortsüblichen Preisniveau orientieren.[767]

Nicht ganz so einfach ist die Entscheidung über die Einstufung der Tätigkeit des Goethe-Instituts, wenn nicht der allgemeine Sprachunterricht sondern die Erteilung eines Sprachnachweises auf die Frage der Hoheitlichkeit hin untersucht wird.

Das Goethe-Institut bietet neben bloßem Sprachunterricht auch Deutschprüfungen an, die unter anderem im Visumverfahren der Bundesrepublik Deutschland im Rahmen des Ehegattennachzugs von Bedeutung sind.[768] Nach

766 http://www.goethe.de/lrn/wwt/de3052837.htm

767 Bundestagsdrucksache 16/7288 S. 5

768 http://www.goethe.de/lrn/prj/pba/deindex.htm

§6 Abs. 4 Satz 2 i.V.m. §30 Abs. 1 Satz 1 Nr. 2 AufenthG setzt ein Anspruch auf die Erteilung eines Visums zum Ehegattennachzug zu einem Ausländer unter anderem voraus, dass der Ehegatte sich zumindest auf einfache Art in deutscher Sprache verständigen kann. Wie die Erfüllung dieser Anforderung nachgewiesen werden muss, ist nicht unumstritten. Der Wortlaut des Gesetzes gibt insoweit nichts Genaues vor. Innerhalb der Bundesregierung ist aber mit Beteiligung des Goethe-Institutes und in Absprache mit dem Auswärtigen Amt abgestimmt worden, dass der Nachweis entsprechender Sprachkenntnisse grundsätzlich erfolgen muss durch das Sprachprüfungszertifikat "Start Deutsch 1" des Goethe-Institutes oder seiner Partner-Organisationen bzw. Lizenznehmer, in eng begrenzten Ausnahmefällen können gleichwertige andere Sprachzeugnisse ausreichen.[769]

Wäre es also so, dass ausschließlich das Goethe-Institut oder durch das Institut lizenzierte Partner den Sprachnachweis ausstellen können, der für die Erteilung des Visums erforderlich ist, bestünde hinsichtlich dieser Tätigkeit kein Wettbewerb im Gerichtsstaat. Die Tätigkeit wäre dann als hoheitlich im Sinne des Konkretisierungsvorschlages einzustufen. Dies hätte zur Folge, dass sich das Goethe-Institut beispielsweise in einer Klage auf Ausstellung des Sprachnachweises vor ausländischen Gerichten auf Immunität berufen könnte.

Aufgrund diverser Verfahren gegen diese Praxis der Bundesrepublik Deutschland hatte sich kürzlich das Bundesverwaltungsgericht mit den Anforderungen an den Sprachnachweis in §30 Abs. 1 Satz 1 Nr. 2 AufenthG befasst und entschieden, dass es dem Ehegatten freigestellt sei, auf welche Art und Weise er sich die erforderlichen Sprachkenntnisse verschafft. Er könne dabei regelmäßig auf die unterschiedlichsten Lernangebote zurückgreifen – auf Deutschkurse des Goethe-Instituts sowie die anderer, örtlicher Sprachschulen aber auch auf Audio- und Videosprachkurse oder andere Medien, etwa die Deutsche Welle oder das Internet.[770] Aufgrund dieses Urteils ist davon auszugehen, dass sich die Praxis in den Botschaften zur Anerkennung der erforderlichen Sprachkenntnisse anpasst und zukünftig nicht nur auf das Zerti-

769 Vgl. HOFFMANN in HOFMANN/HOFFMANN, §30 AufenthaltG, Rn 26 unter Verweis auf VAH - Stand 2.10.2007 - Rn 216 - 230, Weisung des Auswärtigen Amtes vom 17.7.2007 Betreff Visumverfahren beim Ehegattennachzug und Weisung des Auswärtigen Amtes vom 15.10.2007, Verfahrenspraxis bei Visumanträgen zum Ehegattennachzug, jeweils zum Nachweis einfacher Deutschkenntnisse.

770 BVerwG, Urteil vom 30.03.2010, Az. 1 C 8/09 Rn 43f (zitiert aus juris)

fikat des Goethe-Instituts abgestellt wird. Damit hat das Goethe-Institut nicht (mehr) die alleinige Kompetenz, den für die Erteilung des Visums erforderlichen Sprachnachweis auszustellen, sondern befindet sich in einer Wettbewerbssituation. Damit wäre im Streitfalle auch die Erteilung des Sprachnachweises nicht (mehr) als hoheitliche Tätigkeit einzustufen.

Eine weitere vom Goethe-Institut ausgeübte Tätigkeit ist die kulturelle und gesellschaftliche Repräsentation Deutschlands. Ziel ist die Vermittlung eines angemessenen, realitätsbezogenen Deutschlandbildes beispielsweise durch die Errichtung von Informationszentren im Ausland.[771] Zwar repräsentiert letztlich jeder Deutsche und jedes deutsche Unternehmen in gewisser Weise die Bundesrepublik im Ausland. Das Goethe-Institut als „das Kulturinstitut der Bundesrepublik Deutschland“ [772] tritt aber als offizieller Repräsentant der BRD auf und nimmt damit eine besondere Position ein - die offizielle Selbstdarstellung und Repräsentation der eigenen Kultur, welche Authentizität beansprucht, ist grundsätzlich den Staaten bzw. staatlichen Einrichtungen vorbehalten.[773] Diese Tätigkeit kann folglich im Gerichtsstaat nicht ohne weiteres durch andere private Einrichtungen bzw. Unternehmen ausgeübt werden. Sie wird damit regelmäßig nicht im Wettbewerb mit anderen ausgeübt und ist nach der hier vertretenen Auffassung als hoheitlich einzustufen. Zu berücksichtigen ist an dieser Stelle, dass nur die unmittelbare Wahrnehmung dieser hoheitlichen Tätigkeit, also hier der kulturellen und gesellschaftlichen Repräsentation, als hoheitlich eingestuft werden kann. Maßnahmen, die lediglich zum Zwecke dieser Tätigkeit ergehen, bleiben nach allgemeinen immunitätsrechtlichen Grundsätzen[774] eine nicht hoheitliche Tätigkeit.

Anhand der untersuchten Beispiele wird also hinsichtlich der Immunität des Goethe-Instituts im Erkenntnisverfahren deutlich, dass diese von Tätigkeit zu Tätigkeit unterschiedlich zu beurteilen ist. Eine allgemeine Aussage lässt sich wie schon anfangs erwähnt nicht treffen.

3.) Möglichkeit der Immunität im Vollstreckungsverfahren

Die Frage der Immunität im Vollstreckungsverfahren ist für das Goethe-Institut von besonderer Relevanz, da der Hauptteil seiner Tätigkeit im Aus-

---

771 http://www.goethe.de/uun/ang/inf/deindex.htm

772 http://www.goethe.de/uun/deindex.htm

773 Vgl. ISENSEE in ISENSEE/KIRCHHOF, §73 Rn. 31.

774 Siehe oben unter B, II, 1a.).

land stattfindet und das Institut dafür 136 Kulturinstitute und 11 Verbindungsbüros in 92 Staaten unterhält.[775] Diese ausländischen Einrichtungen sind für ausländische Gläubiger in den hier relevanten grenzüberschreitenden Streitigkeiten von Interesse, da sie mit den dahinter stehenden Vermögenswerten als potenzielle Vollstreckungsobjekte in Betracht kommen könnten.

Dies verdeutlicht etwa der sog. Distomo-Fall[776]: Hier hatten die Kläger in Verfahren vor griechischen Gerichten Schadensersatzansprüche gegen die Bundesrepublik Deutschland wegen eines während des Dritten Reichs durch die SS begangenen Massakers in Distomo erstritten und versucht, diese unter anderem durch Pfändungsmaßnahmen in das Athener Goethe-Institut zwangsweise durchzusetzen. Im Rahmen dessen wurde zwar auch die Frage aufgeworfen, inwieweit die Vermögenswerte unter die Vollstreckungsimmunität fallen.[777] Die Zwangsvollstreckung in das Goethe-Institut scheiterte aber unter anderem bereits daran, dass das griechische Justizministerium die nach griechischem Recht erforderliche Einwilligung für die Vollstreckung in das Vermögen eines fremden Staates verweigert hat.[778]

Unabhängig von den Ergebnissen in dem konkreten Fall wird aber deutlich, dass die Untersuchung der Vollstreckungsimmunität des Goethe-Instituts also

---

775 http://www.goethe.de/uun/adr/wwt/deindex.htm

776 Siehe dazu ausführlich etwa bei etwa bei STÜRNER, IPRax 2008, 197; KEMPEN, FS Steinberger, S. 179.

777 Die Diskussionen in der Literatur zum Fall Distomo betreffen soweit ersichtlich ausschließlich die Rechtmäßigkeit des Titels, aus dem vollstreckt wird, also die Immunität der Bundesrepublik im Erkenntnisverfahren, sowie die Vollstreckungsimmunität anlässlich der getroffenen der Zwangsmaßnahmen. Dabei wird argumentiert, dass auch die Repräsentation von Kultur und Wissenschaft im Ausland durch Mittlerorganisationen, die vom Staat als Träger der auswärtigen Kulturpolitik abhängig sind, zur auswärtigen Gewalt zähle und deswegen die Grundstücke des Goethe-Instituts, hinsichtlich derer die Vollstreckungsmaßnahmen ergingen, ebenfalls der Wahrnehmung der auswärtigen Gewalt dienten und folglich von der Vollstreckungsimmunität umfasst seien. (KEMPEN, FS Steinberger, S. 183f.) Unbeachtet bleibt aber das Problem, inwiefern überhaupt eine Vollstreckung in das Grundstück des Goethe-Instituts möglich ist im Hinblick auf die Tatsache, dass das Goethe-Institut als eingetragener Verein eine eigene Rechtsfähigkeit besitzt und damit von der Bundesrepublik, gegen die der Titel erstritten wurde, rechtlich verschieden ist.

778 Die dagegen und gegen die folgenden Entscheidungen erhobene Beschwerde zum Europäischen Gerichtshof für Menschenrechte wurde als unzulässig zurückgewiesen, weil der Gerichtshof keinen Verstoß gegen die Vorgaben der Europäischen Menschenrechtskonvention feststellen konnte.

durchaus von praktischer Bedeutung ist. Es stellt sich daher die Frage, unter welchen Voraussetzungen sich das Goethe-Institut im Vollstreckungsverfahren auf Immunität berufen könnte.

Wie oben erarbeitet[779] kann sich ein Staatsunternehmen auf Immunität im Vollstreckungsverfahren berufen, wenn die in Rede stehenden Vermögenswerte hoheitlichen Zwecken dienen. Dies ist nach der hier vertretenen Auffassung der Fall, wenn er für eine hoheitliche Tätigkeit, also eine solche, die nicht im Wettbewerb mit anderen Unternehmen ausgeübt wird, verwendet werden soll.

Mithilfe der soeben gewonnen Erkenntnisse über die Einstufung der ausgewählten Tätigkeiten kommt man zu folgenden Ergebnissen: Hinsichtlich der Vollstreckung in Vermögenswerte, die den oben untersuchten Sprachkursen und damit einer nicht hoheitlichen Tätigkeit dienen, also etwa Unterrichtsmaterial oder Zahlungsansprüche gegen Sprachschüler, könnte das Goethe-Institut keine Vollstreckungsimmunität geltend machen. Etwas anderes gilt bei solchem Vermögen, das der kulturellen und gesellschaftlichen Repräsentation dient, etwa den genannten Informationszentren. Diese benötigt das Goethe-Institut für die Ausübung einer hoheitlichen Tätigkeit, sodass hier der Grundsatz der Vollstreckungsimmunität eingreifen würde.

Das Goethe-Institut besitzt damit entsprechend seiner unterschiedlich einzustufenden Tätigkeiten sowohl hoheitlichen als auch nicht hoheitlichen Zwecken dienende Vermögenswerte. Festzuhalten ist also hinsichtlich der Vollstreckungsimmunität des Goethe-Instituts, dass es auch hier kein pauschales Ergebnis gibt. Soll also ein im Erkenntnisverfahren gegen das Goethe-Institut erstrittener Titel vollstreckt werden, kommt es für die Möglichkeit der Vollstreckung dieses Titels auf die Verwendung des jeweiligen Objektes im Einzelfall an.

---

779 Siehe dazu oben unter C, V.).

Anhang B.

Der Beschluss des Bundesverfassungsgerichts vom 12.10.2011

I. Der Beschluss

Am 12. Oktober 2011 hat das Bundesverfassungsgericht erneut aufgrund des in der vorliegenden Arbeit an verschiedenen Stellen angesprochenen „SEDELMAYER-Falls" entschieden.[780].

Es war mit diesem Fall schon im Jahre 2008 befasst.[781] Damals hatte das Gericht die Sachen jeweils nicht zur Entscheidung angenommen. Die Beschwerdeführer waren in diesen Verfahren die Russische Föderation bzw. eine juristische Person russischen Rechts.

Nunmehr hatte der Deutsche SEDELMAYER das Verfahren vor dem Bundesverfassungsgericht angestrengt.

Hintergrund der aktuellen, zur gemeinsamen Entscheidung verbundenen Verfassungsbeschwerden waren Zwangsvollstreckungsverfahren des Beschwerdeführers SEDELMAYER in Bezug auf Immobilien der Russischen Föderation in Berlin.[782] In den Verfahren hatten der Bundesgerichtshof, das AG Berlin-Mitte und das AG Tempelhof-Kreuzberg verschiedene Zwangsvollstreckungsmaßnahmen aufgehoben bzw. entsprechende Anträge zurückgewiesen.

Auch diese Verfassungsbeschwerden wurden vom Bundesverfassungsgericht mangels hinreichender Aussicht auf Erfolg nicht zur Entscheidung angenommen.

Das BVerfG entschied, dass der Beschwerdeführer, dadurch, dass die Gerichte die Fälle nicht gem. Art. 100 Abs. 2 GG dem Bundesverfassungsgericht vorgelegt haben, nicht seinem gesetzlichen Richter entzogen worden war.

Zwei der drei verbundenen Verfahren seien unzulässig, weil der Beschwerdeführer nicht in hinreichend substantiierter Weise begründet habe, dass er seinem gesetzlichen Richter entzogen worden war. (Gliederungspunkt III, 1a, b. des Beschlusses)

---

780 Bundesverfassungsgerichts, Beschluss vom 12.10.2011, Az. 2 BvR 2984/09, 2 BvR 3057/09 und 2 BvR 1842/10, NJW 2012, 293.

781 Bundesverfassungsgericht, Beschluss vom 4. September 2008, Az. 2 BvR 2271/07 u.a. und Beschluss vom 15.12.2008, Az. 2 BvR 2495/08 (zitiert aus juris).

782 Siehe dazu oben unter Teil C, IV, 2a, cc.

Eine der Verfassungsbeschwerden sei jedenfalls unbegründet: Die Gerichte hätten nicht an das Bundesverfassungsgericht vorlegen müssen, weil objektive, ernstzunehmende Zweifel hinsichtlich der Tragweite des Grundsatzes der Vollstreckungsimmunität bei gemischter Nutzung des Vollstreckungsgegenstandes nicht bestanden. (Gliederungspunkt III, 2. des Beschlusses)

II. Bewertung verschiedener immunitätsrechtlicher Kernaussagen des Beschlusses

Inhaltliche Äußerungen zum Recht der Vollstreckungsimmunität finden sich vorwiegend in den Erläuterungen des Gerichts zu der Unbegründetheit der dritten Beschwerde.

Das Bundesverfassungsgericht gibt im Rahmen dessen im Wesentlichen den Stand der Vollstreckungsimmunität wieder. Es erklärt unter Bezugnahme auf die Entscheidungen BVerfGE 46, 342 und 64, 1, dass eine allgemeine Regel des Völkerrechts bestehe, wonach die Zwangsvollstreckung durch den Gerichtsstaat aus einem gerichtlichen Vollstreckungstitel gegen einen fremden Staat, der über ein nicht hoheitliches Verhalten (acta iure gestionis) dieses Staates ergangen ist, in Gegenstände dieses Staates ohne Zustimmung des fremden Staates unzulässig ist, soweit diese Gegenstände im Zeitpunkt des Beginns der Vollstreckungsmaßnahmen hoheitlichen Zwecken des fremden Staates dienen. Insbesondere dürfe nicht auf Gegenstände zugegriffen werden, die der diplomatischen Vertretung des fremden Staates zur Wahrnehmung ihrer amtlichen Funktionen dienen (ne impediatur legatio). Wegen der Abgrenzungsschwierigkeiten bei der Beurteilung einer Gefährdung dieser Funktionsfähigkeit und wegen der latent gegebenen Missbrauchsmöglichkeiten ziehe das allgemeine Völkerrecht den Schutzbereich zu Gunsten des fremden Staates sehr weit und stelle auf die typische, abstrakte Gefahr, nicht aber auf die konkrete Gefährdung der Funktionsfähigkeit der diplomatischen Vertretung durch Maßnahmen des Empfangsstaats ab. Die Reichweite der Vollstreckungsimmunität eines fremden Staates beschränke sich auf den Umfang der hoheitlichen Zwecksetzung, das allgemeine Völkerrecht stehe bei gemischt genutzten Gegenständen einer Vollstreckung in die nicht hoheitlich genutzten Teile von Gegenständen grundsätzlich nicht entgegen. (Gliederungspunkt III, 2. a, bb (1) des Beschlusses)

Damit fasst das Gericht die Grundsätze zusammen, die es schon in der Vergangenheit zu Fragen der Vollstreckungsimmunität herausgearbeitet hat und auf die es stets seine immunitätsrechtlichen Entscheidungen gestützt hat.[783] Deutlich wird, dass das Bundesverfassungsgericht an diesen auch weiterhin festhält. Für die Fachgerichte bedeuten diese Ausführungen eine kurze, „anwenderfreundliche Aufbereitung" zum Recht der Vollstreckungsimmunität, aber keine Neuerungen.

Ferner erklärt das Bundesverfassungsgericht, dass die Abgrenzung, ob die Gegenstände hoheitlichen oder nicht hoheitlichen Zwecken des fremden Staates dienen, mangels entsprechender Kriterien im allgemeinen Völkerrecht grundsätzlich nach der Rechtsordnung des Gerichtsstaats vorzunehmen sei. Auch insoweit hält das Gericht an seiner bisherigen Rechtsprechung fest.

In diesen Zusammenhang verweist es allerdings nur auf die „teilweise [noch] unverbindlichen, aber möglicherweise zur Entstehung von allgemeinem Völkerrecht beitragenden Beispiele in Art. 4 der Resolution Contemporary Problems Concerning the Immunity of States in Relation to Questions of Jurisdiction and Enforcement des Institut de Droit International von 1991; Art. 19 der Draft Articles on Jurisdictional Immunities of States and Their Property der Völkerrechtskommission von 1991; Art. 21 des Übereinkommens über die Gerichtsimmunität der Staaten und ihres Vermögens vom 2. 12. 2004". Daneben stützt es sich auf seine Grundsatzentscheidung aus dem Jahre 1963. Ob das Gericht aber auch nach völkergewohnheitsrechtlichen Indizien für diese Abgrenzung gesucht hat, ergibt sich aus den Entscheidungsgründen nicht weiter. Eine umfassende Untersuchung der geltenden Rechtslage in Bezug auf das Vorliegen entsprechender allgemeiner Kriterien wäre aber angesichts der seit der Grundsatzentscheidung vergangen nahezu 50 Jahre jedenfalls angezeigt gewesen.

Trotz dieser offenen dogmatischen Fragen sind die Feststellungen des Bundesverfassungsgerichts im Ergebnis aber nachvollziehbar und stehen mit den Ergebnissen der vorliegenden Arbeit weitgehend in Einklang.

Sie lassen sich damit erklären, dass es sich nach Auffassung des Bundesverfassungsgerichts bei einer allgemeinen Regel des Völkerrechts „in erster Linie um universell geltendes Völkergewohnheitsrecht" handelt. (Gliederungspunkt III, 2. a, bb (2) des Beschlusses) Regionales oder partikuläres Völkergewohnheitsrecht ist demnach nicht von Bedeutung.

Unter Kapitel C, III der vorliegenden Arbeit wurde festgestellt, dass sich bislang keine allgemeinen Kriterien zur Abgrenzung zwischen ‚hoheitlich' und ‚nicht hoheitlich' im Völkergewohnheitsrecht herausgebildet haben. Lediglich eine beschränkt-regionale, westeuropäische Rechtspraxis konnte fest-

783 Siehe dazu bereits oben unter Teil B, II und III.

gestellt werden. Da es auf eine solche aber, wie gesagt, für das Bundesverfassungsgericht nicht ankommt, ist die Feststellung des Gerichts insoweit einleuchtend.

Festzuhalten ist insgesamt, dass das Bundesverfassungsgericht mit dem Beschluss vom 12.10.2011 verdeutlicht, dass es an dem (Weiter-)Bestehen der überkommenen Regeln zur Vollstreckungsimmunität momentan keine Zweifel hat. Es hat damit die völkerrechtlichen Rahmenbedingungen zur zwangsweisen Durchsetzung von Ansprüchen gegenüber fremden Staaten noch einmal klargestellt. Auf diese Weise wird potentiellen gleichgelagerten Verfahren vor dem Bundesverfassungsgericht vorerst die Grundlage entzogen.

Vor dem Hintergrund der dem Verfahren zugrundeliegenden, seit Jahren andauernden Auseinandersetzung zwischen dem Deutschen Sedelmayer und der Russischen Föderation kann dies zudem als Aufforderung verstanden werden, die dargestellten rechtlichen Gegebenheiten hinzunehmen und auf dieser Basis den Konflikt zu lösen.

Anhang C.

Das Urteil des Internationalen Gerichtshofs „Deutschland gegen Italien"

I. Das Urteil

Am 3. Februar 2012 hat der Internationale Gerichtshof (IGH) das Urteil in der Sache „Deutschland gegen Italien" verkündet.[784]

Auslöser dafür war, dass die Bundesrepublik Deutschland Ende 2008 in Abstimmung mit der italienischen Regierung den IGH angerufen hatte. Sie wollte prüfen lassen, ob die Republik Italien gegen ihre völkerrechtlichen Verpflichtungen verstoßen hat, indem italienische Gerichte gerichtliche Verfahren im Zusammenhang mit Schadensersatzklagen wegen Kriegsverbrechen im 2. Weltkrieg gegen die Bundesrepublik Deutschland zugelassen haben. Sie berief sich dabei vor allem auf ihr Recht der Staatenimmunität.

Zwischen den Parteien war nicht streitig, dass die Handlungen deutscher Streitkräfte, die den Schadensersatzklagen vor den italienischen Gerichten zugrunde lagen, schwerwiegende Verletzungen des Völkerrechts und Verbrechen gegen die Menschlichkeit darstellen. Zu klären war lediglich, ob in diesen Verfahren die italienischen Gerichte verpflichtet waren, der Bundesrepublik Deutschland Immunität zu gewähren.

In diesem Zusammenhang hatte der Gerichtshof außerdem zu entscheiden, welches Recht hinsichtlich der Frage der Immunität anwendbar sei: das Recht aus der Zeit, in dem die den Schadensersatzklagen zugrunde liegenden Handlungen vorgenommen wurden, also das Recht von 1943-1945, oder das Recht aus der Zeit, in der die in Rede stehenden italienischen Prozesse stattfanden.

Dazu erklärte der Gerichtshof, dass die Vereinbarkeit eines Aktes mit internationalem Recht nur bestimmt werden könne nach Maßgabe des Rechts, das in Kraft war, als der jeweilige Akt vorgenommen wurde. Die relevanten Akte seien in dem vom IGH zu beurteilenden Fall die Entscheidungen italienischer Gerichte, der Bundesrepublik Deutschland Immunität zu versagen. Daher sei das Immunitätsrecht anzuwenden, welches zum Zeitpunkt der in Rede stehenden italienischen Prozesse galt.(Rn. 58)

Der IGH hat diese Rechtslage aufgearbeitet. Seine Entscheidung betrifft daher das geltende Recht der Immunität

Vorab hielt der IGH fest, dass es mangels eines zwischen den Parteien geltenden, die Materie regelnden völkerrechtlichen Vertrages im vorliegenden

---

784 http://www.icj-cij.org/docket/ files/143/16883.pdf

Fall auf die Vorgaben des Völkergewohnheitsrechts ankäme. Die dafür unter anderem erforderliche Staatenpraxis sei insbesondere in der nationalen Rechtsprechung und Gesetzgebung zu finden. Sie ergäbe sich aber auch im Zusammenhang mit der Adoption des UN-Übereinkommens über Staatenimmunität. (Rn. 54 f.)

In der Sache ging der Gerichtshof wie folgt vor.

In Bezug auf die Immunität im Erkenntnisverfahren erteilte der IGH allen von der Italienischen Republik vorgetragenen Immunitätsausnahmen eine Absage.

Weder aufgrund einer so genannten „territorial tort exception“ noch aufgrund der besonderen Umstände der in Rede stehenden Verfahren (gravierende Verletzungen des Völkerrechts, Kriegsverbrechen und Verbrechen gegen die Menschlichkeit als Verfahrensgegenstand, die Einstufung der verletzten Normen als ius cogens-Normen bzw. die Tatsache, dass den Opfern jegliche andere Form von Schadensersatz verwehrt wurde) seien die italienischen Gerichte berechtigt gewesen, gegenüber der Bundesrepublik Deutschland Gerichtsbarkeit auszuüben. Das Völkergewohnheitsrecht sehe für all die Argumentationsansätze mangels entsprechender Staatenpraxis keine entsprechende Immunitätsausnahme vor. Es fordere weiterhin, in Fällen, in denen durch Streitkräfte oder andere staatliche Organe auf dem Gebiet eines anderen Staates im Rahmen eines bewaffneten Konfliktes Delikte begangen werden, dem Staat Immunität zu gewähren. (Rn. 64 ff., Rn. 82f., Rn. 92f., 98)

Daneben kritisierte der IGH auf dogmatischer Basis verschiedene der Argumente.

Das Abstellen auf die besondere Schwere der Taten beinhalte zunächst ein logisches Problem: Wenn die Intensität der Verletzung für die Gewährung von Immunität entscheidend wäre, müsste zunächst über den Fall geurteilt und erst dann ggfs. Immunität werden. (Rn. 82f.) Die Frage, ob ein Akt iure gestionis oder iure imperii einzuordnen ist, müsse aber vor der Ausübung von Gerichtsbarkeit geklärt werden, die Frage der Rechtmäßigkeit könne hingegen erst in Ausübung dieser Gerichtsbarkeit untersucht werden. (Rn. 60)

Auch die Einstufung der verletzten Normen als ius cogens-Normen führe nicht zu einer Ausnahme von der Immunität. Es bestehe schon kein Konflikt zwischen der Immunität und einer ius cogens-Norm, der dazu führen könnte, dass die Immunitätsregel nachrangig sei und damit nicht gelte: Die Immunität sei prozessualer Natur und die Immunitätsfrage sage (inhaltlich) nichts über den Unrechtsgehalt der Tätigkeit aus. (Rn. 92f.)

Der IGH erklärte damit, dass die Versagung der Immunität in den der Entscheidung zugrunde liegenden Fällen einen Verstoß gegen den über Deutschland bestehenden Verpflichtungen bedeutet. (Rn.107)

Er stellte aber ausdrücklich klar, dass er in dem Verfahren nicht die Frage zu beantworten habe, ob im Völkerrecht generell eine „tort exception“ in Bezug auf hoheitliches Verhalten von Staaten existiere. Das Urteil betreffe nur Akte auf dem Forumstaat, die von Streifkräften und anderen Organen des Staates, die mit Streitkräften kooperieren, im Rahmen eines bewaffneten Konfliktes begangen wurden. (Rn. 65)

Zudem betonte der IGH, dass die Frage, ob die Bundesrepublik Deutschland gegenüber Italien oder einzelnen italienischen Staatsangehörigen noch Verantwortlichkeit wegen der Verbrechen des zweiten Weltkrieges habe, keinen Einfluss auf die Frage der Immunität nehme. Auch umgekehrt habe die Entscheidung über die Immunität durch den Gerichtshof keinen Einfluss auf die Frage der Verantwortlichkeit der Bundesrepublik Deutschland. (Rn. 108)

In Bezug auf die Immunität im Vollstreckungsverfahren erklärte der IGH, dass aus der Tatsache, dass ein Urteil gegenüber dem fremden Staat ergehen durfte, nicht ipso facto folge, dass auch Vollstreckungsmaßnahmen in Bezug auf Vermögenswerte des Staates, die sich im Gerichtsstaat oder einem dritten Staat befinden, zulässig seien. (Rn. 113) Im vorliegenden Fall, also hinsichtlich der Vollstreckungsmaßnahmen in Bezug auf die Villa Vigoni, sei es evident, dass die Vermögenswerte, die Gegenstand der Vollstreckungsmaßnahmen waren, für Regierungszwecke gebraucht wurden, die umfassend nichtkommerziell waren, und daher unter hoheitliche/souveräne Funktionen Deutschlands fallen. Zudem habe die Bundesrepublik Deutschland nicht auf ihre Immunität verzichtet. Deswegen stellte nach Auffassung des Gerichtshofs die Ausübung von Zwangsmaßnahmen gegen die Villa Vigoni eine Verletzung der Verpflichtung Italiens dar, die deutsche Immunität zu respektieren. (Rn. 119f.)

Am Ende des Urteils äußerte sich der Gerichtshof schließlich zu der Vollstreckbarerklärung von griechischen Entscheidungen durch italienische Gerichte. Er stellte klar: Wenn ein Gericht zur Erteilung einer Vollstreckbarerklärung eines Urteils gegen einen fremden Staat angerufen werde, sei das Gericht dazu berufen, seine Gerichtsbarkeit gegenüber dem dritten Staat auszuüben. Das Gericht übe dadurch, dass es das Urteil für vollstreckbar erkläre, über den dritten Staat seine Gerichtsbarkeit aus.

Es müsse sich daher auch bei der Frage der Vollstreckbarerklärung fragen, ob es nach internationalem Recht dem betroffenen Staat Immunität gewähren muss.

Deswegen haben nach Auffassung des IGH auch die italienischen Gerichte, die (lediglich) griechische Urteile für vollstreckbar erklärt haben, die Immunität der Bundesrepublik Deutschland verletzt. (Rn. 128, 130f.)

II. Bewertung des Urteils und Bedeutung für die vorliegende Arbeit

Das IGH-Urteil berührt viele, äußerst brisante Aspekte des Völkerrechts und der internationalen Politik. Es streift rechtlich- und ethisch-grundlegende Fragen wie die nach dem Fortbestand Deutschlands im und nach dem 2. Weltkrieg oder nach der Verantwortlichkeit für das in diesem Krieg begangene Unrecht. Gerade zu diesen heftig debattierten Themen äußert sich der IGH allenfalls am Rande, indem er etwa klarstellt, dass die Entscheidung für die Immunität durch den Gerichtshof keine Auswirkungen auf die völkerrechtliche Verantwortlichkeit der Bundesrepublik Deutschland habe. Diese Vorgehensweise ist naheliegend und sachgerecht: Dass die den italienischen Verfahren zugrunde liegenden Taten Unrecht darstellen, war zwischen der Bundesrepublik Deutschland und der Republik Italien unstreitig - die rechtliche Beurteilung dieser Taten daher nicht Verfahrensgegenstand.

Hauptthema der Entscheidung ist die Staatenimmunität.

Insoweit hat der IGH zunächst einige Aspekte, die in Literatur und Rechtsprechung zum Immunitätsrecht aber auch im allgemeinen Völkerrecht von grundlegender Bedeutung sind und daher immer wieder relevant werden, durch seine Entscheidung wiederaufgegriffen und geklärt: die Frage, welches Recht anzuwenden ist, d.h. den Aspekt der Intertemporalität des Völkerrechts, die grundsätzliche Unabhängigkeit von der Immunität im Erkenntnis- und der im Vollstreckungsverfahren, die Herleitung von Völkergewohnheitsrecht, insbesondere den Nachweis der Staatenpraxis.

Auch wenn der IGH insoweit keine neuen Rechtserkenntnisse verbreitet hat, sind seine Feststellungen von Bedeutung. Mit ihnen hat der IGH die genannten Themenkomplexe aktuell aufgearbeitet und für die Rechtswissenschaft aber auch für die Rechtsanwendung präzisiert. Das Urteil dient so der Rechtssicherheit im Bereich des zwischenstaatlichen Verkehrs und des Völkerrechts.

In Bezug auf die vorliegende Arbeit belegt das Urteil zudem die Richtigkeit der methodischen Vorgehensweise bei der Ermittlung der völkergewohnheitsrechtlichen Verankerung der Immunität. Der IGH hat bestätigt, dass für den Nachweis einer Regel des Völkergewohnheitsrechts die nationalen Entscheidungen und Gesetzgebungsakte verschiedener Staaten untersucht werden müssen, die das jeweilige Thema behandeln, und dass indiziell das UN-Übereinkommen über Staatenimmunität heranzuziehen ist trotz der Tatsache, dass es bislang nicht in Kraft getreten ist.

Von größerer, grundlegender Bedeutung sind die Ausführungen des IGH zu den vorgetragenen (angeblichen) Immunitätsausnahmen.

Diesen hat der Gerichtshof, wie erwähnt, eine Absage erteilt und damit die seit Jahren anhaltenden Diskussionen richtungsweisend beeinflusst.

Das gilt vollumfänglich jedenfalls insofern, als er den vorgebrachten Herleitungen für die Immunitätsausnahmen aus dogmatischen bzw. logischen Gründen entgegen getreten ist, d.h. bezüglich der Argumentation mithilfe des ius-cogens-Charaters der verletzten Menschenrechte und der besonderen Schwere der Verletzungen. Die Ausführungen des IGH überzeugen dabei vor allem durch die klaren Differenzierung zwischen der prozessualen Ebene, auf welcher das Recht der Immunität eingreift, und der materiell-rechtlichen Ebene, nach welcher sich die rechtliche Beurteilung der den Verfahren zugrunde liegenden Handlungen, d.h. der Menschenrechtsverletzungen richtet. Dies berücksichtigen die vom IGH abgelehnten Herleitungsansätze für eine menschenrechtsspezifische Immunitätsausnahme nicht.

Auch wenn die Entscheidung des IGH nur für die Parteien und nur in Bezug auf die Sache, in der entschieden wurde bindend ist (Vgl. Art. 59 IGH-Statut), kann davon ausgegangen werden, dass sich diese Ansätze aufgrund der nunmehr (zum Teil erneut) aufgedeckten Schwächen zukünftig nicht werden etablieren können.

Anders ist die Situation hinsichtlich der ‚territorial tort exception‘ zu bewerten. Der IGH hat diese nur wegen ihrer fehlenden Verankerung im Völkergewohnheitsrecht, d.h. mangels einer entsprechenden Staatenpraxis, abgelehnt. Damit ist nur gesagt, dass sich diese aktuell noch nicht durchgesetzt hat. Eine Einschätzung der zukünftigen Entwicklungen einer solchen Immunitätsausnahme ist damit nicht möglich. Zudem hat der IGH betont, dass seine diesbezüglichen Feststellungen sich nur auf Handlungen von Streitkräften oder anderen staatlichen Organe auf dem Gebiet eines anderen Staates im Rahmen eines bewaffneten Konfliktes beziehen. Das IGH-Urteil trifft damit keine Aussage über alle anderen Fälle – weder für Einzelfälle außerhalb eines bewaffneten Konfliktes, wie etwa im Fall McElhinney (siehe oben unter D

I2b), noch über Handlungen anderer staatlicher Einrichtungen wie Staatsunternehmen.

Für die Immunität von Staatsunternehmen und damit die Ergebnisse der vorliegenden Arbeit bedeutet dies, dass insoweit weder die aktuelle Rechtslage durch den IGH geklärt ist, noch aufgrund des Urteils eine geänderte Beurteilung der Rechtslage angezeigt ist.

Hinsichtlich der allgemeinen Vollstreckungsimmunität enthält das Urteil keine neuen Erkenntnisse. Von Bedeutung war lediglich die Aussage des IGH, dass auch die Vollstreckbarerklärung eines Urteils die Ausübung von Gerichtsbarkeit darstellt und damit Fragen der Immunität beachten muss. (siehe dazu ausführlicher bei BURKHARD HESS, Staatenimmunität und ius cogens im geltenden Völkerrecht: Der internationale Gerichtshof zeigt die Grenzen auf, IPRax 2012, 201, 206)

Zusammenfassend ist festzuhalten, dass sich das IGH-Urteil in wenigen wirklich neuen Erkenntnissen erschöpft, die die wissenschaftliche Diskussion weiterbringen. Klargestellt wurde aber, dass der Konflikt, der daraus resultiert, dass sich Staaten auch im Falle von Kriegsverbechen auf den Grundsatz der Immunität berufen können, weiterhin auf der Ebene des Völkerrechts zu lösen sein wird und nicht von nationalen Gerichten im jeweiligen Einzelfall entschieden werden kann. Auf welchem völkerrechtlichen Weg dies künftig geschehen wird und inwieweit dies auch für andere Fälle von Menschenrechtsverletzungen gilt, werden die Entwicklungen im Bereich der völkerrechtlichen Praxis und Wissenschaft zeigen.

Kölner Schriften zu Recht und Staat

Herausgegeben von
Hartmut Schiedermair und Bernhard Kempen

Band 1 Bernhard Kempen: Die deutsch-polnische Grenze nach der Friedensregelung des Zwei-plus-Vier-Vertrages. 1997.

Band 2 Hans-Georg Maaßen: Die Rechtsstellung des Asylbewerbers im Völkerrecht. Überlegungen zu den völkerrechtlichen Rahmenbedingungen einer europäischen Asylrechtsharmonisierung. 1997.

Band 3 Udo Fink: Kollektive Friedenssicherung. Kapitel VII UN-Charta in der Praxis des Sicherheitsrats der Vereinten Nationen. 1999.

Band 4 Stephan Grigolli: Sprachliche Minderheiten in Italien, insbesondere Südtirol, und in Europa. Der Gebrauch der Sprache vor Behörden und Gerichten und die Vergabe öffentlicher Stellen. 1997.

Band 5 Uta Stoy-Schnell: Das Bundesverfassungsgericht und die Corte costituzionale. Ein Vergleich der Verfassungsgerichtsbarkeiten in Deutschland und Italien. 1998.

Band 6 Christian Hillgruber: Die Aufnahme neuer Staaten in die Völkerrechtsgemeinschaft. Das völkerrechtliche Institut der Anerkennung von Neustaaten in der Praxis des 19. und 20. Jahrhunderts. 1998.

Band 7 Jochen Seitz: Planungshoheit und Grundeigentum. Die verfassungsrechtlichen Schranken der städtebaulichen Entwicklungsmaßnahmen. 1999.

Band 8 Jochen Herbst: Rechtskontrolle des UN-Sicherheitsrates. 1999.

Band 9 Kristin Möller: Die Beschaffung naturschutzrechtlicher Ausgleichsflächen im Baurecht. 1999.

Band 10 Klaus Löffelbein: Genehmigungsfreies Bauen und Nachbarrechtsschutz. Die baurechtlichen Anzeige- und Freistellungsverfahren der Länder aus nachbarlicher Sicht. 2000.

Band 11 Patrick Mittmann: Die Rechtsfortbildung durch den Gerichtshof der Europäischen Gemeinschaften und die Rechtsstellung der Mitgliedstaaten der Europäischen Union. 2000.

Band 12 Martin R. Albus: Zur Notwendigkeit eines Internationalen Umweltgerichtshofs. Zugleich eine Analyse der Staatenpraxis zum Internationalen Umwelthaftungsrecht und der Rechtsschutzmöglichkeiten bei grenzüberschreitenden Umweltbeeinträchtigungen. 2000.

Band 13 Irene Baur: Die Haftung der Europäischen Zentralbank. 2001.

Band 14 Tobias R. Ehlen: Zentralisierungsmöglichkeiten der deutschen Börsenaufsicht. 2003.

Band 15 Ulrich Steiner: Wertsicherungsklauseln. Zur Europarechtskonformität des neuen § 2 PaPkG. 2003.

Band 16 Stephanie Vogel: Der Prüfungsumfang des Bundesverfassungsgerichts bei Verfassungsbeschwerden am Beispiel der Kunstfreiheitsrechtsprechung. 2004.

Band 17 Thomas Schmidt: Deutsche Hochschulräte. Begriff, Darstellung und rechtliche Analyse. 2004.

Band 18 Kirsten Schmalenbach: Die Haftung Internationaler Organisationen im Rahmen von Militäreinsätzen und Territorialverwaltungen. 2004.

Band 19 Gunter Warg: Von Verteidigung zu kollektiver Sicherheit. Der Nato-Vertrag *auf Rädern*. 2004.

Band 20 Bernhard Kempen / Yvonne Dorf: Bodenreform 1945–1949. Eine verfassungsrechtliche Neubewertung. 2004.

Band 21 Jeanette Nolte: Die völkerrechtliche Vertragspraxis der EG und die Haftung der Mitgliedstaaten am Beispiel der Fischereipolitik. 2004.

Band 22 Rüdiger Schmid-Kühnhöfer: Die Staatlichkeit von Beihilfen. Mittel- und Transferzurechnung nach Art. 87 Abs. 1 EG-Vertrag. 2004.

Band 23 Florian Schöler: Die Reform des Europäischen Kartellverfahrensrechts durch die Verordnung (EG) Nr. 1/2003. 2004.

Band 24 Christina Maria Pelzer: Die Kompetenzen der EG im Bereich Forschung. Eine Analyse ihrer Reichweite und Grenzen vor dem Hintergrund des Art. 5 Abs. 3 GG. Dargestellt am Beispiel der Gentechnologie. 2004.

Band 25 Nikolaus Vieten: Die verfassungsrechtliche Zulässigkeit der Wiedereinführung einer Vermögensteuer. Zugleich eine Untersuchung des Halbteilungsbeschlusses des Bundesverfassungsgerichts. 2005.

Band 26 Bernhard Kempen (Hrsg.): Die rechtsstaatliche Bewältigung der demokratischen Bodenreform. 2005.

Band 27 Erik Hansalek: Die parlamentarische Kontrolle der Bundesregierung im Bereich der Nachrichtendienste. 2006.

Band 28 Thomas Günther: Zur Zulässigkeit der Errichtung privater Volksschulen als Bekenntnisschulen religiös-ethnischer Minderheiten nach Art. 7 Abs. 5 GG. Am Beispiel einer islamischen Grundschule. 2006.

Band 29 Christian Hoppe: Staatshaftung und Rechtsschutz bei Verletzung grundfreiheitlicher Schutzpflichten. 2006.

Band 30 Julia Schäfer: Die Entscheidung des ECOFIN-Rats über das Vorliegen eines übermäßigen Defizits. Eine Entscheidung zwischen Politik und Recht. 2007.

Band 31 Erika Elisabeth Orth: Ein Grundrecht auf Umweltschutz in Europa? Eine rechtsdogmatische Einordnung des Art. 37 GRC. 2007.

Band 32 Cécile Günther: Die Auslegung des Rechts auf Bildung in der europäischen Grundrechtsordnung. Eine Analyse von Schutzbereich und Reichweite – dargestellt am Beispiel des Art. 14 EU-GRCh (Art. II-74 EuVerf). 2007.

Band 33 Muna A. Yousif: Die extraterritoriale Geltung der Grundrechte bei der Ausübung deutscher Staatsgewalt im Ausland. 2007.

Band 34 Stefanie von Hoff: Die Rolle des US-Supreme Court im Prozess der Verfassungsänderung in den Vereinigten Staaten von Amerika. 2008.

Band 35 Alexander Metz: Das Recht Prominenter am eigenen Bild in Kollision mit Drittinteressen. Insbesondere vor dem Hintergrund des Falles Caroline von Hannover. 2008.

Band 36 Susanne Dyrchs: Das hybride Khmer Rouge-Tribunal. Entstehung, Entwicklung und rechtliche Grundlagen. 2008.

Band 37 Heiko F. Schmitz-Elvenich: Targeted Killing. Die völkerrechtliche Zulässigkeit der gezielten Tötung von Terroristen im Ausland. 2008.

Band 38 Stefania Slavu: Die Osterweiterung der Europäischen Union. Eine Analyse des EU-Beitritts Rumäniens. 2008.

Band 39 Thomas Krings: Der Grundrechtsberechtigte des Grundrechts aus Art. 13 GG. 2009.

Band 40 Zan He: The ICJ´s Practice on Provisional Measures. 2010.

Band 41 Anna Köhler: Private Sicherheits- und Militärunternehmen im bewaffneten Konflikt. Eine völkerrechtliche Bewertung. 2010.

Band 42 Jens Beynio: Die völkerrechtliche Zulässigkeit der Aufrüstung mit Kernwaffen. 2010.

Band 43 Johannes Maria Baumann: Die Rechtsprechung des EuGH zum Vorrang von Gemeinschaftsrecht vor mitgliedstaatlichen Verwaltungsakten und Gerichtsurteilen. 2010.

Band 44 Susanne Koch: Die grenzüberschreitende Wirkung von nationalen Genehmigungen für umweltbeeinträchtigende industrielle Anlagen. 2010.

Band 45 Sebastian Gerlach: Innere Konfliktregelungsmechanismen der Afrikanischen Union vor dem Hintergrund der entsprechenden Bestimmungen der Europäischen Union. 2010.

Band 46 Anne Rausch: *Responsibility to Protect*. Eine juristische Betrachtung. 2011.

Band 47 Bernhard Kempen / Kolja Naumann: Demokratie und Religion. Tagungsband zum Kolloquium der Wissenschaftlichen Arbeitsgruppe für weltkirchliche Aufgaben der Deutschen Bischofskonferenz und der Demokratie Stiftung an der Universität zu Köln am 23.11.2009 in Köln. 2011.

Band 48 Clemens David Comans: Ein „modernes" europäisches Datenschutzrecht. Bestandsaufnahme und Analyse praktischer Probleme des europäischen Datenschutzes unter besonderer Berücksichtigung der Richtlinie zur Vorratsdatenspeicherung. 2012.

Band 49 Christian Peter Kokew: Der Auslandsschutz deutscher Staatsangehöriger bei Entführungen. 2012.

Band 50 Julia Pullen: Die Immunität von Staatsunternehmen im zivilrechtlichen Erkenntnis- und Vollstreckungsverfahren. 2012.

www.peterlang.de